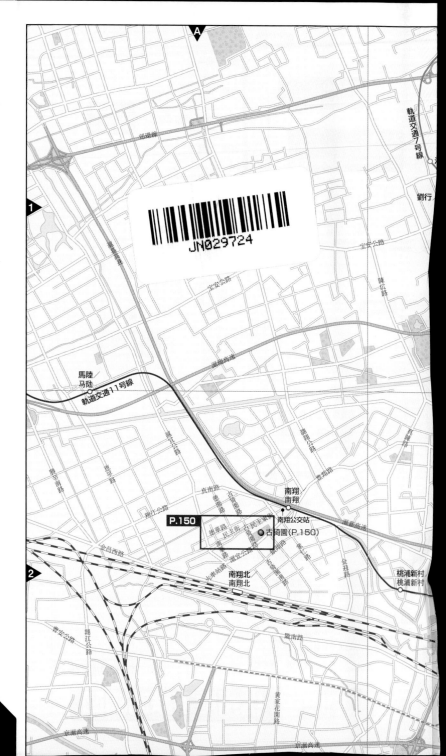

1号線

臨平／临平

南苑／南苑

余杭高鉄站／余杭高铁站 — **余杭高鉄** 余杭駅

翁梅／翁梅

客運中心 杭州バスセンター

喬司／乔司

火車東站 杭州東駅 エアポートバス発着地点

喬司南／乔司南

客運中心／客运中心

火車東站／火车东站

彭埠／彭埠

七堡／七堡

九和路／九和路

九堡／九堡

下沙西／下沙西

金沙湖／金沙湖

高沙路／高沙路

文沢路／文泽路

文海南路／文海南路

雲水／云水

下沙江濱／下沙江滨

1号線 下沙延伸段

4号線

銭江路／钱江路

江錦路／江锦路

銭江世紀城／钱江世纪城

盈豊路／盈丰路

飛虹路／飞虹路

振寧路／振宁路

建設三路／建设三路

建設一路／建设一路

人民広場／人民广场

西興／西兴

杭発廠／杭发厂

濱康路／滨康路

人民路／人民路

湘湖／湘湖

潘水／潘水

1号線

曹家橋／曹家桥

朝陽／朝阳

2号線

刊行後に多くの路線が開業・延伸しています。最新情報は杭州地下鉄公式サイトの「已建路線」のページや「百度地図」等でご確認ください。
🔗 www.hzmetro.com/build_3.aspx#midc

2019年4月現在

杭州地下鉄路線図

地球の歩き方 D02 ● 2019～2020 年版

上　海 杭州 蘇州

Shanghai Hangzhou Suzhou

再開発事業により、2018 年にオープンしたコロンビアサークル（上生・新所）。
いちばんの人気スポットは旧アメリカ海軍クラブ 1 階にある南欧風プール／写真：町川秀人

地球の歩き方 編集室

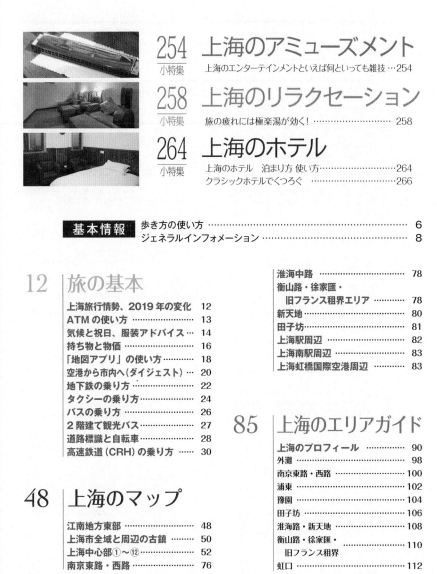

インフォメーション

コラム

読 者 投 稿

■外務省 海外安全ホームページ
渡航前に必ず外務省のウェブサイトにて最新情報をご確認ください。
Ⓤ www.anzen.mofa.go.jp

本書で用いられる記号・略号

本文中および地図中に出てくる記号で、**ⓘ**は観光案内所を表します。
そのほかのマークは以下のとおりです。

★の数は観光ポイントのオススメ度。オススメ度★★には観光所要時間の目安を合わせて記載

★★★=見逃せない
★★=訪れる価値あり
★=時間が許せば行きたい

世界遺産＝このマークのある見どころは世界遺産に登録されています

ヘッダ部には、該当する町の市外局番、日本漢字と読み、中国語とその発音などを記載。

右の地図には、P.48～49『江南地方東部』マップで見つけやすいよう、町・都市のおよその位置を●で図示

欄外では、旅行時に有用な情報を紹介。また、杭州、紹興、蘇州、南京、無錫では市内交通を、小さな町では上海、杭州、蘇州からのアクセスなどを紹介

杭州、紹興、蘇州、南京、無錫についてはアクセス情報を掲載。DATAでは、概略とデータを飛行機、鉄道、バスに分けて記載。路線や時刻は頻繁に変わるので、現地で必ず最新情報の確認を！

※国慶節や春節など連休の前後は鉄道切符の入手が困難。この時期の移動は極力避けたい（祝祭日→P.9）

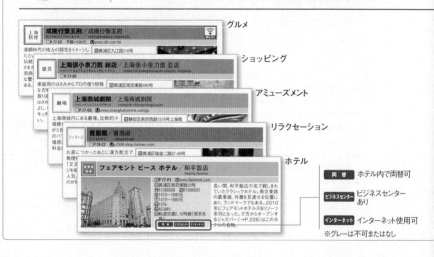

グルメ
ショッピング
アミューズメント
リラクセーション
ホテル

両替 ホテル内で両替可
ビジネスセンター ビジネスセンターあり
インターネット インターネット使用可
※グレーは不可またはなし

アイコンの説明

地 図

- ◉ ● 見どころ
- ❶ ホテル
- Ⓖ グルメ
- Ⓢ ショップ
- Ⓐ アミューズメント
- Ⓧ リラクセーション
- Ⓣ 旅行会社
- ❸ 銀行
- ❶ インフォメーション
- ▣ 郵便局
- ✚ 病院
- ⊠ 学校
- ⛾ バス停
- ▬▬▬ 繁華街
- ✈ 空港
- ♿ トイレ
- ▭▭▭ 高速道路

物 件

- Ⓜ 地図参照ページ
- ⓘ 所在地の住所
- ☎ 中国での電話番号
- Ⓕ ファクス番号
- ⒪ オープン・営業時間
- ⒣ 休日
- ⒟ カード
  - A アメリカン・エキスプレス
  - D ダイナース
  - J JCB
  - M MasterCard
  - V VISA
- ※クレジットカード使用可の表示が あっても、現場の判断で使えない ケースがあり得ます
- ⒭ 料金
- ⒮ サービス料
- Ⓤ URL（"http://"と末尾の"/"は省略）
- ⊠ メールアドレス
- ⛌ アクセス
- ⓦ Wi-Fiの有無（グルメのみ）

ホテル

- Ⓢ シングル料金
- Ⓣ ツイン料金
- Ⓓ ドミトリー料金
- ⓢ サービス料、税金など
- ※10%＋6%の表示は6%が増値税です

ホテルの料金表示

　ホテルの料金表示は付記のないか ぎり、ひと部屋当たりの料金（ただ し『Ⓓ＝ドミトリールーム』は1ベッ ド当たりの料金）を表示しています。 　ⓢに記載のある場合、部屋代に その金額が加算されます。 　掲載料金はホテルが公表する個人 宿泊客向けの一般料金です。都市 によっては季節変動があります。ホ テル予約サイトで大幅なディスカウ ント料金が提示されることもありま すので、宿泊や予約の際は、必ずそ の時点での料金を確認しましょう。

■**データの取り扱い**

　2019年2〜4月の調査をもとに編集しています。 記載料金は外国人割増料金や季節的変動の影響も 受けるため目安としてご利用ください。

　急速な経済発展により、交通機関の料金、発着時 間や経路、あらゆる物件の開場時間、連絡先などが 予告なく変更されることが多々あります。できるか ぎり現地でご確認ください。

■**地図**

　地図の凡例は、各図の下部に示してあります。

　軍事上の理由により中国の正確な地図は公表さ れていません。掲載地図はできるかぎり補正してい ますが正確性に欠ける点をご了承ください。特に郊 外図は概要を把握する程度でご利用ください。

■**中国語の表記**

　中国では漢字の正字を簡略化した簡体字が採用 されています。中国語学習歴のない人には理解しに くい文字であるため、下記の対処を取っています。
①日本漢字を使用し、必要に応じてカッコで併記
　例：豫園（豫園）
②そのまま日本漢字にするとわかりにくい単語は
　意訳しているものもあり
　例：「国際机場」＝国際空港
③日本の習慣に従いカナ表記
　例：「厦门」＝アモイ
④漢字のルビは、日本語発音はひらがな、外国語発
　音（中国語含む）はカタカナで区別

■**掲載情報のご利用に当たって**

　編集部では、できるだけ最新で正確な情報を掲載 するよう努めていますが、現地の規則や手続きなど がしばしば変更されたり、またその解釈に見解の相 違が生じることもあります。このような理由に基づ く場合、または弊社に重大な過失がない場合は、本 書を利用して生じた損失や不都合について、弊社は 責任を負いかねますのでご了承ください。本書掲載 の情報やアドバイスがご自身の状況や立場に適し ているかは、すべてご自身の責任でご判断のうえで ご利用ください。

■**発行後の更新情報と訂正**

　発行後に変更された掲載情報や、訂正箇所は、『地 球の歩き方』ホームページ「更新・訂正・サポート 情報」で可能なかぎり案内しています（ホテル、レ ストラン料金の変更などは除く）。ご旅行の前には 「サポート情報」もお役立てください。
Ⓤ www.arukikata.co.jp/travel-support

中国の基本情報

▶ 中国語を使おう！
→P.429

正式国名
中華人民共和国
People's Republic of China
中华人民共和国
（Zhōnghuá rénmín gònghéguó）

国旗
　五星紅旗と呼ばれている。赤は革命と成功、黄色は光明を象徴する。また、大きい星は共産党を、残りの4つの星は労働者、農民、中産階級者、民族資本家を表す。

国歌
義勇軍進行曲
义勇军进行曲
（Yìyǒngjūn jìnxíngqū）

面積
約960万㎢（日本の約25倍）

人口
約14億1142万人（日本の11倍）
※世界保健機構（WHO）世界保健統計（2018.5.25発表）

首都
北京（ペキン）
北京（Běijīng）

元首
習近平 国家主席
（しゅうきんぺい　こっかしゅせき）
习近平 国家主席
（Xí Jìnpíng Guójiā zhǔxí）

政治体制
人民民主共和制（社会主義）

民族構成
　全人口の92％を占める漢族と、残り8％の55の少数民族で構成。

宗教
　イスラム教、仏教（チベット仏教を含む）、キリスト教など。

言語
　公用語は、国民の大多数を占める漢族の言葉である「漢語」のなかの北方方言を主体にして作られた「普通話」。このほか民族ごとにそれぞれの言語をもつ。
　さらに、国土がこれだけ広いため、中国における多数民族の言語である「漢語」も北方方言、呉語（上海周辺）、福建語、広東語、客家語などの方言に分かれており、それぞれの方言は、会話が成り立たないほど大きく異なる。なお、町なかでは、英語はあまり通用しない。

通貨と為替レート

▶ 通貨・両替・カード →P.381

両替可能な銀行の入口には、このようなマークや文字がある

2019年～2020年に50元、20元、10元、5元、1元新紙幣と1元、5角、1角新硬貨が発行されています。

　通貨単位は人民元（人民元／Rénmínyuán）で、中国語では単に元（元／Yuán）と呼び、口語では块（块／Kuài）とも言う。略号の「RMB」は人民元と同意の人民幣（人民币／Rénmínbì）から。補助貨幣単位は角（角／Jiǎo。口語では毛／Máo）と分（分／Fēn）。ただし、「分」が使われることは少なくなっている。

　1元＝10角＝100分≒23円（2024年7月3日現在）。新旧合わせて紙幣24種類、硬貨10種類が流通している。

おもに流通している硬貨は1元、5角、1角だが、北方に比べて流通量は多い

おもに流通している紙幣は毛沢東に統一されたシリーズ。2015年11月から偽造防止技術を刷新した新100元札（左上）が発行された

電話のかけ方

▶ 中国の通信事情（電話）→P.420

日本から中国へ

国際電話識別番号 010 ※	＋	中国の国番号 86	＋	相手先の電話番号（最初の0は除く）

※携帯電話の場合は010のかわりに「0」を長押しして「＋」を表示させると、国番号からかけられる
※NTTドコモ（携帯電話）は事前にWORLD CALLの登録が必要

祝祭日

中国の祝日は、西暦と陰暦（農暦）を合わせたもので、毎年日付の異なる移動祝祭日（※）もあるので注意。また特定の国民に対する祝日や記念日もある。このほか、公的な休日ではないが、多民族国家である中国では民族ごとに独自の祭りがあり、一見の価値があるものも多い。

▶気候と祝日、服装アドバイス
→P.14、15

1月	1/1		新年	新年
	1/29（2025年）	※	春節	春节
4月	4/4（2025年）	※	清明節	清明节
5月	5/1		労働節	劳动节
	5/31（2025年）	※	端午節	端午节
9月	9/17（2024年）	※	中秋節	中秋节
10月	10/1		国慶節	国庆节

春節の飾り付け

■特定の国民の祝日および記念日

3月	3/8	国際勤労婦人デー　三八国际妇女节
5月	5/4	中国青年デー　五四中国青年节
6月	6/1	国際児童デー　六一国际儿童节
8月	8/1	中国人民解放軍建軍記念日　中国人民解放军建军纪念日

★政府が許可する休日の取り方は毎年調整され、年末に発表される

ビジネスアワー

ショップやレストランなどは店によって異なるが、公共機関でも休日、業務時間の統制は取れていない。以下の時間はあくまで目安にすぎないので、各都市のデータ欄などで確認すること。

デパートやショップ
10:00～20:00（休日なし）

銀 行（両替業務）
9:00～12:00、13:30～17:00
（一部店舗以外土・日曜、祝日休み）
レストラン
11:00～15:00、17:00～22:00
（春節に休業する店が多い）

電圧とプラグ

中国の電圧は220V、周波数は50Hz。このため、日本の電化製品を使う場合は変圧器が必要となることが多い。なお、現地で使用されているプラグの種類は7種類ほどあるが、B型やC型、O型が多い。変圧器や変換プラグは日本の旅行用品店や大きい電気店、旅行用品を扱うインターネットショップなどで購入できる。

マルチ変換プラグが便利

ホテルのコンセント

放送＆映像方式

DVD、BD、VCDなどの映像ソフトを買うときは、放送方式とリージョンコードの両方に注意。放送方式は日本がNTSCで中国がPAL。日本で再生するにはPAL対応のプレーヤーとテレビ、またはPALをNTSCに変換できるプレーヤーが必要（BDは両対応）。DVDのリージョンコードは中国が6で日本が2、BDのコードは中国がCで日本がA（VCDは無関係）。ソフトとプレーヤーのコードが一致しなければ再生できないが、いずれかがオールリージョン対応なら再生できる。

中国から日本へ　例 (03)1234-5678 または090-1234-5678へかける場合

国際電話識別番号 **00**	＋	日本の国番号 **81**	＋	市外局番と携帯電話の最初の0を除いた番号 **3または90**	＋	相手先の電話番号 **1234-5678**

▶**中国国内通話**　市内へかける場合は市外局番が不要。市外へかける場合は市外局番（頭の「0」を取る）からプッシュする
▶**公衆電話のかけ方**　①受話器を取り、カードを矢印の方向に差し込む。カードはシールの貼ってあるほうが上なので注意
　②「00」を押して相手先の電話番号を押す　③通話が終わったら、受話器を置き、カードを受け取る

飲料水

▶体調管理→P.416

中国の水道水は硬水のため、日本人はそのまま飲むのは避けたほうがよい。できるだけミネラルウオーターを飲むようにしよう。ただ、偽物も多いようなので、スーパーなどで購入することをおすすめする。約600mℓで2元〜。

気候

▶気候と祝日、
服装アドバイス
→P.14、15

日本の約25倍の国土をもつ中国は、気候も寒帯から亜熱帯まで分布する。中国のなかでは緯度的には中央に位置する上海（鹿児島とほぼ同じ）だが、冬はそれなりに寒く、注意が必要。

上海と東京の気温と降水量

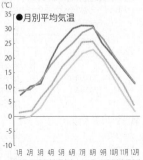

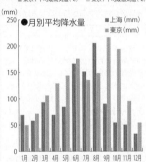

日本からの
フライト時間

上海浦東国際空港到着フロア

日本の主要都市から上海、杭州までのフライト時間は下記のとおり。
上海浦東／東京（成田）＝3時間5分〜　大阪（関西）＝2時間25分〜
名古屋（中部）＝2時間15分〜　福岡＝1時間45分〜
上海虹橋／東京（羽田）＝3時間5分〜
杭州／東京（成田）＝3時間45分　大阪（関西）＝2時間40分〜

時差と
サマータイム

日本との時差は−1時間（日本の12:00が上海の11:00）。北京を標準として、国内に時差を設けていない。しかし、東西に広い国土の両端では、4時間ほど時差がある計算になり、新疆ウイグル自治区などでは非公式に「新疆時間」（北京時間−2時間）を用いる場合もある。
サマータイムは導入されていない。

郵便

▶中国の通信事情→P.419

中国の郵便のカラーは深緑で、ポストも赤ではなく、濃いグリーンだ。日本へのエアメールは、はがきが5元、封書が6元（20g以下）から。

左は標準的なポストで、「本埠」は「当エリア」、「外埠」は「その他の地方」の意味

出入国

▶パスポートとビザ
→P.378
▶中国に入国する
→P.395
▶入出国書類の記入例
→P.402
▶中国を出国する
→P.409

ビザ

2024年7月現在、すべての渡航にビザが必要。必要書類や手続き方法の詳細は中国ビザ申請サービスセンター（🔗 www.visaforchina.cn/globle）または担当地域の領事館で確認すること。なお、渡航目的によってビザの種類が異なるので注意。観光の場合は15日か30日間の観光ビザ（Lビザ）を取得する。

パスポート

パスポートの残存有効期間は6ヵ月以上が無難。また、査証欄余白も2ページ以上あったほうがよい。

入国／出国カード

入国審査場の記入台に備え付けられている。トランジット用とは様式が異なるので注意。

中国の入国カード。表面と裏面に英語か中国語で記入する。出国カードは廃止された

※本項目のデータは中国大使館、中国観光代表処、外務省などの資料を基にしています

チップ

中国にはチップの習慣はないので基本的には不要（ポーターなどに渡すなら10元程度が目安）。また、中級・高級ホテルでは宿泊代にサービス料が加算される所が多く、そういった場合は不要。

税　金

中国では、ホテルに宿泊する際に税金（サービス税、城市建設税など）がかけられることがある（一律ではない）。付加価値税（VAT）還付制度については、指定店で500元以上購入し、所定の手続きをした場合に出国時に還付される。

VAT還付手続き可能店の表示（→P.396）

安全とトラブル

中国では、急激な経済発展のため、貧富の格差が拡大し、それにつれて治安は悪化している。事実がどうであるかにかかわらず、日本人旅行者は金持ちと見られるため、狙われていることを覚えておこう。また、見知らぬ者から日本語で話しかけられたときには警戒するようにしよう。

中国のパトカー

▶安全対策→P.418

警察（公安局）	**110**		
消防	**119**	救急医療センター	**120**

年齢制限

中国では、車の運転免許証は18歳から。飲酒や喫煙については法律による年齢制限はない。なお、中国では国際運転免許証は通用せず、レンタカーは運転できない。

度量衡

基本的に日本の度量衡と同じだが、それぞれに漢字を当てている（例：m＝米／mǐ、km＝公里／gōnglǐ、g＝克／kè、kg＝公斤／gōngjīn）。ただし、日常生活では中国独自の度量衡も残っており、特に食べ物関連では斤と両（1斤／jīn＝10両／liǎng＝500g）がよく使われる。

その他

トイレ
トイレを中国語で厕所（cèsuǒ）または卫生间（wèishēngjiān）という（建物内では洗手间／xǐshǒujiān）。都市部では水洗トイレも増えており、街頭にも無料の公衆トイレ（公共厕所／gōnggòng cèsuǒ）の設置が進んでいる。

たばこ
2017年3月に喫煙に関する条例が改正施行され、屋内や公共交通機関の車内は全面禁煙、屋外でも学校や病院、競技場、公演場、文化遺産などの公共施設付近では禁煙となった。喫煙室も撤去。違反者には罰金が科せられる。

大気汚染
中国都市部の大気汚染はかなり深刻。気になる人はマスクやのど飴などを持参するとよい。現地のコンビニなどでも購入可能。

道路事情
中国は日本と異なり、車は右側通行。赤信号でも右折可なので横断時は要注意。道路には自転車専用レーンが設置された所も多い。このため、車道を横断する際には、自動車のほかに自転車にも注意が必要。また、急増している電動バイクは信号を守らず、歩道を運転している人も多い。後ろから音もなくやってくるので注意が必要。

携帯電話やICカード
SIMフリーの端末なら中国で購入したSIMカードに差し換えて使える。中国では、ICカードやプリペイド式携帯電話にチャージしたお金は、一定期間使用しないと失効してしまう。データ通信に際しては、中国ではインターネット規制によりGmailや一部SNSが使えないなどの点に注意（→P.367）。

公衆トイレを示す標識。上海のトイレはかなり清潔

無人の表示。使用中は"有人"

禁煙の表示。中国語で喫煙は"吸烟／xīyān"または"抽烟／chōuyān"

上海旅行情勢、2019年の変化

変化の激しい中国では、"ついこの間"まで普通にできたことが突然できなくったりして困惑する場面も多い。おもに2018～2019年に確認された、観光旅行に影響する情勢変化をまとめてみたので、渡航の参考にしていただきたい。

※2019年4月現在の情報です

本人確認と個人情報管理の厳格化

中国では身分証や指紋、顔を使った本人確認がさまざまな場面で要求されるようになってきた。国家の施策によるもので、拒否はできない。

▼入国時に指紋採取を開始

2018年から、中国入国者全員の指紋登録と認証が各空港などで開始された。初回は両手全部の指紋を登録し、2回目以降は左手の親指以外4本の指紋で認証する（→P.395）。

▼宿泊登録時の顔写真撮影（一部未施行）

ホテルなどに宿泊するときに、顔写真を撮影して記録する。中国人はICチップ付き身分証明書を持っており、宿泊登録時に身分証明書との顔認証がすでに施行されている。2019年4月現在、上海では外国人に対する顔写真撮影施行は一部のみだが、遠からず全面施行されるだろう。

▼パスポートは常に持ち歩く

無料博物館のうち、一部で入場時にパスポートの提示が必要なのと、町角で警官による抜き打ち身分証明書チェックがまれにあるので、パスポートはホテルに預けず、常に持ち歩く。

▼切符の購入や鉄道への乗車にはパスポートが必要

鉄道の切符を購入したり、Trip.comでの予約を切符と引き換える際にはパスポート番号とパスポート記載の名前の提示が必要。切符購入時はコピーの提示でもかまわないが、乗車する際はパスポート現物を提示しないと駅に入れない。

モバイル決済の普及と観光への影響

急速な勢いでモバイル決済が普及しているが、中国の銀行口座がないと原則使えない。

▼アリペイ、ウィーチャットペイともに原則使えない

モバイル決済における「二強」は、「Alipay（アリペイ／支付宝）」と「WeChat Pay（ウィーチャットペイ／微信支付）」。2019年4月現在、両者とも日本でアプリ

> 2023年7月から海外版のアリペイとウィーチャットペイが国際クレジットカード決済に対応。

払い
アカ
ない
ている
レートは悪い。以前は知人から送金してもらう方法がとられたが、2019年4月現在、銀行口座とひもづけのないアカウントへの送金はできない。

▼銀行口座開設と現金両替

2024年1月現在、中国に住所をもたない観光客のような非居住者は、原則銀行口座の開設ができなく

なっている。開設をする場合は居住証明書の提示が必要。支店独自の判断で開設できたという例もあるが、例外と思われる。また、2018年から市中の銀行では、口座をもたない人の現金外貨両替を断るケースが出てきた。受け付ける場合も中国の携帯電話番号や日本のマイナンバーの提示が求められる。（→P.382）

▼タクシーアプリ

「滴滴出行」という配車アプリが急速に普及した結果、流しのタクシーをひろうのが難しくなっている。このアプリでは、営業車のほか自家用車タクシー（中国では合法）も呼べるが、自家用車の場合は現金授受ができないので、決済手段とのひもづけが必須。また、確認のためにドライバーから電話があるので、中国語に不安のある観光客は現実には使えない。

ATMの使い方

24 HOUR SELF SERVICE BANK NG 24小时 自助银行服务

　口座をもたない旅行者が市中の銀行で現金を両替することは難しくなっている。24時間稼働のATMを使い、クレジットカードの海外キャッシング機能で人民元の現金を引き出すのがいちばん手っ取り早い。帰国後に繰り上げ返済をすれば金利も安く、現金両替よりもお得になる場合もある。（写真は中国銀行の例）

ATMを見つけ、カードを挿入

　ATMはショッピングセンター内や銀行内などどこでも見つかる。安全や利便性を考えると中国銀行や中国工商銀行など大手銀行内にあるATMを使うのがおすすめ。

　最初にカードを挿入する。機械が反応して初期画面が出るが、大手銀行のATMは外国語にも対応しているので、中国語がわからない場合は、日本語か英語画面を選択する。

暗証番号を入力し、口座の種類を選択

　暗証番号入力の画面が出るので、ATM本体にあるテンキーで入力する。暗証番号は中国語で「密码」、英語では「PIN CODE」。次に口座種類の選択だが、クレジットカードの場合は「クレジット口座」「信用账户」または「Credit Account」を選択する。

引き出しボタンを押して、金額を入力

　現金引き出しは「お引き出し」「取款」または「Withdrawal」のボタンを押す。引き出し金額を指定する画面に切り替わるが、通常は100元札のみの取り扱いで、金額も自由に指定できない。1回の引き出し額制限もある。制限額以上の引き出しは再度操作すればよい。金額選択後は、「確認」「确认」または「Confirmation」ボタンを押す。

現金を受け取り、レシートを出す

　引き出し操作が完了すると「お待ちください」の画面が現れ、その後現金が出てくる。その後、「ご利用明細票プリント」「打印凭条」または「Print receipt」ボタンを押すとレシートが出てくる。

レシートを受け取り、カードを取り出す

　レシートが印字されても自動ではカードが戻らない。引き続き引き出す場合は「追加引出」「继续取款」「Another Withdrawal」、カードを取り出す場合は「カード受け取り」「退卡」「Return Card」のボタンを押す。

気候と祝日、服装アドバイス

■上海 ■杭州 ■蘇州　折れ線グラフ：平均気温　棒グラフ：平均降水量

	3月	4月	5月	6月	7月	8月	9月
月別の気候データ　平均気温(℃)	8.0 / 9.5 / 8.9	15.0 / 15.8 / 14.8	20.0 / 20.7 / 19.5	23.0 / 24.3 / 24.0	28.0 / 28.4 / 28.5	27.0 / 27.9 / 28.0	23.0 / 23.4 / 23.4
平均降水量(mm)	93.8 / 140.7 / 81.2	74.2 / 123.1 / 102.3	84.5 / 128.6 / 114.5	181.8 / 219.4 / 152.0	145.7 / 172.9 / 128.2	213.7 / 162.1 / 133.0	87.1 / 123.5 / 155.6

	3月	4月	5月	6月	7月	8月	9月
日本の祝日	※春分の日＝春分の日（2025年は3/20）　※は毎年変動する	4/29＝昭和の日	5/3＝憲法記念日 5/4＝みどりの日 5/5＝こどもの日 5/6＝振替休日（2025年）		※第3月曜＝海の日（2025年は7/21）	8/11＝山の日	※第3月曜＝敬老の日（2024年は9/16、2025年は9/15）※秋分日＝秋分の日（2024年は9/22、2025年は9/23）
中国の祝日	3/8＝国際勤労婦人デー（女性のみ半日休日）　※は毎年変動する　赤字は法定休日	※太陽黄経が15度のとき＝清明節（2025年は4/4）	5/1＝労働節 5/4＝中国青年デー ※陰暦5/5＝端午節（2025年は5/31）	6/1＝国際児童デー（小学校は休校）		8/1＝中国人民解放軍建軍記念日（軍関係者は半日休日）	※陰暦8/15＝中秋節（2024年は9/17）

服装アドバイス

春

3月上旬は肌寒い日が続き、薄手のコートがあるとよいが、3月下旬以降は徐々に温暖になり、「江南の春」といわれるように、過ごしやすい季節となる。薄手のジャケットなどで過ごせる。

夏

6月中旬〜下旬から7月は梅雨の時期なので、折りたたみ傘などがあると便利。8月は蒸し暑く、日差しも強い。外を歩くときは帽子や日傘があると便利。一方室内は冷房が強いので、苦手な人は対策を。

旅行におすすめしないシーズン

- ●春節、労働節、中秋節、国慶節の連休期間
  帰省や旅行で中国人が大移動する連休期間中は、交通機関が大混雑になり、春節には多くの店が閉店するなど観光旅行にも出張にも不向き。
- ●春のスモッグ、黄砂シーズン
  晴れていても薄曇りのような空となる。景観が台なしになり、健康にも悪い。
- ●大規模イベントの期間中
  大規模なイベントや国家的行事の時期にはホテルの価格が急上昇したり、警備が厳しくなる。

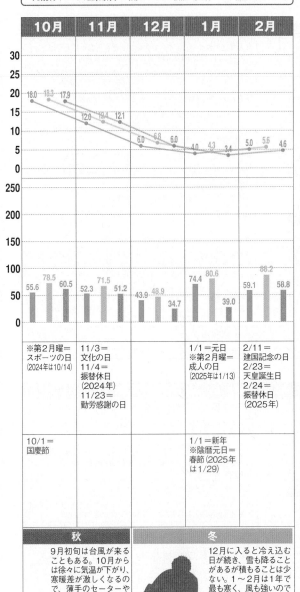

秋	冬
9月初旬は台風が来ることもある。10月からは徐々に気温が下がり、寒暖差が激しくなるので、薄手のセーターやジャンパーを重ね着して調節するとよい。11月以降はかなり寒くなり、厚手の服装が適当。	12月に入ると冷え込む日が続き、雪も降ることがあるが積もることは少ない。1～2月は1年で最も寒く、風も強いので防寒対策が必要だが、内陸部や北部に比べると温暖。日本の関東、関西とほぼ同じ服装で大丈夫。

冬場は大気汚染に注意

北京など内陸部ほどではないが、上海の大気汚染も深刻であることに変わりない。特に、秋から冬の時期にかけてはPM2.5などの微小粒子状物質の濃度が急上昇する日があり、ひどいときは航空機の運航に支障が出る場合も。一般の観光客が数日滞在する程度なら健康に大きな影響はないが、体質にもよるので心配な人はこの時期の旅行は避けるほうがよいだろう。

政府が許可する休日の取り方

「全国年節及紀念放假辦法」により、毎年調整される。下記は一般的な目安。

新年：12/30～1/1の3日間
春節：陰暦大晦日から1週間
清明節：陰暦3/3から3日間
労働節：5/1～3
端午節：端午節前日から3日間
中秋節：中秋節前日から3日間
国慶節：10/1～3

季節の味覚

春
清明節前後の新茶（清明節前に摘んだものが珍重される）、馬蘭頭（コヨメナ）、青団（草大福）

夏
端午節のちまき、スイカ

秋
上海蟹（特に陽澄湖産が珍重される）、中秋節の月餅

冬
春節の八宝飯（木の実などを混ぜたおこわ）や餃子、元宵節の湯円（米粉の団子）

上海蟹を使った各種料理は秋の楽しみ

季節のイベント

最新情報は上海市観光局公式サイト「上海館」（Ⓤwww.shanghaikanko.com）などでチェックできる。

春
F1中国グランプリ
上海陸上ダイヤモンドリーグ

秋
中国上海国際芸術祭
上海国際マラソンレース
上海ロレックスマスターズ

グラフ内の記載

	10月	11月	12月	1月	2月
気温（上段）	18.0 / 18.3 / 17.9	12.0 / 11.4 / 12.1	6.8 / 6.0 / 6.0	4.0 / 4.3 / 3.4	5.0 / 5.6 / 4.6
降水量（下段）	55.6 / 78.5 / 60.5	52.3 / 71.5 / 51.2	43.9 / 48.9 / 34.7	74.4 / 80.6 / 39.0	59.1 / 88.2 / 58.8

10月	11月	12月	1月	2月
※第2月曜＝スポーツの日（2024年は10/14）	11/3＝文化の日 11/4＝振替休日（2024年） 11/23＝勤労感謝の日		1/1＝元日 ※第2月曜＝成人の日（2025年は1/13）	2/11＝建国記念の日 2/23＝天皇誕生日 2/24＝振替休日（2025年）
10/1＝国慶節			1/1＝新年 ※陰暦元日＝春節（2025年は1/29）	

持ち物と物価

必須アイテム

品名	チェック	備考
パスポート		残存有効期間をチェック。有効期間が滞在日数＋6ヵ月以上ないと内規により航空会社の搭乗拒否に遭う可能性がある。
パスポートのコピー		写真の掲載されたページをコピーし、オリジナルとは別の場所に保管。また、スマートフォンで写真を撮りデータを保存。
eチケット控え、ツアー旅程表		記載のローマ字名前がパスポートと一致するか再度確認。
現金		人民元への両替は中国入国後がお得。
クレジットカード		ホテルのチェックイン時にデポジットとして利用可能。ICカードは暗証番号を忘れないように。
海外旅行保険		空港でも加入できるが、事前にネットで加入すると割安。
緊急連絡先を控えたメモ		日本大使館領事部、旅行会社、航空会社、日本語が通じる病院、日本への電話のかけ方など。
下着／着替え		現地でも購入できるが良質のものは少ない。
100mℓ以下の液体を入れる容器とファスナー付き1ℓの透明ビニール袋		機内に目薬や化粧品、哺乳瓶などを持ち込む場合に必要。
南京錠／ワイヤー錠		鍵なしのリュックやバッグには鍵を付けておく。
カメラと付属品		充電器を忘れずに！　予備の電池やメモリーカードは中国の専門店でも買えるが、交渉力がないと日本の量販店より高く買うハメになる。予備電池を持参する場合は扱いに注意（→P.410）。
スマートフォン		国際ローミング可能な機種なら、中国でそのまま使える。ただし、通話料は高額。SIMフリー機種は現地やネットで購入した中国対応SIMカードを差して使える。ただし、中国移動通信（チャイナモバイル）は非対応機種があるので注意。
携帯やカメラの充電器		220V対応のものを。
ガイドブック／地図		今読んでいるこの本を置いて行かないで！

あったら便利

品名	チェック	備考
マスク／のど飴		PM2.5対応マスクは現地でも買えるが、好みがある人は持参。
カラー顔写真（4.5×3.5cm）と日本国籍を証明する書類（日本人のみ）		パスポート紛失時、帰国の手続きに際して必要となる。6ヵ月以内のもの。
羽織るものや防寒具		夏季、冷房に弱い人は羽織るものがあると便利。季節の変わり目には薄手のジャンパーが役立つ。冬季の黄浦江クルーズや川沿いの散策では意外に寒い思いをする。
石鹸／シャンプー／歯ブラシ		現地でも入手できるが品質はいまひとつ。
ティッシュ／トイレットペーパー		ポケットティッシュやウェットティッシュがあると何かと便利。上海なら現地購入も可能だが、品質はいまひとつ。
化粧品／薬品／生理用品		現地でも買えるが、品質はいまひとつ。自分に合ったものを持参するのがよい。買い足しは日系スーパー、コンビニで。
予備のめがね／コンタクト		必要な人は持参。現地調達は困難。
サングラス／日焼け止め／サンバイザーや帽子		夏場の市内はもちろん、川沿いや海沿いなど郊外の日差しはかなりきつい。
裁縫セット／ミニドライバー／十徳ナイフ		いずれも機内持ち込みできないので、飛行機に乗る際は事前に預ける荷物に入れること。刃物は高速鉄道車内にも持ち込み禁止。
ビーチサンダル／スリッパ		一部高級ホテル以外は備え付けの使い捨てスリッパの品質がよくないので、あると便利。

品名	チェック	備考
ビニール袋／レジ袋／ショッピングバッグ／輪ゴム		ビニール袋や輪ゴムは荷物の小分け用に大小あると便利。中国のスーパーはレジ袋が有料なうえ、強度の弱いものが多いのでレジ袋やショッピングバッグがあると重宝する。
傘／カッパ		現地でも購入可能だが、品質はいまひとつ。
小型懐中電灯		夜のタクシー車内や石窟などであると便利。
変換プラグ		中国のホテルにはマルチ対応のコンセントがひとつ以上備わっているが、念のために。
目覚まし時計		「経済型」チェーンホテルや3つ星以下のホテルには備え付けの目覚まし時計はない。
シェーバー		電池式か、充電式なら海外対応のものを。
電子辞書／電卓		買い物の際にあると誤解がなく便利。
メモ帳／筆記具		旅の記録はもちろん、筆談にも使える。
携帯灰皿		吸い殻ポイ捨ては罰金。公共の場所は全面禁煙となった。
スティックタイプのレギュラーコーヒー		中国ではミルク入りや甘味付きが主流で、ブラックは日系コンビニや大型スーパー以外では入手困難。

あちこちにあるコンビニ

内陸部の都市とは異なり、上海ではいたるところにコンビニがある。中国系以外に、日系のローソン（罗森）やファミリーマート（全家）はよく見かけるし、数は少ないがセブン-イレブン（柒-拾壹）も上陸している。店内の雰囲気は日本と大差ないが、中国人好みにアレンジされている食品類などは見ていておもしろい。おみやげ調達にも使える便利な存在だ。

店内は日本と変わらない

上海の物価

急速な経済発展にともない、中国では都市部の物価上昇が著しい。よい物を求めようとすると日本と大差ない価格に驚くことも。

30元～

コーヒー

外資系コーヒーショップやホテルなどのレギュラーコーヒーの価格。本格的なコーヒーを出す店が増えているが価格は高め。

4元前後

ミネラルウオーター

町角のキオスクで約600㎖入り中国産を買った場合。ブランドにもよるがスーパーだと2元～、観光地だと5～6元くらい。

15元前後

ビール

ブランドやランクにより異なるが、一般的なレストランでの600㎖入り瓶ビールの価格。約350㎖の缶ビール小売り価格は5元前後。

30元前後

牛肉麺

チェーン系の牛肉麺店での、トッピングなしの価格。庶民的な店では10元くらいからある。

25元

ビッグマック

マクドナルドのビッグマックの単品価格。飲み物とポテトが付くハンバーガーセットは20～30元。

3元～

軌道交通（地下鉄）

6km未満3元、16km未満4元、16km以上は10kmごとに1元加算と、物価に比べてかなり安い。

14元～

タクシー

初乗り3km未満14元、以降1kmごとに2.4元加算。他都市より高めだが、日本よりは安い。

「地図アプリ」の使い方

中国ではインターネット規制の影響でグーグルマップを使えない。レンタルWi-Fiルーターで VPN を経由したり、国際ローミングの場合は使用できるが、精度についてはいまひとつ。中国で開発された類似の「百度地図」なら環境を問わず使えるうえ、ナビの精度が高いので、町歩きの強い味方となる。同種のアプリに「高徳地図」があり、使い方はほぼ同じ。

出発前かホテルでアプリをダウンロード

まずはアプリをダウンロード。通信量が多いので、ダウンロードは Wi-Fi 環境下で行ったほうがいい。出発前か、到着後にホテルでダウンロードしよう。ダウンロードに成功したら、今度はオフライン用のデータをダウンロードしておこう。オフライン用データを入れておくと、通信しないでも地図を表示させておおよそのナビを使うことができる。

「百度地図」を立ち上げて、いちばん上にある人物のアイコンをクリックすると「個人中心／个人中心」画面が表示されるので、左上にある「離線地図／离线地图」をクリックする。「离线地图」はオフラインマップ、「離線導航／离线导航」はオフラインナビ。必須の「全国基礎包／全国基础包」と希望の都市を選んでダウンロードする。

左上:App Store などで「百度地図」を検索　右上:個人中心の画面　下3点:離線地図と離線導航のダウンロード画面いろいろ

アプリを立ち上げてルートを検索する流れ

アプリを立ち上げると現在位置の地図が表示される。右は南京東路の西端付近でアプリを立ち上げたところで、青い丸印が自分の位置。このままでも地図としては使えるが、せっかくなのでナビ機能を使ってみよう。

ナビ機能を使う流れは、下記のとおりだ。

1) **現在地から目的地**
   ・アプリを立ち上げる
   ・上部の入力窓に行きたい場所を入力（日本漢字にもほぼ対応）
   ・候補がいくつか出るので、目的地をクリック
   ・場所の詳細が表示されるので右下の「到这去」をクリックしてルートを出す

2) **指定地から目的地**
   ・地図の下部にある青い「路線」ボタンをクリック
   ・検索画面の「我的位置」を任意の場所に変える
   ・その下の「輸入地点」に目的地を入力して検索
   ・候補が出たら、あとは 1) と同様

目的地を検索する

左:外灘に行きたい場合、外と入力した時点で候補に出てくる　中:上海文廟の場合は日本漢字の「廟」でも簡体字の候補が出る　右:候補をクリックすると詳細が出る

ルートを知る（地下鉄、バス）

左:豫園から黄浦公園へのルート候補。おすすめ順にいくつか表示。この場合はいちばん早く着くのが地下鉄と出た。ただし歩行距離は長い　中:候補を選ぶとルート地図を表示　右:地下鉄は出口番号も表示

左・中:蘇州の三元坊から環秀山荘へは933路バスが候補。降車するバス停名、乗るバスの終着地、バスがどこまで来ているか、目的地までいくつ停留所があるかが表示される　右:現在地からバス停までは「導航」をクリックすると歩行ナビが立ち上がる。方向を変える場所では中国語音声で案内がある　右は歩行ナビの表示例（上海市内）

ルートを知る（歩行、自転車）

左:軌道交通10号線「豫園」から豫園へ向かう検索結果。ルートと所要時間が表示される　中:歩行ナビの画面　右:豫園から外白渡橋までの自転車ルート検索結果。いくつかのルートと所要時間が表示され、「自行車導航」をクリックすると歩行ナビと同様な音声付きナビが始まる

空港から市内へ（ダイジェスト）

　上海の空港に到着後、市区中心部へ向かう方法を簡単にまとめてみた。さらに詳しい情報や、フェリーを利用したときのアクセスについては「旅の準備と技術」のP.405〜408を参照。

上海浦東国際空港から市区中心部へ

リニアモーターカー＋軌道交通（地下鉄）　🆄 www.smtdc.com

最高時速431キロで、あっという間に軌道交通2、7、16号線との接続駅である「龙阳路」に到着する。所要時間は最速7分30秒。「龙阳路」からは軌道交通で各所へ移動できる。「龙阳路」付近で客引きしているタクシーは悪質な場合があるので注意。乗車時は係員がいる所定のタクシー乗り場から乗車する。

「浦东国际机场」駅
　　　↓リニアモーターカー（上海磁浮列车）
「龙阳路」駅 ※軌道交通2、7、16号線に接続

軌道交通（地下鉄）　🆄 www.shmetro.com

上海浦東国際空港から2号線で市区中止部へ向かえる。2019年4月から市区中心部へ直通運転が開始されたが、一部列車は「广兰路」で乗り換える必要がある。市区中心部の「人民广场」まで所要約1時間。

「浦东国际机场」駅
　　　↓軌道交通2号線
（「广兰路」駅 ※一部列車は乗り換え）
　　　↓軌道交通2号線
　　各所へ

エアポートバス　🆄 www.shairport.com/cn/jcjt/index_53181.html

「机场○线」（○は数字）というエアポートバスが市内各所へ出ている。おもな路線は→P.21。

「1号航站楼」（第1ターミナル）
　　↓
「2号航站楼」（第2ターミナル）
　　↓
　各所へ

上海浦東国際空港主要エアポートバス路線

路線	行き先	おもな経由地	第1ターミナル発	第2ターミナル発	市内始発	運行間隔の目安	運賃
機場一線 (机场一线)	虹橋枢紐東 交通中心	上海虹橋国際空港第2ターミナル、上海虹橋駅	7:00～23:00	7:05～23:05	6:00～23:00	15～25分	30元
機場二線 (机场二线)	上海機場城 市航站楼（静安寺）	ノンストップ	6:30～23:00	6:35～23:05	5:30～21:30	15～25分	22元
機場四線 (机场四线)	虹口足球場 （花園路）	五角場、運光新村 ※上りと下りで経路は異なる	7:00～23:00	7:05～23:05	5:30～21:30	15～25分	16～22元
機場五線 (机场五线)	上海駅	軌道交通龍陽路駅、世紀大道浦東南路、延安東路浙江中路	6:30～23:00	6:35～23:05	5:10～21:30	15～25分	16～22元
機場七線 (机场七线)	上海南駅	川沙路華夏東路、上南路華夏西路	7:30～23:00	7:35～23:05	6:30～21:30	20分	8～20元
機場九線 (机场九线)	軌道交通華 荘駅	空港エリア以外ノンストップ	7:00～23:00	7:05～23:05	6:00～21:30	30分	22元

※上記のほかに南匯汽車站行き機場八線、航城園行き機場環一線、夜行便の守航夜宵線があるが、この3路線は一般の観光客は利用する機会が少ないので省略。詳細は公式サイトを参照
※機場三線と機場六線は2014年に廃止。ディズニー線は2017年10月に休止。
※上海のバス停は、最寄りの交差点で交わる道で示されることが多く、「○○路××路」となる
※杭州や蘇州に直行する長距離バスもある。詳細は→P.295、336、408

上海虹橋国際空港から市区中心部へ

※上海虹橋国際空港には第1と第2のふたつのターミナルがあるが、日本からの直行便が着くのは第1ターミナル。両者は徒歩で行き来できないほど離れている

軌道交通（地下鉄）　　　　Ⓤ www.shmetro.com

第1ターミナルからいったん外に出て連絡通路を歩くと10号線の駅がある。第2ターミナルへ行く場合は出発階（2階）から出ている連絡バスのほうが便利。

「虹桥1号航站楼」駅
　　↓軌道交通10号線
　　各所へ

上海浦東国際空港、上海虹橋国際空港からタクシーで

荷物が多い場合には乗り換えの必要がある軌道交通やバスより、タクシーが便利。ただし、空港ロビーで客引きしているような運転手は悪質なケースが多いので、乗車するときは空港ターミナルにある所定のタクシー乗り場から、誘導係員の指示に従って乗車し、運転手には必ずメーターを使うように指示すること。浦東の場合、リニアモーターカー＋タクシーの組み合わせもおすすめ。

【料金と所要時間の目安】
上海浦東国際空港
　　　　→**市区中心部**（人民広場）
200元／1時間20分

上海虹橋国際空港
　　　　→**市区中心部**（人民広場）
80元／40分

地下鉄の乗り方

　上海の市区中心部では軌道交通（地下鉄）網が発達しており、たいていの場所には電車を乗り継いで行くことができる。切符の買い方や乗り方は日本の地下鉄とほぼ同じなので、初めてでも中国語がわからなくても大丈夫だ。
U www.shmetro.com

入口を見つける

出入口には「M」をかたどった上海軌道交通のマークが掲出されている。駅近くの道路には駅の方向を示す看板もある

自動券売機で切符を買う

券売機は駅コンコースに並んでいる。まず画面の路線図で行きたい駅にタッチすると1枚当たりの運賃が表示される

枚数をタッチすると合計金額が表示される

ここでお金を投入。5、10、20、50元札と5角および1元硬貨が使える

上海軌道交通の切符はすべてカード型。これは1回券

自動チャージ機で現金使用可能かどうかは画面の上にある表示を見る

P.23下の1日券や3日券を購入するときや上海公共交通カードへのチャージは有人窓口で。ただし、2016年から現金を扱える窓口が少なくなっている。自動チャージ機もあるが、現金非対応がほとんど

2024年1月現在、現金を使用できる券売機は非常に少ないので注意

安全検査を受け、改札を通ってホームへ

全駅で荷物のX線検査が実施されている。刃物などは持ち込み禁止

改札の前に荷物のX線検査がある。その後、改札機のセンサーに切符（カード）をタッチし、改札機のバーを回転させて入る。スマートフォンのQRコードを読み取らせて乗車している人もいるが、中国の銀行口座とひもづけが必要なので観光外国人の利用は難しい

ホームには列車があと何分で到着するかを表示するモニターがある

乗り換える、下車する

乗り換え表示はわかりやすい

乗り換え通路が完備されているので、一部を除き改札を出る必要はない
※乗り換え通路はけっこう長い。近距離で2回以上乗り換える経路ならタクシーやバス、シェアサイクルを使うほうが楽

改札を出て乗り換える駅では1回券は回収される。交通カードでの乗り換えは30分以内

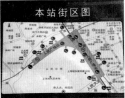

下車したら周辺案内図を見て出口を探そう

いろいろな切符を賢く使おう！

お得な切符がいくつかある。一部の有人窓口で購入できる。

1日券
最初に改札を通った時間から24時間以内乗り放題で18元。3日券は72時間以内乗り放題で45元

上海公共交通カードに窓口で現金チャージできない駅では、構内のファミリーマートでチャージできる

リニア＋軌道交通1日券
リニアモーターカー片道＋軌道交通1日券55元.リニア往復＋軌道交通1日券85元

上海公共交通カード
リピーターにおすすめ。デポジットは20元で、駅のほか市内のコンビニでチャージ可能。バスと軌道交通を乗り継ぐと1元割引になる
U www.sptcc.com

タクシーの乗り方

　軌道交通とバスの発達している上海だが、荷物の多いときや乗り換えが多い経路ではタクシーを利用するのが便利だ。中国のタクシーのなかでも上海のタクシーは比較的トラブルが少なく、観光客でも安心して乗ることができる。中国語でタクシーは"出租车／chū zū chē"または"的士／dí shì"。

上海のタクシー会社いろいろ

　屋根の上に大きな字で所属の会社を表示している。最大手は大衆（大众）、二番手は強生（强生）。ほかに日系企業に人気がある錦江（锦江）など。

手を差し出して停める

　中国では手を挙げるというより、差し出す感じで停める人が多い。交差点付近などの駐停車禁止場所では停まってくれない。また、行き先が反対方向だと乗車拒否されることもあるので、そのようなときは反対車線へ渡って停めよう。ドアは自分で開けて乗る。

　空車の表示は「空车」。雨の日は極端につかまりにくくなるほか、携帯予約アプリの普及で、流しのタクシーをつかまえるのは以前より難しくなった。中国語で迎車を頼むことは"打车／dǎ chē"。

スマホ用タクシー予約アプリ　🔗xiaojukeji.com

　中国のタクシー予約アプリは「滴滴出行（DiDi）」にほぼ集約された。「滴滴出行」はいわゆる「中国版Uber」で、普通のタクシー（アプリでは「出租车」と表示）のほか、個人営業の自家用車（アプリでは「快车」と表示）も呼べる。これは中国では適法。むしろ、こちらのほうが安心で安全だという逆転現象さえ生じている。アプリを起動すると地図が表示され、近くの空車が表示される。タクシーか自家用車かなど希望の種類を選び、目的地を入力して、コールボタンを押すと近くの車に通知され、条件の合う車とのマッチングが成立する。予約に成功すると車のナンバーや色、運転手の名前がスマホに表示され、到着を待てばいいのだが、多くの場合運転手から位置確認の電話がかかってくる。到着後の支払いでは、自家用車の場合現金は使えず、中国のスマホ決済システムへの加入か、クレジットカード登録が必須（2018年4月から国際クレジットカードの登録が可能となった）。英語版もあるが、実際に使うには中国の携帯番号や身分証明書の写真送付が必須であり、中国語能力もある程度必要なのでリピーター向きだろう。また、日本版アプリは中国で使えない。

タクシー乗り場から乗る

　　　　繁華街や主要駅には係員のいるタクシー乗り場がある。タクシー乗り場からの乗車は一般的に安心安全だ。係員に行き先を告げると運転士に伝えてくれる。

料金を支払う

　　　　タクシー料金は普通車初乗り3km未満14元、以降1kmごとに2.4元加算。支払いはメーターどおりでよく、燃油費の追加は不要。乗車時にメーターのスイッチを入れたかどうか確認しておくこと。大部分のタクシーでは、上海公共交通カード（上海公共交通卡→P.23）での支払いもできる。目印はこのマークのセンサー。降車時には領収書をもらっておくとよい。タクシー会社の連絡先電話番号と乗車したタクシーの固有番号が書いてあるので、忘れ物をしたときやトラブルがあったときなどに役立つ。

タクシーの乗降場所

　　　　中心部では大部分が駐停車禁止。タクシーの乗降はバス停付近にあるこの表示の場所で。

白タクに注意

　　空港や駅には事情を知らない観光客を食い物にする悪質な白タクがまだいる。客引きは相手にせず、正規のタクシー乗り場から乗車し、メーターを必ず使わせること。中国語で白タクは"黑车"。

便利なひと言会話

ここに行きたいのですが（地図などを指して）。
▶我要去这个地方。
　wǒ yào qù zhè ge dì fāng

前を右折して！
▶前边右拐！
　qián biān yòu guǎi

前を左折して！
▶前边左拐！
　qián biān zuǒ guǎi

真っすぐに！
▶一直走！
　yī zhí zǒu

反対方向に行って！
▶去到反方向！
　qù dào fǎn fāng xiàng

もっと先。
▶更前头。
　gèng qián tóu

急いで。
▶快走。
　kuài zǒu

ここで（前で）停めてください。
▶停在这儿（前边）。
　tíng zài zhèr（qián biān）

ちょっと待って。
▶等一下。
　děng yī xià

停まって！
▶停车！
　tíng chē

領収書をください。
▶要发票／收据。
　yào fā piào／shōu jù

バスの乗り方

観光客には路線がわかりにくい市内バスだが、軌道交通（地下鉄）駅から遠い場所や、乗り換えなしで行ける場所へは使う価値がある。運賃も市区中心部なら2元と安い。上海公共交通カード（→P.23）を使えば軌道交通から乗り継ぎの際に1元割引される。

停留所を探す

上海のバス停は交差点で交差するふたつの道路名を併記した名前（「○○路××街」など）になっていることが多い。ただし、渋滞防止のため、バス停自体は交差点からやや離れた場所にある。

行き先とバス番号を確かめる

バス停には停留所一覧が掲出されている。一般的に停留所の間隔はかなり長い。一覧表で緑色はワンマンバス、オレンジ色は車掌が乗務する路線、青色は深夜路線。路線検索システムも複数ある。

U shanghai.8684.cn
U bus.mapbar.com/
shanghai/xianlu

運賃を支払って乗車

前扉から乗車し、後扉から降車する。運賃は乗車時に支払う。現金の場合、おつりは出ない。上海公共交通カードはセンサーにタッチする。市区中心部なら降車ボタンを押さなくても通常全部のバス停に停まる。

便利なひと言会話

※乗務中に運転士が乗客と会話することは原則禁止されているので、複雑なことはバス停や車内でほかの乗客に聞くなどの工夫を！

ここに行きたいのですが。（地図などを指して）
▶我要去这个地方。
　wǒ yào qù zhè ge dì fāng

この車はここに行きますか?（地図などを差して）
▶这车去这个地方吗?
　zhè chē qù zhè gè dì fāng ma?
※「这个地方」を「火车站」（鉄道駅）など行き先そのものに置き換えてもよい
→这车去火车站吗?
　zhè chē qù huǒ chē zhàn ma?

いくらですか?
▶多少钱?
　duō shǎo qián?

着いたら知らせてください。
▶到站就告诉我。
　dào zhàn jiù gào sù wǒ

乗ります! 降ります!
（数回繰り返すと効果的）
▶上! 下!
　shàng! xià!

2階建て観光バス

　乗り降り自由の観光バスを運行する会社は3つあり、1社目は上海水陸通旅游発展有限公司の「BUS TOUR」、2社目は春秋旅行社による「春秋都市観光旅游バス」。さらに2018年12月から3社目となる上海新高度旅游有限公司の「申城観光線」が加わった。

BUS TOUR　U www.bustourchina.com

■料金

100元：全路線24時間乗り放題
180元：全路線48時間乗り放題
200元：全路線24時間乗り放題＋金茂大厦88層観光庁と外灘観光隧道片道また

は黄浦江クルーズ

300元：全路線48時間乗り放題＋金茂大厦88層観光庁と外灘観光隧道片道＋黄浦江クルーズ

※購入は主要停留所の係員から

路線	おもな経由地	運行時間の目安（始発点基準）
紅線	南京路（新世界城）～人民広場～人民公園～南京路歩行街～外灘A～外灘B～浦江游碼頭～豫園～新天地～南京路（新世界城）	9:00～17:00の間30分に1便
緑線	南京路（新世界城）～上海博物館～淮海路～静安寺～ザ・ポートマン・リッツ・カールトン 上海～上海テレビ局～人民公園～南京路（新世界城）	9:15～16:15の間30分に1便
藍線	外灘A～外灘B～東方明珠塔～上海環球中心大厦・金茂大厦～浦江游覧碼頭～南京路（新世界城）	9:30～17:30の間30分に1便

春秋都市観光旅游バス　U pages.springtour.com/menpiao/bus/bus.aspx

■料金

40元：全路線が24時間乗り放題

50元：全路線が48時間乗り放題
※購入は車内か春秋旅行社各支店にて

路線	おもな経由地	運行時間の目安（始発点基準）※季節により変動あり
都市観光旅游1号線（浦西線）	上海城市規劃展示館～南京路歩行街～マダム・タッソーろう人形館～外灘～浦江游船碼頭～城隍廟・豫園～新天地～淮海中路～上海博物館	9:00～18:00または20:30の間20分に1便
都市観光旅游2号線（浦東線）	上海博物館～上海城市規劃展示館～東方明珠塔～金茂大厦	9:00～17:30または19:30の間30分に1便
都市観光旅游3号線（世博線）	外灘～海関大楼～金陵東路碼頭～浦江游船碼頭～豫園・城隍廟～中華芸術宮～サウジアラビア館～南外灘・老碼頭～復興東路碼頭	9:00～16:00の間35分に1便
都市観光旅游5号線（虹口線）	外灘～外白渡橋～上海大廈～上海港国際客運中心～上海ユダヤ難民紀念館～上海郵政博物館	9:00～16:00の間35分に1便

※BUS TOURの「浦江游覧碼頭」停留所と春秋都市観光旅游バスの「浦江游船碼頭」停留所はほぼ同じ場所

申城観光線　☎ 400-806-7798（上海新高度旅游有限公司）

■料金

30元：全路線24時間乗り放題

50元：全路線48時間乗り放題
※購入は車内にて

路線	おもな経由地	運航時間の目安（始発点基準）
申城観光1号線	南浦大橋～古城公園～城隍廟～河南南路福佑路～豫園～新天地～人民広場～南京路歩行街～外灘（南京東路）～外灘（北京東路）～外灘（漢口路）	4～10月9:00～20:30の間30分に1便、11～3月9:00～18:30の間30分に1便
申城観光2号線	東方明珠～東昌輪渡～上海中心～河南南路福佑路～豫園～復興東路輪渡～十六鋪碼頭～外灘金牛広場～外灘（南京東路）～外白渡橋	4～10月9:00～20:00の間30分に1便、11～3月9:00～18:00の間30分に1便

道路標識と自転車

中国では国際免許証による運転が認められていないので、旅行者が自分で自動車などを運転する機会はないが、主要な道路標識を覚えておくと町歩きに役立つ。自転車は免許不要なので接する機会があるが、日本とは異なる交通ルールもあるので注意が必要だ。

よく見る標識いろいろ

赤信号で停止、青信号で進行は共通だが、道路信号では赤が点灯していても車両は右折が可能（矢印の場合は不可）な点が日本と異なる。標識類の基本的な様式は日本と似ている。

方向を示す一般的な標識

緑の標識は高速道路用

走行区分を示すもの

止まれ、は中国語で"停"

数字は制限速度、ラッパの絵はクラクション禁止

転回や左折車線は原則いちばん左だが、まれに二段階左折でいちばん右が左折車線のケースがある

自転車に乗るときは……

自転車は中国語で"自行车 zìxíngchē"。大都会上海では無謀な運転の電動自転車や宅配バイクの間をぬって慎重に走る必要があるので、町なかでの自転車走行は慣れた人向き。駐輪場や自転車レーンは日本より整備されているので快適だ。

左は車、右は自転車

自転車レーンの表示

Mobike（モバイク／摩拝単車）を使ってみよう

中国の都市部では、乗り捨て自由で料金格安のシェアサイクルがあっという間に普及し、市民の足になったり、バスだと混雑して使えないスイスイ移動…… 数社が入り混じ、目印のofoなど数社が……本のクレ……も可能。ただ、

2024年6月現在、都市部のシェアサイクル事業は「哈羅（ハロー）単車」（アリババ系列で白と青）、「美団単車」（美団系列で黄色）、「青橘単車」（滴滴系列で青緑）の3種が主流。アリペイ（支付宝）に海外クレジットカードを紐づけて実名認証しておけば、アリペイの画面から移動して「哈羅（ハロー）単車」を簡単に使うことができる。料金は1.5元〜。借りるときはスマホで自転車のQRコードをスキャンすれば自動解錠され、返却時はスマホ画面の「我要还車」のボタンを押すと自動的にロックされる。押し忘れると他者に使われてしまうので注意。施錠後は「立即支付」のボタンを押して料金を支払う。

※Mobike、of……
　Mobikeは美……
※Wi-Fiルー……
　してよい……

①まず……

シェア……用意して日本版公式サイトにまずアクセスしアプリをインストールする。登録する電話番号は日本のものでかまわない。途中でSMS認証が必要となるが、ショートメッセージが届かない場合は音声認証も可能。クレジットカード登録のあと、任意の利用料金をあらかじめスマートフォンにチャージする。中国での利用料は通常30分1元なので、数日間の旅行なら500〜1000円もチャージしておけば十分だ。これで事前準備は完了。チャージは中国入国後でもOK。あとは中国でもスマートフォンを使えるように定額データローミングを申し込むか、Wi-Fiルーターを借りておく。以上はMobikeの説明だが、ofoもほぼ同じ。2019年4月現在、ofoは台数が少なく整備不良車が多いので上海ではおすすめしない。

②Mobikeを探す

中国到着後にアプリを立ち上げると、自分のいる場所の地図が表示され、オレンジ色の自転車マークが現れる。これが空車。この時点で自転車を押さえることも可能だが、壊れているものも交じっているので、現車をチェックしてから乗る自転車を決めたほうがよい。

左:空車を示す画面　上:Mobikeはオレンジ色が目印

③乗る自転車を決めてバーコードをスキャン

料金はサドルに表示されている。30分1元が大半。ハンドルやサドル、チェーンが正常か事前によく確認する。乗る自転車が決まったら、バーコードをスキャン。ピピッと音がして自動的にロックが解除される。

左上:サドルをチェック　左下:チェーンをチェック　上:バーコードをスキャンする

④降りるときはロックを忘れずに

Mobikeの自転車はエアレスタイヤや、高めの重心など若干クセがあるが、慣れれば快適。一方で、音もなく至近距離をすり抜ける配達の電動バイクや逆走自転車には要注意。前方赤信号でも右折はOK、左右に赤矢印は直進OKといった交通ルールにも注意しよう。目的地に着いたら駐輪スペースに停め、手で自転車をロック。ピピッと音がしてスマートフォンに料金が表示される。ロックし忘れると料金がかかり続けるうえ、他人に使われてしまう。

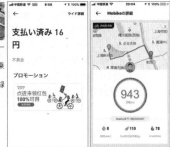

上:駐輪スペースに置く　中:料金は1乗車16円！　右:乗車記録も表示される

高速鉄道(CRH)の乗り方

「中国版新幹線」ともいわれる中国高速鉄道(中国語では"高铁"、英語名はCRH)。上海周辺でも、杭州や蘇州、南京に行くには早くて便利な交通手段だ。とはいえ、日本と桁違いに大勢の乗客をさばく中国の鉄道には日本とは異なる習慣もある。

2024年1月現在、中国鉄路公式サイト12306英語版は国際クレジットカード決済に対応。

①切符を買う

外国人旅行者は種々の制約からネットでの事前購入や駅の券売機での購入は不可。事前に日本で切符を手配したい場合は、民間旅行手配サイトTrip.com(🔲 jp.trip.com)で予約して、駅窓口で切符を受け取ることができる。切符には名前と身分証明書番号が記載さ

窓口は混んでいるが列は早く進むので心配ない。当駅発の列車以外は手数料5元がかかる

上海では駅窓口の取り扱いは3日以内の場合が多い。28日以内の事前購入は上海駅総合切符売り場(→P.413)へ

れるので、窓口にパスポートを出して希望の日時と列車を伝える。P.31下のような紙をあらかじめ作って記入しておくと便利。人気路線は当日だと売り切れの場合も多いので前日までの購入が望ましい。

● 高速鉄道の座席の種類

ビジネスクラス(商务 shāngwù)。座席配列は片側1列と2列。日本のグランクラスに相当

1等席(一等 yīděng)。片側2列で、日本のグリーン席に相当。静かで快適なのでおすすめ

2等席(二等 èrděng)。座席配列は片側2列と3列で、日本の普通席に相当。常に混雑している

市内切符売り場を活用しよう

昔よりも混雑度が下がったとはいえ、駅の切符売り場では列に並ぶ覚悟が必要。中国鉄路では市内各所に切符の発券端末を設置し、販売を委託するスポットを設けている。中国語で"铁路代售点 tiělù dàishòudiǎn"と呼ばれているが、場所は中国鉄路12306(🔲 www.12306.cn)で検索できる。1枚5元の発券手数料がかかるが、駅よりすいているので細かな希望を伝えやすい。

委託販売所は小さな窓口だが、比較的すいている

②駅に入る

上海の駅は空港並みに巨大で、駅への入場に際して身分証チェックや荷物検査もあるので、発車ぎりぎりの駆け込み乗車はできない。少なくとも30分前には駅に到着するように。

上、右上：駅に入る前にまず切符と身分証の照合チェックがあり、その次に荷物のX線検査がある。常に混雑し、長蛇の列になる場合がある
右下：上海虹橋駅の待合室ホール。いちばん奥に何があるか見えないほどの広さだ。待合室に入るには荷物のX線検査を受ける

③列車に乗る、降りる

改札は待合室ホール内のホームへ下りる通路入口の前で行われる。駅により異なるが、通常発車15分前の改札開始なので急いで列車に乗り込もう。発車の3～5分前には改札が閉じられる。車両の号車表示はドア横か上部にある。ドア横のアテンダントに切符を見せてから乗車する。降車時は早めにホームから出るよう促される。切符は改札機に投入しても返却される。

改札は自動改札が基本。改札機に切符を投入して通過する

ホームは日本と大差ないが売店などはないので買い物は待合室で済ませておく

列車により異なるがビュッフェ車があり、簡単な食事ができ、カウンターでお菓子や飲み物などを買える

車内デッキ部にはお湯を注ぐ給湯器がある。カップラーメンを作ったりお茶を飲める

切符購入用の筆談メモ ※このように手帳や紙に書き、パスポートとともに窓口に出す

乗車希望日と曜日

10月**10**日 （星期五） G7361次 ※列車番号を記入するか希望の出発時刻を記入
※曜日→P.432

乗車駅と出発時刻　　　　　　等級　　　枚数

上海虹桥 → **杭州** 　一等　　1张 ※駅名、等級は簡体字で記入
（8:06）　　（9:50）

□靠窗（窓側）　□靠通道（通路側）　□一人座　□二人座　□三人座
□最早一班车次（いちばん早い次の列車）
□若无二等座时、一等座也可（二等席がない場合は一等席でもよい）

※希望があれば□にチェックする。下線部は適宜入れ替える

写真・協力 町川秀人

上海の
定番 「フォトジェニック」スポットを巡る

上海滞在中、誰もが一度は訪れる有名スポットでも、一度は食べる定番メニューでも、時間帯や撮り方をちょっと工夫すれば「フォトジェニック」なカットをおさえることができる。取材で毎年協力いただいている上海在住のカメラマン、町川秀人氏と一緒に市内を歩いてみた。

上海の日の出は浦東の高層ビルの間から

時間帯で
町の表情は変わる
❶ 早朝の外灘公園

昼間は人でごった返す外灘公園も早朝は人影もまばら。高層ビルの間から昇る太陽は幻想的だ。朝もやのなか、太極拳をする人のシルエットも美しい。日の出前の到着がおすすめだ。

名物の太極拳は望遠レンズを使うと効果的に撮れる

望遠レンズでシルエットのカットもいい

水面に反射する太陽を入れるのも幻想的だ

昼の外灘公園では、あえて
人を入れると雰囲気が出る

結婚記念写真撮影の
シーンも見逃さずに

❷ 朝の田子坊

　昼から夜は大混雑する田子坊も、
店の開く前の早朝はがらんとしてい
る。生活の息吹もまだ残っている。

無人の通りは異世界のようだ

奥で掃除する住民を入れたスナップ

人のシルエットがあると、より静寂感が出る

路地は広角レンズで撮ると効果的

洗濯物が干されてい
たりと、生活感ある朝
の田子坊の表情を撮
ろう

小物のアップも朝
なら撮りやすい。
これは店先にあっ
た願い事札

❸ 夜の田子坊

夜の田子坊はネオンが輝き、美しいシーンがそこかしこにできる。雑多なものが暗闇に隠れて写真映えしやすいのが魅力だ。

赤い提灯の列で中国っぽさを強調

バーの青色照明や西洋人客で中国らしくない雰囲気が撮れる

英語のサインをアップにするととたんにおしゃれ度が増す

広角レンズで路地の変てこなオブジェも入れてみた

❹ 新天地

多くの観光客が訪れる新天地。狭い路地では意外におもしろい写真を撮れる

町の写真では人の位置が重要。上のカットでは人物が効果的に入っているが、右は中途半端だ

上：建物と建物の間の細い路地がおすすめ。タテ位置で撮ろう
右：おしゃれな高級店の看板はアップで撮ると効果的

コロンビアサークル
（上生・新所）

もともとは1920年代にアメリカ軍が建設したスポーツクラブ。長らく非公開だったが、2018年に再開発されてリニューアルオープン（→P.136）。南欧風デザインのプールが残っていて、撮影スポットとして若者に大人気の場所だ。

いちばんのフォトジェニックスポットは何といってもこのプール

プールサイドは近景を入れると背景との対比で印象度が増す

上・右2点：窓は望遠レンズ使用でメリハリをつけ、立体的なパーツは望遠で斜めがちに撮ると生きてくる

洋風建築はドアなどパーツのアップを撮ろう

人を入れるとメリハリが出る。もちろん自分が写るのもOK

柵と床のボーダーラインが織りなす模様が美しい。幾何学模様を美しく撮るには斜め方向からカメラを構えよう

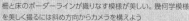

❶ 小籠包・生煎

上海のシャオチーといえば小籠包と生煎（焼き小籠包）はぜひとも写真に残したい。遠目に撮るより、ズームアップするとおいしそうに見える。食べ物は柔らかな光線になるようにフラッシュを使わないほうがよい。

上はズームアップしたうえ、レンゲに小籠包を載せて背景をぼかしてみた。実においしそう。セイロごと撮った下と比べると一目瞭然

生煎も同様に撮ってみた。大衆的な店なのにぼかし効果で高級感すら漂う

❷ ビャンビャン麺

平たい麺と具をあえて食べる西安名物の麺料理だが、画数の多い漢字は中国人も読めず、フォントもない！　ということでブログやSNSで人気になっている。おもしろい料理もせっかくならおいしそうに撮っておきたい。

左：麺類などドンブリに入った料理はアップがちに撮るといい
上：引いて撮るとあまりおいしそうに見えない

左：57画の漢字がミソなので、メニューはアップで。ちなみに発音は「biángbiángmiàn」
右：幅広麺がよくわかるように箸上げカットも追加で

❸ スイーツ

カラフルな中国スイーツは見た目もきれいなのでぜひともおいしそうに撮っておこう。撮り方は基本的にはほかの料理と同じでいいが、鮮やかさを強調できるものを頼むといい。

左上・左:タピオカのスイーツだが、やはりアップで撮ったほうがおいしそうに見える

右上・右:カラフルなヨーグルトのスイーツ。上は一眼レフで背景をぼかしたものだが、下のスマートフォン撮影でも十分

❹ アフタヌーンティー

イギリス式アフタヌーンティーを楽しめるスポットは多数あるが、せっかくなら、ということで旧英国領事館だった建物を利用した外灘源壹号の「ザ・バルフォア」(→ P.226)で撮影にチャレンジしてみた。

前庭から浦東の高層ビルを遠望できるこのシーンはほかでは体験できない

左上:シルバーの茶器にピントを合わせ背景をぼかそう

右上:重厚な建物のカットは望遠レンズを使って一部を切り取ると映える

左:高さのある器は撮影が難しい。望遠で背景をぼかす

上海影視楽園でタイムスリップ！

園内を走る路面電車。まったく同じではないが、再現度はかなり高い。右にはさりげなく本物のクラシックカーが

　大規模な映画セットを一般公開している上海影視楽園（→P.146）。園内には実物大で実際に電気で動く路面電車があり、1930～50年代の南京路や延安路を再現した町並みを一周する。セットは驚くほどよくできており、町を歩けばまるでタイムスリップしたかのようだ。派手なアトラクションはないが、古いもの好きにはたまらない。

訪問当日はたまたま映画かドラマの撮影中で、クラシックカーが走り回っていた

結婚式用の記念写真撮影スポットとしても有名なようだ

南京路の先施公司。撮影用に「松江郵政大楼」の看板になっている

撮影中のセットは立ち入り禁止となるが、建物内からのぞけることもある

生活感あふれる
ストリート

　セットの町並みは建物の質感が見事に再現されている。小道具も相まって本物の町に迷い込んだような錯覚に陥る。

70年前に迷い込んだような町並みがすばらしい

これはミニサイズの浙江路橋。橋を渡ると1910年代の町並み

上・右：路地裏のセットもある。建物だけではなく、看板や張り紙も実にリアル

左：モラー邸を模した高級住宅
右：小道具や服装を展示する施設もあり、興味深い

乗り物好きには感動モノ

　レプリカや本物含めておびただしい数の乗り物が保管されている。来歴を考えながら見ていると、あっという間に時間が過ぎる。

アメリカ車の「nash」

租界時代のトロリーバスのレプリカ

SLは本物の上游型、客車と貨車はレプリカ

1940年代のアメリカ車だろうか

古い軍用車も大量に保管されている

軌道交通（地下鉄）で簡単に行ける

水郷古鎮の歩き方

上海の軌道交通（地下鉄）網は遠く郊外まで達し、かつてはバスを乗り継いで行くしかなかった水郷古鎮にも電車で簡単に行けるようになった。手軽に水郷の風情を体験できる5つの古鎮を紹介しよう。

朱家角 P.158

軌道交通17号線はのどかな田園風景を高架に乗って走る

虹橋火車站駅から所要約40分

軌道交通17号線は、虹橋火車站駅の同じホームで2号線と接続している。電車に乗ってしばらくすると、地上に出て郊外の農村を西に向かって走る。所要約40分（6元）で朱家角駅に到着。1号出口を出て、地下鉄線と交差する珠渓路を北に向かい、朱家角市河の橋を渡ったら右へ、川沿いの西湖街を歩こう。水郷の暮らしを感じられる家並みが続く。5分も歩くと、城隍廟（見どころ紹介→**P.161**）が見えてくる。

虹橋火車站駅からすぐに乗り継げる

まだ乗客はそれほど多くないので、のんびり座って行ける

1号出口を出ると、開通記念のモニュメントがある

1号出口から道路を越える通路を通って駅に向かう

朱家角市河沿いを歩いて、朱家角の見どころに行ける

雑貨屋の店先で昼寝するおじさん

朱家角市河をまたぐ石造りの中和橋

路地の上に干された民家の洗濯物

西湖街をしばらく歩くと風情のある路地に変わる

おしゃれな茶館がいくつも並んでいる

屋根のある廊橋の下をのんびりくぐる遊覧ボート

地元の暮らしを感じられる 水郷の町 を歩こう

　朱家角のよさは、地元の人たちの暮らしをそこかしこに感じられること。朱家角市河沿いの西湖街の小道を歩くと、地元のおばあちゃんが川縁で休んでお茶を飲んでいたり、洗濯物が干されていたりする光景に出合う。だが、しばらくすると石畳の路地になり、おしゃれな茶館やカフェが現れてくる。そこはすでに見どころの集中する観光エリアで、とたんに観光客の姿が多くなる。

シェアサイクルはここでも活躍！

永豊橋のたもとにひっそりとたたずんでいた黒猫

民宿を兼ねたコーヒーショップも数軒あった

桂花（キンモクセイ）などの甘い香りの地元酒の店

P.147

七宝

9号線「七宝」が
最寄り

軌道交通9号線「七宝」の2号出口はショッピングセンターと直結し、市内中心部と変わらないが、約600m南東に歩くだけで伝統家屋が並ぶ「七宝老街牌楼」（入口）が姿を現す。そのまま南東へ進めばメインの北大街だ。

典型的な水郷の風景が広がる

七宝は綿業で栄えた。七宝棉織坊では当時の様子を再現した展示がある

味噌や醤油の蔵元が
今も残る

ちまきは江南水郷の名物。
七宝でも扱う店は多い

P.151

嘉定

11号線「嘉定北」から
バス数分

軌道交通11号線「嘉定北」は郊外らしく高架式の小駅。1号出口を出て陸橋を渡り、ショッピングセンター1階のバスターミナルから出る嘉定10路バスに乗り換えて古鎮に向かおう。嘉定は都市化が進み過ぎて古鎮の風情はあまり残っておらず、見どころは名園や孔子廟程度なのが少々残念。

水郷らしい町並みはほんの一部だけなのが残念だ

嘉定博物館は無料ながら展示も充実した展示

嘉定一の名園とされる秋霞圃

上海エリアでは最大規模の
孔子廟が残る

P.150

南翔

11号線「南翔」から
バス数分

　バスを降りると名園「古猗園」は目の前。ただし、南翔古鎮とは距離がある。南翔古鎮（老街）へは古猗園北門から西へ約700mを歩く。古鎮はなかなかにぎやかだがやや風情には欠ける。

南翔古鎮の伝統商店街ではさまざまなシャオチーが売られている

南翔といえば名園の古猗園。広い園内は市民の憩いの場

P.149

新場

16号線「新場」から
バス数分。
穴場の古鎮

　古鎮は16号線「新場」の南約3kmにあるので、2号出口を出て階段を下りた所から新芦専線バスに乗る。3つ目の「新場」で下車し、看板に従って進むと自然に古鎮に入る。中心は洪福橋周辺。商店街はまだあまり観光化されておらず、チープな日用品を商う店も残っていて楽しい。

洪福橋から見た運河沿いの食堂街。第一楼は町いちばんの茶館だ

商店街で見つけた金物屋。竹籠などを扱う店もある

「三世二品坊」という官職輩出を記念する牌楼は1975年に破壊され2006年に再建

運河沿いはアーケードの食堂街になっていて、家庭料理を楽しめる

「酒醸」という手作りの甘麹やそれを使ったお菓子が売られていた

店の角にある石柱には康熙壬寅（1722）年創業の文字があった

エントランスは吹き抜け。恐竜が宙を泳ぐ

巨大な恐竜は首を振る仕掛け

雨の日でも楽しめる

穴場の博物館 **3**選

　せっかくの上海観光なのに、外は土砂降り。そんなときにおすすめなのが、大型の博物館巡りだ。新しい博物館は展示にも工夫が凝らされていて楽しめるうえ、カフェを併設しているなど長時間いても退屈しない。

P.132

上海自然博物館

　2015年にオープンした巨大博物館。動物のはく製は今にも動き出しそうなポーズがすばらしく、恐竜のレプリカは最新技術で実際に動く。カフェもあり、親子連れにおすすめだ。

中国は化石の宝庫。恐竜化石の展示もたくさんある

動物のはく製は固有の習性をうまく描写

館内にはカフェがあり、ゆっくりと休める

事前に申し込むと児童限定で化石発掘ゲームに参加できたり水辺の生き物に触れられる（無料）

44

P.140

世博会博物館

2017年にオープン。「世博会」とは万博のことだが、2010年の上海万博だけではなく、世界の万博開催の流れを理解できる。8つの常設展示場をもつ巨大施設ながらなんと入場無料。

「われわれは成功した」との文字が誇らしげな上海万博コーナー入口

大阪万博のコーナーもある。当時の模様が映像で映し出される

上海万博の日本産業館で展示された黄金のトイレもある

巨大仏像を中心とした世界各国の民芸品コーナー

P.134

東方明珠塔と上海城市歴史発展陳列館

高さ競争では分が悪くなってしまった東方明珠塔だが、エンターテインメント性ではまだまだ優位。特に、1階の上海城市歴史発展陳列館は意外に見応えのある穴場スポットだ。

透明床の回廊では多くの若者が自撮りではしゃいでいる

タワーの見どころで人気なのはメインの263m展望台ではなく、その少し下の259mにある一周回遊できる透明床の回廊だ。ここは夜がおすすめ

租界時代から有名だった上海の夜景を模型で再現

性病科医院の隣ではちょっとあやしげな世界が

路面電車の縮小レプリカ

アヘン窟の様子はマネキンがリアル

かぶりものパンダのぬいぐるみが勢揃い!

中央がワタナベマキコさん。左はスタッフのNさん、右はパッシーさん

キッチュチャイナ
KITSCH CHINA の 上海雑貨
P.242

KITSCH CHINAは上海在住のイラストレーター、ワタナベマキコ(マック)さんのブランド。中国をモチーフに描かれるかわいらしいイラストは、実は中国にはあまりない日本人好みのセンス。ショールームは裏通りの路地にひっそりとあるが、取扱店が少ないのと商品がすぐに入れ替わるのでわざわざ訪ねる価値はある。買い忘れたら日本向け通販も!

∪ kitschchina.net　∪ kitschchina.shop-pro.jp(日本向け)　※商品は取材時のもので、随時入れ替わっています

定番の パンダシリーズ

2024年7月現在、上海のキッチュチャイナ実店舗は閉店。

上海

ぬいぐるみはかぶりもの込みで100〜200元。種類は豊富だが在庫限り!

横向きパンダの栓抜き

かぶりものだけも販売。小型犬や愛猫にかぶせてSNSに公開する人もいるそうだ

いちばん人気はやはりパンダ。愛らしい横向きの太っちょパンダのほか、かぶりものシリーズはぬいぐるみでも展開。

ヒマラヤンソルトに天然精油を加えたバスソルト

店内にはさまざまな雑貨がぎっしり。目移りしてしまう

ショールームは裏路地の小さな建物の中

おみくじ付き缶バッジが人気

何でもかぶってしまうかぶりものパンダが缶バッジに。包装の中にはおみくじが入っているが、猫吉や熊猫吉なんていうのも。ひとつ12元とリーズナブル。

包装の中にはおもしろおみくじが

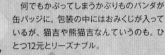

これがおみくじ付き缶バッジ1個12元。シークレットもある

お茶は本格派

配りみやげにちょうどいい小分けのお茶は本格派。中国の茶を極め、茶芸師の国家試験官を務めるまでになった日本人が厳選したものを揃えている。

パッケージがかわいい本格派のお茶

人気のティーバッグ
中国茶は1袋18元

名刺にも使えるカード

セミオーダーで名刺にもなるカードが人気。転居のあいさつに使う親御さんも多いとか。ネットでもオーダー可能。

ユニークな仕掛けのカレンダー

カレンダーは日中両国の祝日が記載されていて在住日本人や中国フリークに好評だそう。

メモ帳（右、23元）やマウスパッド（左、28元）などの文具も充実。中央はカレンダー

名刺サイズのイラストカードは10枚10元。
名刺印刷のセミオーダーもOK

カレンダー（60元）は
日中両国の祝日を記載

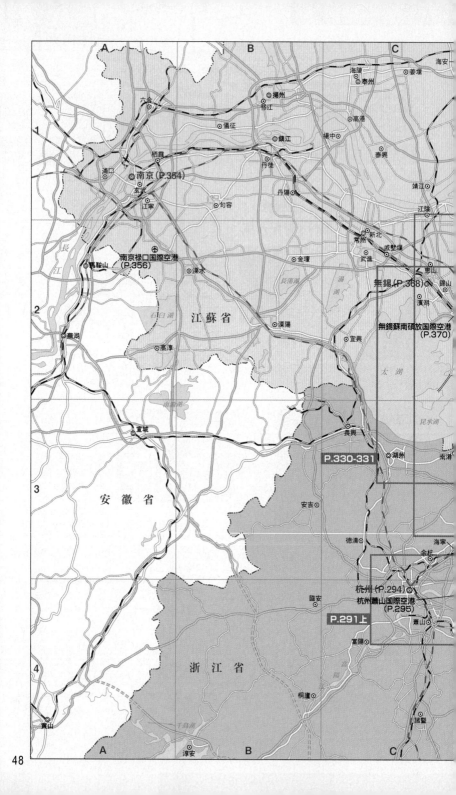

省・直轄市・自治区界線
鉄道
高速鉄道
高速道路
高速道路建設中
国道
その他の道路
◎ 直轄市・省都
◎ 地級市・地区・自治州・盟の行政中心
◎ 区・県・県級市・自治県・
旗・自治旗・特区・林区の行政中心
✈ 空港

P.50-51

如皋
如東
江蘇省
通州
港閘 崇川
南通
海門
啓東
張家港
長江
常熟
崇明島
崇明
上海虹橋国際空港(P.412)
上海虹橋駅(P.413)
呉淞口フェリーターミナル
陽澄湖
太倉
嘉定
長興島
相城
昆山
横沙島
姑蘇
蘇州(P.334)
上海駅(P.413)
呉中
◎上海(P.85)
上海虹橋駅
呉江
上海南駅
(P.413)
✈上海浦東国際空港
(P.412)
青浦
松江
上海市
嘉善
嵊泗
嵊泗列島
嘉興
金山区
東海大橋
桐郷
平湖
3
洋山港
海寧
海塩
杭州湾跨海大橋
州 湾
嘉紹大橋
杭
岱山
慈渓
舟
山
金塘跨海大橋
舟山島
柯橋
群
上虞
余姚
鎮海
定海
北侖
島
◎紹興(P.320)
普陀
舟山
寧波
鄞州
浙江省
N
奉化
0   25   50km
嵊州

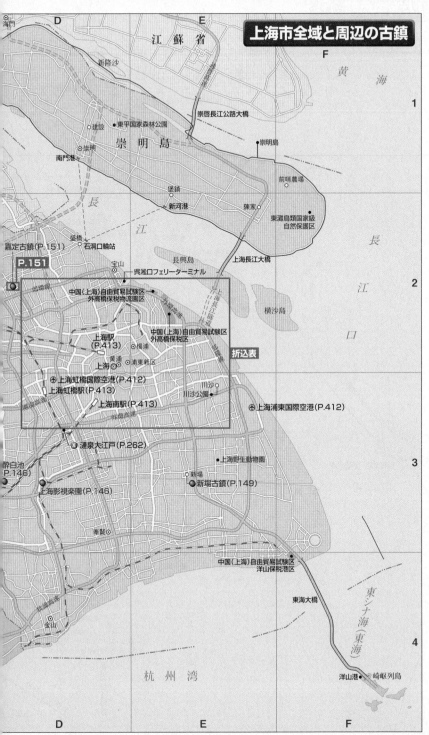

上海市全域と周辺の古鎮

崇啓長江公路大橋

江蘇省

新隆沙

建設 ●東平国家森林公園

崇明島

崇明 南門港

崇明島

前哨農場

堡鎮

新河港

陳家

東灘鳥類国家級
自然保護区

長

長興島

上海長江大橋

石洞口輪站

嘉定古鎮(P.151)

P.151

宝山

呉淞口フェリーターミナル

横沙島

中国(上海)自由貿易試験区
外高橋保税物流園区

上海駅
(P.413)

楊浦

中国(上海)自由貿易試験区
外高橋保税区

折込表

黄浦

浦東新区

上海

川沙

●上海虹橋国際空港(P.412)

●上海虹橋駅(P.413)

川沙公園

●上海南駅(P.413)

●上海浦東国際空港(P.412)

●連泉大江戸(P.262)

●上海野生動物園

醉白池
(P.146)

新場

●上海影視楽園(P.146)

●新場古鎮(P.149)

奉賢

中国(上海)自由貿易試験区
洋山保税港区

東海大橋

東シナ海(東海)

金山

杭州湾

洋山港 崎岖列島

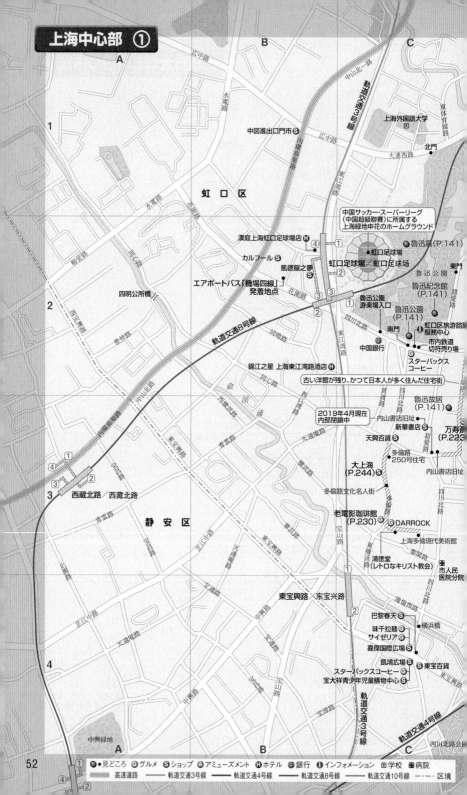

A　　　　B　　　　C

1

広中路

水電路

中図進出口門市 S

虹 口 区

軌道交通3号線

中山北一路

東江湾路

広中路

大連西路

北門

上海外国語大学 図

東体育館路

漢庭上海虹口足球場店 H　④

カルフール S

凱徳龍之夢

エアポートバス「機場四線」
発着地点

四明公所橋

軌道交通8号線

同心路

西蔵南路

同 心 路

花園路

③

②

①

虹口足球場／虹口足球場

虹口足球場

中国サッカー・スーパーリーグ
(中国超級聯賽)に所属する
上海緑地申花のホームグラウンド

魯迅墓(P.141)

東門

魯迅公園
(P.141)

魯迅公園
游楽場入口

南門

中国銀行

魯迅紀念館
(P.141)

虹口区旅游諮詢
服務中心

市内鉄道
切符売り場

スターバックス
コーヒー

錦江之星 上海東江湾路酒店 H

2019年4月現在
内部閉鎖中

古い洋館が残り、かつて日本人が多く住んだ住宅街

魯迅故居(P.141)

内山書店旧址 S

新華書店 S

天興百貨 S

大上海
(P.244) S

多倫路
250号住宅

万寿斎
(P.223)

多倫路文化名人街

内山書店旧址

2

虹賀路

西江湾路

東江湾路

四川北路

東宝興路

甜愛路

甜愛路

静 安 区

①

④

②

③

西蔵北路／西藏北路

3

中山南路

青雲路

宝山路

東宝興路

老電影珈琲館
(P.230)

DARROCK

上海多倫路現代美術館

鴻徳堂
(レトロなキリスト教会)

市人民
医院分院

東宝興路／東宝興路

②

巴黎春天 S

味千拉麺
サイゼリア

嘉興国際広場

凱鴻広場

スターバックスコーヒー

宝大祥青少年児童購物中心 S

横浜橋

東宝百貨 S

四川北路

軌道交通3号線

軌道交通4号線

中興緑地

①

④

A　　　　B　　　　C

四川北路公園

● • 見どころ　G グルメ　S ショップ　A アミューズメント　H ホテル　S 銀行　i インフォメーション　図 学校　病 病院
高速道路　　軌道交通3号線　　軌道交通4号線　　軌道交通8号線　　軌道交通10号線　−・−・区境

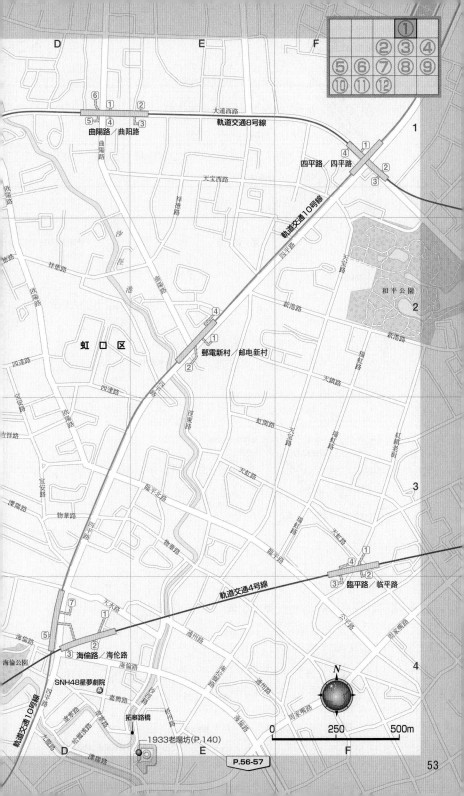

D E F

大連西路

⑥
⑤ ④ ③ ②
軌道交通8号線

曲陽路／曲阳路

1

四平路／四平路

④ ①
② ③

軌道交通10号線

天宝西路

和平公園

2

虹 口 区

④
①
郵電新村　邮电新村
②

虹関路

虹虹路

3

臨平北路

④ ①
③ ②
臨平路／临平路

軌道交通4号線

⑦
① ④ ②
⑤
③ 海倫路　海伦路

海倫公園

SNH48星夢劇院

拓郁路橋

軌道交通10号線

1933老場坊(P.140)

N

0 250 500m

D E F

P.56-57

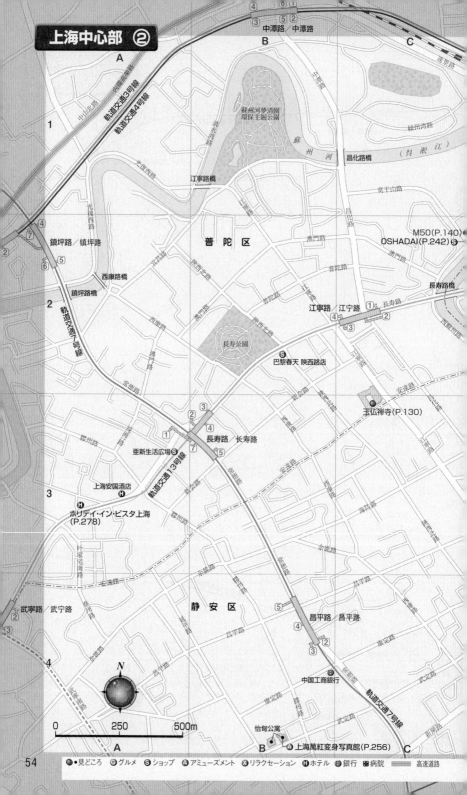

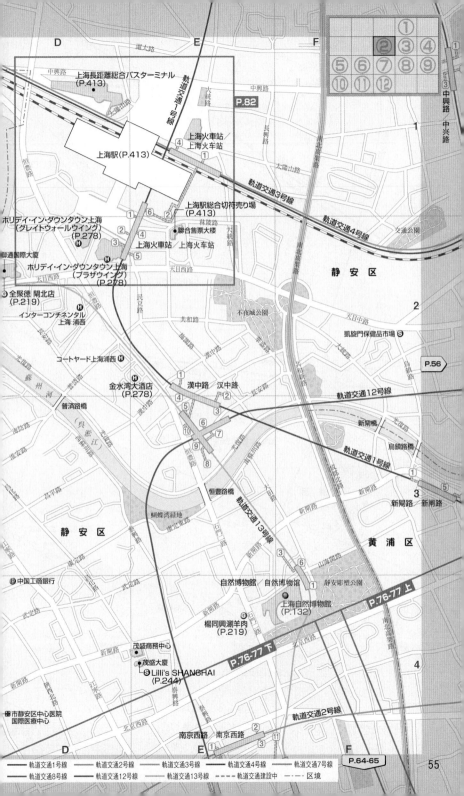

P.82

上海長距離総合バスターミナル (P.413)

中興路 中興路

軌道交通1号線

上海火車站
上海火車站

上海駅(P.413)

軌道交通3号線

軌道交通4号線

上海駅総合切符売り場 (P.413)

聯合售票大楼

ホリデイ・イン・ダウンタウン上海 (グレイトウォールウイング)(P.278)

上海火車站／上海火車站

静 安 区

聯通国際大廈

ホリデイ・イン・ダウンタウン上海 (プラザウイング)(P.278)

全聚德 閘北店 (P.219)

インターコンチネンタル 上海 浦西

凱旋門保健品市場 S

P.56

不夜城公園

コートヤード上海浦西

蘇州河

普済路橋

金水湾大酒店 (P.278)

漢中路 汉中路

軌道交通12号線

新閘橋

呉淞江

軌道交通1号線

烏鎮橋

新閘路 新閘路

恒豊路橋

軌道交通13号線

蝴蝶湾緑地

静 安 区

黄 浦 区

中国工商銀行

P.76-77 上

自然博物館／自然博物館

上海自然博物館 (P.132)

静安彫塑公園

楊同興涮羊肉 (P.219)

茂盛商務中心

P.76-77 下

茂盛大廈

Lilli's SHANGHAI (P.244)

市静安区中心医院 国際医療中心

南京西路 南京西路

軌道交通2号線

P.64-65

―― 軌道交通1号線　　―― 軌道交通2号線　　―― 軌道交通3号線　　―― 軌道交通4号線　　―― 軌道交通7号線
―― 軌道交通8号線　　―― 軌道交通12号線　　―― 軌道交通13号線　　----- 軌道交通建設中　　-・-・- 区境

55

A　　　　B　　　　C

中興緑地

中興路／中興路

宝山路／宝山路

軌道交通4号線

四川北路／四川北路

軌道交通3号線

軌道交通8号線

上海鉄路博物館
(P.145)

鉄道書店 S

交通公園

虹口区

静安区

2階：上海市集郵総公司経営部(P.244)
上海郵政博物館
上海郵政大楼

七浦路服装市場

天潼路／天潼路

S 上海大悦城
拉麺競技館

曲阜路／曲阜路

軌道交通12号線

河南路橋

P.55

北蘇州路
南蘇州路　浙江路橋

福建路橋

山西路橋

如家・
上海南京路歩行街厦門路店
(P.280) H

西蔵路橋

光復路

新閘路／新閘路

黄浦区

軌道交通1号線

北京東路

南京東路／南京东路

軌道交通2号線

上海マダム・タッソーろう人形館
(P.138)

S 新世界商厦

宝大祥大厦

中福城一期

上海筆墨博物館

人民広場／人民广场

人民公園

上海当代芸術館
(P.138)

軌道交通8号線

上海城市規劃展示館
(P.143)

上海市歴史博物館
(P.143)

錦江之星
上海外灘酒店 H

● 見どころ　● グルメ　S ショップ　A アミューズメント　X リラクセーション　H ホテル　郵 郵便局　　世紀天橋

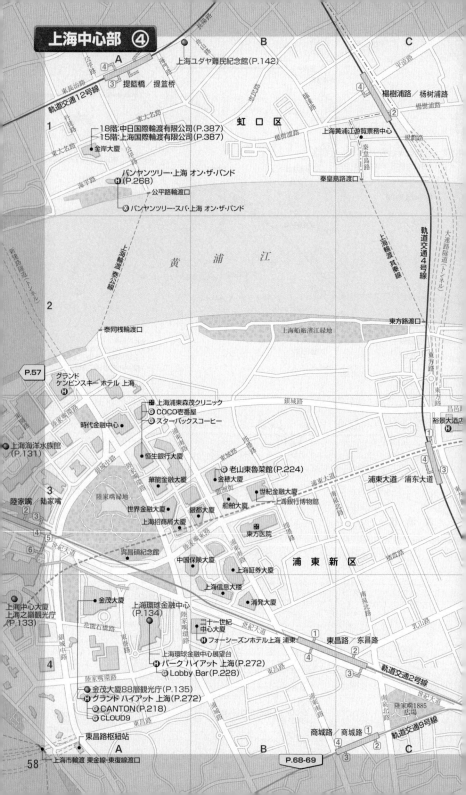

D　　　E　　　F

①②③④⑤⑥⑦⑧⑨⑩⑪⑫

0　　250　　500m

N

1

楊浦区

黄　浦　江

2

浦 東 新 区

昌邑路

浦東大道

浦東大道

文　上海海事大学

● 国際航運金融大廈

Ｈ ノボテル アトランティス 上海
　（P.276）

3

梅園公園

軌道交通6号線

源深体育中心
源深体育中心

● 欽賜仰殿(P.137)

④　　　①

源深体育館 ●

③　②

4

軌道交通4号線

源深体育場 ●

慈愛園

中国サッカー・甲級リーグに所属する
上海申鑫サッカークラブの
ホームグラウンド

●・見どころ　Ｇグルメ　Ⓧリラクセーション　Ｈホテル　文学校　田病院　　世紀天橋　－・－・区境

―― 軌道交通2号線　―― 軌道交通4号線　―― 軌道交通6号線　―― 軌道交通9号線　―― 軌道交通12号線　---- 軌道交通建設中

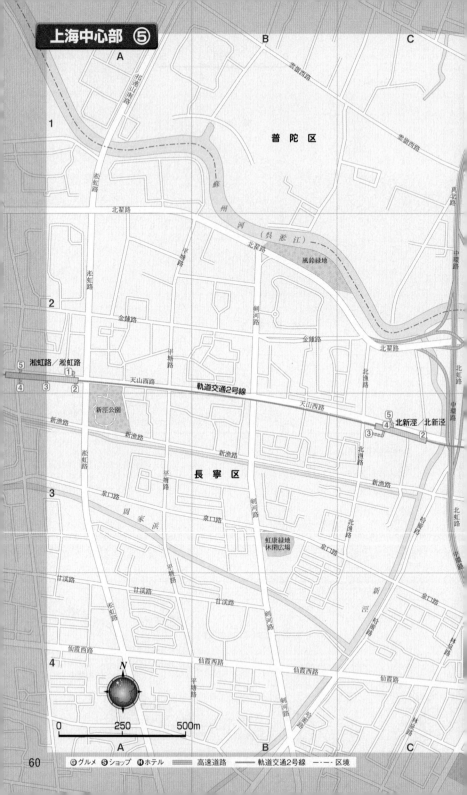

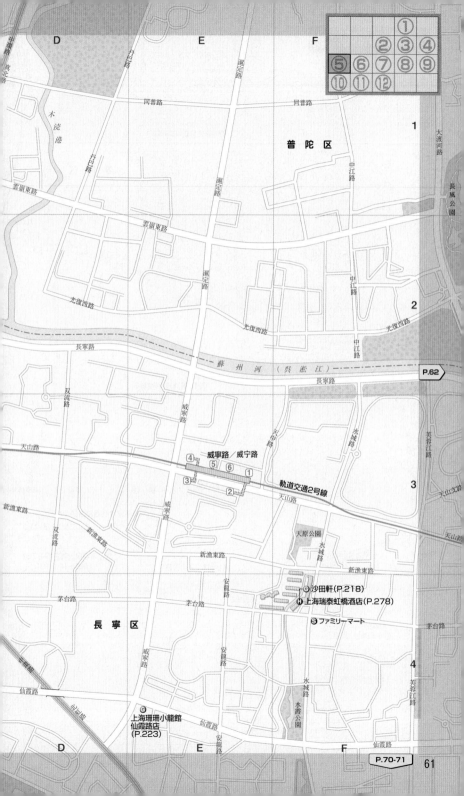

P.62

P.70-71

A　　　　　B　　　　　C

軌道交通4号線
軌道交通3号線

1

大渡河路

郁陽路

華東師範大学 中山北校区

普陀区

凱旋路橋

光復西路

長風公園

大渡河路

光復西路

苏州河（呉淞江）

2

光復西路

虹橋河濱公園

長風壹号緑地

万航渡路

P.61

古北路橋

長寧路

古北路

長寧路

長寧路

長寧路

錦江之星 上海長寧酒店Ⓗ

中山西路

古北路

英雄江路

錦屏路

王屏南路

3

天山文路

長寧区

国際体操中心

林鑫茶葉 中山西路店(P.247)Ⓢ

天山茶城(P.247)Ⓢ

王屏南路

王屏南路

Ⓗ上海君麗大酒店(P.278)

Ⓖ君薈軒(P.218)

軌道交通2号線

天山路

婁山関路　婁山关路

④

①

天山路

③

②

天山路

天山商廈

茅台路

古北路

中山西路

4

上海対外貿易学院 古北校区

婁山関路

紫雲西路

遵義路

茅台路

中国銀行Ⓑ

滬東国際広場A座

蘭桂坊

仙霞路

紫雲西路

仙霞路

A　　　　　B　　　　　C

Ⓖグルメ　Ⓢショップ　Ⓐアミューズメント　Ⓧリラクセーション　Ⓗホテル　Ⓑ銀行　Ⓧ学校　▨▨▨高速道路

怡甸公寓
上海萬紅変身写真館
（P.256）

A　B　C

軌道交通7号線

武定路

北京西路

1

万航渡路

新聞路

武定西路

静安区

P.76-77下

静安寺（P.129）　静安寺／静安寺

静安公園

延安高架路

富春小籠館
（P.219）

デスコ

少年宮

延安西路

2

軌道交通2号線

江蘇路／江苏路

兆豊世賢大廈

スターバックスコーヒー

上海美麗園龍都
大酒店

P.63

長寧区

ホテル・ニッコー上海
（P.270）

愛儷軒

裕和堂中医養生会所

復旦大学付属
華山医院

P.78-79下

上海宣伝画芸術中心
（P.139）

総統公寓

徐匯区

3

地下鉄11号線

延安西路

安福路

瑞峰公寓酒店

MISSPA
（P.260）

申鶏軒
丁香花園店

龍之夢大酒店

ラディソン
ブル プラザ興国ホテル上海

復興公寓

五原路

柯霊旧居

復興西路

博愛医院
国際医療中心
（P.91, 416）　軌道交通10号線

巴金故居

上海図書館／上海图书馆

4

N

上海図書館

軌道交通1号線

東平路

桃江路

武康庭

武康路旅游諮詢服務中心

徐匯老房子芸術中心

黄興旧居

武康大楼

衡山路　衡山路

上海
国際礼拝堂

華山緑地

0　　250　　500m

A　B　C

●•見どころ　⑥グルメ　⑤ショップ　④アミューズメント　×リラクゼーション　⑪ホテル　⑧銀行　━━━高速道路
①インフォメーション　⑧病院

北京西路

陝西北路

① ② ③ ④ ⑤ ⑥ ⑦ ⑧ ⑨ ⑩ ⑪ ⑫

P.76-77上

梅龍鎮広場

D E F

② 南京西路
南京西路

③ ⑪

⑩ 石門二路

南京西路
南京西路

⑭ 南京西路
南京西路

⑧ 威海路

軌道交通2号線

上海展覧中心

延安高架路

延安中路

広場公園

延安中路

石門路

軌道交通13号線

静 安 区

吉泰連鎖酒店
巨鹿路店 H

巨富大厦 ●

闌心大戯院
(P.256) A

久久海水洞
茂名南路店 ●

水秀坊 ●

中国銀行
B

長楽路

上海旅游諮詢服務中心 ❶

2

工事中

楽天陶社 S

保羅酒楼
(P.214) S

淮海中路／淮海中路

瑞金

● 新華聯大厦東楼

新華聯大厦西楼 ●

P.66

陝西南路
陝西南路

③

② ①

復興公園

軌道交通1号線

淮海中路

⑩ 軌道交通10号線

香山路 上海孫中山故居
紀念館
(P.132)

陝西南路
陝西南路

⑥

思南公館
(P.136)

3 周公館(P.142) ●

⑦

徐 匯 区

① ③

② ①

常熟路／常熟路

一愛美高大厦

上海工芸美術博物館
(P.139) ●

上海文化広場

黄 浦 区

紹興公園

淳品
(P.87) S

P.81

de shanghai(P.240) S
de shanghai
(P.281) H

田子坊

4

P.78-79上

大可堂普洱茶園
(P.226) S

軌道交通12号線

❶

打浦橋／打浦橋

日月光中心広場 S S

紅宝石 肇嘉浜店
(P.250) S

D E F P.74-75

軌道交通1号線　軌道交通2号線　軌道交通7号線　軌道交通9号線　軌道交通10号線
軌道交通11号線　軌道交通12号線　軌道交通13号線　- - - 区境

65

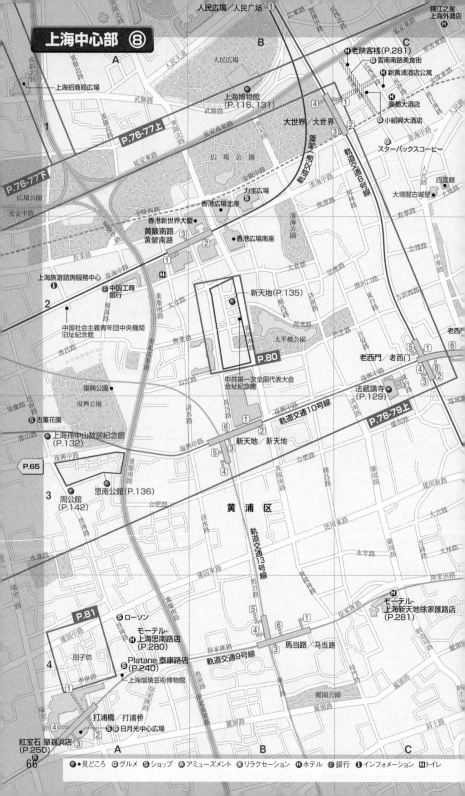

上海中心部 ⑧

A　　　　　　　B　　　　　　　C

Ⓗ老陝客桟(P.281)

雲南南路美食街

上海招商局広場

Ⓗ新黄浦酒店公寓

人民広場

上海博物館
(P.116, 131)

Ⓗ豪都大酒店

武勝路

④

Ⓖ小紹興大酒店

大世界／大世界

P.76-77上

Ⓖスターバックスコーヒー

力宝広場 Ⓢ

白雲観

大境閣古城壁

P.76-77下

香港広場北座

黄陂南路
黄陂南路

香港新世界大厦

③

老西广

② ①

① ②

香港広場南座

新天地(P.135)

上海旅游諮詢服務中心 ①

Ⓗ

老西門／老西门

⑤ ① ⑥

中国工商
銀行 Ⓑ

P.80

④ ①

② ⑧ ①

中国社会主義青年団中央機関
旧址紀念館

中共第一次全国代表大会
会址紀念館

法蔵講寺
(P.129)

復興公園

P.78-79上

古董花園 Ⓢ

軌道交通10号線

⑥ ①

上海孫中山故居紀念館
(P.132)

② ①

新天地／新天地

P.65

④

周公館
(P.142)

思南公館(P.136)

黄　浦　区

モーテル
上海新天地徐家匯店店
(P.281)

P.81

Ⓢローソン

軌道交通13号線

⑤

モーテル
上海思南路店
(P.280) Ⓗ

① Ⓐ

田子坊

④

Platane 泰康路店 Ⓢ
(P.240)

⑤ ⑥

馬当路／马当路

上海瑠璃芸術博物館

軌道交通9号線

③ ①

打浦橋／打浦桥

④

日月光中心広場 Ⓢ

麗園公園

紅宝石 肇嘉浜店
(P.250)

A　　　　　　　B　　　　　　　C

Ⓖ・見どころ　Ⓖグルメ　Ⓢショップ　Ⓐアミューズメント　Ⓧリラクセーション　Ⓗホテル　Ⓑ銀行　①インフォメーション　Ⓗトイレ

D　　　　　　　　E　　　　　　　　F

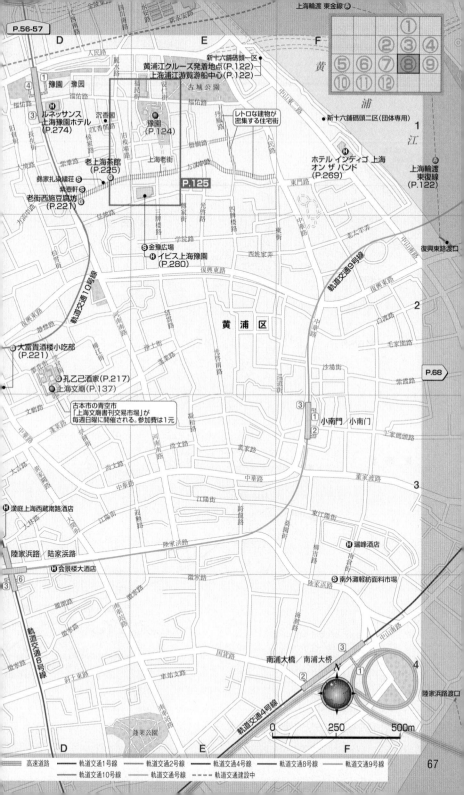

上海輪渡 東金線

黄

浦

江

① ②③④ ⑤⑥⑦⑧⑨ ⑩⑪⑫

新十六鋪碼頭一区
黄浦江クルーズ発着地点(P.122)
上海浦江游覧游船中心(P.122)

レトロな建物が
密集する住宅街

新十六鋪碼頭二区(団体専用)

豫園　豫園

ルネッサンス
上海豫園ホテル
(P.274)

豫園
(P.124)

老上海茶館
(P.225)

彝家扎染繍荘
紫藤軒
老街西施豆腐坊
(P.221)

ホテル インディゴ 上海
オン ザ バンド
(P.269)

上海輪渡
東復線
(P.122)

復興東路渡口

金豫広場
イビス上海豫園
(P.280)

黄浦区

軌道交通9号線

P.68

大富貴酒楼小吃部
(P.221)

孔乙己酒家(P.217)
上海文廟(P.137)

古本市の青空市
「上海文廟書刊交易市場」が
毎週日曜に開催される。参加費は1元

小南門　小南門

漢庭上海西蔵南路酒店

瑞峰酒店

陸家浜路　陆家浜路

会景楼大酒店

南外灘軽紡面料市場

軌道交通8号線

南浦大橋　南浦大桥

陸家浜路渡口

0　　　250　　　500m

高速道路　　軌道交通1号線　　軌道交通2号線　　軌道交通4号線　　軌道交通8号線　　軌道交通9号線
軌道交通10号線　　軌道交通9号線　　軌道交通建設中

商城路／商城路 ①

④②

B ③⑤新梅聯合広場 C

Ⓗモーテル・
上海商城路店

ホテル・インターコンチネンタル・
浦東上海 (P.273)

•上海第一八佰伴
Ⓖハーゲンダッツ

Ⓢ華潤時代広場

A

1

上海輪渡
Ⓐ東復線
(P.122)

軌道交通9号線

浦東新区

•湯臣商務中心大厦

楊家渡口

上海輪渡 楊復線
Ⓐ

復興東路渡口

復興東路隧道(トンネル)

•復興碼頭(団体専用)

黄

2

老碼頭2号楼

老白渡濱江緑地

P.67

浦

黄浦区

工事中

董家渡輪渡站

Ⓐ上海輪渡 塘董線

3

董家渡路

軌道交通4号線

張家浜

江

輪渡塘橋渡口

塘輪新路

④塘橋／塘桥

由由大酒店
Ⓗ

③⑤
ユニクロ

フォーポイント
バイシェラトン上海, 浦東
(P.276)

Ⓗ
シェラトン
上海浦東ホテル&レジデンス

自由国際広場

巴黎春天

Ⓢ
新世界百貨

4

陸家浜路渡口

N

0   250   500m

A   B   C

68 Ⓖ•見どころ Ⓖグルメ Ⓢショップ Ⓐアミューズメント Ⓗホテル Ⓖ銀行 Ⓗ病院

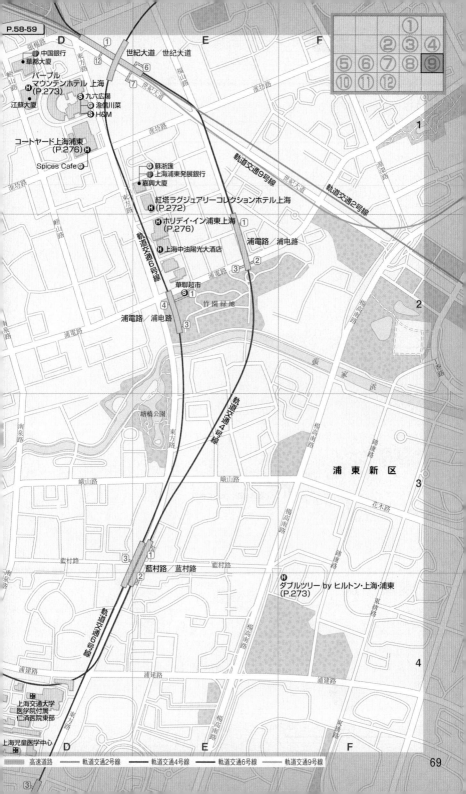

① ② ③ ④ ⑤ ⑥ ⑦ ⑧ ⑨ ⑩ ⑪ ⑫

D ① E F

世紀大道／世紀大道

⑥

● 中国銀行
● 華都大厦
パープル
マウンテンホテル 上海
(P.273)
江蘇大厦

⑦

⑤ 九六広場
⑤ 渝信川菜
⑤ H&M

コートヤード上海浦東
(P.276)

Spices Cafe

⑤ 蘇浙匯
⑤ 上海浦東発展銀行
● 嘉興大厦

紅塔ラグジュアリーコレクションホテル上海
(P.272)

ホリデイ・イン浦東上海 ①
(P.276)

軌道交通9号線

軌道交通2号線

浦電路／浦电路

上海中油陽光大酒店 ②
③

華聯超市 ④
③ 竹園緑地

浦電路／浦电路

軌道交通6号線

塘橋公園

東方路

浦東新区

軌道交通4号線

③ ①

藍村路 蓝村路
②

ダブルツリー by ヒルトン・上海・浦東
(P.273)

軌道交通6号線

浦建路

上海交通大学
医学院付属
仁済医院東部

上海児童医学中心

E F

③

1

2

3

4

━━ 高速道路 ━━━ 軌道交通2号線 ━━━ 軌道交通4号線 ━━━ 軌道交通6号線 ━━━ 軌道交通9号線

A B C

1

新涇路

南翔路

福泉路

伊犁路

福泉路

金浜路

淮陽路

剣河路

剣河路

可楽東路

龍渓路

青渓路

龍渓路

長寧区

2

哈密路

青渓路

新涇

哈密路

上海動物園(P.145)

上海虹橋国際空港(P.412)、
上海虹橋駅(P.413)へ

軌道交通10号線

南門

虹橋路

剣河路

杜鵑路

上海マリオット▶ホテル虹橋 ⓗ

3

南三門

上海動物園 上海動物園

ⓗ上海逸和龍柏飯店

虹瑞路

虹井路

延安西路

延安高架路

ⓗ漢庭上海虹橋機場二店

上海虹橋国際空港(P.412)、
上海虹橋駅(P.413)へ

延安西路

延安高架路

虹井路

軌道交通10号線

虹宝路

4

N

閔行区

綏寧路

綏紹路

虹松路

虹松路

偉樺路

延安西路

●見どころ ⑥グルメ ⑤ショップ ⑧リラクセーション ⓗホテル 校学校 病病院 ═══高速道路 ───軌道交通10号線

0 250 500m

A B C

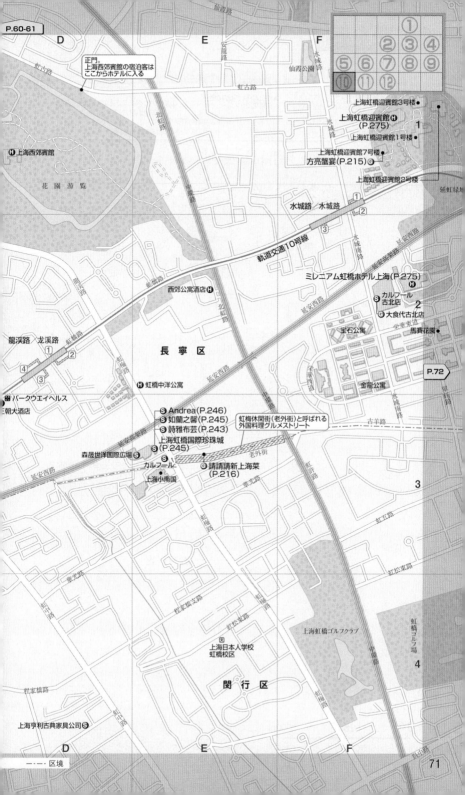

正門。
上海西郊賓館の宿泊客は
ここからホテルに入る

Ⓗ 上海西郊賓館

花園游覧

D　　　　　E　　　　　F

①
② ③ ④
⑤ ⑥ ⑦ ⑧ ⑨
⑩ ⑪ ⑫

上海虹橋迎賓館3号楼
上海虹橋迎賓館Ⓗ
(P.275)
上海虹橋迎賓館1号楼
上海虹橋迎賓館7号楼
方亮蟹宴(P.215)Ⓢ
上海虹橋迎賓館2号楼

1

水城路　水城路

軌道交通10号線

ミレニアム虹橋ホテル上海(P.275)

西郊公寓酒店Ⓗ

カルフール
古北店Ⓢ
大食代古北店Ⓢ

宝石公寓

長　寧　区

馬賽花園

金龍公寓

P.72

2

龍渓路　龙溪路

Ⓗ 虹橋中洋公寓

Ⓗ パークウエイヘルス
明大酒店

Ⓢ Andrea(P.246)
Ⓢ 如蘭之馨(P.245)
Ⓢ 詩雅布芸(P.243)
上海虹橋国際珍珠城
(P.245)
森晟世洋国際広場Ⓢ
カルフールⓈ
上海小南国

虹梅休閑街(老外街)と呼ばれる
外国料理グルメストリート

Ⓢ 請請請新上海菜
(P.216)

3

上海虹橋ゴルフクラブ

虹橋ゴルフ場

Ⓧ 上海日本人学校
虹橋校区

閔　行　区

4

上海亨利古典家具公司Ⓢ

D　　　　　E　　　　　F

------ 区境

A

B

C

上海虹橋迎賓館3号楼

上海虹橋迎賓館2号楼

上海虹橋迎賓館(P.275)

上海虹橋迎賓館1号楼

在上海タイ王国
総領事館

在上海日本国総領事館
広報文化センター

シェラトン上海
虹橋ホテル

上海虹橋友誼商城

ルネッサンス揚子江上海ホテル

満福楼(P.219)

錦江之星
虹橋賓館

錦江之星
銀河賓館

上海世貿大廈

上海国際貿易中心

21階:ジェトロ上海事務所

1階:中国図書進出口上海公司 国賓中心書店

13階:
在上海日本国総領事館 別館 領事部門(P.90)

新虹橋中心花園

軌道交通10号線

長 寧 区

伊犂路／伊犂路

ミレニアム虹橋ホテル上海(P.275)

上海髙島屋百貨

(P.249)

2019年8月25日で閉店

宋園路／宋園路

宋慶齡墓

宋慶齡陵園

宋慶齡紀念館

馬葭花園

日東指圧

馬葭花園東区

P.71

合奉祥(P.247)

店はマンションの1階

閔 行 区

虹橋ゴルフ場

N

0   250   500m

A   B   C

見どころ　グルメ　ショップ　リラクセーション　ホテル　学校　高速道路　軌道交通3号線

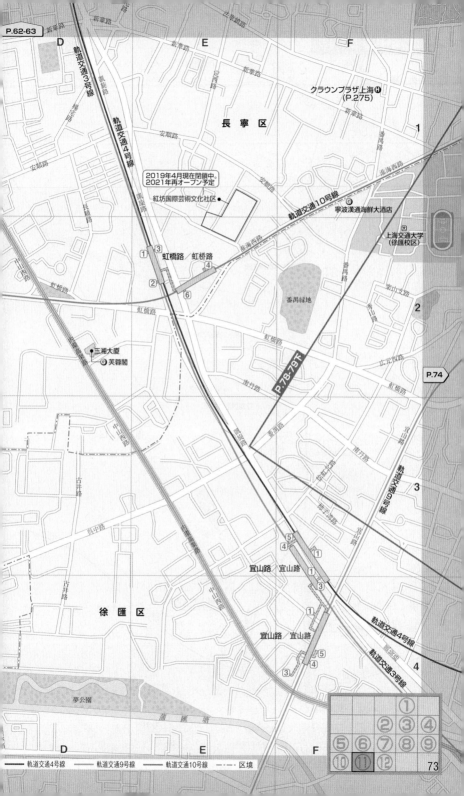

D　　E　　F

クラウンプラザ上海🏨
(P.275)

長寧区

軌道交通3号線

軌道交通4号線

凱旋路

2019年4月現在閉鎖中。
2021年再オープン予定
紅坊国際芸術文化社区 ●

軌道交通10号線
寧波漢通海鮮大酒店

上海交通大学
(徐匯校区)

1

虹橋路／虹桥路

番禺緑地

三湘大廈
芙蓉閣

2

P.78-79F

P.74

3

軌道交通9号線

宜山路／宜山路

宜山路／宜山路

4

軌道交通4号線

徐匯区

軌道交通3号線

夢公園

蒲匯塘

D　　E　　F

①
②③④
⑤⑥⑦⑧⑨
⑩⑪⑫

長寧区

黄興旧居

武康大楼

B

上海宋慶齢故居紀念館
(P.142)

衡山路／衡山路 C

軌道交通7号線

安亭別墅1号楼

A

軌道交通10号線

交通大学／交通大学

上海交通大学
(徐匯校区)

衡山公園

徐家匯公園

1

2

百聯徐家匯商業広場

名仕苑

徐家匯／徐家匯

徐家匯旅游諮詢中心
14

徐家匯／徐家匯

軌道交通9号線

P.73

美羅城-B区

徐家匯／徐家匯

上海図書館徐家匯藏書楼

徐家匯聖母院旧址

徐匯区

徐家匯天主堂(P.137)

徐家匯源游客中心

徐家匯観象台旧址

徐光啓墓

光啓公園

3

徐光啓紀念館

P.78-79T

上海電影博物館
(P.144)

上海建発国際旅行社
英雄大厦

富驎時尚酒店
上海徐家匯店

軌道交通1号線

軌道交通11号線

星游城

上海体育場／上海体育場

和記江南湯包伝奇 裕徳路店

軌道交通4号線

4

軌道交通3号線

1

中国サッカー・スーパーリーグ
(中国超級聯賽)に所属する
上海上港集団サッカークラブの
ホームグラウンド

上海体育場

上海体育館／上海体育館

上海体育館

B

C

A

D　　　　E　　　　F

黄浦区

青一怒斗麺匠(怒酒館)◎
(P.223)

嘉善路／嘉善路

蘇浙匯 肇嘉浜路店◎
(P.217)

張生記 徐匯店◎
伊泰利大廈◎

華泰大廈◎

軌道交通9号線

肇嘉浜路／肇嘉浜路

徐　匯　区

上海公安博物館◎
(P.144)

日暉緑地

軌道交通4号線

大木橋路／大木桥路

上海昆虫博物館◎

東安路／东安路

軌道交通12号線

宛平劇院◎

東安公園

龍華中路／龙华中路

龍美術館(西岸館)◎
(P.139)

黄
浦
江

N

0　　250　　500m

高速道路　　軌道交通1号線　　軌道交通3号線　　軌道交通4号線　　軌道交通7号線　　軌道交通9号線
軌道交通10号線　　軌道交通11号線　　軌道交通12号線　　区境

南京東路・西路（東）

黄浦区

北京西路 上海マダム・タッソーろう人形館（P.138）
上服假日酒店
ラディソン ホテル・上海 ニューワールド（P.270）
黄河路美食街
粤味館
丸亀製麺
リリアンベーカリー
新世界商厦
錦江之星品尚南京路歩行店酒店（P.279）
新光酒家 天津路店（P.212）
佳家湯包（P.220）
上海華安美麗館
永安百貨
HU Bar（P.227）
西餅屋
錦江国際飯店（P.267）
錦江金門大酒店（P.267）
上海市第一食品商店（P.249）
大光明電影院
軌道交通2号線
百聯世茂国際広場
宝大祥
上海電視台
徳大西餐社
ル・ロイヤルメリディアン上海（P.270）
永安百貨
功徳林
Barbarossa Lounge（P.227）
LEGO
スターバックス リザーブ 世茂広場店
マジェスティ プラザ 上海（P.270）
JWマリオット・ホテル上海 アット・トゥモロースクエア（P.271）
中国工商銀行
新雅粤菜館（P.217）
人民公園
WANHAO CHINESE RESTAURANT
上海市歴史博物館
上海当代芸術館（P.138）
人民広場／人民广场
来福士大廈
中福大酒店（P.279）
JW's 酒廊（P.227）
上海城市規劃展示館（P.143）
市民政府
天蟾逸夫舞台
宝玉和酒家
24K国際連鎖酒店 南京東路店（P.280）
※北は真上ではありません この地図が上海市区のどこに位置するかは上海中心部②③⑧（P.55〜57、P.66）でご確認ください
人民大道
0 100 200m
人民広場
軌道交通1号線
軌道交通8号線
上海博物館（P.116、131）
程裕新茶号（P.247）

南京東路・西路（西）

静安区

雲峰劇院
豊峰大飯店
軌道交通7号線
エアポートバス「機場二線」発着地点
0 100 200m
上海城市機場航站楼
久光百貨（P.248）
上海旅游咨詢服務中心
軌道交通2号線
静安寺（P.129）
ケリービジネスセンター北区商場
デルタ航空 上海オフィス
中国銀行
静安 ケリーセンター
静安寺／静安寺
WHEELOCK SQUARE
少年宮
ザ プリ ホテル＆スパ（P.272）
Bali Laguna
UR Spa
静安 シャングリ・ラ 上海（P.271）
上海華僑大厦
上海国際貴都大飯店
中国銀行
延安飯店
ケリービジネスセンター 南区商場
静安区
上海静安崑崙大酒店（P.271）
席家花園酒家 静安店（P.213）
古意湘味濃 富民店（P.224）
巨鹿大厦
Brocade Country（P.238）
P.79下
ファミリーマート
JULU PLACE758
MORE THAN EAT & flow（P.239）
復旦大学付属華山医院

● 見どころ　⑥ グルメ　⑤ ショップ　Ⓐ アミューズメント　Ⓧ リラクセーション　Ⓗ ホテル　Ⓑ 銀行　ⓘ インフォメーション　⊞ 病院

76

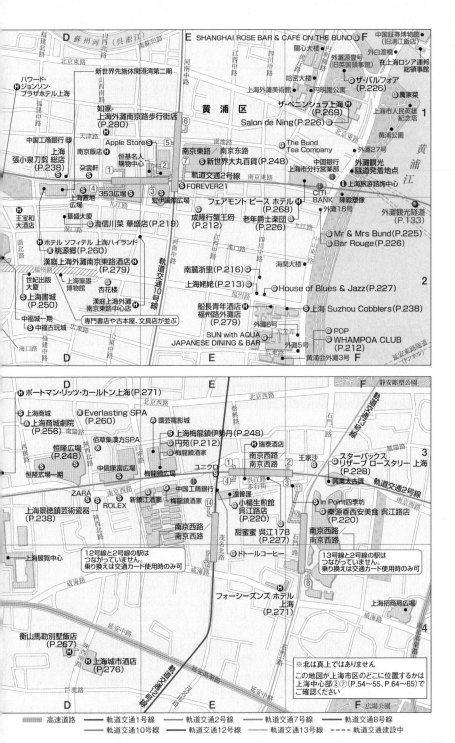

淮海中路

A
- 中国藍印花布館 (P.245)
- Ô delice! (P.229) / DRAGONFLY
- H 東湖賓館
- H 東湖商務賓館 (P.277)
- 常熟路 常熟路
- 軌道交通1号線
- 愛美高大廈
- スターバックスコーヒー
- 淮海国際広場
- 日本航空 上海支店 (P.92、412)
- 軌道交通10号線
- 上海工芸美術博物館 (P.139)
- 徐匯区
- 淮海中路
- 0 100 200m
- H 客堂間 (P.281)

B
- オークラ ガーデンホテル上海 H (P.274)
- 白玉蘭 (P.218)
- 上海三越 (P.249)
- JTB上海 花園飯店営業所 (P.390)
- JCBプラザ
- 陝西南路 陝西南路
- 環貿iapm商場
- Apple store
- 陝西南路 陝西南路
- 復興中路
- 上海文化広場
- インターコンチネンタル上海瑞金 (P.275)
- 黄浦区

C
- 蘭馨珠宝文物商行 (P.243)
- 錦江飯店 (P.275)
- 中国銀行
- 上海新錦江大酒店
- 淮海中路 / 淮海中路
- 国泰電影院
- A Watsons
- 金辰大酒店 (P.279)
- 淮海青少年商厦
- 新華聯大慶西楼
- 新華聯大慶東楼 東方商大慶
- ユニクロ
- 巴黎春天
- 小宵櫨 (P.221)
- 香扇閣 (P.261)
- スターバックスコーヒー

衡山路・徐家匯・旧フランス租界エリア

※北は真上ではありません
この地図が上海市区のどこに位置するかは
上海中心部 ⑦⑪⑫ (P.64〜65、P.73〜75) で
ご確認ください

A
- 軌道交通9号線
- 徐光啓紀念館
- 光啓公園
- 徐光啓墓
- 徐家匯源游客中心
- 徐家匯観象台旧址
- 斯波特大酒店 (P.277)
- 上海図書館徐家匯蔵書楼
- 徐家匯天主堂 (P.137)
- 徐家匯
- 徐家匯聖母院旧址
- 上海老站 (P.215)
- 百脳匯二期徐匯店
- 上海電影博物館 (P.144)
- 白玉蘭麺包食品 (P.222)
- 軌道交通1号線

B
- 上海交通大学 (徐匯校区)
- 荷悦堂 (P.261)
- しんせん館 徐家匯店 (P.249)
- 名仕苑
- 百聯徐家匯商業広場
- 軌道交通11号線
- 徐家匯 徐家匯
- 港匯恒隆広場 (一部改修中)
- 太平洋百貨
- 徐家匯旅游諮詢中心
- 上海六百
- 美羅城
- 大食代 美羅城店
- はなまるうどん
- スターバックスコーヒー
- ローソン 美羅城店
- 宝珠酒醸酸奶 美羅城店 (P.230)

C
- 軌道交通10号線
- 交通大学 / 交通大学
- 牧羊餐庁 (P.215)
- 真絲大王 (P.245)
- 広元路菜市場
- 長寿鍋貼 (P.208)
- 旧百代公司
- 衡山公園
- 美羅城 B区

● ・見どころ　⑤ グルメ　⑤ ショップ　Ⓐ アミューズメント　Ⓧ リラクセーション　Ⓗ ホテル　⑤ 銀行　① インフォメーション　⊠ 学校　⊞ 病院
⊞ トイレ

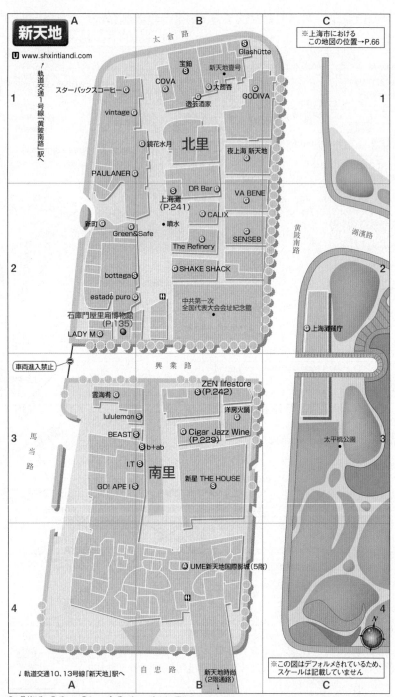

新天地

U www.shxintiandi.com

● ● 見どころ　● グルメ　● ショップ　● アミューズメント　● トイレ

田子坊

※この図はデフォルメされているため、スケールは記載していません
※北は真上ではありません
※上海市におけるこの地図の位置→P.66

A　建国中路　B　C

入口(5号門)

建国中路155弄

1

空紅蘿 ⓖ
臻茶林 (P.246) ●
思南公寓
摩登紅人 (1階) ●
AKURAH
真香坊 ●
CHOU CHOU CHIC
●「志成坊」の門

カフェ丹(P.228) ⓖ
石怡集(P.239) ⓖ
晏先生小吃舗 ●
Joma Arts (P.240)
Kommune (P.228)
公社
CAFE MOJO
ⓗ(男子用トイレ)

銀界
乾唐綉　木秒
●5號楼
画家工作室

延楽茶集 ⓢ
守白芸術・上海 (P.241) ⓢ

2

ⓢ 老上海糕点
荷喜 ⓖ

星島海南鶏飯 ⓖ
天成井 (古井戸) ●
氣味圖書館
泰迪之家 ●

Woo(P.245) ⓢ
● Ren Weiyin Art Gallery

ⓢ 綾躍薈
太泰 ⓖ
泰康路248弄
田子坊芸術中心 ●

摩登紅人 ⓢ
泰康路274弄
Lapis Thai

ⓖ en Grill&Bar
ⓗ Urban Tribe

殿 ⓖ
ⓢ 路上海
ⓢ 紅

3

ⓧ 銘洋採耳 (P.261)
山水傳 ⓢ
piara ⓢ
香雲 ⓢ

香綉坊 ⓢ
醤府
ⓘ 上海旅游諮詢服務

PURELAND (P.240)
鄧氏剪紙 (P.241) ⓢ
採耳文化体験館 ⓢ
ⓢ メイソウ

入口(4号門)
ⓖ 愛美麗
泰康菜場
知楽琴行 (P.256)

入口(3号門)
入口(2号門)
入口(1号門)

←瑞金二路　泰康路　思南路→

翠華餐庁 ⓖ　A
軌道交通9号線・「打浦橋」駅1号出口　B　ⓖ スターバックスコーヒー　ⓖ 喜茶　C

ⓐ・見どころ　ⓖグルメ　ⓢショップ　ⓐアミューズメント　ⓧリラクセーション　ⓘインフォメーション　ⓗトイレ

コラム　安い部屋には窓なしもある

　そこそこ安いホテルに泊まり、節約したお金でおいしい食事を楽しんだり、珍しい体験に参加したりしたいと思う旅行者もそれなりにいるものと思う。そうした層に人気なのが「経済型」と呼ばれるチェーンホテル(→P.389)で、時期にもよるが上海なら350〜600元、地方都市なら250〜350元程度で泊まることができる。ただ、注意したいのが、「特恵房」などと、特に安いことをうたっている部屋だ。往々にしてこの手の割引部屋には窓がないのだ。シングルルームで極端に安いケースにも窓なしがある。設備そのものは通常の部屋と変わらないし、エアコンも完備しているので気にならない人は気にならないだ

ろうが、数泊すると気分が滅入ってくる人もいるだろう。ネット予約の際には、安さで飛びつく前に設備欄などで「窗戸(窓)」の項目が「无窗(窓なし)」となっていないか、よく確かめたほうがいいだろう。

某チェーンの窓なしシングルルーム。上海中心部で350元程度は魅力だが……

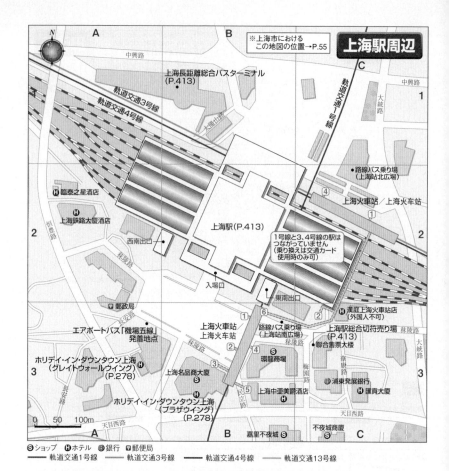

上海駅周辺

※上海市における
この地図の位置→P.55

コラム

上海語の話

　上海の方言は上海語（中国語では「上海話」）。「日本人」は標準語の「リーベンレン」ではなく、「サパニン」。「ありがとう」は普通話だと「シェーシェ」だが、上海語なら「シャノン」。「ノン」は「儂／侬」と書き、あなたという意味。日本語の「儂」は「わし」で自分のことなのでややこしい。また、上海語は標準語とは声調も異なり、中国語学習歴のある人でもまるでわからない。上海語は上海人の誇りであり、上海人同士の会話ではまだまだ現役。標準的な上海語を聞きたければバスに乗るのがいい。停留所を知らせる自動アナウンスが標準語と上海語の2言語で放送さ

れるからだ。書店では上海語のCD付きの学習書も売られている。

上海書城で見つけた上海語の教本

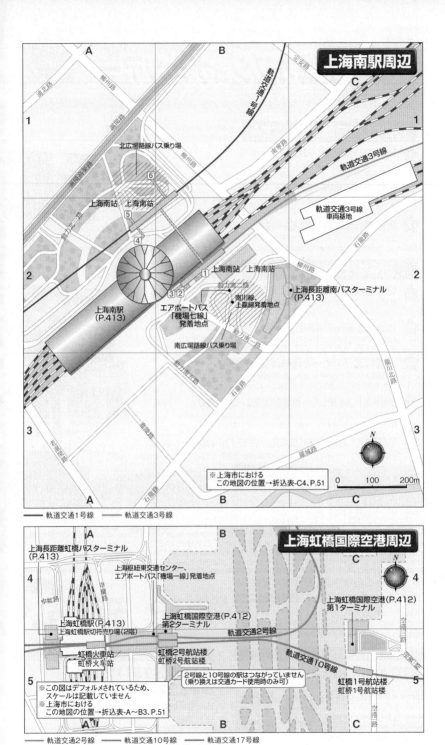

上海南駅周辺

北広場路線バス乗り場

軌道交通一号線

軌道交通3号線

軌道交通3号線
車両基地

上海南站　上海南站

⑥

⑤

④

①

③②

上海南站　上海南站

上海南駅
（P.413）

南川線、
上嘉線発着地点

エアポートバス
「機場七線」
発着地点

南広場路線バス乗り場

上海長距離南バスターミナル
（P.413）

※上海市における
　この地図の位置→折込表-C4、P.51

0　　100　　200m

N

―― 軌道交通1号線　　―― 軌道交通3号線

上海虹橋国際空港周辺

上海長距離虹橋バスターミナル
（P.413）

上海枢紐東交通センター、
エアポートバス「機場一線」発着地点

N

上海虹橋駅（P.413）
上海虹橋駅切符売り場（2階）

上海虹橋国際空港（P.412）
第2ターミナル

上海虹橋国際空港（P.412）
第1ターミナル

虹橋火車站
虹桥火车站

虹橋2号航站楼
虹桥2号航站楼

軌道交通2号線

軌道交通10号線

虹橋1号航站楼
虹桥1号航站楼

※この図はデフォルメされているため、
　スケールは記載していません
※上海市における
　この地図の位置→折込表-A～B3、P.51

2号線と10号線の駅はつながっていません
（乗り換えは交通カード使用時のみ可）

―― 軌道交通2号線　　―― 軌道交通10号線　　―― 軌道交通17号線

地球の歩き方PLUS

中国デスクにて本誌をご提示ください

地球の歩き方 読者特典 一部オプショナルツアーが 5%OFF!

上海オプショナルツアー

Shanghai

中国を120%楽しむさまざまなツアーを取り揃えています！　arukikata-plus.jp

列車で行く日帰り観光ツアー

2名様参加時のお一人あたりの料金です。
1名様参加の場合2名様分の料金が必要となります。

1　列車で行く蘇州（9時間）　880元

虎丘、留園、寒山寺へご案内します。上海からガイドが同行して蘇州までご一緒する安心プラン。
ランチは名物蘇州ラーメンをお召し上がり下さい。

杭州西湖（イメージ）

2　列車で行く杭州（9時間）　1480元

霊隠寺、六和塔、杭州名産龍井茶の試飲体験へご案内します。西湖の遊覧船込み。
ランチは楼外楼の杭州名物料理をお召し上がり下さい。

3　列車で行く無錫三国城（9時間）　980元

三国志ファンもそうでない人も楽しめるテーマパーク三国城。十数頭の馬が駆け回る「呂布の戦い」ショーが圧巻です。太湖遊覧込み。

定番の上海観光ツアー

2名様参加時のお一人あたりの料金です。
1名様参加の場合2名様分の料金が必要となります。

4　朝から夜まで上海なんでも体験（12時間）　980元

専用ガイド＆車でB級グルメ系ランチと本格中華ディナーは選択式！自由度の高い1日観光。
外灘、豫園、森ビル、新天地、田子坊

なんでも体験のディナー（イメージ）

5　たっぷり遊んで480元（8時間）　480元

お値段集中の市内観光ですが上海の7大スポットにきっちりご案内します！
南京路、外灘、豫園、骨董品市場、新天地、博物館、田子坊

6　上海料理ディナーと雑技鑑賞（4時間）　700元

福州路の人気店「上海姥姥」で食事後雑技団鑑賞（A席）へご案内。成行隆の上海蟹コース、
火鍋、海鮮料理への変更もOK。※上海蟹コースは980元となります。

たっぷり遊んで480元（イメージ）

7　ライトアップを楽しむ　西塘古鎮夜コース（6時間）　680元

映画（MI-3）の撮影等でも有名な西塘古鎮。赤い提灯の並んだ夜の景色を
楽しむために、夕方出発し、21時頃に上海に戻ります。夕食付き。

8　半日で行ける水郷古鎮「朱家角」ハイライト（4時間）　580元

時間に余裕の無い方でも半日で江南の情緒たっぷりな水郷古鎮を味わって頂けるコース。遊覧船込み。

上海市内観光（イメージ）

朱家角観光（イメージ）

雑技鑑賞（イメージ）

西塘夜景（イメージ）

※上記ツアーは、2名以上催行となります。1名様でのご参加の場合には2名様分の料金にてご参加いただけるツアーもございます。
※上海気象台が天候や災害に関係する警報を出した場合はツアーキャンセルとさせていただきます。
※キャンセルチャージ：催行日の3日前まで無料、前々日と前日50%、当日及び無連絡不参加は100%となります。

▶ 他にもこんな手配、お任せください！

ガイドチャーター1日（8時間）　780元（1〜6名様）

日本語を話す中国人スタッフを派遣。観光だけでは無く簡単な
業務通訳や銀行、医療機関などの窓口通訳にもご利用いただけます。

| 現地ホテル手配 | 送迎サービス | その他ツアーアレンジ |

POINT

日本語スタッフ対応

ご出発前、日本からのお申込みは

Webからは▶ **arukikata-plus.jp**

地球の歩き方プラス　[検索]

携帯からは

人気ツアーは完売になることも！
ご出発前のWEB申込がオススメ！

現地でのお申込みは

☎ **+852-23112041**
☎ **+852-67772572** [携帯]

Mail. **info@southern-breeze.com.cn**

【営業時間】09:00〜17:00　【定休日】土・日・祝休み（香港）

運営　株式会社エス・ティー・ワールド　　観光庁長官登録旅行業第1022号

旅行企画・実施　上海建発万達国際旅行社有限公司
（中国旅行業ライセンス:L-SH-CJ00096）

管理・管轄　南風旅游有限公司（香港旅行業登録番号 353660）
※申込は香港事務所での対応となります。

※掲載料金は2019年4月現在のものです。料金は予告なく変更する場合がございますのでご了承ください。

上海のエリアガイド

レトロな近代建築が残る南京東路は、租界時代から現在まで上海一の繁華街の座をキープしている／写真：町川秀人

古い洋館を見て歩くのが楽しい永嘉路

飾らない庶民生活を垣間見る丹鳳路

上海に今も残る 庶民的ストリート巡り

写真：町川秀人（山陰路除く）

おしゃれ化、ハイソ化が年々進む上海。旧租界時代の建物や町並みを再開発し、高級感をもたせた新天地や、若者向けの観光スポットに大変身した田子坊は代表的な観光地になった。表通りが生まれ変わる一方で、少し裏手に入り込めば今も変わらぬ庶民的なストリートがまだまだ存在する。おしゃれでない上海もまた魅力的だ。

旧フランス租界のお屋敷が残る

永嘉路、紹興路を巡る

旧フランス租界というと、淮海中路（M P.78〜79）や武康路（M P.64-B3〜4）が有名だが、メインストリートから少し外れた永嘉路（M P.64-C4〜P.65-D〜F4）と紹興路（M P.65-F4）は、庶民の生活感がある落ち着いた住宅街だ。

古くからある町の主役はお年寄り

レトロな集合住宅に洗濯物の満艦飾

1927年築なので、90年を経て現役 (永嘉路371号)

何気ない赤れんが装飾と木製ドアが何ともいい感じを醸し出す

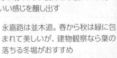

永嘉路は並木道。春から秋は緑に包まれて美しいが、建物観察なら葉の落ちる冬場がおすすめ

レトロな郵便受けなど小さな発見も楽しい

洋館の屋敷群は防犯上塀が高いのが残念

建物の来歴や、居住した有名人を記したプレートがあるものも

歩き疲れたら休めるカフェもちらほら出現

シンプルだが飽きのこないデザインの集合住宅 (永嘉路320号)。一部を非対称とするなどセンスが光る

開放的な雰囲気の洋館カフェ「淳品」(Ⓜ P.65-F4)

紹興路のde shanghai (→P.240) は日本人経営の雑貨ショップ、カフェ、B&B。アンティーク布をモチーフに展開している

モチーフのメインは崇明島産の花柄生地。文革期の図案がユニークだ

de shanghaiのレトロなムードはフォトジェニック

方浜中路、丹鳳路を巡る

伝統的な雰囲気がウリの豫園エリア。老城隍廟の南にある方浜中路と、その路地に当たる丹鳳路（M P.67-E1）には数十年来変わらぬ中国的カオスが今も残る。

ここでも主役はお年寄り。「敬老弄」とは絶妙なネーミングだ

ショーウインドーにはひと時代前のマネキンが並ぶ

道路をまたぐ洗濯物の満艦飾

ストリートはお年寄りの社交場

かつて屋台が並んだ四牌楼だが、屋台禁止で凡庸に様変わり

丹鳳路の直し屋さんは意外な人気

そびえ立つ高層ビルと方浜中路の低層住宅

高層ビル街から一歩入るとカオスがある

昔ながらの汚物バケツ「馬桶」を持つおばあさんがいた！

路地裏の犬はお年寄りのマスコット!?

入口を開けて換気中

日本人がかつて暮らした
乍浦路、山陰路を巡る

虹口エリアの乍浦路（Ｍ P.57-D1）、山陰路（Ｍ P.52-C2〜3）は、かつて日本人が多く住み、日本人が建てた家も残る。

今はディスコになった旧西本願寺上海別院（Ｍ P.57-D1）は1906年開設。インド風装飾がユニーク

れんが壁に道路標識が映える

人知れず壊されていくエリアもある

乍浦路はグルメストリートでもある。人気の垃麺店

和風の破風が残る旧本圀寺上海別院（Ｍ P.57-D1）は住宅に

昭和ヒトケタの住宅であることを示す表示があった

左：同じ洋風でも英仏租界とはひと味違う山陰路の集合住宅

右：魯迅故居（▶ P.141）は日本人が多く住んだ集合住宅

明かり取り窓が何となく日本風な洋館

スクラッチタイル壁が渋いモダニズムの集合住宅

上海のプロフィール

【上海の主要エリア】

　上海は曲がりくねった黄浦江沿いに開けた町だ。古くから栄えた県城を囲むように、欧米列強が租界地を拡張してきた歴史をもつ。外灘にイギリス租界、これと県城の間はフランス租界で、西へ拡張。蘇州河北岸はアメリカ租界で、東へ拡張された。黄浦江沿いに埠頭が並び、浦東は工業地区だった。おもな観光エリアとして8ヵ所を紹介する。

◆ 外灘（外滩／wàitān）　　▶P.98

　黄浦江の西岸一帯に、最初のイギリス租界が設定された。英語でバンド(bund)と呼ばれる。20世紀初頭に建てられた堂々として美しい西洋建築群が残る上海で最も有名な観光スポット。対岸にそびえる浦東エリアの高層ビル群も圧巻だ。

重厚な西洋建築が建ち並ぶ外灘

◆ 南京東路・西路（南京东路・西路／nánjīngdōnglù・xīlù）　▶P.100

　外灘を起点に西側へ一直線に延びるストリート。租界時代は大馬路と呼ばれた繁華街。南京東路は西蔵中路まで歩行者天国になっていて、昼夜を問わず多くの人でにぎわう。一方で、日本人観光客や出張者に声をかけて「ぼったくり」店に連れ込むトラブルがあとを絶たないので要注意（→P.163）。

南京東路は歩行者天国

▼上海の気象データ

	1月	2月	3月	4月	5月	6月	7月	8月	9月	10月	11月	12月
平均最高気温(℃)	7.0	8.0	11.0	18.0	23.0	27.0	31.0	30.0	26.0	22.0	16.0	10.0
平均最低気温(℃)	1.0	2.0	5.0	11.0	16.0	20.0	25.0	25.0	20.0	15.0	8.0	2.0
平均気温(℃)	4.0	5.0	8.0	15.0	20.0	23.0	28.0	27.0	23.0	18.0	12.0	6.0

町の気象データ(Ｕwww. weather.com.cn)：「预报」→「上海」→「市中心」

市外局番 021

●名称
【日本語】
上海　シャンハイ
【中国語】
上海　シャンハイ　shànghǎi

●人口　　■面積
1440万人　　6340k㎡
※人口、面積は『中華人民共和国行政区画簡冊2018』による

在上海日本国総領事館 別館領事部門
（在上海日本国总领事馆 別馆领事部门）
Ⓜ P.72-A1
㊟長寧区延安西路2299号上海世貿大廈13階
☎52574766 ℻62786088
⏰9:00～12:30、13:30～17:30
㊡土・日曜、祝日
※祝日は原則として日本と中国両方の祝日
Ⓤwww.shanghai.cn.emb-japan.go.jp

市公安局出入境管理局
（市公安局出入境管理局）
Ⓜ折込表-D3
㊟浦東新区民生路1500号
☎28951900
⏰9:00～17:00　㊡日曜、祝日
※観光ビザを最長30日間延長可能。手数料は160元

◆ 浦東 (浦东／pǔdōng) ▶P.102

黄浦江の東岸は租界時代には埠頭が連なり、改革開放政策以前は発展から取り残されたエリアだったが、四半世紀を経て世界有数のオフィス街に大変身した。高層ビルが林立し、上海の新しい象徴である上海環球中心や東方明珠塔の展望台は大人気のスポット。

また、黄浦江の南浦大橋と廬浦大橋の間は2010年に開催された上海万博の会場の跡地で、浦東側は世博公園（M折込表-C3）として整備されている。

金茂大廈の展望台から見た東方明珠塔

博愛医院国際医療中心
（博爱医院国际医疗中心）

Ⓜ P.79-E3

🏠 徐匯区淮海中路1590号博爱医院2階

☎ 64315107、杉本総経理携帯 13501836738（日本語可）

🕐 8:30〜11:30、13:00〜17:00

🈳 日曜、祝日

※電話予約で日曜も受診可

Ⓤ www.boaihospital.com

※在上海日本国総領事館の公式サイトには、上海市内で日本語の通じる病院や設備の整った大病院が複数紹介されている。受診の流れについての解説もあるので、一読をおすすめする

Ⓤ www.shanghai.cn.emb-japan.go.jp/insurance

外灘から見た浦東の高層ビル群

浦東を代表する大高層ビル

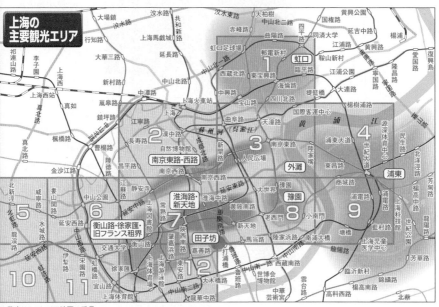

上海の主要観光エリア

※数字はP.52〜75地図の番号

🗺折込表-B3
🏠長寧区迎賓三路199号上海国
航大廈1階
☎95583、22353767
🕐8:30～17:00
🚫なし

日本航空上海支店
(日本航空上海支店)
☎中国予約センター＝4001-27-
2470（日本語）
※中国国内からのみ通話可
※上海支店発券カウンター（窓
口業務）の営業は終了。予約
は電話（8:00～18:00）かイン
ターネットで受付
🌐www.jal.co.jp

中国東方航空航空券売り場
(中国东方航空公司售票处)
中国東方航空航空券売り場は廃
止された。航空券の購入はネッ
トか電話で受付。

全日空上海支店
(全日空上海支店)
☎中国予約センター＝4008-82-
8888（日本語）
※中国国内からのみ通話可
※上海支店発券カウンター（窓
口業務）の営業は2019年3月
で終了。予約は電話（8:00～
18:00）かインターネットで受
付
🌐www.ana.co.jp

◆ 豫園（豫园／yùyuán） ▶P.104

城壁に囲まれた上海県域が
あった場所で、上海の旧市街。
今も伝統的なたたずまいを見せ
ている。明代に築かれた豫園
は伝統的な中国式庭園で、周
囲に江南建築が建ち並ぶ豫園
商場や、みやげ物街として有名
な老西街がある。

伝統的な雰囲気をそこかしこに感じる豫
園の周囲

◆ 田子坊（田子坊／tiánzǐfáng） ▶P.106

軌道交通9号線「打浦
橋」駅の北側のこぢんまりと
したエリア。在住日本人からは
「たごぼう」とも呼ばれる。古
くからある倉庫などを改装し
て、世界中から集まったクリエ
イターたちが小さなオフィスや
店を構えて有名になった。

小さいながらも個性的な店が多い田
子坊。路地歩きが楽しい

◆ 淮海路・新天地（淮海路・新天地／huáihǎilù・xīntiāndì） ▶P.108

フランス租界の幹線道路だった淮海路を中心とする細長いエリアは、洋
風建築を利用したスタイリッシュな店が並ぶ先端の流行発信地となってい

る。なかでも新天地
は人気のレストラン
やショップの集まる
ショッピングエリア。

周辺のオフィスビルで働く若
い世代にも人気の新天地

◆ 衡山路・徐家匯・旧フランス租界
 （衡山路・徐家汇・旧法租界／héngshānlù・xújiāhuì・jiùfǎzūjiè） ▶P.110

淮海路よりもさらに
西南側の旧フランス
租界の西端に当たる
部分。古い洋館を利用
した個性的な店が並
ぶ落ち着いたエリア。

フランス租界は黄浦江沿いの
商業地区から西へ拡張され、
このあたりは閑静な住宅地
だった。写真は有名な武康大
楼

◆ 虹口 (虹口／hóngkǒu)　　　　　　　　　　▶P.112

　蘇州河の北はアメリカ租界として開かれ、後に共同租界になった。日清戦争後は日本人もたくさん住んでおり、「ホンキュウ」と呼ばれていた。今でもその頃の痕跡がわずかに残る。弾圧のなかで活動した魯迅にゆかりの深い地であることもあって、文化的な町として再開発が行われている。

レトロムードの多倫路文化名人街には骨董店が多い

日本人も多く居住した集合住宅が今も使われている(写真は大陸新村)

i　インフォメーション

　上海の大きさを体感する方法のひとつとして、軌道交通(主として地下鉄)の所要時間の目安を紹介しよう。環状線の4号線は全長33.6km、1周約1時間だ。全長34.5km、所要約1時間の山手線とはほぼ同じ大きさで、全長21.7kmで所要約45分の大阪環状線よりひと回り大きい。

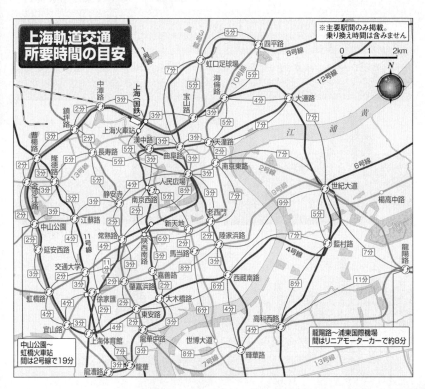

上海軌道交通
所要時間の目安

※主要駅間のみ掲載。
乗り換え時間は含みません

中山公園〜
虹橋火車站
間は2号線で19分

龍陽路〜浦東国際機場
間はリニアモーターカーで約8分

93

外灘の近代建築図鑑

かつてバンド「Bund」と呼ばれた外灘には、威容を誇る近代建築が今でも多く残っている。租界時代、黄浦江は物流と旅客輸送の大動脈であった。そこからよく見える位置に、各国の企業が競うように立派な建物を建設し、その栄華を誇示したのだった。凝った意匠を観察するもよし、歴史に思いをはせるもよし、外灘を散策しながら楽しんでみよう。

1930年代のブロードウェイ・マンションとガーデン・ブリッジ（絵はがき）

2017年のほぼ同一地点から。浦東側（画面奥）の変化に驚く

1930年代のバンド（絵はがき）。タイトル上の写真と比べても黄浦江沿いの桟橋がなくなり、高層ビルが増えた以外、全体の印象はさほど変わっていない

1 中国光大銀行(外灘29号：旧東方匯理銀行)
M P.95-A1
1914年築。バロック風古典主義様式。東方匯理銀行はフランス系のインドシナ銀行(Banque de l'Indo-chine)

2
外灘28号(旧グレイラインビル)
M P.95-A2
1922年築。英国新古典派ルネッサンス様式。グレイラインは英国系海運会社

3 外灘27号(旧怡和洋行)　M P.95-A2
1920年築。ネオ・ルネッサンス様式。怡和洋行(Jardine Matheson & Co., Ltd.)は英国系商社

4
中国農業銀行(外灘26号：旧揚子保険公司)　M P.95-A2
1916年築。アール・デコ折衷様式。揚子保険公司(Yangtsze Insurance Association)はアメリカ系保険会社

外灘の近代建築

上海大厦(旧ブロードウェイ・マンション)

蘇州河

外白渡橋(旧ガーデン・ブリッジ)

ロシア領事館

中国証券博物館(旧浦江飯店/アスターハウスホテル)

外灘源壹号(旧英国領事館)

上海市人民英雄紀念塔

黄浦公園(旧パブリック・ガーデン)

中国光大銀行 **1**(外灘29号：旧東方匯理銀行)

2 外灘28号(旧グレイラインビル)

北京東路

3 外灘27号(旧怡和洋行)

4 中国農業銀行(外灘26号：旧揚子保険公司)

5 中国工商銀行(外灘24号：旧横浜正金銀行)

6 中国銀行上海分行(外灘23号：旧中国銀行大楼)

軌道交通2号線

7 フェアモント ピース ホテル(外灘20号：旧沙逐大厦)

スウォッチ・アート・ピース・ホテル
8 (外灘19号：旧匯中飯店)

9 外灘18号(旧麦加利銀行)

10 AIA(外灘17号：旧字林西報)

11 招商銀行(外灘16号：旧台湾銀行)

12 中国外貿交易中心(外灘15号：旧華俄道勝銀行)

13 上海市総工会(外灘14号：旧交通銀行)

14 海関大楼(外灘13号：旧江海関)

15 上海浦東発展銀行(外灘12号：旧匯豊銀行)

招商局(外灘9号：旧輪船招商総局)
16

バンコク銀行
17 (外灘7号：旧大北電報公司)

18 外灘6号(旧中国通商銀行)

19 外灘5号(旧日清汽船上海支店)

黄浦会外灘3号
20 (旧有利大楼)

ウォルドーフ・ **21**
アストリア上海オン・ザ・バンド
(外灘2号：旧シャンハイ・クラブ)

22
外灘1号(旧亜細亜火油公司)

外灘信号台(旧気象信号塔)

0　100m

5 中国工商銀行（外灘24号：旧横浜正金銀行）
M P.95-A2

1924年築。古典主義様式。横浜正金銀行は日系銀行で、三菱UFJ銀行の前身のひとつ

6 中国銀行上海分行（外灘23号：旧中国銀行大楼）
M P.95-A2

1937年築。アール・デコ様式。中国銀行は清末の戸部銀行の流れを汲む中国系銀行

7 フェアモント ピース ホテル（外灘20号：旧沙遜大厦）
M P.95-A2

1929年築。アール・デコ様式。沙遜大厦（Sassoon House）はユダヤ系不動産王サッスーンの本拠地

8 スウォッチ・アート・ピース・ホテル（外灘19号：旧匯中飯店）
M P.95-A2

1906年築。ビクトリア・ルネッサンス様式。匯中飯店（Palace Hotel）は英国系ホテル

9 外灘18号（旧麦加利銀行）
M P.95-A2

1923年築。正面の円柱はイオニア式。麦加利銀行（Charterd Bank of India, Australia and China）は英国系銀行

10 AIA（外灘17号：旧字林西報）
M P.95-A2

1924年築。鉄骨造が珍しい。字林西報（North-China Daily News＆Herald, Ltd.）は英国人経営の英字紙

11 招商銀行（外灘16号：旧台湾銀行）
M P.95-A2〜3

1926年築。鉄筋コンクリート造。台湾銀行は日本統治期の台湾で円貨を発行した発券銀行

12 中国外貿交易中心（外灘15号：旧華俄道勝銀行）
M P.95-A3

1901年築。上海最初の鉄筋コンクリート建築。華俄道勝銀行（Russo-Chinese Bank）は帝政ロシアの銀行

13 上海市総工会（外灘14号：旧交通銀行）
M P.95-A3

1940年築。外灘の近代建築では新しいほう。交通銀行は清朝が設立し、国民党政府が引き継いだ政府系銀行

14 海関大楼(外灘13号:旧江海関) 🅜 P.95-A3
1927年築。屋上の時計塔が特徴。江海関(別名江海北関)は租界の徴税機関

15 上海浦東発展銀行(外灘12号:旧匯豊銀行)
🅜 P.95-A3
1923年築。新古典主義様式。匯豊銀行(Hongkong & Shanghai Banking Corporation)は香港の英国系銀行

16 招商局(外灘9号:旧輪船招商総局) 🅜 P.95-A3
築年不明。れんが造。輪船招商総局は清末に李鴻章により創設された水運会社

17 バンコク銀行(外灘7号:旧大北電報公司)
🅜 P.95-A3
1907年築。ネオ・バロック様式。大北電報公司(Great Northern Telegraph Co.)はデンマーク系通信会社

18 外灘6号(旧中国通商銀行) 🅜 P.95-A4
1897年築。れんが造りのクイーン・アン様式。中国通商銀行は中国人により初めて開かれた銀行

19 外灘5号(旧日清汽船上海支店)
🅜 P.95-A4
1925年築。日清汽船は日系の海運会社で、4社が合同して1907年に設立

20 黄浦会外灘3号(旧有利大楼)
🅜 P.95-A4
1916年築。ネオ・バロック様式。有利大楼はアメリカ系保険会社、Union Assurance Co.の社屋兼高級住宅

**21 ウォルドーフ・アストリア上海オン・ザ・バンド
(外灘2号:旧シャンハイ・クラブ)** 🅜 P.95-A4
1909年築。ネオ・ルネッサンス様式。シャンハイ・クラブは英国系の社交クラブ

22 外灘1号(旧亜細亜火油公司) 🅜 P.95-A4
1916年築。バロック折表様式。亜細亜火油公司(Asiatic Petroleum Co., Ltd.)は英国系石油会社

上海中心部MAP：③⑧

外灘
外灘（wàitān）

租界時代の欧風建築が物語る 上海の歴史を体感する

高層ビルが林立する町となった今でも、上海の顔ともいうべきなのが外灘（バンド／The Bund）だ。1842年、イギリスが強引に締結した南京条約によって外国の租界地（外国が借地した治外法権地）が最初に設定されたエリア。欧風近代建築が多数残り、観光資産になっている。

なかでも黄浦江に面して並ぶ重厚な建築群の多くは、1930年代に流行したネオ・バロックやアール・デコなどを折衷したユニークなデザインが特徴だ。中華人民共和国建国後、上海市政府はそれらを接収し、内部を改築して公共機関として利用してきた。現在もその多くが市政府の施設や金融機関として使われている。

主要エリアへのアクセス
●外灘→軌道交通2、10号線「南京東路」

こうした上海の歴史を雄弁に物語る外灘観光のハイライトは、ライトアップされた夜景の美しさだろう。対岸の浦東側から眺めるのもいいし、黄浦江を走るナイトクルーズ船からの眺めも格別だ。かつては船着場だった黄浦公園の遊歩道を歩くのも悪くない。1930年代に完成した租界建築と対岸の近未来的な高層ビル群という上海の過去と現在を同時に見ることができる。

昼間の外灘には、カメラを手にし、対岸の高層ビルを背景に記念撮影に興じる人々の姿を多く見かける。彼らは中国の地方都市から来た観光客だ。

今、外灘で最も新しい再開発地区は、北京東路の北側に延びる円明園路だろう。ザ・ペニンシュラ上海の裏に広がる一帯の古い建築は、かつての意匠を残しながら、ブランドショップやカフェレストラン、アートスペースに生まれ変わった。石畳の通りを今歩くのは外国人ツーリストたちだ。まるで租界時代がよみがえったかのような国際的な風情が漂っている。

夜の外灘は夜景を楽しむ大勢の人で混雑する

外灘でスナップ！

外灘の遊歩道から見た浦東。特にこの夜景は人気

天気のよい日には散策するカップルの姿も多数見られる

朝の外灘では地元の人が太極拳の練習をしている

外灘と虹口を結ぶ外白渡橋。外灘エリアの最北端に当たり、この橋と後ろの上海大厦との組み合わせは昔から名物

左に立つのは外灘エリアの最南端にある外灘信号台。かつては、塔の上に信号旗を掲げて気象情報を知らせた

浦東側の高層ビルを眺めながら、川風に吹かれてのんびり散歩

石畳がおしゃれな円明園路。オープンカフェがあり、ヨーロッパの町並みのよう

旧英国領事館だった外灘源壹号（中山東一路33号）では広い芝生の庭を眺めながら本格的なアフタヌーンティーを楽しめる

昔は大馬路と
呼ばれた繁華街。
今も上海一の
にぎわいを誇る

上海中心部MAP：③⑦

南京東路・西路エリア

いつも多くの人でにぎわう南京東路。約1kmが歩行者天国になっている

南京東路・西路

南京东路・西路 (nánjīngdōnglù·xīlù)

派手な電飾看板の並ぶ
昔ながらの東路と新しい西路

南京路は上海で最も古くから栄えた繁華街だ。イギリス租界の一等道路で、れんがと砕石で舗装されていた。現在の南京路は、外灘の中山東一路をフェアモント ピース ホテル(和平飯店)の門で曲がった所から人民公園までが東路、そこから静安寺あたりまでが西路となっている。

南京東路の一部は歩行者天国で、香港のネイザン・ロードのような派手な電飾看板が並ぶ、昔ながらの中国的な繁華街だ。数多くの商店やみやげ物屋に加え、老舗の中国料理レストランや点心、火鍋、回転寿司やラーメンなどの日本食の店も並ぶ。よりどりみどりだが、できれば地元上海料理の老舗に足を運んでみたい。

主要エリアへのアクセス
●南京東路→軌道交通2、10号線「南京东路」
●南京西路→軌道交通1、2、8号線「人民广场」

歩行者天国には路面電車を模した観光用電動カートが走る。外灘同様、地方からの観光客が多く、いつも人であふれている。歩行者天国はのんびり歩いて約10分。西外れの人民公園の手前に立つと、南京路越しに東方明珠塔が見える。

人民公園は市民の憩いの場だ。レトロな遊園地や緑豊かな中国庭園もある。人民公園の南側には人民広場があり、その敷地内に上海博物館がある。

人民公園の北側の南京西路沿いには、浦東開発が進むまでは上海一高かった摩天楼建築の錦江国際飯店(旧パークホテル1934年開業)や錦江金門大酒店(1926年開業)のようなクラシックホテルが並ぶ。

その先の西に延びる南京西路は、趣を変えて、旧市街をブロックごとに再開発したショッピングエリアとなっている。軌道交通2、13号線「南京西路」駅の東側には世界最大といわれ、シアトルと上海にしかない「スターバックス リザーブ ロースタリー上海」(M P.77-F3)が2017年末に出現し、新名所として連日にぎわいを見せている。

上海世茂広場という高級ショッピングセンター前にできたレゴのオブジェ

南京東路・西路でスナップ！

近代建築群は夜にライトアップされて美しさが際立つ

密集する縦書き看板は中国らしさの極み

路面電車（トラム）型の電動カート。上海には、イギリス系とフランス系、中国系の3社が経営する路面電車があった

清明節の時期には名物の「青団」というあん入り草餅を買う行列が各所で見られる

世界最大規模のスターバックス リザーブ ロースタリー 上海。ビルまるごとがスターバックス

上海市歴史博物館の屋上から見た人民公園。かつては競馬場だった

旧競馬場の時計塔

1928年築の大光明電影院（グランドシアター）は今も現役の映画館

人民公園には桃が植えられ、春は見事な花が咲く

上海中心部MAP：③④⑨

新しい上海を
象徴する、
高層ビルが
ひしめくエリア

黄浦江沿いに並び立つ高層ビル群は中国人観光客には特に人気が高い

浦東
ほ　とう
浦东（pǔdōng）

中国の夢を象徴した
超高層ビルが高さを競う

黄浦江を挟んで外灘の対岸にあるエリアを浦東という。ここはかつて工場や農村地域だったが、1990年代に入ると、浦東開発プロジェクトが始動され、突如として開発が進み、一挙に高層ビル群の林立するインテリジェント都市へ変貌を遂げた。今では中国の近未来の夢を象徴する場所となっている。

現在、浦東のランドマークとなっているのは、上海中心大厦（上海タワー、高さ632m、121階）や上海環球金融中心（上海・ワールド・フィナンシャル・センター、高さ492m、101階）、金茂大厦（ジンマオタワー、高さ420.5m、88階）という3つの超高層ビルで、高さを競い合ってい

主要エリアへのアクセス
●浦東（高層ビル群のエリア）→軌道交通2号線「陆家嘴」

る。3つのビルの上階には展望台があり、そこからは上海市という巨大なメトロポリスの全貌を見渡せる。黄浦江沿いに並ぶ租界建築の眺めは、天空から過去の上海を見下ろすようなタイムスリップ感が味わえておもしろい。

オフィスビルの多い浦東では、観光スポットは軌道交通2号線「陆家嘴」駅の周辺に集まっている。なかでも1994年に完成した東方明珠塔は、大小合わせた11個の球体が組み合わされたデザインに特徴がある。そのユニークさは唐代の詩の一節からインスピレーションを得たとされているが、昭和の時代の日本の漫画『鉄腕アトム』などで描かれた近未来を思わせるようなレトロモダンな存在感が光彩を放っている。

黄浦江沿いの濱江大道は広大なプロムナードとなっていて、対岸の外灘をのんびり見渡せる。ごみごみした上海のなかで、ここは珍しく空が広い。東方明珠塔の隣にある上海海洋水族館もいつも親子連れでにぎわっている。食事をするなら、「陆家嘴」駅のそばの正大広場のショッピングモールでレストランを探すといいだろう。

軌道交通2号線「張江高科」からは、フランスの技術を導入したゴムタイヤで走る路面電車、張江有軌電車が出ている。東洋ではここと天津のみの存在

浦東でスナップ！

上海中心大厦 上海之巓観光庁から見た陸家嘴周辺と外灘。高層ビルの展望台には昼と夜の2度訪れるといい

高層ビルの中でも、ひときわ高いのが上海中心大厦（上海タワー）

上海中心大厦 上海之巓観光庁では、世界の高層ビルを比較した展示が興味を引く

東方明珠塔では、ガラスの床越しに夜景を楽しめるフロアが大人気

左右：正大広場というショッピングモール（M P.57-F3）5階に2018年夏にできた「ガンダムベース上海（高達基地上海）」。ガンプラ作例の展示のほか、キットの販売や工作教室もしている。高価なガンプラが次々と売れていくのに驚く

東方明珠塔の近くは昔のSFに出てくる近未来のよう

生活感の残る水郷古鎮、新場古鎮（→P.149）も浦東新区内にある

中国江南の
伝統的な趣を残す、
庶民的な下町エリアで
レトロムードを満喫！

上海中心部MAP：⑧

豫園エリアの中心はこの九曲橋周辺。昼夜ともに多くの人でにぎわう

豫園
よ・えん

豫園（yùyuán）

上海一の観光スポットで
買物と食事を楽しむ

伝統的な上海の雰囲気を色濃く残す豫園エリアは、上海一の観光スポットといっていい。買い物と食事ならここだ。

豫園は明代に建てられた江南スタイルの庭園で、さまざまな楼閣や池、石山などが配置されているのが特徴だ。それぞれの楼閣や石山には意味があり、じっくり観ようとすれば、半日はかかるだろう。

豫園を見学したら、入口の門の前の池に浮かぶ老舗茶館の湖心亭で江南名物の緑茶を飲んでひと休みしたい。食事なら地元上海料理の名店である上海老飯店や小籠包で有名な南翔饅頭店が定番だ。

豫園周辺は大ショッピング街となっている。なかでも豫園商場は巨大な伝統建築

1930年代の湖心亭
（絵はがき）

2019年4月のほぼ同アングル。左は湖心亭

主要エリアへのアクセス
●豫園→軌道交通10号線「豫园」、軌道交通8、10号線「老西门」

の中に無数のおみやげ屋が入っている。箸や筆など中国工芸品や雑貨類を買うなら足を運ぶといい。その南には上海老街という風情のあるみやげ物ストリートもある。100軒近い店が並んでおり、人混みで混雑している豫園商城よりは落ち着いて買い物ができるかもしれない。

地図を見ると、豫園エリアは卵形をしている。豫園はかつて上海県城と呼ばれた城壁都市の中にあった。明代に築かれた城壁は1912年に取り壊され、人民路・中華路の環状道路となってエリアをぐるりと取り囲む。

南京条約で上海が開港した頃の上海県城は、商店が軒を並べた人口約53万人の商業都市として発展しており、中国の伝統的な都市の姿は外国人を驚かせた。今も木造建築が軒を連ね、古い上海の風情を伝える一画がかろうじて残っている。そこでは路地に洗濯物がつるされ、道端に椅子を出してご飯を食べている人、ソファで日なたぼっこしている人、といった昔ながらの風景が見られる。だが、再開発の波が押し寄せており、こうした光景が一掃される日は近い。

豫園でスナップ！

20世紀初頭の雰囲気を再現したのぞきからくりが名物

老城隍廟の門前町でもある上海老街には縁起物を売る店もある。派手な色使いがエキゾチック

土地神様の老城隍廟に参る人々は絶えない。日本とは異なる参拝スタイルやおみくじがおもしろい

新しくできた南翔饅頭店のテイクアウト専門店（ⓂP.125-B2）

小籠包を包む様子をガラス越しで見学できる

豫園商城内のアーケードは迷路のようで楽しい

豫園ではあのスターバックスも漢字の看板（右から読む）

豫園商城にある童涵春堂は老舗漢方薬局

切り絵や銀細工の実演店は観光客に人気

105

オリジナリティあふれる
小さな店を回るのが
楽しい！

上海中心部MAP：⑧

さまざまなシャオチーキオスクが並ぶ田子坊。食べ歩きが楽しい

田子坊
田子坊（tiánzǐfáng）

古い集合住宅街が
人気アートスポットに変身

軌道交通9号線「打浦桥」駅の前を通る泰康路と建国中路に挟まれ、細い路地に囲まれた上海らしい一画は、田子坊と呼ばれる人気観光スポットだ。在住日本人からは「たごぼう」と訓読みされて親しまれている。

この地区は、租界時代の「石庫門」スタイルの老朽化した一般向け集合住宅が密集していた。2000年代初め、上海出身の有名な画家、陳逸飛（新天地のインテリアショップ「Layfe Home」のオーナーとして知られる）がアトリエを作ったことから、しだいに若いクリエイターや外国人らが集まるようになった。さらに、租界建築をテーマに数々の写真を撮り続けてきた天津出身の写真家、爾冬強もアトリエ兼

観光地化した田子坊だが、まだ住んでいる人は意外に多い

主要エリアへのアクセス

●田子坊→軌道交通9号線「打浦桥」

ギャラリーを構えた。こうして田子坊は「時尚創意地区（アートスポット）」として認知され、変身するにいたる。

上海の若いクリエイターたちの作る大量生産ではないオリジナル雑貨やアクセサリー、インテリアなどを置くギャラリーやショップも現れ、この狭い路地に囲まれた空間はだんだんにぎわい始めた。おしゃれ好きの上海人や在住外国人たちは、外国人旅行者も多く訪れるこのスポットにカフェやバー、各種エスニックレストラン、みやげ物屋などを次々にオープンさせた。そのおかげで、今ではここに来れば世界中のドリンクやグルメを味わえるほどだ。

田子坊のおもしろさは、どんなに観光客が増えても、いまだに地元住民と共生していることだ。英国パブやカフェのすぐそばに、地元の人たちが買い物に利用する生鮮市場もあるし、アトリエやギャラリーの隣のアパートには人も住んでいる。軌道交通9号線の開通でアクセスも飛躍的によくなった。この狭い路地は国内外から訪れた観光客でこれからもあふれることだろう。

田子坊でスナップ！

左：田子坊の入口はいくつかあるが、泰康路に面したこの1号門を目印に。右脇には観光案内所もある　上：田子坊のゆるキャラがあるようだ

右上：建物見学や散策目的なら人のいない朝がおすすめ　右下：洋風の店も増えている

田子坊の歩みを紹介するパネル。エリア全体の模型展示もある

観光地化が進み、生活の場が奪われる事態も生じている。居住エリアには入らないように

不思議なオブジェを見かけることも

シャオチーの種類は多種多様だが、はやりすたりも激しい

上：古株のカフェ、コミューン公社。夜はテラス席が満席になる　左：手書き風案内図が各所にある　右：民国十九（1930）年の銘が残る門

租界時代の建物が
おしゃれなスポットに
変身！

上海中心部MAP：⑦⑧

おしゃれなオープンテラス席が多い新天地のカフェはまるで欧米のよう

淮海路・新天地

淮海路・新天地 (huáihǎilù・xīntiāndì)

昔のたたずまいと現代とが融合した上海らしい場所

淮海路はかつてフランス租界の「越界路（道路を造り、両側を租界に入れた）」で、フランス人やロシア人の住んでいた洋館や赤れんがの欧風アパートの建ち並ぶ、街路樹の美しい通りだ。昔ながらのたたずまいと現代のセンスとが融合した最も上海らしい場所といってもいいだろう。

軌道交通1号線の「黄陂南路」駅から「陝西南路」駅、「常熟路」駅にいたるまでが淮海中路がメインのエリアだ。通り沿いには、租界時代からある老舗の洋食レストランやショップも多い。観光スポットもいくつか点在している。

なかでも「黄陂南路」駅から南へ徒歩3分の再開発エリアの新天地は、上海を代表

淮海中路にはフランス租界時代からの店舗や住宅が多く残る

主要エリアへのアクセス
●淮海路→軌道交通1号線「黄陂南路」、1、10、12号線「陝西南路」、1、7号線「常熟路」
●新天地→軌道交通1号線「黄陂南路」、10、13号線「新天地」

する観光スポットだ。1920年代の租界時代に建てられた「石庫門」と呼ばれる欧風集合アパートをそのまま利用し、ショッピングモールやレストランとして改装した。ブランドショップやしゃれたカフェバー、ライブハウスなどもあり、外国人旅行者の姿も多い。その一角に中国共産党第一次全国代表大会の開かれた場所があり、博物館になっている。

新天地から西に向かい重慶南路を越えると、復興公園がある。20世紀初頭にフランス人によって造られた庭園で、都会の中の憩いのスポットだ。南には、1930年代の高級住宅街だった一画を再開発し、ノスタルジックなアミューズメントスポットにした思南公館が隣接する。

孫文が晩年を過ごした住居の上海孫中山故居紀念館や周恩来が上海の拠点として使用した住居跡の周公館など、このあたりには歴史施設も多い。上海は近代中国の重要な歴史の舞台だっただけに、これらの歴史施設を訪ねる価値はあるだろう。

淮海路・新天地でスナップ！

新天地は田子坊より高級感を出してリノベーションされている

新天地は狭い路地裏を巡るのが楽しい

夜の新天地はライトアップされてきれいだ

新天地南里は、シネコンなどのあるエリア

ここ5～6年の新天地は団体観光客が増えて騒々しくなった

かつてのフランス租界を再開発した注目のスポット思南公館

新天地北里南端にある石庫門屋里廂博物館（→P.135）では1930年代の暮らしを再現した展示を見られる

西洋式の直線的なラインが美しい復興公園（旧フランス公園）

109

落ち着いた町並みと
小さなカフェや
ギャラリーを楽しむ！

上海中心部MAP：⑦⑫

衡山路・徐家匯・
旧フランス租界エリア

有名な武康大楼（**M**P.79-D3）前の交差点は散策する若者でいっぱい

衡山路・徐家匯・旧フランス租界
衡山路・徐家汇・旧法租界 (héngshānlù・xújiāhuì・jiùfǎzūjiè)

**租界時代の洋館が残る
閑静な屋敷町を散策する**

　軌道交通1、7号線「常熟路」駅から宝慶路を5分ほど南へ歩くと、道は衡山路と名前を変える。その通り沿いには、アメリカンスクールやゴシック風英国建築の上海国際礼拝堂、各国領事館などが並んでいる。古い洋館を改装したバーやレストラン、雑貨ショップなども多い。

　喧騒あふれる上海のなかで、これほど閑静で落ち着いたエリアは珍しい。なぜここだけ再開発の波から逃れているのか。その理由は、かつてこの界隈がフランス租界であり、当時から外国人や中国の要人、富豪といった富裕層が暮らす屋敷町だったからだ。現在でも中国の政治家や要人が住んでいるという。

徐家匯のショッピングモール美羅城（**M**P.78-B4）には日系テナントが多く、ジブリショップもある

> **主要エリアへのアクセス**
> ●衡山路・徐家匯・旧フランス租界→軌道交通1号線「衡山路」、1、9、11号線「徐家汇」

　復興西路の南側一帯、旧フランス租界の西外れに当たる徐家匯までの一画には、プラタナスの並木が続いている。なかでも復興西路と淮海中路をつなぐ武康路は、おしゃれな通りとして注目されている。

　淮海中路と武康路の交差点に立つ武康大楼はランドマークとなっている。この建物は、かつてノルマンディ・アパートと呼ばれていた。クルーズ客船のような曲線を帯びたシルエットが印象的なマンションは、1924年に竣工している。スイス人建築家のルネ・ミニュッティによる作品で、もとの外観はクリーム色に塗られていたという。武康路は歩くと10分ほどの長さだが、道沿いに白壁の老房子（洋館）が建ち並び、散策に好適。

　衡山路を南下した徐家匯は、明代の科学者、徐光啓の名にちなんだエリアで、上海最大のカトリック教会の徐家匯天主教堂が有名だ。現在では、ショッピングモールやレストランの並ぶ若者の町としてにぎわっている。

衡山路・徐家匯・旧フランス租界でスナップ！

表通りから外れた閑静な住宅街の永嘉路（Ⓜ P.79-D〜E4）には魅力的な洋館がたくさんある

美しい並木道がそこかしこに続く

緑豊かな上海交通大学（Ⓜ P.78-B〜C3）のキャンパスは誰でも入れる憩いのスポット

徐匯老房子芸術中心（Ⓜ P.79-D3）では洋館の模型を展示。観光案内所も入っている

港匯恒隆広場（Ⓜ P.78-B4）にできたスターバックス・リザーブ・ベーカリー・カフェはイタリアンベーカリーのプリンチとのコラボ店

左：徐家匯のランドマークは徐家匯天主堂（→P.137）　中：上海電影博物館（→P.144）は中国映画ファンなら必見　右：劇作家柯霊の旧居（Ⓜ P.79-E3）はスパニッシュ式

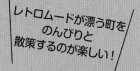

レトロムードが漂う町を
のんびりと
散策するのが楽しい！

上海中心部MAP：①③

今も残る西本願寺上海別院の建物（Ⓜ P.57-D1）

虹口
こう こう

虹口（hóngkǒu）

日本とのゆかりも深い
文化の香りが漂う町

　虹口エリアは、アメリカが租界として獲得し、英米共同租界となって東に拡張された。北に延びる四川北路は越界路。第2次世界大戦終戦時には上海に約10万人の日本人が暮らしていたが、その大半はこのエリアにいたため、日本人とゆかりのあるスポットも残っている。当時の日本人は虹口を「ホンキュー」と呼び習わしていた。なかでも内山完造（1885〜1959年）が経営していた内山書店は有名だ。内山は1917年に四川北路に書店を開いている。彼は魯迅や郭沫若ら中国の文学者と親交を結ぶ。魯迅らは日本留学の経験があり、当時政情不安にあった中国で、上海租界は彼らの避難所の役割も果たしていたのだ。

多倫路文化名人街には等身大の文化人像がある。左は魯迅

主要エリアへのアクセス
●虹口→軌道交通3、8号線「虹口足球場」、軌道交通10号線「四川北路」

　内山は積極的に魯迅の支援者となり、多くの中国の文人が店に集まるようになった。そのうわさを聞きつけた日本の文学者も内山書店を訪れるようになり、両国の文学者の交流も行われた。その場所は内山書店旧址として陳列室が設けられていたが、2019年4月現在閉館中。

　こうしたことから、虹口エリアには魯迅の名がつけられた魯迅公園がある。現在はサッカースタジアムもできているが、園内には魯迅の墓が移され記念館などもある。

　公園の南にある多倫路文化名人街（ⓂP.52-C3）は、文化的な香りの漂う石畳の通りとなっている。内山書店旧址に近いこの界隈は、かつて上海を代表する文化的なエリアだった。中国の富豪や要人の洋館もたくさん残る。

　現在では、レトロなコーヒーショップや茶館、アンティークショップなどが軒を並べている。通りには、上海にゆかりのある中国の著名人や文人の銅像が並んでいる。そのなかに唯一の日本人として内山完造の銅像があり、それは当時の魯迅らとの交流の証とされている。

虹口でスナップ！

租界時代の食肉処理施設だった建物を活用したアートスポット「1933老場坊」（→P.140）

見る者を飽きさせない1933老場坊の建築美

エリア北側にあるサッカースタジアム、虹口足球場。2017年3月、火災に見舞われた

魯迅公園は憩いの場となっている

多倫路文化名人街沿いに壁のように立つ店舗兼住宅の「永安里」（1920〜40年代築）

左：魯迅公園では親同士が未婚の子供の結婚を相談し合う「親のお見合い会」が盛会。このようなプロフィールを手に取り話し合う　中：内山完造の立像　右：多倫路には古本屋もある

内山書店旧址は三角屋根のあたり。以前は内部を公開していたが2019年4月現在閉鎖されている

四川北路に架かる「横浜橋」は横浜とは無関係。元来「浜（ヒョウ・ホウ）」は「濱」とは異なる字で、クリーク（水路）の意味だ

地球の歩き方 ホームページの使い方

海外旅行の最新情報満載の「地球の歩き方ホームページ」！ガイドブックの更新情報はもちろん、各国の基本情報、海外旅行の手続きと準備、海外航空券、海外ツアー、現地ツアー、ホテル、鉄道チケット、Wi-Fiレンタルサービスなどもご紹介。旅先の疑問などを解決するためのQ&A・旅仲間募集掲示板や現地特派員ブログもあります。

URL http://www.arukikata.co.jp/

■ 多彩なサービスであなたの海外旅行をサポートします！

「地球の歩き方」の電子掲示板（BBS）

旅のQ&A掲示板

「地球の歩き方」の源流ともいえる旅行者投稿。世界中を歩き回った数万人の旅行者があなたの質問を待っています。目からウロコの新発見も多く、やりとりを読んでいるだけでも楽しい旅行情報の宝庫です。

URL http://bbs.arukikata.co.jp/

国内外の旅に関するニュースやレポート満載

地球の歩き方 ニュース＆レポート

国内外の観光、グルメ、イベント情報、地球の歩き方ユーザーアンケートによるランキング、編集部の取材レポートなど、ほかでは読むことのできない、世界各地の「今」を伝えるコーナーです。

URL http://news.arukikata.co.jp/

航空券の手配がオンラインで可能

arukikata.com

航空券のオンライン予約なら「アルキカタ・ドット・コム」。成田・羽田他、全国各地ポート発着の航空券が手配できます。期間限定の大特価バーゲンコーナーは必見。また、出張用の航空券も手配可能です。

URL http://www.arukikata.com/

現地発着オプショナルツアー

地球の歩き方 Travel

効率よく旅を楽しむツアーや宿泊付きのランドパッケージなど、世界各地のオプショナルツアーを取り揃えてるのは地球の歩き方ならでは。観光以外にも快適な旅のオプションとして、空港とホテルの送迎や、空港ラウンジ利用も人気です。

URL http://op.arukikata.com/

ホテルの手配がオンラインで可能

地球の歩き方 Travel 海外ホテル予約

「地球の歩き方ホテル予約」では、世界各地の格安から高級ホテルまでをオンラインで予約できるサービスです。クチコミなども参考に評判のホテルを探しましょう。

URL http://hotels.arukikata.com/

海外WiFiレンタル料金比較

地球の歩き方 Travel 海外WiFiレンタル

スマホなどによる海外ネット接続で利用者が増えている「WiFiルーター」のレンタル。渡航先やサービス提供会社で異なる料金プランなどを比較し、予約も可能です。

URL http://www.arukikata.co.jp/wifi/

LAのディズニーリゾートやユニバーサルスタジオ入場券の手配

地球の歩き方 Travel オンラインショップ

現地でチケットブースに並ばずに入場できるアナハイムのディズニー・リゾートやハリウッドのユニバーサル・スタジオの入場券の手配をオンラインで取り扱っています。

URL http://parts.arukikata.com/

ヨーロッパ鉄道チケットがWebで購入できる「ヨーロッパ鉄道の旅」

ヨーロッパ鉄道の旅 Travelling by Train

地球の歩き方トラベルのヨーロッパ鉄道チケット販売サイト。オンラインで鉄道パスや乗車券、座席指定券などを購入いただけます。利用区間や日程がお決まりの方にお勧めです。

URL http://rail.arukikata.com/

海外旅行の最新で最大級の情報源はここに！

| 地球の歩き方 | 検索 |

上海の見どころ

伝統的な見どころが少ない上海にあって、豫園は代表的な江南式庭園として必見の名園。朝いちばんに行けば静かに見られる／写真:オフィス カラムス（服部朗宏）

円形と方形を組み合わせた形の建物

上ヨリ 馬に乗る王子像／れ立 唐代の女像〔素白文彩陶俑〕
右下 明代の三爵杯／右下 明代の青磁花瓶

名品の宝庫
上海博物館
を楽しむ

「上円地方（天は丸く、地は四角いという中国古代の世界観）」の形を取り入れた上海博物館には、紀元前のはるか昔から20世紀初頭にいたるまでの貴重な文化財が展示され ている。青銅器や陶磁器、書画などの名品を間近でゆっくり見られるので、関心のある人にはたまらない。天気の悪い日にじっくりと見学するのもいい。詳しいデータは→P.131。

中国古代青銅館
中国古代彫塑館

1階

1階では、数千年前に作られた大小さまざまな青銅器各種と、石を彫った仏像や陶製、木製の人形などを見ることができる。なかでも古代青銅器のユニークな形や文様といった造形は見ていて飽きない。

紀元前7世紀の春秋時代早期に作られた「子仲姜盤」

タカラガイを入れる容器。西漢（紀元前208年〜紀元8年）時代の作

ユニークな模様がある獣形の酒器「牛
首獣紋尊」。尊は酒器のこと。商代晩期
（紀元前13〜11世紀）製

上：中国古代彫塑館には各地の石仏が並ぶ
左下：北斉（550〜577年）時代の石仏
右下：唐時代の石製獅子。堂々たる風格

中国古代陶瓷館
暫得楼陶瓷館

2階

　大小さまざまの壺や人形といった陶磁
器が集められている。新石器時代から明
清時代までを扱う。暫得楼陶瓷館は個人
コレクションを基にしたもので、清代の
官窯作品に注目。

右：大型の唐三彩が並ぶさまは圧巻
下左：三国の呉（222〜280年）時代の壺。顔がおもしろい
下中：明嘉靖年間（1522〜1566年）、景徳鎮製の五彩壺
下右：清雍正年間（1723〜1735年）、景徳鎮製の壺。龍
の精緻さに目を見張る

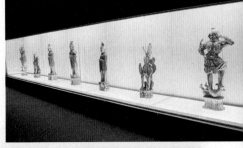

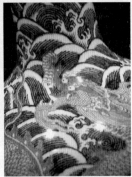

中国歴代書法館
中国歴代璽印館
中国歴代絵画館

3階

3階では、書や伝統的絵画、印刻（篆刻）を扱う。これらは文人のたしなみとして、中国では古くから愛好されており、今なお高い人気がある。流麗な書や印材に施された精緻な彫刻などは実に見事だ。

右：書の展示は甲骨文字から始まる
左下：能書家として知られる南宋の高宗（趙構）の草書
右下：専門知識を必要とする分野だが愛好家は多い

左上：田黄という最高級印材に彫られた精緻な彫刻　左下：印璽は印影とともに展示
右上：伝統絵画の筆致を間近で見られる　右下：名品の掛け軸がずらり

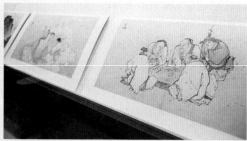

中国歴代銭幣館
中国少数民族工芸館
中国歴代玉器館 中国明清家具館

　4階では古代からのお金、少数民族の工芸品、玉と呼ばれるヒスイ、明清期の家具を展示する。いずれも美術工芸品として中国では人気が高い分野で、一般市民にも熱心な収集家が存在する。日本人にはエキゾチックな少数民族工芸品が興味深い。

左：清末の反乱軍、太平天国の支配地域で使われた貨幣　　中：清末に使われた紙幣　　右：チベット仏教の舞踊で使われるお面

左：商代（紀元前13〜11世紀）に作られた玉の熊
中：モンゴル族女性の髪飾り
右：イ族の漆塗り食器は独特な風合い

左：3人の童子を彫った明代のヒスイ
中：精緻な彫刻が見事な清代の家具　　右：大型家具が並ぶ

【上海ディズニーランド】最大敷地面積の「ファンタジーランド」にはパークのシンボルとなる「エンチャンテッド・ストーリーブック・キャッスル」がそびえる

上海ディズニーリゾートを楽しむ

2016年にオープンした上海ディズニーリゾート。約3897km²の広大な敷地の中に、7つのテーマランドをもつ「上海ディズニーランド」、2軒のディズニー直営ホテルと、ショッピングやダイニング、エンターテインメントを楽しめる「ディズニータウン」、美しく穏やかな庭園と輝く湖を堪能できるレクリエーションエリア「ウィッシング・スター・パーク」がある。オープン以来初となる7つ目の新テーマランドとして「トイ・ストーリーランド」が2018年4月26日にオープン。3つのアトラクションとクイックサービスのレストランを備える。

【アトラクション】
　レックス・レーサー
　スリンキー・ドッグ・スピン
　ウッディのラウンド・アップ
【レストラン】
　トイ・ボックス・カフェ

【上海ディズニーランド】上海ディズニーランドだけの「トレジャー・コーブ」にある「カリブの海賊：バトル・フォー・ザ・サンクン・トレジャー」でパイレーツのバトルを体験

【上海ディズニーランド】「トゥモローランド」では、映画『トロン：レガシー』にインスパイアされたトロン・ライトサイクル・パワー・ランを初体験

【上海ディズニーランド】ディズニーパーク初のガーデンをテーマにした「ガーデン・オブ・イマジネーション」では「ファンタジア・カルーセル」というメリーゴーラウンドが人気

【上海ディズニーランド】上海ディズニーランドだけのミステリーと隠れた財宝がテーマの「アドベンチャー・アイル」では、ライブミュージカルショー「ターザン：コール・オブ・ザ・ジャングル」を上演

【ディズニータウン】約50のショップやレストラン、エンターテインメントが集まる「ディズニータウン」

【ディズニータウン／ウォルト・ディズニー・グランド・シアター】人気ミュージカル「ライオン・キング」を世界で初めて中国語（標準語の普通話）で上演

ディズニー直営ホテル

上海ディズニーリゾートのシグネチャーホテル「上海ディズニーランド・ホテル」

映画『トイ・ストーリー』にインスパイアされた「トイ・ストーリー・ホテル」©Disney/Pixar

■ パークチケットは日付指定制

上海ディズニーリゾートのチケット購入は公式サイト（中国語・英語）か、チケット予約センターへの電話からが原則だが、当日空きがあれば窓口でも購入できる。購入時にあらかじめ訪問日を指定する。料金は来園日により1日券は399元と575元、2日券は718、876元と1034元に分かれている。

上海ディズニーリゾート
Ⓜ折込表 -F4　㊟浦東新区川沙新鎮迪士尼度假区
☎チケット予約センター＝4001800000、31580000
　上海ディズニーランド・ホテル＝20998002
　トイ・ストーリー・ホテル＝20998003　Ⓤwww.shanghaidisneyresort.com/en
※詳細データは上記公式サイト参照

物語の世界に浸れるトイ・ストーリー・ホテルのゲストルーム©Disney/Pixar

庶民的な交通手段の渡し船も健在

高層ビル群を背景にナイトクルーズ船が行く。やはり夜のほうが人気は高い

渡し船から見る外灘。ミニクルーズ気分を味わえる

水上から上海の町を眺めてみよう

黄浦江クルーズと渡し船

上海と黄浦江は切っても切れない関係だ。外灘や浦東の高層ビルからその流れを見るだけでは物足りない。クルーズ船や渡し船に乗って水面から町を眺めてみよう。

黄浦江クルーズ

個人客向けの船の発着地点は、新十六鋪碼頭一区（Ⓜ P.67-E1 住黄浦区中山東二路481号）。租界時代は楊樹浦と呼ばれた大工業地帯だった秦皇島路渡口（Ⓜ P.58-C1）付近まで黄浦江を下り、新十六鋪碼頭まで戻ってくる、所要約50分のコースだ。運航時間は11:00〜18:00が1時間に1便、18:30〜21:00が30分に1便。チケット購入は新十六鋪碼頭一区のほか、例えば外灘の上海輪渡 東金線渡口（渡し船乗り場 Ⓜ P.57-E4）にある代理販売所など各所で。このほ

か、団体向けにさまざまなナイトクルーズが運航されており、旅行会社経由で参加できるが、乗り場や料金、運航ルートは各社で異なるので申し込み時によく確認を。

黄浦江の渡し船（上海輪渡）

市民のための公共交通機関で特別なサービスはないが、運賃はわずか2元と格安で上海公共交通カードも利用可。乗船時間は約10分と短いが、2階の開放デッキから眺める風景は格別だ。下記は旅行者でも利用しやすい路線。

上海浦江游覧游船中心
Ⓜ P.67-E1　住黄浦区中山東二路481号B1
☎ 4009201278　※中国国内のみ通話可
🕐 11:00〜21:00　休なし
🎫 120元　💳不可

上海輪渡 東復線
　浦東側の東昌路と浦西側の復興東路とを結ぶ。
Ⓜ P.57-F4、P.67-F2　🕐 7:00〜19:00　🎫 2元　休なし

上海輪渡 東金線
　浦東側の東昌路と浦西側の金陵東路とを結ぶ。
Ⓜ P.57-E〜F4　🕐 7:00〜22:00　🎫 2元　休なし

外灘の上海輪渡 東金線渡口にある代理販売所。この種の売り場は各所にある

上海輪渡 東金線は22:00まで運航しているので夜景も楽しめる

浦東の高層タワー巡り

ひときわ高い左の上海中心大厦（▶P.133）、右は上海環球金融中心（▶P.134）、中央は金茂大厦（▶P.135）

上海中心大厦 上海之巔観光庁から見た陸家嘴と外灘。東方明珠塔ははるか下

東方明珠塔はその形が捨てがたいユニークさ

浦東の有名高層ビルには最上階付近に展望台があり、観光名所になっている。2016年に最高峰の上海中心大厦の展望台がオープンし、どれに上るかは混戦模様。昼に上るか夜景を楽しむかもおおいに迷う。高さを取るか、エンターテインメント性を取るかを迷うのも楽しい。

上海中心大厦のエレベーターは世界最速。昇っている最中に耳がツンとする

高層ビルが建ち並ぶ光景は上海の象徴としてすっかりおなじみとなった

豫園
Ⓜ P.67-E1、P.125
🏠 黄浦区安仁街218号
☎ 63260830
🕐 8:45〜17:15
※入場は閉園30分前まで
🚫 月曜
💴 4〜6月、9〜11月＝40元
1〜3月、7、8、12月＝30元
🚇 軌道交通10号線「豫園」
Ⓤ www.yugarden.com.cn

現在は無料で見学できる九曲橋も
もとは豫園の一部。遠くには上海
中心大厦がそびえ立つ

★★★ 所要1時間

中国を代表する江南式庭園

豫園／豫园
よえん　yùyuán

中国庭園のなかでも自然石と水を巧妙に配置するのが特徴の江南様式庭園の名園。明代の役人、潘允端が父のためにと1559（明の嘉靖38）年に着工し、1577（万暦5）年に完成したと伝えられる。豫という文字には安泰、平安という意味があり、老親を楽しませるために名づけたという。明末には潘氏の没落で荒れるが、清の乾隆年間（1735〜1795年）から地元の名士たちにより修復された。しかし、清末のアヘン戦争や太平天国の乱で再び荒廃した。1950年代から修復が試みられるが、文化大革命でまたもや荒廃し、1980年代からの修復で現状にいたっている。園内は三穂堂、万花楼、点春堂、会景楼、玉華堂、内園の6つの景区に分かれている。

上海中心部では随一の名園とあって、連日内外の観光客で混雑する

三穂堂景区／三穂堂景区 (sānsuìtáng jǐngqū)
さんすいどうけいく

豫園の北西部に位置し、大門から入場して最初にある景勝エリアで、三穂堂、仰山堂、大假山、翠秀堂、漸入佳境、元代鉄獅などの見どころがある。

三穂堂景区
Ⓜ P.125-B1〜2

仰山堂から見た大假山

三穂堂は1760（清の乾隆25）年に園内西側を整備した際に創建された高さ9mの建物。当初は楽寿堂といい、上海県の役所であり、上海の名士が集う場所であった。三穂堂の名は『後漢書』「蔡茂伝」の故事から取られたもの。

三穂堂の北には優雅なたたずまいを見せる2階建ての仰山堂が立つ。創建は1866（清の同治5）年、池を挟んで北に大假山を望む。2階部は唐の王勃が詠んだ『滕王閣詩』の一節「珠吊暮巻西山雨」から名づけられた巻雨楼で、霧雨の中ここから見る大假山は豫園随一の絶景とたたえられる。

大假山は明代の名工、張南陽が手がけた峻険さが特徴の築山。浙江省武康（現在の徳清県）から切り出された黄石を使い、高さは14mに及ぶ。清末には重陽節（高台に上る風習がある）に多くの人が訪れたといわれる。

三穂堂の内部

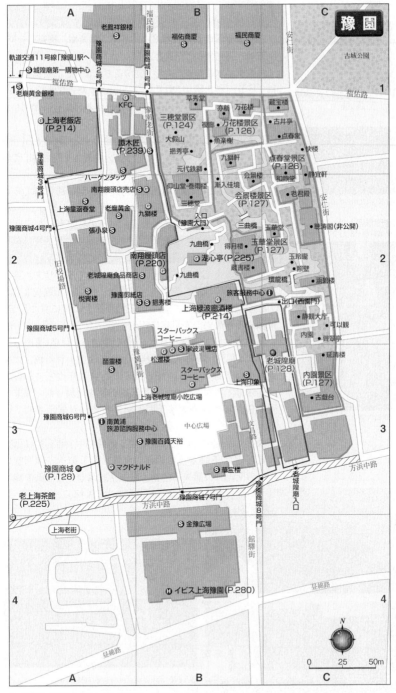

豫園

軌道交通11号線「豫園」駅へ
城隍廟第一購物中心 S
老廟黄金銀楼 S
老鳳祥銀楼
豫園商城2号門
福民街
豫園商城1号門
福佑商廈 S
福民商廈 S
福民商廈 S
安仁街
古城公園

福佑路
福佑路

上海老飯店 S
(P.214)

KFC G
豫園老街
翠秀堂
赤航
万花楼
蔵宝楼

三穂堂景区
(P.124)
複廊
万花楼景区
(P.126)
古井亭
点春堂

譚木匠 S
(P.239)
大假山
挹秀亭
魚楽榭
点春堂景区
(P.126)
快楼

豫園商城3号門
ハーゲンダッツ S
南翔饅頭店売店 S
元代鉄獅
九獅軒
漸入佳境
会景楼
積宜軒

上海童涵春堂 S
老廟黄金 S
九獅楼 S
仰山堂・巻雨楼
三穂堂
会景楼景区
(P.127)
和煦堂
老君殿

豫園商城4号門
張小泉 S
入口
(豫園大門)
三曲橋
玉華堂
聴濤閣(非公開)

南翔饅頭店
(P.220)
九曲橋
得月楼
玉華堂景区
(P.127)
玉玲瓏

老城隍廟食品商店 S
豫園剪紙店 S
挹秀楼 S
湖心亭(P.225)
九曲橋
蔵書楼
玉玲瓏
照壁
涵碧楼

悦賓楼 S
環龍橋

豫園商城5号門
上海緑波廊酒楼
(P.214)
旅客服務中心 i
出口(西園門)

スターバックス
コーヒー
静観大庁
可以観
晶蔚亭

晶霊楼 S
豫園新街
松運楼
寧波湯糰店 S
スターバックス
コーヒー
上海印象
内園
延清楼

老城隍廟
(P.128)
内園景区
(P.127)

上海老城隍廟小吃広場
古戯台

豫園商城6号門
南黄浦
旅游諮詢服務中心 i
豫園百貨天裕 S
中心広場
文昌路

豫園商城
(P.128)
マクドナルド G
華宝楼 S

老上海茶館
(P.225)
豫園商城7号門
豫園商城8号門
老城隍廟入口
方浜中路

方浜中路

上海老街
金豫広場 S

館驛街

イビス上海豫園(P.280) H

昆明路

昆明路

N

0   25   50m

A   B   C

● ・見どころ G グルメ S ショップ H ホテル i インフォメーション

125

水辺に立つ魚楽榭

船を模した亦舫の内部

点春堂の内部

万花楼景区／万花楼景区 (wànhuālóu jǐngqū)
まんかろうけいく

三穂堂景区の東に位置するエリア。魚楽榭、複廊、亦舫、両宜軒、万花楼などが見どころ。

魚楽榭は水路をまたぐ形で立つこぢんまりとした建物。名は『荘子』「秋水篇」に出てくる「知魚楽」から取っているが、これは庭園の主が荘子の考えである「無為自然」に傾倒したものと考えられている。

両宜軒は複廊の東端に位置する建物で、「山(築山)と川(池)のふたつの景観を愉しむ」という古人の考えを庭園内に具現化している。

万花楼は1843(清の道光23)年、花神閣の跡に建てられた2階建ての楼閣。梅や蘭、竹、菊などの透かし彫りが見事。南側には樹齢400年を超える高さ21mの銀杏がある。

点春堂景区／点春堂景区 (diǎnchūntáng jǐngqū)
てんしゅんどうけいく

豫園の北東部、万花楼景区の東に位置するエリア。見どころは、穿雲龍墻、点春堂、打唱台、快楼、和煦堂など。
せんうんりゅうしょう　　　　　　　　　　　　　わくどう

穿雲龍墻は点春堂の西、万花楼景区との境に立つ壁で、飛翔する龍の勢いを見事に表現している。

点春堂はこの景区の中心となる建物。1819(清の嘉慶24)年に福建出身商人の事務所として建てられたが、太平天国の乱で破壊され、1868(清の同治7)年から4年の歳月をかけて再建された。太平天国の乱を経験した、清末の画家任伯年の絵や太平天国に関する史料が展示されている。

快楼は築山の上に立つ2階建ての建物(1階を特に延爽閣と呼ぶ)。2階からは豫園の全景を楽しめる。和煦堂は快楼の南側に位置する建物。鳳凰や麒麟などの装飾を施された家具が陳列されている。

1瓦で龍の体を表現した穿雲龍墻。龍壁とも呼ばれる
2奇石として有名な玉玲瓏(玉華堂景区)
3流觴亭のそばにある三曲橋(会景楼景区)

会景楼景区／会景楼景区 (huìjǐnglóu jǐngqū)
かいけいろうけいく

　比較的広く、名所の多いエリア。中央部の会景楼に上ると豫園全体を見渡すことができ、ザクロやカエデなど周囲の木々や水とマッチした江南の庭園美を楽しめる。内部には紫檀に精巧な彫刻を施した屏風がある。会景楼の東側にはかつては太上老君(道教の神)を祀った老君殿があったが、現在はみやげ物店になっている。会景楼から竹林を通って北に進むと九獅軒がある。九獅軒は池に張り出すような格好に造られており、「月台」といわれる張り出し部から池に泳ぐ魚を見て楽しむという趣向。会景楼景区の西南部にある流觴亭は会景楼と九獅軒を池越しに眺められるポイント。流觴という名は有名な王羲之の『蘭亭序』にも出てくる「流觴曲水(いわゆる曲水の宴)」から取られた。

会景楼景区
M P.125-B〜C2

豫園の中心部に位置する会景楼。同治9(1870)年築

会景楼から池越しに見た九獅軒

玉華堂景区／玉华堂景区 (yùhuátáng jǐngqū)
ぎょくかどうけいく

　会景楼景区の南側にあるエリア。西側に接する九曲橋および湖心亭ももとは豫園の一部だった。

　会景楼景区から入るとまずあるのが2階建ての得月楼。名前は「近水楼台先得月(水辺の楼閣ではほかよりも先に月が見られる)」ということわざに由来する。その南に、かつて著名な文人たちが書画を競ったという蔵書楼がある。蔵書楼の東側にあるのが玉玲瓏。その独特な姿をした奇岩で江南三大名石(ほかは蘇州の冠雲峰と杭州の縐雲峰)の筆頭とたたえられるほどであった。得月楼の東側にある玉華堂は、豫園を造った潘允端が書斎として使用していた建物。彼は玉玲瓏を非常に気に入っており、朝な夕なに玉玲瓏を眺め悦に入ったといわれている。

玉華堂景区
M P.125-B〜C2

玉華堂では文人の書斎を再現

内園景区／内园景区 (nèiyuán jǐngqū)
ないえんけいく

　豫園の南部、老城隍廟(→P.128)の東側に位置する景勝エリア。豫園観光では最後に訪れることが多い。もとは老城隍廟の敷地だったが、1956年の豫園改修工事にともない、豫園の一部となった。静観大庁、観濤楼、聳翠亭、可以観、船舫、古戯台などの見どころがある。

　エリアの南端に立つ古戯台は19世紀末の創建。舞台は7m四方、正面には獅子や鳳凰、龍などの精緻な彫刻が施されており、「江南第一古戯台」の称号をもつ。そのほかに、清代には上海一高い建築だったという観濤楼も有名。3階建てで、最上階からは黄浦江が見渡せ、多くの文人たちが詩を詠んだという。いちばん北にある静観大庁(静観)は別名晴雪堂ともいう。奇石や樹木に囲まれた静かな空間となっている。

内園景区
M P.125-C2〜3

小ぶりながら見事な造りの古戯台

3階建ての観濤楼

老城隍廟

M P.125-B2〜C3
住 黄浦区方浜中路249号
☎ 63284494
オ 8:30〜16:30
※入場は閉門30分前まで
休 なし
料 10元
交 軌道交通10号線「豫園」

立派な門構え

生まれ年ごとの神様を祀ってある。
これは鶏年

★★★ 所要20分

庶民の信仰を集める神様

老城隍廟／老城隍庙
ろうじょうこうびょう　lǎochénghuángmiào

　城隍廟は土地の神を祀る道教の宮観で、中国南部で特に強い信仰を集めている。上海の城隍廟は15世紀初頭（明の永楽年間）に創建されたといい、明清代から近代にいたるまで地元の人々のあつい信仰を受けて発展してきた。1960年代の文化大革命では迷信とされて徹底的に破壊されたが、1990年代から修復され再び人々の信仰を集めるようにな

地元の人の信仰を集める

り、門前町の豫園商城とともににぎわいを取り戻している。

豫園商城

M P.125-A〜B1〜3
住 黄浦区方浜中路269号
☎ 23029999
オ 8:30〜21:00
※一部店舗は8:30〜20:30
休 なし
料 無料
交 軌道交通10号線「豫園」
U www.yuyuantm.com.
cn

人気ののぞきからくり

★★★ 所要30分

いにしえの情景を再現したマーケット

豫園商城／豫园商城
よえんしょうじょう　yùyuán shāngchéng

　豫園西側に広がる庶民的なショッピングエリア。老城隍廟の門前町として発展してきたことから、往時の町並みを再現し、レトロなムードがいっぱいのストリートを形作っている。おもちゃや工芸品の実演販売を見たり、有名な小籠包をはじめとするさまざまな種類のシャオチーを楽しんだりする人たちでいつもにぎわっている。1920〜1930年代に流行した西洋鏡というのぞきからくりの店などもおもしろい。

ライトアップされた豫園商城は夜もにぎわう

★★★ 所要**30**分

1800年近い歴史を誇る

静安寺 / 静安寺
せいあんじ　jìngānsì

1800年近い歴史を誇る名刹で、創建は三国時代といわれ、呉淞江（蘇州河）から上がった仏像を収めて重元寺という寺を建立したのが始まりという。その後、宋代に静安寺と名前を変え、場所も呉淞江のほとりから現在地に移された。清末の太平天国の乱や文化大革命で破壊されたが、そのつど修復された。大雄宝殿や天王殿といった殿閣は金色の瓦でふかれており、コの字形に境内を囲む姿は壮観だ。

静安寺
Ⓜ P.64-C2、P.76-B3
🏠 静安区南京西路1686号
☎ 62566366
🕐 通常7:30～17:00
　香期6:00～17:00
※入場は閉門30分前まで
※香期とは陰暦で毎月1日と15日のこと
🈚 なし
💴 通常=50元
　陰暦2～12月の香期=無料
　陰暦1月1日=150元
　陰暦1月2日～1月15日=100元
🚇 軌道交通2、7号線「静安寺」
🔗 www.shjas.org

ビルの谷間に金色の屋根が映える

僧侶の読経も行われる

★★★ 所要**30**分

上海で唯一の天台宗寺院

法蔵講寺 / 法藏讲寺
ほうぞうこうじ　fǎzàngjiǎngsì

1924（中華民国13）年、興慈によって創建された天台宗寺院。当初より講経法堂で天台宗の教義を説いたことから注目を集め、歴史は浅いが、玉仏禅寺（→P.130）、龍華古寺（→P.130）、静安寺（→P.129）とともに「上海四大叢林」に数えられるようになった。

その後、文化大革命で徹底的に破壊されてしまったが、1994年から再建を開始し、2000年には大雄宝殿が、2006年には天王殿が落成した。ほかに例を見ない独特な外観をした大雄宝殿は必見。

法蔵講寺
Ⓜ P.66-C2、P.79-F2
🏠 黄浦区吉安路271号
☎ 63289986
🕐 通常7:30～16:30
　香期6:00～17:00
※入場は閉門30分前まで
※香期とは陰暦で毎月1日と15日のこと
🈚 なし
💴 5元
🚇 軌道交通8、10号線「老西門」

お寺らしくない入口

内部は西洋式と中国式が融合した空間

玉仏禅寺
M P.54-C3
住 普陀区安遠路170号
☎ 62663668
オ 通常8:00～17:00
　　香期7:00～17:00
※入場は閉門30分前まで
※香期とは陰暦の毎月1日と15
　日のこと
休 なし
料 通常=20元
　　陰暦1月1日、15日=50元
交 軌道交通13号線「江寧路」
U www.yufotemple.com

★★★ 所要 **1時間**

宝石の埋め込まれた仏像がある

玉仏禅寺 / 玉佛禅寺
ぎょくぶつぜんじ　　yùfó chánsì

　1882(清の光緒8)年に、浙江省普陀山の僧、慧根により建立された。慧根はチベットを経てインドへいたり、ミャンマー経由で帰国する際に同地で玉製の仏像を5体作った。そのうち座仏と臥仏の2体を安置する寺を現在の虹口区江湾鎮に開いた。現在の玉仏禅寺は1918年に戦乱で移転再建したもの。宝石が埋め込まれた玉仏があるのは本堂の大雄宝殿ではなく、その奥にある玉仏楼と西側の臥仏殿。

江南様式の山門

大雄宝殿の仏像

食堂で精進料理の麺を食べられる。これは什錦羅漢麺(20元)

龍華古寺
M 折込表-C4
住 徐匯区龍華路2853号
☎ 64576327
オ 通常7:00～16:30
　　香期6:00～16:30
※入場は閉門30分前まで
※香期とは陰暦の毎月1日と15
　日のこと
休 なし
料 通常=10元
　　陰暦1月1日=100元
　　陰暦1月2日～1月15日=20
　　元
　　香期=無料
※香期とは陰暦の毎月1日と15
　日のこと
交 軌道交通11、12号線「龍華」
U www.longhua.org

★★★ 所要 **30分**

上海最古といわれる名刹

龍華古寺 / 龙华古寺
りゅうかこじ　　lónghuá gǔsì

　創建は三国時代にまで遡るといい、江南で最古級の禅宗寺院。呉の孫権が没した母をなぐさめるために建立したと伝えられる。現在の寺は宋時代に整備されたらしいが、残っている建物は清朝末期の光緒年間に建てられたもの。境内の見どころは大雄宝殿のほか、弥勒殿や天王殿、三聖殿、観音堂、羅漢堂など。堂于の配置は龍の形を表しているという。寺の前に立つ八角七層の龍華塔は高さ40m強もある。

威容を誇る龍華塔

黄金に輝く仏像

参拝客でにぎわう門前

★★★ 所要1～2時間

中国古代の展示がすばらしい

上海博物館／上海博物館
シャンハイはくぶつかん　shànghǎi bówùguǎn

中国4000年の歴史を文物を通して総合的に展示する博物館。古代の青銅器や陶磁器、玉器、書や絵画、彫刻、印章、家具、貨幣類、少数民族の工芸品など展示されているコレクションは膨大で、展示室は11にも上る。なかでも世界的に有名なのは青銅器のコレクションで、さまざまな文様を施された大小の青銅器がずらりと並ぶ。時間がない場合は古代中心に見学するとよいだろう。展示の詳細は→P.116～119。

上海博物館
Ⓜ P.66-B1
🏠 黄浦区人民大道201号
☎ 63723500
🕐 9:00～17:00
※入場は閉館1時間前まで
🈺 月曜
💴 無料
🚇 ①軌道交通1、2、8号線「人民広場」
　②軌道交通8号線「大世界」
Ⓤ www.shanghaimuseum.net
※1日当たり8000人の入場制限がある
※無線解説受信機＝40元。日本語あり。デポジット（保証金）として300元を預ける。貸し出しは3時間まで

個人予約はできないので早めに出かけて並ぼう

館内は暗いがストロボを使わなければ撮影可

★★★ 所要1時間～

海中トンネルが幻想的

上海海洋水族館／上海海洋水族馆
シャンハイかいようすいぞくかん　shànghǎi hǎiyáng shuǐzúguǎn

上海周辺では海辺の生き物に親しむ機会は意外に少なく、都市型水族館はファミリーや若い人たちに人気。展示はエリアごとに分類され、中国区、南アメリカ区、オーストラリア区、アフリカ区、東南アジア区、冷水区、極地区、海岸区、深海区の9つある。海洋という名だが、淡水魚やアザラシなどの海獣やペンギンも展示している。特に人気なのが水槽の中をくぐり抜ける全長151mの「海底トンネル」。

上海海洋水族館
Ⓜ P.57-F3
🏠 浦東新区陸家嘴環路1388号
☎ 58779988
🕐 通常9:00～18:00
　7、8月と国慶節、春節連休 9:00～21:00
※入場は閉館30分前まで
🈺 なし
💴 160元
🚇 軌道交通2号線「陸家嘴」
Ⓤ www.sh-soa.com

ファミリーに大人気の海底トンネル

かわいいぬいぐるみも売っている

上海自然博物館

MP.55-F4
住静安区北京西路510号
☎68622000
オ通常期9:00～17:15
　7、8月と国慶節、春節連休
　9:00～21:00
※入場は閉館45分前まで
休月曜
※大型連休時は開館
料30元
交軌道交通13号線「自然博物館」
Uwww.snhm.org.cn

卵を抱く恐竜を復元

★★★ 所要1～2時間

恐竜展示が充実の巨大科学博物館

上海自然博物館／上海自然博物馆
シャンハイしぜんはくぶつかん　shànghǎi zìrán bówùguǎn

　2015年にオープンした自然分野に特化した大型科学博物館。新しいだけあり、展示にもさまざまな工夫が凝らされている。動物のはく製は今にも動き出しそうな習性そのままの姿をしているし、恐竜の実物大レプリカは首を振る。また、中国は恐竜化石の宝庫とあって、恐竜関連の展示が充実しているのも特徴。親子連れなら子供は大喜びだろう。

親子連れに大人気

じっくり回ると1日がかりという大型博物館だ

上海孫中山故居紀念館

MP.65-F3、P.79-D2
住黄浦区香山路7号
☎63858283
オ9:00～16:30
※入場は閉館30分前まで
休なし
料20元
交軌道交通13号線「淮海中路」
Uwww.sh-sunyat-sen.net

★★★ 所要1時間

孫文夫妻の旧居

上海孫中山故居紀念館／上海孙中山故居纪念馆
シャンハイそんちゅうざんこきょきねんかん　shànghǎi sūnzhōngshān gùjū jìniànguǎn

　孫文は軍閥に追われて1913年に日本に亡命し、日本で宋慶齢と結婚した。1916年の帰国後は軍閥の力が及ばない租界上海を拠点に活動。この家には1918年から夫妻で住んだ。入口を入ると孫文像の近くに孫中山文物館があり、遺品などの展示がある。孫文と宋慶齢が日本で結婚したときに撮られた写真も飾られている。文物館の奥の建物が孫中山故居で、内部の撮影は不可。文物館に先に入り、次に故居に入る。

建物はカナダ華僑が寄贈した

たくさんの写真や資料を展示

★★★ 所要30分

外灘と浦東とを結ぶ海中トンネル

外灘観光隧道／外滩观光隧道
ワイタンかんこうずいどう　wàitān guānguāng suìdào

外灘と浦東との移動は地下鉄が安いが、観光用に建設されたこのトンネルを使うのもおもしろい。発着点は外灘側が中国工商銀行向かいの黄浦江沿い遊歩道地下（🅜P.77-F1）、浦東側が万向大廈の北西（🅜P.57-E3）。移動は無人運転のトロッコで。トンネル内は派手なイルミネーションで輝いている。浦東側発着点の上は「信不信由儞（信ずるかどうかはあなた次第）博物館」という、B級珍しいもの展示館。

外灘観光隧道
🅜 P.57-E3、P.77-F1〜2
🏠浦西＝黄浦区中山東一路300号
　浦東＝浦東新区濱江大道2789号
☎58886000
🕒8:00〜22:00
※入場は閉館30分前まで
🈺なし
💰片道＝50元、往復＝70元
🚇浦西＝軌道交通2、10号線「南京東路」
　浦東＝軌道交通2号線「陆家嘴」

浦東側の入口

きらびやかな光で照らされるトンネル

★★★ 所要1時間

上海一高いタワー

上海中心大廈 上海之巓観光庁／上海中心大厦 上海巅观光厅
シャンハイちゅうしんたいか　シャンハイしてんかんこうちょう　hanghǎi zhōngxīn dàshà shànghǎi zhī diàn guānguāngtīng

上海でいちばん高いタワーがここ。上海タワーとも呼ばれる。高さは632mで、2019年4月現在中国で1番、世界でも2番目の高さだ。2016年8月に展望台のみがプレオープンし、「巓（山頂という意味）」の名のとおり、メインの118階展望台からほかの高層ビル群を見下ろしながら上海を一望できる。展望台には秒速18メートルという超高速エレベーターに乗り55秒で到達する。

上海中心大廈
上海之巓観光庁
🅜 P.57-F4
🏠浦東新区銀城中路501号
☎20656999
🕒8:30〜22:00
※入場は閉館30分前まで
🈺なし
💰180元
🚇軌道交通2号線「陆家嘴」
🌐www.shanghaitower.com.cn
※入場券購入時にパスポートの提示が必要

上海環球金融中心を見下ろす高さだ

地上から見るとひときわ高い

売店ではグッズを買える

上海環球金融中心

MP.58-A4
🏠 浦東新区世紀大道100号
☎ 38672008、4001100555
🕐 展望台=9:00～22:30
　一般施設＝店舗により異なる
※展望台入場は閉館1時間前まで
🚫 なし
💴 94階展望台＝120元
　94階、97階、100階展望台のセット券＝180元
　一般施設＝無料
🚇 軌道交通2号線「陸家嘴」
🌐 www.swfc-observatory.com

100階のスカイウオーク

★★★ 所要1時間

高さ492mの超高層ビル

上海環球金融中心／上海环球金融中心
シャンハイかんきゅうきんゆうちゅうしん　shànghǎi huánqiú jīnróng zhōngxīn

　高さ492m、地上101階を誇る超高層ビル。日本の森ビルにより建設され、2008年に完成した。タワー型でないビルとしては世界最高層のレベル。79階から93階に5つ星ホテルのパーク ハイアット 上海が入っているほか、94階から101階は展望施設などが入る観光フロアになっている。夜の展望台から外灘周辺を見る景色は空中散歩のよう。

夜にはライトアップ

並みいる高層建築を間近に見下ろす

東方明珠塔

MP.57-F3
🏠 浦東新区世紀大道1号
☎ 58791888
🕐 8:00～22:00
※入場は閉館30分前まで
🚫 なし
💴 太空艙＋上球体＋下球体＋上海城市歴史発展陳列館＝220元
　上球体＋下球体＋上海城市歴史発展陳列館＝180元
　上海城市歴史発展陳列館＝35元
※主要なアミューズメント施設は下球体にある
🚇 軌道交通2号線「陸家嘴」
🌐 www.orientalpearltower.com

昼でも個性的な形で目立っている

★★★ 所要1時間

浦東エリアのランドマーク

東方明珠塔／东方明珠塔
とうほうめいじゅとう　dōngfāng míngzhūtǎ

　高さ468mを誇るテレビ（電波）塔。634mの東京スカイツリーができるまではアジア一のテレビ塔だった（2017年現在、電波塔としてはアジア3位）。球体が串刺しになったような外観は新時代の上海のランドマークとして知られている。球体部分は展望台になっていて、美しい夜景を楽しめるスポットとして人気。上海の町並みや生活がわかる上海城市歴史発展陳列館もおもしろい。

ライトアップされた塔

等身大マネキン展示がユニークな上海城市歴史発展陳列館

★★★ 所要1時間

展望台では3番目の高さ

金茂大厦88層観光庁／金茂大厦88层观光厅
きんもたいかはちじゅうはっそうかんこうちょう　jīnmào dàshà 88céng guānguāngtīng

金茂大厦88層観光庁
Ⓜ P.58-A4
🏠浦東新区世紀大道88号
☎50475101
🕐3〜11月8:30〜22:00
　12〜2月8:30〜21:30
※入場は閉館30分前まで
🈺なし
💴120元
🚇軌道交通2号線「陆家嘴」
Ⓤwww.jinmao88.com

高さ420.5mの金茂大厦（英語名はジンマオタワー）は、大手デベロッパーの金茂集団が建設した超高層オフィスビル。尖塔を除いた最上階の88階が観光用の展望台「金茂大厦88層観光庁」だ。切符売り場と展望台専用の入口は地下1階にあり、高速エレベーターで展望台に直行する。展望台内にはみやげ物の売店があり、タワーのミニチュアやキーホルダーが人気。

眼下に東方明珠塔を見る

エレベーターには高度表示がある

★★★ 所要1時間

レトロ地区再開発の先駆け

新天地／新天地
しんてんち　xīntiāndì

新天地
Ⓜ P.66-B2、P.80
🏠黄浦区太倉路、興業路、自忠路
Ⓤwww.shanghaixintiandi.com
Ⓤwww.xintiandi.com
🚇軌道交通1号線「黄陂南路」、10、13号線「新天地」

「石庫門」と呼ばれるれんが造りの古い住宅が並ぶエリアだったが、1999〜2007年に一帯をもとの建物を生かしてまるごと再開発。おしゃれな店が並ぶ観光スポットに大変身した。連日多くの人でにぎわう。

石庫門屋里廂博物館／石庫门屋厢博物馆 (shíkùmén wūlǐxiāng bówùguǎn)
せきこもんおくりそうはくぶつかん

石庫門屋里廂博物館
Ⓜ P.80-A2
🏠黄浦区太倉路181弄新天地北里25号
☎33070337
🕐10:30〜22:30
🈺なし
💴20元
🚇軌道交通1号線「黄陂南路」、10、13号線「新天地」

「石庫門」での1920〜50年代の暮らしを再現した博物館。洋風と中国風が混じる上海生活を感じられる。

洋風建築を生かしたおしゃれな店がある

石庫門屋里廂博物館では昔の生活用具を展示

コロンビアサークル
（上生・新所）

Ⓜ P.63-F4
🏠 長寧区延安西路1262号
☎ 62805588
🚹 施設や店ごとに異なる
※一般的に10:00～22:00
🈺 施設や店ごとに異なる
🈵 無料
🚌 71路トロリーバス「番禺路」

プールサイドはカフェになっている

思南公館

Ⓜ P.66-A3、P.79-D2
🏠 思南公館酒店＝黄浦区思南路
　53号
☎ 思南公館酒店＝34019998
🚹 施設や店ごとに異なる
※一般的に11:00～22:00
🈺 施設や店ごとに異なる
🈵 無料
🚌 軌道交通10、13号線「新天
　地」
Ⓤ www.sinanmansions.
　com

洋館に入るスターバックス リザーブ
は人気

★★

南欧風プールがSNS映えで人気

コロンビアサークル（上生・新所）／哥伦比亚住宅圏（上生・新所）
じょうせい・しんしょ　gēlúnbǐyà zhùzháiquān(shàngshēng·xīnsuǒ)

　広義のコロンビアサークルは、1920年代にアメリカの不動産会社が現在の新華路211弄と329弄に造った洋風高級住宅街を指す。上生・新所はその中心となるコロンビアカントリークラブ（中華人民共和国成立後は上海生物製品研究所）の建物と周辺を再開発しておしゃれなカフェやショップを誘致したエリア。旧アメリカ海軍クラブ1階にある南欧風プールはどこから見てもおしゃれで、2018年のオープン以来、多くの若者がスマートフォン片手に撮影に訪れる。

旧アメリカ海軍クラブのプール　　　　旧アメリカ海軍クラブの建物

★★

戸建て洋館群がおしゃれな店に変身

思南公館／思南公館
しなんこうかん　sīnán gōngguǎn

　思南公館は、復興中路と思南路、重慶路に囲まれたエリア。もとは旧フランス租界であり、1920年代に建設された西洋式の戸建て住宅が並ぶ外国人向けの閑静な住宅街だった。これらの住宅群を1999年からリノベーションし、2010年におしゃれな高級レストランやホテルを含む複合的なモールとして再開発した。緑豊かで落ち着いた雰囲気は富裕層や若者に人気となり、休日には多くの人が訪れるが、同様の再開発地区である新天地よりは落ち着いた雰囲気を保っている。

団体客は来ないので落ち着いている

金色の入口は写真展示の無料ミニ博物館

★★
典型的な道教のお宮
欽賜仰殿／钦赐仰殿
きんしぎょうでん　　　qīnsì yǎngdiàn

道教の神で、泰山の東岳大帝を祀る道観。入口すぐに本殿に当たる欽賜仰殿があり、ここに東岳大帝の像が安置されている。奥には三清殿、老君堂といった堂宇がある。現役の宗教施設であり、道士が常駐し修行している。道士たちが伝統音楽に合わせて儀式をしたり、人々が願いごとを道士に伝えて祈ってもらう姿を見られる。

道士とともに願いごとを伝える

★★
日曜には古本市が開かれる
上海文廟／上海文庙
しゃんはいぶんびょう　　shànghǎi wénmiào

上海中心部で唯一の孔子廟であり、創建は元代の1294年に遡るという。清末1850年代の「小刀会」による反乱や、1950年代の文化大革命で破壊されたが、そのつど再建された。毎週日曜には境内で露天古書市が開催され、多くの人でにぎわう。

孔子像を祀る大成殿

★★
尖塔があるカトリック聖堂
徐家匯天主堂／徐家汇天主堂
じょかかいてんしゅどう　　xújiāhuì tiānzhǔjiàotáng

正式には聖イグナティウス＝ロヨラ教会というイエズス会のカトリック聖堂。イギリス人建築家ダウドールが設計し、1910年に完成した。57mの双塔をもち、その規模はかつて東洋最大ともいわれた。現役の宗教施設なので、見学は静粛を心がけたい。

塔の部分は31mもある

欽賜仰殿
Ⓜ P.59-E4
🏠浦東新区源深路476号
☎58768959
🕐8:00～16:00
※入場は閉門30分前まで
🈺なし
💰5元
🚇軌道交通6号線「源深体育中心」

上海文廟　改修のため2024年
Ⓜ P.67-D2　夏まで閉館中。
🏠黄浦区文廟路215号
☎63771815
🕐9:00～17:00
※入場は閉門30分前まで
🈺なし
💰10元
※日曜の露天古書市のみ入場は1元
🚇軌道交通8、10号線「老西門」

日曜の露天古書市の様子

徐家匯天主堂
Ⓜ P.74-A3、P.78-B4
🏠徐家区蒲西路158号
☎徐家匯源客中心＝54259260
🕐月～土曜9:00～16:00
　日曜14:00～16:00
🈺なし
💰無料
※正門左側にある徐家匯游客中心（Ⓜ P.78-A4 🏠蒲西路166号-1）でチケットを受け取る
🚇軌道交通1号線「徐家汇」

内部は荘厳な雰囲気

上海マダム・タッソーろう人形館

MP.56-B4・P.76-B1

住黄浦区南京西路2-68号新世界商廈10階
☎4000988966、63587878
※400で始まる番号は中国国内からのみ通話可
時10:00～21:00
※入場は閉館1時間前まで
休なし
料190元
交軌道交通1、2、8号線「人民広場」
Uwww.madametussauds.com/shanghai

★★

世界と中国の有名人をリアルに再現

上海マダム・タッソーろう人形館 / 上海杜莎夫人蜡像馆

シャンハイ　にんぎょうかん　shànghǎi dùshāfūrén làxiàngguǎn

　世界的に有名なろう人形館。入口を入るとジャッキー・チェンのろう人形がお出迎え。通路を進むと中国と西洋の映画スターが並ぶきらびやかな部屋にいたる。有名な科学者や政治家、音楽界のスター、スポーツ選手などもたくさん展示しており、アテネオリンピックの金メダリストで上海出身の劉翔選手もいる。入場客もろう人形の間に入り乱れて写真を撮ったりしている。

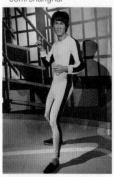

ブルース・リー

オードリー・ヘップバーン

ジャッキー・チェン

上海当代芸術館

MP.56-A4・P.76-B2

住黄浦区南京西路231号人民公園内7号門内
☎63279900
時10:00～18:00
※入場は閉館1時間前まで
休なし
料展覧会により異なる
交軌道交通1、2、8号線「人民広場」
Uwww.mocashanghai.org

上海当代芸術館の入口

★★

現代美術と現代建築の殿堂

上海当代芸術館 / 上海当代芸术馆

シャンハイとうだいげいじゅつかん　shànghǎi dāngdài yìshùguǎn

　人民公園内にある黒光りした独特な建物で、企画展やテーマ展のみを行うモダンアート（現代美術）の美術館。1階は外光が入る広々とした吹き抜けの空間となっていて、その中に展示作品が並ぶ。取材時は女性画家による抽象芸術展「海上花」（企画展）とテーマ展のモナリザ展が行われていた（展示内容は時期により異なる）。3階のレストラン「Art Lab」では、150元前後で数種類のランチを楽しめる。

ポップな感じのモナリザ展

抽象芸術の「海上花」展

★★

中国屈指の私設美術館

龍美術館（西岸館）／龙美术馆（西岸馆）
りゅうびじゅつかん（せいがんかん）　lóng měishùguǎn(xiànguǎn)

世界的な美術コレクターである劉益兼・王薇夫妻が私費を投じて建設した美術館。ここ西岸館のほか、浦東館と重慶市

館内は広く明るい

の重慶館がある。セメント工場の跡地に建設され、ホッパーなどを残したなかに優美な曲線の美術館が立つ。常設展のほか、伝統画から現代アートまで豊富なジャンルの特別展を多く開催。おしゃれなカフェも併設。

★★

上海の伝統工芸を次代に伝える

上海工芸美術博物館／上海工艺美术博物馆
シャンハイこうげいびじゅつはくぶつかん　shànghǎi gōngyì měishù bówùguǎn

旧フランス租界工董局董事の住宅だった、1905年建築の白い瀟洒な建物を利用して、中国伝統の工芸品を展示（一部は販売）している。1階は展示室と工房を一体化しており、ヒ

建物はバルコニー付きの洋館

スイ、絵画、壺、ランタン、切り紙などを制作・販売。2階には象牙、ヒスイ、硯などの彫刻作品を展示。3階では刺繍、毛糸で描く絵、ニット、石などの工芸品を制作・販売している。

★★

政治宣伝ポスターの展示館

上海宣伝画芸術中心／上海宣传画艺术中心
シャンハイせんでんがげいじゅつちゅうしん　shànghǎi xuānchuánhuà yìshù zhōngxīn

中華人民共和国成立から1970年代までの政治宣伝ポスターを集めた施設。建国祝賀ムードから東西冷戦、文化大革命と、政治情勢により表現が変化していった様子をポスターを通して

文化大革命期のポスターが主役

見ることができる。ショップが充実しており、ポストカードやバッジ、ポスター、本などが手に入る。居住用マンションの地下にあり、大きな看板もないので場所がわかりにくい。守衛に道を尋ねよう。

上海宣伝画芸術中心は、長寧区延安西路726号華敏翰尊国際7楼K座に移転。

龍美術館（西岸館）
MP.75-F4
🏠徐匯区龍騰大道3398号
☎64227636
🕙10:00〜18:30
※入場は閉館1時間前まで
休月曜、春節4日間
料展覧会により異なる
交軌道交通7、12号線「龙华中路」
Uthelongmuseum.org/cn

かつての工場設備を屋外アート化

上海工芸美術博物館
MP.65-D4、P.78-A2
🏠徐匯区汾陽路79号
☎64741383
🕙9:00〜16:00
休春節8日間
料8元
交①軌道交通1、7号線「常熟路」
　②軌道交通1、10、12号線「陝西南路」
Uwww.shgmb.com

豪華な工芸品がいっぱい

上海宣伝画芸術中心
MP.64-B3
🏠長寧区華山路868号総統公寓四号楼BOC室
☎62111845
🕙10:00〜17:00
休月曜
料25元
交軌道交通1、7号線「常熟路」

売店では宣伝画レプリカなどを販売

M50

MP.54-C2
住 普陀区莫干山路50号
☎ 62667125
営 店舗により異なる
※ギャラリーやカフェの多くは
　10:00〜17:00
休 店舗により異なる
※ギャラリーの多くは月曜
料 無料
交 軌道交通13号線「江寧路」
U www.m50.com.cn

建物内に小さなギャラリーが並ぶ

1933老場坊

MP.53-E4
住 虹口区溧陽路611号
☎ 4008881933
営 9:00〜22:00
休 なし
料 無料
交 軌道交通4、10号線「海倫路」
U www.1933shanghai.
　com

内部にギャラリーや店舗が並ぶ

世博会博物館

M折込表-C3
住 黄浦区蒙自路818号
☎ 23132818
営 9:00〜17:00
※入場は閉館45分前まで
休 月曜
料 無料
※パスポートを提示しチケット
　を受け取る
交 軌道交通13号線「世博会博物
　館」
U www.expo-museum.
　cn

大型博物館だが入場は無料

★★

紡績工場をリノベしたアートスペース

M50／M50
エムごじゅう　M wǔshí

オープンカフェが人気

1930年代に建てられた紡績工場を建物などそのままにしてまるごとアートスペースにリノベーションした施設。旧事務室や工場は小さなギャラリーやカフェ、ショップになっていて、現代美術好きにはたまらない。気に入った作品は購入も可能。週末には若者でにぎわうので、ゆっくりと作品を見たいなら平日がおすすめ。

★★

レトロなコンクリート建築がアートスポットに変身

1933老場坊／1933老场坊
いちきゅうさんさんろうじょうぼう　yījiǔsānsān lǎochǎngfáng

シンプルだが印象的な外観

もとは租界時代の1933年に建設された食肉処理施設。イギリス人建築家の設計で、家畜と人間の通路を分けるなど機能的な構造を取り入れており、柱や外壁に細かい装飾を施したコンクリート打ちっぱなしの建物は迷路のようでそれ自体がアート。施設には小さなギャラリーやカフェが入っており、休みながら回れる。

★★

上海万博のほか、世界各国の万博を網羅

世博会博物館／世博会博物馆
せはくかいはくぶつかん　shìbóhuì bówùguǎn

大型の展示物は圧巻

2010年に開催された上海万博の跡地に建設された大型博物館。上海だけではなく、世界各国で開催された万博を網羅しており、万博の歴史を模型や画像で詳しく知ることができる。メインとなる上海万博のコーナーでは、当時のパビリオンで展示された品々をえりすぐって展示しており、立像などの大型展示品は圧巻だ。

文豪魯迅が眠る

魯迅公園・魯迅墓／魯迅公园・鲁迅墓
ろじんこうえん・ろじんぼ　　lǔxùng ōngyuán·lǔxùn mù

1905年に開設され、当時は練兵場や外国人向けのスポーツ施設がおかれていた。長い間虹口公園と呼ばれたが、日中戦争後に日本の管理となった時期には新公園とも呼ばれた。魯迅がしばしば散歩に訪れたことから、1988年に魯迅公園と改称、28.63kmの広大な公園は市民憩いの場となっている。魯迅墓は魯迅公園内にあり、1956年の没後20周年に際して万国公墓（現宋慶齢陵園）から移設された。

公園の門柱は昔のままか

魯迅の遺品を数多く展示

魯迅紀念館／魯迅纪念馆
ろじんきねんかん　　lǔxùn jìniànguǎn

中国を代表する文学者の魯迅を記念して、魯迅公園内に1951年に建設された。外観は魯迅の故郷である紹興の伝統家屋を模した白壁で、「魯迅紀念館」の題字は周恩来によるもの。1階はホールになっており、展示室は2階。ホールと展示室には画像や映像を収めたタッチパネルが設置してあり、理解が深められる。等身大の人形を使った、魯迅と仲間たちの語らう姿の展示や、『阿Q正伝』のミニチュアジオラマ、親交の深かった内山完造が経営していた内山書店を再現した売店もある。

魯迅晩年の家

魯迅故居／鲁迅故居
ろじんこきょ　　lǔxùn gùjū

魯迅が1933年から1936年の逝去まで晩年に隠れ住んだ家。租界時代に建てられた赤れんがの共同住宅で、魯迅故居は奥から2番目。ほかの部屋は今でも普通のアパートとして住民が暮らしている。1階は食堂、中2階は風呂とトイレ、2階は寝室兼書斎、3階は客間と息子の部屋。夫人から寄贈された家具が置かれ、当時の生活が再現されている。

10号でチケットを買い、9号の故居に入る

魯迅公園・魯迅墓
Ⓜ P.52-C2
住 虹口区四川北路2288号
☎ 56667122
🕐 6:00～18:00
休 なし
料 無料
交 軌道交通3、8号線「虹口足球場」

魯迅の墓

魯迅紀念館
Ⓜ P.52-C2
住 虹口区甜愛路200号
☎ 65402288
🕐 9:00～17:00
※入場は閉館1時間前まで
休 月曜
料 無料
交 軌道交通3、8号線「虹口足球場」
Ⓤ www.luxunmuseum.com
Ⓤ museum.eastday.com/rx

等身大人形による展示がリアル

魯迅故居
Ⓜ P.52-C3
住 虹口区山陰路132弄9号
☎ 56662608
🕐 9:00～16:00
休 月曜
料 8元
交 軌道交通3、8号線「虹口足球場」
※内部は撮影禁止。見学は20～40分間隔で時間を区切り、ガイドが引率して行う。1回10人限定

周囲は生活感あふれる共同住宅

上海ユダヤ難民紀念館

M P.58-A1
住 虹口区長陽路62号
☎ 65126669
オ 9:00〜17:00
※入場は閉館30分前まで
休 なし
料 20元
交 軌道交通12号線「提藍橋」

ユダヤ難民の足跡を写真で紹介

周公館

M P.66-A3、P.79-D2
住 黄浦区思南路73号
☎ 64730420
オ 9:00〜16:00
※入場は閉館30分前まで
休 月曜
料 無料
※要パスポート提示
交 軌道交通10、13号線「新天地」
U www.zqyd1921.com

周恩来の執務室を再現

上海宋慶齢故居紀念館

M P.74-B1、P.79-D3
住 黄浦区淮海中路1843号
☎ 64747183
オ 9:00〜17:00
※入場は閉館30分前まで
休 月曜
料 20元
交 軌道交通10、11号線「交通大学」
U www.shsoong-chingling.com

宋慶齢の車は、ソ連から贈られた1952年製ZIM（右）と1975年中国製の紅旗（左）

★★

ユダヤ難民の教会堂だった建物

上海ユダヤ難民紀念館／上海犹太难民纪念馆
シャンハイ　なんみんきねんかん　shànghǎi yóutài nànmín jìniànguǎn

　欧州での迫害から上海に逃れたユダヤ人のためのシナゴーグ（教会堂）だった所。1930年代の上海は世界で唯一ユダヤ人がビザなしで上陸できる場所だった。第一展示室の1階が教会堂。

入口と第一展示室

2階にはユダヤ人から贈られた記念品を展示している。3階はナチスのユダヤ人迫害の資料を展示。第二展示室では上海へ移り住んでからのユダヤ人の歴史を紹介。第三展示室では個々のユダヤ人の生涯や上海での思い出を紹介。

★★

周恩来が執務した洋館

周公館／周公馆
しゅうこうかん　zhōugōngguǎn

庭側から見た周公館

　正式には「中国共産党代表団駐滬辨事処紀念館」といい、1946〜47年の国共内戦期に周恩来がここに駐在して国民党と協議を重ねた施設。建物は1920年代建築のスパニッシュ様式の洋館。思南公館散策の途中に立ち寄れる。

★★

孫文夫人が暮らした洋館

上海宋慶齢故居紀念館／上海宋庆龄故居纪念馆
シャンハイそうけいれいこきょきねんかん　shànghǎi sòngqìnglíng gùjū jìniànguǎn

　孫文夫人であった宋慶齢（1893〜1981年）が、1949年春から1963年まで暮らした家。建物はふたつあり、入口

宋慶齢が外国の要人と散策した庭園

手前は宋慶齢文物館という宋慶齢関連の資料を展示する施設で、メインの大きな邸宅が宋慶齢の暮らした家。当時の家具が置かれ、その生活と活動を再現している。

★★

上海の歴史を知るならここ

上海市歴史博物館／上海市历史博物馆
しゃんはいしれきしはくぶつかん　shànghǎishì lìshǐ bówùguǎn

2018年3月にオープン。上海市の歴史や昔日の生活文化に興味があるならぜひ訪れたい博物館。時計塔のある本館は租界時代の競馬場、上海レースクラブ（現在の人民公園）の馬券売り場等があった建物。展示は古代から中華人民共和国成立期までをカバーするが、外国人にとって興味深いのはやはり租界時代を含む近代の展示。町の看板や生活用具などの実物のほか当時の写真が数多くあり、楽しめる。

ガーデンブリッジ(外白渡橋)の銘板

看板などの実物展示

上海市歴史博物館
Ⓜ P.56-A4、P.76-B2
🏠 黄浦区南京西路325号
☎ 23299999
🕐 9:00～17:00
※入場は閉館1時間前まで。1日1万人まで
🚫 月曜
💴 無料
※要パスポート提示
🚇 軌道交通1、2、8号線「人民広場」

屋上から時計塔を間近に見られる

★★

大迫力のジオラマが見どころ

上海城市規劃展示館／上海城市规划展示馆
シャンハイじょうしきかくてんじかん　shànghǎi chéngshìguīhuà zhǎnshìguǎn

城市規劃展示館は、都市開発の歴史と未来を総合的に展示する施設。古代から中華人民共和国成立までの上海の歴史は上海市歴史博物館を見るのがおすすめなので、ここは都市開発に興味ある人向け。圧巻は1フロア全部を使った上海市中心部の巨大ジオラマ。ジオラマの周囲を一周できる。

上海城市規劃展示館
Ⓜ P.56-B4、P.76-B2
🏠 黄浦区人民大道100号
☎ 63722077
🕐 9:00～17:00
※入場は閉館1時間前まで
🚫 月曜
💴 30元
🚇 軌道交通1、2、8号線「人民広場」
Ⓤ www.supec.org

最大の目玉である巨大ジオラマ。黄浦江下流から浦東の高層ビルを見たところ

新天地の模型。手前が黄陂南路

上海電影博物館

MP.74-A4、P.78-A4
住徐匯区漕渓北路595号
☎64268666
営9:00〜17:00
※入場は閉館30分前まで
休月曜
料60元
交軌道交通1、4号線「上海体育館」
Uwww.shfilmmuseum.com

博物館入口に立つモニュメント

★★

上海に花開いた映画制作の歴史を展示

上海電影博物館／上海电影博物馆
シャンハイでんえいはくぶつかん　shànghǎi diànyǐng bówùguǎn

　上海は中国映画揺籃の地。この博物館は上海電影集団が運営しており、租界時代から続く映画制作の歴史をひも解くとともに、制作手法の変遷を展示解説している。等身大マネキンによるスタジオ撮影再現など迫力ある展示がすばらしい。

1930〜40年代のスター、周璇の展示

撮影用カメラのいろいろ

マネキンでスタジオ撮影を再現

上海公安博物館

MP.75-F2
住徐匯区瑞金南路518号
☎64720256
営9:00〜16:30
※入場は閉館の30分前まで
休月曜
料無料
※要パスポート提示
交軌道交通4号線「魯班路」

租界時代の警察官

ナンバープレートの変遷

★★

銃器や押収品の実物展示が異色

上海公安博物館／上海公安博物馆
シャンハイこうあんはくぶつかん　shànghǎi gōngān bówùguǎn

　交通・公安警察から消防まで公安関連について幅広く展示する異色の博物館。銃器を中心とした大量の武器展示や実際の犯罪に使われた凶器等、また捜査用具や押収品の展示はとても興味深い。館内撮影はスマートフォンのカメラのみ可。

清朝時代の刑具(手・首枷)

孫文が所持していた拳銃

初代の身分証明書印刷原版

★★

上海鉄路博物館／上海铁路博物馆
シャンハイてつろはくぶつかん　shànghǎi tiělù bówùguǎn

上海エリアを中心とした鉄道の歴史と未来を総合的に展示。屋外には1947年にアメリカが国民党支援物資として持ち込んだKD7形SLと、雲南で使われた610mm軌間のSL、1920年代に津浦鉄路（天津～南京間）が導入した豪華列車のアメリカ製客車が保存されている。館内では歴史写真や史料などを展示。

アメリカ製KD7形SLと津浦鉄路で「藍鋼車」と呼ばれた豪華客車。展望車に"復元"されているが、元来は展望車ではなく、復元ミスのようだ

上海鉄路博物館
Ⓜ P.56-B1
🏠 静安区天目東路200号
☎ 51221987
🕐 火～金曜9:00～11:30、
　13:30～16:30
　土・日曜9:00～16:30
※入場は閉館30分前まで
🈺 月曜
🈂 10元
🚇 軌道交通3、4号線「宝山路」

610mm軌間のアメリカ製小型SL

★★

上海動物園／上海动物园
シャンハイどうぶつえん　shànghǎi dòngwùyuán

租界時代にはゴルフ場だった場所を中華人民共和国成立後の1954年に公園として整備し（西郊公園）、翌年に中心部の動物園を移設したのが始まり。敷地面積は74.3万㎡と巨大だ。パンダや金絲猴など中国の珍獣各種のほか、世界中の動物約620種類を展示している。哺乳類以外に、鳥類や爬虫類、淡水魚の展示もある。人気のパンダはのんびりと昼寝していることが多い。

上海動物園
Ⓜ P.70-A3
🏠 長寧区虹橋路2381号
☎ 62687775
🕐 3～10月7:30～17:30
　11～2月7:30～17:00
※入場は閉館30分前まで
🈺 なし
🈂 40元
🚇 軌道交通10号線「上海動物園」
🌐 www.shanghaizoo.cn

昼寝中も愛くるしいパンダ

家族連れにおすすめ

上海影視楽園

MP.51-D3

住松江区車墩鎮北松公路4915号

☎57601166、57600008

⏰8:30〜16:30

※入場は閉園1時間前まで

休なし

料80元

交軌道交通1号線「蓮花路」。蓮石専線、蓮金専線バスに乗り換え「車墩」

Uwww.shfilmpark.com

★★

オールド上海を再現した映画セット村

上海影視楽園／上海影视乐园
シャンハイえいしらくえん　shànghǎi yǐngshì lèyuán

映画やドラマ向けの撮影セットを観光客にも公開している映画村。広大な園内に並ぶ建物はとても精巧にできており、タイムスリップしたような感覚になる。1920〜40年代の南京路を再現したエリアや、生活感あふれる民家の路地裏は必見。路面電車のレプリカやクラシックカーには乗り物好きも満足。

路面電車レプリカには乗車も可能

映画撮影中のひとコマ

昔の南京路を再現したエリア

酔白池

MP.51-D3

住松江区人民南路64号

☎67853551

⏰6:00〜17:00

※入場は閉園30分前まで

休なし

料12元

交軌道交通9号線「酔白池」

Uwww.shzuibaichi.com

★★

酒を飲みながら詩作する庭

酔白池／醉白池
すいはくち　zuìbáichí

上海市区中心部から南西へ約30kmの松江区に位置し、造園された宋の時代には「谷陽園」と呼ばれた。上海の古典庭園のなかで最古級とされる。当地の画家董其昌が四面庁などを造営した後、清の康熙年間（1661〜1722年）に顧大申が、酒をこよなく愛した唐代の詩人李白を敬愛して造ったのが酔白池だ。園内東奥にある酔白池を囲むように廊下が設けられ、水面にはハスの花が咲き乱れる。池の西北には酔白池の扁額を掲げた池上草堂が立つ。この建物は1909年と比較的新しく、水路の上に建てられたためこの名がつけられた。

酔白池の扁額がかけられた池上草堂

江南様式の建物を配した酔白池

★★

地下鉄で行ける水郷古鎮

七宝老街／七宝老街
しちほうろうがい
qībǎo lǎojiē

七宝老街（七宝古鎮ともいう）のある七宝は、上海中心部から南西へ約15kmの所にある。距離としては市区中心部から上海虹橋駅間と大差なく、軌道交通9号線が通っていることもあって、数ある水郷古鎮のなかでも最も行きやすい所だ。小さいながらも歴史は1000年を超え、水路を張り巡らせ、細い路地に伝統家屋が建ち並ぶ水郷らしい風景が残る。七宝老街は、軌道交通9号線「七宝」駅の南東、水路が十字に交わる部分の西側をいう。軒先を尖らせた江南風の建築が並び、シャオチーの店でにぎわう。また、地元出身の芸術家に関するものや、地元の風俗習慣に関するものなど、さまざまな種類の小さな博物館がある。

七宝老街
📖折込表-B4、P.147
🏠七宝旅游接待中心＝閔行区七宝鎮青年路横瀝路口
☎七宝旅游接待中心＝64615308
🕐古鎮24時間、各見どころ8:00～16:30
💰老街＝無料
鐘楼＝5元、七宝棉織坊＝5元、老行当＝5元、七宝皮影芸術館＝5元
※共通券は廃止された
※老行当は2019年4月現在修理中
🚇軌道交通9号線「七宝」
🌐www.goqibao.com

水路を中心にした七宝老街の情景

七宝老街の入口

●・見どころ 🅗ホテル 🆂ショップ 🅘観光案内所 🚻トイレ ── 軌道交通9号線

七宝教寺

七宝教寺／七宝教寺 qībǎo jiàosì
しちほうきょうじ

七宝教寺
MP.147-C1
住 閔行区七宝鎮新鎮路1205号
☎ 54861957
開 8:00～17:00
※入場は16:30まで
休 なし
料 無料
交 七宝旅游接待中心から徒歩
　10分

水路の十字の北東にある古刹。正確な創建年は不詳ながら1000年以上の歴史をもつという。現在の建物は新しく、八角7層47mの七宝塔は2002年建立。

町のランドマークともなっている七宝塔

境内にある天王殿。建物は新しい

コラム

七宝老街でスナップ！

　七宝老街の楽しみはミニ博物館巡りやシャオチーの食べ歩き。ただし、ミニ博物館はどこもこぢんまりとしていてあまり見応えはないので、関心ある所にだけ入ったほうがいい。シャオチーもピンキリなので、厳選して楽しもう。

綿産業で栄えた七宝。七宝棉織坊（MP.147-B2）は比較的見応えがあるのでおすすめ。入館料5元

七宝皮影芸術館（MP.147-B2）では、伝統の影絵芝居について展示。毎週土曜の13:00～15:00に影絵芝居を上演。入館料5元

七宝名物は湯団という大きな白玉団子

川沿いの茶館でくつろぐこともできる

ハスの葉でくるんだ丸鶏を蒸し焼きにする「乞食鶏」も名物

メインの通りは平日なのにこの人混み！

★★

観光化され過ぎていない穴場の古鎮

新場古鎮／新场古镇
しんじょうこちん　xīnchǎng gǔzhèn

　上海市区中心部から南東に40km弱に位置する水郷古鎮。古くは塩田が広がり、塩業で栄えた。運河沿いに広がる古鎮の中心は洪福橋周辺で、伝統家屋の商店街が十字に延びている。上海周辺の古鎮には珍しく観光開発が進んでおらず、生活雑貨を商う店が残っていたりするのがおもしろい。

新場歴史文化陳列館／新场历史文化陈列馆　xīnchǎng lìshǐwénhuà chénlièguǎn
しんじょうれきしぶんかちんれつかん

　新城古鎮の成り立ちや伝統産業、古鎮内の伝統建築、風俗習慣や伝統文化などを総合的に展示する博物館。

●見どころ　●グルメ　●ショップ　●ホテル　●インフォメーション　図学校　●バス停

新場古鎮
MP.51-E3、P.149
住新場古鎮投資開発有限公司＝浦東新区新場鎮海泉街128号
☎新場古鎮投資開発有限公司＝58170850
開古鎮＝24時間
休なし
料古鎮＝無料
交軌道交通16号線「新場」、新芦専線または1066路バスに乗り換えて「新場」

新場歴史文化陳列館
MP.149-A2
住浦東新区新場鎮新場大街367号
☎新場古鎮投資開発有限公司＝58170850
開1～5月、10～12月9:30～16:00
　6～9月9:30～16:30
休なし
料18元
交軌道交通16号線「新場」、新芦専線または1066路バスに乗り換えて「新場」

新場歴史文化陳列館の塩田関連展示

素朴な生活雑貨を売る店が残る

古鎮の中心、洪福橋の周辺

南翔古鎮

📍折込表-A2、P.150
☎59125503
🕐古鎮24時間、各見どころ 8:00～17:00
休なし
料古鎮=無料、壇園=22元、南翔歴史文化陳列館=8元、共通券=28元
🚇軌道交通11号線「南翔」。駅向かいの南翔公交站で嘉定111路バスに乗り換えて「德華路德園路」、または110、111路バス「古猗園」
🌐www.nx-town.com

古鎮中心部にある庭園、壇園の入口

古猗園

📍P.150-B1
🏠嘉定区南翔鎮滬宜公路218号
☎59122225
🕐5～10月7:00～18:30 11～4月7:00～18:00
※入場は閉園1時間前まで
休なし 料12元
🚇軌道交通11号線「南翔」。駅向かいの南翔公交站で嘉定110、111路バスに乗り換えて「古猗園」
🌐www.guyigarden.com

南翔小籠包の元祖といわれる古猗園餐庁

★★

庭園と小籠包で名をはせる

南翔古鎮／南翔古鎮
なんしょうこちん nánxiáng gǔzhèn

南翔は上海市区中心部から北西に20km弱、嘉定区に位置する水郷古鎮。明代造営の名園、古猗園や、「南翔小籠包」は中国全土で有名だ。古猗園と、壇園や南翔歴史文化陳列館のある古鎮中心部（老街）は約1km離れている。

南翔寺跡の双塔が南翔古鎮の中心

小規模ながらも伝統商店街がある

古猗園／古猗园 gǔyīyuán
こいえん

明の嘉靖年間（1522～1566年）に造営された江南式庭園。広大な敷地内には4つの池があり、水辺に配された東屋や太湖石の奇石を鑑賞できる。隣接の古猗園餐庁は門前で小籠包を売り出した南翔小籠包発祥の店として知られる。

古猗園の三曲橋と太湖石

落ち着いた風情は市民の憩いの場

南翔古鎮と古猗園

●見どころ ●グルメ 🏥病院 🚏バス停

★★

孔子廟と名園で有名

嘉定古鎮（かていこちん）/嘉定古镇 jiādìng gǔzhèn

嘉定は上海市区中心部から約30km北西にある町。上海四大古鎮（嘉定、松江、朱家角、南翔）のひとつに数えられ、秋霞圃などの名園や、学問が盛んであった影響から上海周辺で最大規模の孔子廟があることでも知られる。一方で都市化が進んでしまい、「老街」と呼ばれる古鎮中心部でも風情のある場所は残念ながらほぼない。

法華塔の周囲に水郷らしさがわずかに残る

嘉定古鎮
Ⓜ P.51-D2, P.151
オ 古鎮＝24時間
休 古鎮＝なし
交 軌道交通11号線「嘉定北」。嘉定10路、嘉定12路バスに乗り換えて「博乐广场」

州橋老街と呼ばれる古鎮中心部の入口

匯龍潭（かいりゅうたん）/汇龙潭 huìlóngtán

嘉定水郷の南部に位置し、1588（明の万暦16）年に当地の科挙合格者を増やすため、風水に基づき造営された。横瀝河、新渠、野奴涇、唐家浜、南楊樹浜の5つの流れが蛇行しながら合流する姿を、5匹の龍が宝石をつかむ様子になぞらえて、匯龍潭と名づけた。池には緑に覆われた応奎山という小島が浮かび、山水が織りなす光景が広がる。

広い池と豊かな緑が匯龍譚の魅力

匯龍潭
Ⓜ P.151-C2
住 嘉定区塔城路299号
☎ 59529604
オ 8:00～17:00
※入場は閉園30分前まで
休 なし
料 5元
交 軌道交通11号線「嘉定北」。嘉定10路、嘉定12路バスに乗り換えて「博乐广场」

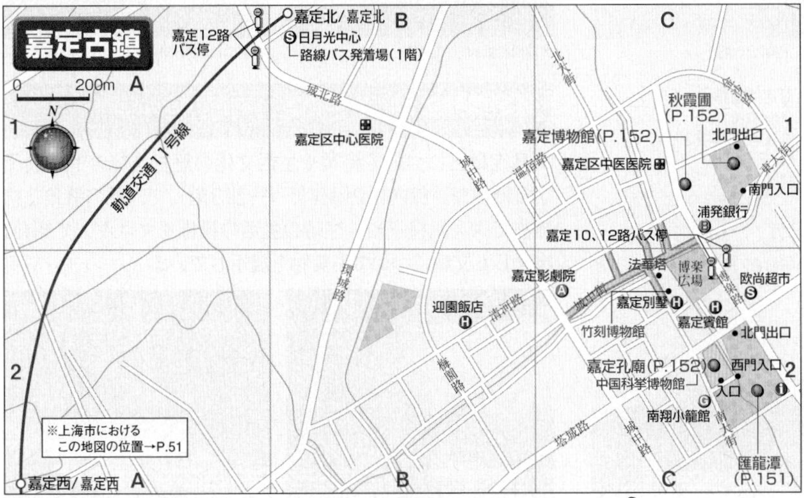

●見どころ Ⓖグルメ Ⓢショップ Ⓐアミューズメント Ⓗホテル Ⓑ銀行 ⓘインフォメーション 病院 バス停 繁華街
—○— 軌道交通11号線

秋霞圃
M P.151-C1
住 嘉定区東大街314号
☎ 59531949
⌚ 8:00〜17:00
※入場は閉園30分前まで
休 なし　**料** 10元
交 軌道交通11号線「嘉定北」。嘉定10路、嘉定12路バスに乗り換えて「博乐广场」

園内にある碧梧軒の内部

嘉定孔廟
M P.151-C2
住 嘉定区南大街183号
☎ 59530379
⌚ 8:30〜16:30
※入場は閉門30分前まで
休 なし
料 無料
交 軌道交通11号線「嘉定北」。嘉定10路、嘉定12路バスに乗り換えて「博乐广场」

正殿の大成殿

嘉定博物館
M P.151-C1
住 嘉定区博楽路215号
☎ 59928800
⌚ 8:30〜16:30
※入場は閉門30分前まで
休 なし
料 無料
交 軌道交通11号線「嘉定北」。嘉定10路、嘉定12路バスに乗り換えて「博乐广场」

博物館は2013年のオープン

秋霞圃／秋霞圃　qiūxiápǔ
しゅうかほ

　最初の造営は1502（明の弘治15）年という500年を超える名園。清代に3つの私邸の庭園と城隍廟を合わせてひとつの庭園とした。入口を入るとまず城隍廟があり、奥に江南式の庭園が広がる。城隍廟の寝宮は1882（清の光緒8）年築。

秋霞圃は典型的な江南式庭園

土地神を祀る城隍廟

嘉定孔廟／嘉定孔庙　jiādìng kǒngmiào
かていこうびょう

　創建は1219（南宋の嘉定12）年という古い歴史をもつ孔子廟。科挙を目指す儒学生が集まり、風水に基づいて南に小山と池を築き、池は現在の匯龍潭となっている。科挙博物館を併設しており、科挙の歴史や合格発表の実物などを展示する。

大成殿に祀られた孔子像

光緒30（1904）年の科挙合格発表掲示

嘉定博物館／嘉定博物馆　jiādìng bówùguǎn
かていはくぶつかん

　嘉定地区について産業や生活文化の歴史を総合的に展示する博物館。館内は2階建て（一部3階）で、綿の栽培と綿織物で栄えた様子や、往時の生活の模様をマネキンで紹介。出土した文物についても実物を展示している。

綿花栽培の様子を再現

綿織物の展示

元代の橋が残る水郷古鎮

楓涇古鎮／枫泾古镇
ふうけいこちん　fēngjīng gǔzhèn

清風橋（M P.154-B2）は楓涇古鎮を代表する石橋

古くは呉と越の境だったという古い町。水路が巡り、多くの橋がある情景は典型的な水郷の趣だ。町の中心は水路が十字形に交わり、楓涇三橋と呼ばれる清風橋、竹行橋、北豊橋の周辺。

丁蹄作坊／丁蹄作坊　dīngtí zuòfáng
ていていさくぼう

丁蹄作坊の入口

丁蹄とは、1852年創業の丁義興という店が作る豚足の醤油煮込みのことで、楓涇の名物である。古い作業場を展示館にし、人形で作り方などを紹介。入口左側では丁蹄の販売もしている。

楓涇古鎮
- M P.50-C3、P.153、P.154
- 住 金山区楓涇鎮亭楓公路
- ☎ 上海楓涇古鎮旅游発展中心＝57355555、67354177
- 才 古鎮24時間、各見どころ8:00～16:30
- 休 なし
- 料 古鎮内＝無料
  各見どころ共通券＝50元
  ※金圃宅第、丁蹄作坊、朱学范故居、江南水郷婚俗館、張慈中装幀館、丁聡漫画陳列館、楓涇人民公社旧址、程十発祖居、東区火政会に入場可能
  ※2019年3月現在、朱学范故居は改修のため閉鎖
- 交 地下鉄1号線「錦江乐园」。新西南（梅隴）バスターミナル（M折込表-B4）で楓梅線バス（20～30分間隔、12元。所要1時間）に乗り換えて「枫泾牌坊」
  ※楓涇発上海行きは楓涇古鎮から北東へ1kmの楓涇新バスターミナル（M P.153-B2）からしか乗車できない
- U www.shfj.cn

丁蹄作坊
- M P.154-A3
- 住 金山区楓涇鎮南大街149号
- 料 共通券に含まれる。単独入場券はない
- 交 古鎮入口から徒歩6分

生産街沿いに延びる長廊にはレストランが並んでおり、川沿いの風景を楽しみながら食事ができる

泰平橋（M P.154-C2）は楓涇古鎮で最も高いアーチ橋

● 見どころ　📍 バス停

153

施王廟／施王庙　shīwáng miào
しおうびょう

施王（実在した南宋の軍人で名前は施全。岳飛を謀殺した秦檜を暗殺しようとしたが未遂に終わる）を祀った道観。

創建は1579(明の万暦7)年に遡るが、現在の建物は1904年に建て直されたもの。毎年陰暦8月の廟会（祭り）には大勢の人を集めていたというが、文化大革命を境に廟会は行われなくなった。

施王廟内部に立つ施王殿

丁聡漫画陳列館入口

丁聡漫画陳列館／丁聡漫画陈列馆　dīngcōng mànhuà chénlièguǎn
ていそうまんがちんれつかん

丁聡（1916～2009年。ペンネームは小丁）は、楓涇で生まれた漫画家であり舞台美術家。1930年代から漫画を発表し始め、老舎や魯迅などの小説挿絵も手がけている。中華人民共和国建国後も雑誌『人民画報』の編集に関わるなどした。丁聡漫画陳列館ではカテゴリー別に作品が展示されている。

楓涇人民公社旧址／枫泾人民公社旧址　fēngjīng rénmíngōngshè jiùzhǐ
ふうけいじんみんこうしゃきゅうし

1950～1970年代に盛んに組織された人民公社の建物を保存し、当時の資料を展示している。スローガンの書かれた柱などはまるでタイムスリップしたかのような光景。大小さまざまな毛沢東バッジを集めた毛沢東徽章館が展示のメイン。奥の庭にはソ連製戦闘機も展示されている。合わせて見学できる。

楓涇人民公社旧址
MP.154-B2
住金山区楓涇鎮和平街85号
☎なし
料共通券に含まれる（→P.153）。単独12元
交古鎮入口から徒歩12分

当時の姿を残すレトロな建物

毛沢東のバッジだけ（大小すべて）で造られた作品

江南水郷婚俗館／江南水乡婚俗馆　jiāngnán shuǐxiāng hūnsúguǎn
こうなんすいごうこんぞくかん

2013年にオープンした博物館（別名江南婚俗博物館）。江南地方に伝わる婚礼の習慣について多方面から展示している。目を引くのが各時代の結婚証明書実物。時代を反映したデザインがおもしろい。婚礼に使った輿や、新婚宅の調度品、飾りに使う切り絵や婚礼写真なども興味深い。

江南水郷婚俗館
MP.154-A3
住金山区楓涇鎮亭楓公路8588弄28号
☎なし
料共通券に含まれる（→P.153）。単独入場券はない
交古鎮入口から徒歩7分

花嫁を運んだ駕籠

時代ごとにかかった結婚費用の比較など展示内容はおもしろい

東区火政会／东区火政会　dōngqū huǒzhènghuì
とうくかせいかい

東区火政会は、中華民国初期に楓涇在住の商人や有力者の献金によって創設された4つの消防組織のひとつ（残りは南区、北区、中区）で、泰前橋南側に位置する。龍王堂、救火会とも呼ばれ、消火について当時の楓涇で重要な役割を担った。現在は小型の消火車などが展示されている。

東区火政会
MP.154-C2
住金山区楓涇鎮生産街124号
料共通券に含まれる（→P.153）。単独入場券はない
交古鎮入口から徒歩16分

珍しいデザインの小型消火車

水郷 に行ってみよう

いかにも中国の水郷といった風情の西塘

江南地方の魅力は豊かな水が作り出す落ち着いた風情。人混みと喧騒の上海市区中心を離れ、のどかな水郷にワンデイトリップしてみよう。町に張り巡らされた水路を巡る遊覧船からは、昔から変わらない家々や趣向を凝らした橋を見ることができる。伝統芸能や伝統の味を楽しむのもまたよい。

烏鎮東柵では伝統の影絵芝居を上演

手こぎのボートに揺られて古鎮巡り（朱家角）

時間があれば水路沿いの茶楼で中国茶と軽食を楽しんでみよう（朱家角）

地元のシャオチーをつまむのもいい。朱家角の北大街で見つけた肉入りちまき

素朴な特産品を買ってみるのもおもしろい（朱家角）

水郷は夜景もなかなか魅力的だ。特に夏から秋は気持ちがいい（周荘）

朱家角に残る清朝時代に開設された郵便局「大清郵局」。近代建築も意外に似合う

穏やかな水面に映る伝統建築が美しい（周荘・南湖秋月園）

上海旅游集散中心総站

　上海旅游集散中心総站から、個人客向けの水郷ツアーが毎日出ている。出発は9:15～9:30。7日以内の切符を販売しているが、1日1便しかないので、前日までに切符を購入しておこう。高速鉄道の発達やマイカーの普及により減便傾向が続いており、運行状況は要事前問い合わせ。

Ⓜ折込表-C4
🏠徐匯区中山南二路2409号　☎24095555
🕐7:00～19:00　🈭なし　🈪不可
🚇軌道交通3号線「漕溪路」

上海旅游集散中心総站がツアー発着地点

◆上海旅游集散中心総站発着のおもな水郷ツアー
（時期や状況により催行状況には変動がある）

行き先	料金	催行（発車時間）	所要時間（片道）
周荘（→P.164）	165元	不定期（往路9:30、復路15:30）	1時間30分
烏鎮（→P.178）	188元	土・日曜（往路9:15、復路15:30）	2時間
西塘（→P.188）	150元	土・日曜（往路9:15、復路16:00）	1時間30分

※ 料金にはバス往復、入場料（烏鎮は東柵のみ）が含まれる

◆軌道交通（地下鉄）で手軽に行ける水郷古鎮
【上海市】
新場古鎮（P.149）→16号線「新場」

嘉定古鎮（P.151）→11号線「嘉定北」
南翔古鎮（P.150）→11号線「南翔」
七宝老街（P.147）→9号線「七宝」
朱家角古鎮（P.158）→17号線「朱家角」
【蘇州市】
同里古鎮（P.346）→4号線「同里」

朱家角

しゅかかく

朱家角

ジュージアジャオ

zhūjiājiāo

放生橋と水路沿いの茶館

市外局番 021

アクセス

▼上海から

軌道交通17号線「朱家角」、徒歩15分。6元、所要40分

※17号線は「紅橋火車站」で2号線と接続

17号線「朱家角」は西側の終点「東方緑舟」のひと駅手前

朱家角古鎮

M P.50-C3、P.159

☎朱家角游览接待中心＝59240077

⏰古鎮＝24時間

各見どころ＝8:30～16:30

休なし

¥①80元

※朱家角人文芸術館、課植園、大清郵局、延芸堂、城隍廟、円津禅院、全華水彩芸術館、上海手工芸展示館、扎西達娃藏文化体験館、遊覧船の共通券

②60元

※朱家角人文芸術館、課植園、大清郵局、城隍廟、円津禅院、全華水彩芸術館、上海手工芸展示館、扎西達娃藏文化体験館号の共通券

③30元

※朱家角人文芸術館、課植園、大清郵局、扎西達娃藏文化体験館の共通券

U www.zhujiajiao.com

放生橋

M P.159-B1

住青浦区朱家角鎮

交軌道交通17号線「朱家角」。徒歩20分

水郷古鎮ながら、所在は上海市青浦区

　朱家角は上海市区中心部からわずか48kmの所にある水郷古鎮。朱家角の歴史は古く、1700年前の三国時代にはすでに村が形成されていた。宋、元代には、水運を利用して、市が立つようになり、明代の万暦年間(1573～1620年)になると、周辺で最も大きな鎮になった。朱家角の中心を流れる漕港河には36もの石橋が架かっており、なかでも放生橋は上海地区

店先で名物のちまきを包む

最大といわれ、堂々たる風貌をしている。また、古鎮内には白壁と黒瓦の典型的な江南地方の民居が並び、上海市内

時代衣装で記念写真

とは思えない、しっとりとした風景を楽しめる。

見どころ

★★★ 見学10分

橋の上から魚を放すと功徳になるという

放生橋／放生桥

ほうしょうきょう　fàngshēngqiáo

　1571 (明の隆慶5)年、慈門寺の性潮和尚が呼びかけた募金によって架けられた。5つのアーチをもつ全長72m、幅5.8m、高さ7.4mの放生橋は、上海地区で最長、最大といわれ、「滬(上海の別名)上第一橋」とも呼ばれている。か

水郷の橋では大型だ

つては放生橋の下では魚を取ることが禁じられ、放流のみが認められていたので、この名がついた。放生橋の上からは、漕港河越しに江南民居が並ぶ趣のある風景を眺められる。

★★★ 所要10分

屋根がかかった廊下のような木橋

廊橋／廊桥
ろうきょう　lángqiáo

廊橋
Ⓜ P.159-B2
🏠 青浦区朱家角鎮北大街
🚇 軌道交通17号線「朱家角」。
　徒歩17分

廊橋の入口は見落としそうなほど
狭い

　朱家角で、たったひとつしかない木造橋。木造の屋根の
上に瓦が葺かれた廊橋は、恵民橋とも呼ばれている。雨風
はもちろん、強い日差しからも朱家角の民を守ったので、
この名がついたのだろう。廊橋を渡ると朱家角でいちばん

屋根付き廊下のような廊橋

にぎやかな
昔ながらの
繁華街であ
る 北 大 街
（→P.160）
に出る。

建物自体も現代アート

朱家角を描いた作品が主体

ちまきは朱家角の名物

甘辛の豚足や角煮は種類もいろいろ

レンコンに詰め物をした醤油煮込みも名物

★★

水郷の暮らしをテーマにした作品が並ぶ

朱家角人文芸術館／朱家角人文艺术馆
しゅかかくじんぶんげいじゅつかん　zhūjiājiǎo rénwén yìshùguǎn

　2010年に開設された油絵を中心とした現代美術館。古鎮の一角に立つモダンな外観の建物で、朱家角の住民の伝統的な暮らしを題材とした油絵115点と彫刻15点を展示している。作品の多くは、開館に当たり描き下ろされたもので、愈暁夫、廖炯模など著名な画家の作品も含まれている。館内は十いくつもの部屋に分かれており、小規模の展覧会が開催されている。作品から江南の水郷の民の暮らしを垣間見ることができる場所だ。

左：ベンチで涼む婦人の彫像
上：朱家角人文芸術館はこぢんまりした造り

★★

昔ながらのストリートで名物を食す

北大街／北大街
ほくだいがい　běidàjiē

　明、清代の建物が並ぶ朱家角のメインストリート。細い路地の両側に、みやげ物や名物のシャオチーを売る店が並び、週末や中国の連休時期ともなると、身動きがとれないほど観光客でいっぱいになる。名物のちまきや甘いレンコンの醤油煮込みなどは、ぜひ食べてみよう。肉入りのちまきなら「葛恒昇粽子店（M P.159-B2)」がおすすめだ。おみやげには100年以上の歴史がある醤油と漬物の名店「涵大隆醤園（M P.159-B2)」で漬物を買ってみるのもいい。

狭い路地は観光客から地元の人まで多くの人でにぎわいを見せる

路地には食品を扱う店だけでなく、書画を扱う店舗もある

★★

大商人の個人庭園だった

課植園 / 课植园
かしょくえん　kèzhíyuán

　江西出身の大商人、馬文卿が1912（中華民国元）年に建設を始め、1915（中華民国4）年に完成した。そのため「馬家花園」ともいう。西井街の北側に位置する広大な庭園で、迎貴庁、藕香閣、望月楼などの建物に、200以上もの部屋がある。室内は梁の彫刻が見事で、夏涼しく冬暖かくする工

落ち着いた庭が広がる

夫がされている。「課植」の課は勉強、植は農耕のことで「課読之余、不忘耕植（勉強の合間には農耕を忘れるな）」から取られた。

★★

100年前の郵便局

大清郵局 / 大清邮局
だいしんゆうきょく　dàqīng yóujú

　1896（清の光緒22）年、光緒帝は「大清郵局」を創設した。上海地区には13ヵ所の大清郵局が開設されたが、現在、唯一現存しているのが朱家角の大清郵局だ。2階建ての館内は、中国の郵便制度の歴史を示したパネルがあり、清代のはがき

赤れんがが美しい

やスタンプも展示されている。朱家角の大清郵局の入口に立っている龍が巻きついたポストと同じものは、北京の煙袋斜街にも残されている。

★

土地の神を祀る廟

城隍廟 / 城隍庙
じょうこうびょう　chénghuángmiào

　240年以上の歴史がある。もともと鎮の南部の薛葭浜にあったが、安徽人の程履吉によって1769（清の乾隆34）年に現在の場所に移された。舞台、イチョウの木、そろばんが城隍廟の三宝とされている。正殿には、大きなそろばんがかけられており、盤には"666123456789 888"の目が

門前には獅子がいる

入っている。これは城隍廟の住職が、村人に代わり、どの方角も平安であり、風や雨もやり過ごせますようにと、神に祈ったものだといわれている。

課植園
- Ⓜ P.159-A1
- 🏠 青浦区朱家角鎮西井街109号
- 🕐 8:30～16:30
- 休 なし
- 🎫 20元
- ※共通券に含まれる（→P.158）
- 🚇 軌道交通17号線「朱家角」。徒歩25分

入口は壁が高くものものしい

大清郵局
- Ⓜ P.159-A3
- 🏠 青浦区朱家角鎮西湖街35号
- 🕐 8:30～16:30
- 休 なし
- 🎫 5元
- ※共通券に含まれる（→P.158）
- 🚇 軌道交通17号線「朱家角」。徒歩14分

中国郵便史の展示

城隍廟
- Ⓜ P.159-A2
- 🏠 青浦区朱家角鎮漕河街69号
- 🕐 8:30～16:30
- 休 なし
- 🎫 10元
- ※共通券に含まれる（→P.158）
- 🚇 軌道交通17号線「朱家角」。徒歩15分

道教の神々は外国人には理解し難いものが多い

全華水彩芸術館

MP.159-A1

住青浦区朱家角鎮西井街127-129号

オ8:30〜16:30

休なし

料10元

※共通券に含まれる(→P.158)

交軌道交通17号線「朱家角」。徒歩28分

全華水彩芸術館の入口

上海手工芸展示館

MP.159-B2

住青浦区朱家角鎮北大街327号

オ8:30〜16:30

休なし

料10元

※共通券に含まれる(→P.158)

交軌道交通17号線「朱家角」。徒歩15分

証明書付きの作品もある

★

中国水彩画の専門ギャラリー

全華水彩芸術館／全华水彩艺术馆
ぜんかすいさいげいじゅつかん　quánhuá shuǐcǎi yìshùguǎn

　2006年に開館した、水彩画家の陳希旦氏が館長を務める水彩画ギャラリー。2010年に現在の課植園の北側に移設した。中国と西洋をミックスした建物は明るく、中庭にはくつろげるスペースもある。中国国内唯一の水彩画専門ギャラリーといわれ、現代の中国人水彩画家の作品を中心に展示している。また、欧米人画家との共同展など、興味深い企画展も開催されている。

中国を描いた作品も多い

★

郷土の美術工芸品を一堂に

上海手工芸展示館／上海手工艺展示馆
シャンハイしゅこうげいてんじかん　shànghǎi shǒugōngyì zhǎnshìguǎn

　2006年に開館し、中国全土から集められた美術工芸品を多数、展示販売している。北大街(→P.160)にあり、廊橋の東北約30m。名工が作った陶磁器、木彫りの像、精巧な皮細工など、さまざまな伝統工芸品を見ることができる。中国非物質文化伝承展では、農村の風俗について学べるようになっている。体験コーナーは時期により内容が異なるので事前に調べてから行くほうがいい。

名品の陶磁器がずらりと並ぶ

朱家角点描

左上:2019年にできた新スポット「扎西達娟蔵文化体験館」(MP.159-B2)はチベットの文化を紹介する施設　左下:黄色の建物が目立つ円津禅院(MP.159-B2)　上:伝統茶館の阿婆茶楼(MP.159-B1)にあった翰林扁額博物館はなくなった。茶館は営業している

手こぎ遊覧船料金は、共通券(→P.158)を買わない場合、城隍廟碼頭〜北大街碼頭か円津禅院碼頭が80元／1隻6人まで、城隍廟碼頭〜課植園碼頭が150元／1隻6人まで

コラム

観光客を狙った詐欺に注意!

　上海の外灘や南京路で観光客を狙った詐欺が頻発している。詐欺の手法も少しずつ洗練されてきており、「自分は騙されない」とは思い込まず、注意する必要がある。実際に詐欺に遭った人の体験談を紹介しよう。

外灘で茶館に誘われる

　外灘を観光中、若い女性ふたりに「写真を撮ってください」と中国語で呼びとめられ、浦東のビル群を背景に写真を撮ってあげた。すると「観光ですか?」「私たちは四川省から来ました」と会話が始まり、そのまま5分ほど立ち話をしたあと「茶館を予約しているので一緒に行きましょう」と誘われ、ついていってしまった。こう言っては何だが、彼女らの出で立ちは特にきれいでもみすぼらしくもなく、いかにも地方から来たなと思わせる見た目だったので警戒心を抱かなかったのだ。

　連れていかれた茶館は声をかけられた場所から遠くない距離の雑居ビルの奥にあり、狭く密閉感があった。声をかけてきた女性が「お茶を8種類試飲できるから飲みましょう」と言い、何かあやしいなと思いつつもテキパキと注文が進み、その間もうひとりの女性はマシンガントークを私に浴びせ隙を作らせない。今思えばここで店を出るか、そうでなくとも値段をしつこく尋ねるべきだった。

繁華街では客引きにも注意したい

お茶とおみやげで4000元

　お茶を実際に8種類飲んだあと、おみやげとして茶葉の入った缶、そして会計の書かれた紙を手渡された。そこには4000元と書かれていた。やはり詐欺か。女性らは「中国の習慣では男性が半分払って、残りを女性が払う」と言う。そんな習慣聞いたことがない。「こんなに払えないよ。おみやげはいらない」と言いおみやげを返す。飲んだお茶の請求額は2000元だったが、幸いそのとき手持ちがポケットの中の300元しかなく、「これだけしか持っていない。こんなに高いとは知らなかった」と300元を突きつけた。女性らは「クレジットカードでキャッシングすればいい」「ホテルまでついていく」と言うが私は「ないものはない。カードもない。上海人の友人を電話で呼んで払ってもらう」とごねる。しばらく押し問答が続いた後相手も諦め、私は300元を置き店をあとにした。コワモテな男たちに囲まれたわけでもなく、お茶8種類を嗜んで300元というのも実は適正価格の範囲内ではあったが、なんとも後味の悪いできごとだった。

　中国人には人懐っこい人が多く、旅先で出会った中国人と仲よくなることは旅の醍醐味ではあるが、ときにはこういう者もいる。特に観光地、繁華街などで声をかけてくる人には気をつけてほしい。

（イトウ コウヘイ）

写真はイメージです

周荘

しゅう　　そう

周庄

ジョウジュアン

zhōuzhuāng

市外局番 0512

観光客の行き交う双橋

アクセス

▼上海から周荘
①上海長距離総合バスターミナル (→P.413) から「周庄」行きで終点。8:30、10:40、14:20、16:20発。34元、所要1時間30分
②上海旅游集散中心総站から周荘ツアーバスで終点 (→P.157)。9:30発 (不定期)。165元 (往復。入場券含む)、所要1時間30分

▼蘇州から周荘
蘇州北広場バスターミナル (→P.336) から「周庄」行きで終点。7:00～18:00の間17便。17元、所要1時間30分

蘇州北広場バスターミナル

入場券

蘇州北広場バスターミナルで周荘古鎮の入場券を販売している。金額は周荘古鎮と同じく100元だが、愛渡游船碼頭～南湖游船碼頭を結ぶ遊覧船の片道乗船券が付いてくる。また、オンシーズンは購入のために並ぶ時間も節約できる。ただし、有効期間は当日のみとなっているので、周荘古鎮での宿泊を予定している人は注意 (2019年3月現在、2日目の入場券チェックはなかった)。

順路など

蘇州北広場バスターミナル発のバスは周荘バスターミナル→愛渡周荘旅游票務中心 (愛渡游船碼頭) →周荘古鎮の順に停車する。遊覧船は周荘古鎮に向かう際の利用がおすすめ。

愛渡游船碼頭に停泊する遊覧船。愛渡周荘旅游票務中心との間には電動カートが運行されている (無料)

900年以上の歴史が息づく水郷古鎮

　周荘は江蘇省蘇州市管轄の県級市である昆山市に位置する約82㎢に人口10万人の水郷。その中心となるのが、人気の観光地であり、初めて中国政府から国家5A級景区認定を受けた周荘古鎮。

　歴史書には春秋時代に「揺城」として登場するが、本格的に町の建設が始まったのは、1086 (北宋の元祐元) 年に全福講寺が建立されてから。元から明代にかけて運河の整備が進むと、経済活動の拠点として大きく発展した。さらに元末明初には大商人の沈万三 (本名は沈富) が南潯 (現在の浙江省湖州市) からこの地に移住し、町の名は江南地方に轟くこととなった。

　周荘の楽しみ方は趣のある細い路地を歩き回ることに尽きる。町は明清代の江南建築様式を備えて

ライトアップされた古鎮の町並み

周荘鎮

●＝見どころ

P.165

おり、水路には多くの石橋が架かっている。また、小船に乗って船頭さんの歌を聞きながら水路巡りをしてみるのもよい。

古鎮内の道はとても狭い

　古鎮内には民居を改修した宿泊施設も多く、日本からホテル予約サイトを利用して手配することも可能。

　日本運航便が多い上海からは周荘に直接アクセスできるが、便数などを考えると、高速鉄道を利用して蘇州を経由して向かう(P.164欄外「アクセス▼蘇州」参照)ことをおすすめする。

インフォメーション

同里への移動
　莘塔バスターミナル（莘塔客运站：M P.165-A3。「江泽客运站」とも呼ばれる）から昆山758路バスで終点(同里客运站)。6:30〜18:00の間20〜30分に1便。2元、所要45分。

周荘バスターミナルと周荘古鎮の移動
　周荘バスターミナル（周庄客运站：M地図外／P.164-B1上）と周荘古鎮とは昆山261路バスで結ばれている。7:30〜16:00の間10〜20分に1便。1元、所要10分。

周荘古鎮

0　100　200m

昆山261路バス「周庄新牌楼」
(周荘古鎮と周荘バスターミナルとを結ぶ路線バスの乗降地点)

周荘牌楼

四季周荘入場券売り場

沈万三水塚
(P.169)

象子浜

富貴大橋

福橋

出入口
出入口
周荘古戯台
出入口

遊覧船乗り場

双橋(P.166)

四季周荘(P.168)

全福橋

入場券売り場

周荘
游客中心

逸飛之家

世徳橋
永安橋
星浜

周荘双橋聚宝軒臨河庭院客桟

古戯楼
(出入口)

一稀堂博物館

太平橋

張庁(P.167)

出入口

周荘博物館(P.169)

遊覧船乗り場

青龍橋

天孝德民間
収蔵館

富安橋
(P.166)

怪楼

津安街

北市街

出入口

出入口

梯雲橋

沈庁(P.167)

入口

福洪橋

澄虚道院
(P.168)

蜆園橋

遊覧船乗り場

葉楚傖故居(P.167)

南湖

昆山758路バス「江泽汽车站」
(周荘古鎮と同里古鎮を結ぶ路線バス起終点)

莘塔バスターミナル

迷楼(P.168)

普慶橋

貞豊橋

隆興橋

出入口
(2019年3月現在、ここからの入場は不可)

南湖秋月園

通秀橋

遊覧船乗り場

閘門

指帰閣

南湖游船
碼頭

聚宝橋

出入口

如意塔

南湖園

全福講寺(P.169)

長橋

水中仏国牌坊

愛渡游船碼頭へ

●=見どころ　H=ホテル　①=観光案内所　㊟=バス停

165

周荘古鎮
- ⓂP.50-C3、P.165
- ☎周荘游客中心＝
  4008282900
  57211655
- 🕐古鎮＝24時間
  各見どころ＝8:00〜19:00
- 🈺なし
- 💴100元
- ※入場および景区内見どころ全部の共通券。周荘古鎮で購入時に顔写真を撮影しておくと3日間有効
- Ⓤwww.zhouzhuang.net

双橋
- ⓂP.165-B2
- 🏠蘇州市昆山市周荘鎮
- 🚍周荘游客中心から徒歩6分

大勢の観光客が行き交う永安橋

双橋を中心とする周荘古鎮の景観

富安橋
- ⓂP.165-B2
- 🏠蘇州市昆山市周荘鎮城隍埭
- 🚍周荘游客中心から徒歩7分

狭い水路に係留された小船

見どころ

★★★ 所要10分

周荘を代表する名橋

双橋／双桥
そうきょう　shuāngqiáo

　アーチ形の世徳橋と平たい永安橋が連結した橋で、周荘の中心に位置する。世徳橋は長さ16m、幅3m。永安橋は長さ13.3m、幅2.4mとこぢんまりしている。明の万暦年間（1573〜1620年）に造られたこのふたつの橋は、外見が鍵に似ているので"钥匙桥（カギ橋）"とも呼ばれている。1984年、周荘に立ち寄った上海の著名旅行画家、陳逸飛の『故郷の思い出』という作品の題材になったことにより、一躍有名になった。

双橋の景観（パノラマ撮影）。中央に架かるのが世徳橋、左が永安橋

★★★ 所要10分

700年前に架けられた古橋

富安橋／富安桥
ふあんきょう　fùānqiáo

　橋が建設されたのは1355（元の至正15）年。もとの名は総管橋といったが、後に沈万三の弟、万四の出資により再建されたのを機に、富安橋と改称された。欄干と階段は、江南地方では非常に珍しい武康石でできている。吉祥の浮彫模様が刻まれた橋は、建造から700年以上経つ今も、依然として美しい姿を保っている。橋のたもとにある4軒の楼閣も保存状態がよく、商店や食堂など、旅行者が休める場所となっている。

橋の上を多くの人が渡り、橋の下を遊覧船が行く

★★★ 所要30分

明代から残る豪邸

張庁 / 张厅
ちょうちょう　zhāngtīng

張庁
M P.165-B2
住蘇州市昆山市周荘鎮北市街 38号
交周荘游客中心から徒歩7分

屋敷の奥にある小さな庭園「后花園」に配置された太湖石

　張庁は、周荘に現存する、数少ない明代の建築物のひとつ。もともとは怡順堂と呼ばれる富豪の私邸だった。清代になって張姓をもつ資産家のものになり、玉燕堂と名づけられたが、張庁とも呼ばれるようになった。張庁には70もの部屋があるといわれ、明代の調度品が飾られており、当時の富裕層の生活を垣間見ることができる。1800㎡に及ぶ邸宅内には小川が流れる庭園もあり、まさに贅を尽くした造りになっている。

往時の様子を再現した玉燕堂

★★

周荘に富をもたらした商人、沈家の屋敷

沈庁 / 沈厅
しんちょう　shěntīng

沈庁
M P.165-B3
住蘇州市昆山市周荘鎮南市街 96号
交周荘游客中心から徒歩8分

典型的な江南建築様式の松茂堂

　周荘の発展を担った沈万三の子孫が1742（清の乾隆7）年に建てた屋敷で、万三の弟が再建した富安橋に近い。もともとは敬業堂と呼ばれたが、清末になり松茂堂と改名された。現在は蘇州の重要文化保護財に指定されている。大小100を超える部屋があり、その広さは2000㎡を超える。沈万三は、富財神として祀られており、商売繁盛や金運アップを願う中国人がお守りやグッズを買っていく。

南市河と通りに面する沈庁の入口

★★

政治家であり文人であった名士の旧居

葉楚傖故居 / 叶楚伦故居
ようそそうこきょ　yèchǔcāng gùjū

葉楚傖故居
M P.165-B3
住蘇州市昆山市周荘鎮西湾街 19号
交周荘游客中心から徒歩6分

　周荘出身の葉楚傖（1887～1946年）は、国民党政治家で、当時のマスコミ業界の名士でもあった人物。西湾街に面した葉楚傖の旧居は、清代の同治年間（1862～1875年）に建設され、もとは祖萌堂と呼ばれていた。邸宅の敷地は1100㎡を超えており、居間には葉楚傖の筆による書画、著作が飾られている。室内のいたるところに飾られた有名作家の書いた対聯（対句が書かれた掛け物）も興味深い。

メインの祖蔭堂

澄虚道院
MP.165-B3
住 蘇州市昆山市周荘鎮中市街
82号
交 周荘游客中心から徒歩6分

澄虚道院は普慶橋を渡り奥まった
所に立つ

迷楼
MP.165-B3
住 蘇州市昆山市周荘鎮中市街
127号
交 周荘游客中心から徒歩7分

通りから見上げた迷楼

四季周荘
MP.165-A2
住 蘇州市昆山市周荘鎮全功路
375号江南人家水上舞台
☎ 57200001
オ 4～11月19:00～20:00
休 4～11月=なし
※荒天の場合は休演あり
12～3月=休演
图 150元、280元
交 周荘游客中心から徒歩3分

豪華な演出が見もの

★★

古い歴史をもつ道観

澄虚道院／澄虚道院
ちょうきょどういん　chéngxū dàoyuàn

宋の元佑年間（1086～1093年）に建てられた道観。1500㎡もの敷地内には、玉皇閣、文昌閣や指帰閣などの楼閣がある。澄虚道院の正殿に当たる玉皇閣は先天闘姆大聖元君と呼ばれる塑像が置かれているため、闘姆殿とも呼ばれている。指帰閣には三国志の武将、関羽と天上に仕える三十六尊天神天将の塑像が祀られている。900年以上の歴史をもつ澄虚道院は、宋明代の建築芸術を見られる場所といえる。

こぢんまりとした境内

★★

伝統的な江南の居酒屋だった所

迷楼／迷楼
めいろう　mílóu

1920年代、革命文学結社の「南社」のメンバーが、4度にわたり密会したことで知られる飲食店跡。南社の発起人である陳去病、柳亜子、王大覚、費公直は酒を酌み交わしながら、詩を詠み、革命について語り合った。

店名は「徳記酒店」というが、周辺の水のある風景が美しく「酒に酔うのではなく、風景が人を迷わせる」といわれたことから迷楼と呼ばれた。「南社」の4人が密会時に詠んだ詩をまとめた詩集は、店の通称から「迷楼集」と名づけられ、この店は有名になった。

貞豊橋とそのたもとに立つ迷楼

★★

華麗なナイトショー

四季周荘／四季周庄
しきしゅうそう　sìjì zhōuzhuāng

水路や家屋を舞台にして毎夜開催されるきらびやかなショー。水郷の漁民や農民の生活を題材としたものや周荘の大商人、沈万三にまつわる伝奇物語など、盛りだくさんな内容。300人を超える出演者のなかには、専業の俳優に加え、地元の漁民や農民も交じっている。また、水郷ならではの船や橋を使った演出や華やかな衣装も楽しみだ。昼間の趣のある水郷と、色鮮やかにライトアップされた夜の水郷の風景とを比べてみよう。

★★

庶民の暮らしを展示する郷土博物館

周荘博物館 / 周庄博物馆
しゅうそうはくぶつかん　　zhōuzhuāng bówùguǎn

築70年以上の民家を改修して造られた博物館。1998年にオープンした。農具や生活用具をはじめ、周荘周辺で出土した陶器などが展示されている。なかでも太師淀良渚文化遺跡

周荘博物館の入口

から出土した農耕具は必見だ。1000㎡もの広い館内には、周荘の民芸品も展示されており、四季折々の周荘の人々の暮らしぶりがよくわかる。現代芸術家の特設展コーナーもある。

周荘博物館
📍 P.165-B2
🏠 蘇州市昆山市周荘鎮后港街38号
🚌 周荘游客中心から徒歩3分

古民具が並ぶ展示室

★★

周荘古鎮成立の起点となった寺院

全福講寺 / 全福讲寺
ぜんぷくこうじ　　quánfújiǎngsì

周荘古鎮の南、白蜆湖に面して立つ仏教寺院。1086（北宋の元祐元）年に仏教を信奉した周迪功郎（周は姓、迪功郎は地方末端官職名）が献上した土地に建立された。文化大革命期には食糧倉庫となっていたが、1995年に再建され現在

山門と橋で結ばれる指帰閣

の姿となった。メインとなるのは山門と指帰閣、大雄宝殿など。

寺院の東側には全長235m、43のアーチを備える長橋があるので、合わせて訪れるとよい。

全福講寺
📍 P.165-B3
🏠 蘇州市昆山市全福路121号
🚌 周荘游客中心から徒歩12分

全福講寺山門

白蜆湖の畔に立つ水中仏国牌坊

★

富豪の眠る墓

沈万三水塚 / 沈万三水冢
しんまんさんすいちょう　　shěnwànsān shuǐzhǒng

沈万三水塚。なぜか「沈」の文字には色がない

周荘の発展に力を尽くした富豪沈万三は銀子浜の水底に葬られ、その西岸に建てられたのが沈万三水塚。

明史によると、沈万三は明の初代皇帝朱元璋の求めに応じ、南京城の建設に多額の献金をしたが、朱元璋の怒りに触れ、雲南に放逐されたとある。

沈万三水塚
📍 P.165-C2
🏠 蘇州市昆山市周荘鎮銀子浜
🚌 周荘游客中心から徒歩12分

錦　渓

きん　けい

锦溪

ジン　シー

jinxi

市外局番 0512

蘇州市 錦渓 上海市 杭州市

長寿路沿いに立つ牌楼。町の規模と同様に小さい

アクセス

▼上海から錦渓
軌道交通11号線「花桥」。昆山
游7路バスに乗り換え「錦渓客
运站」(錦渓バスターミナル：Ⅿ
P.171-B2)。4元、所要1時間
※バスの便数が少ないため、蘇
州、周荘経由(下記参照)がお
すすめ
▼上海から蘇州
上海駅または上海虹橋駅から高
速鉄道で「苏州」または「苏州北」
▼蘇州から周荘
→P.164欄外参照
▼周荘から錦渓
①周荘バスターミナル(Ⅿ地図
外/P.164-B1上)から昆山游1、
游7路バスで「錦渓客运站」。
8:00〜19:00の間45分に1便。
3元、所要10分
②周荘バスターミナルから昆山
130路バスで「錦渓普庆路太平路」
または「錦渓」。5:30〜20:00の間
10〜15分に1便。2元、所要15分
※便数の多い昆山130路バスが
おすすめ

錦渓古鎮
ⅯP.50-C3、P.171
☎蘇州水郷錦渓旅游発展有限公司
=57231352
☉各見どころ
4〜10月8:00〜17:00
11〜3月8:00〜16:30
☉なし
☉65元
※古鎮内各見どころ全部の共通券
Ⓤwww.chinajinxi.com.cn

蓮池禅院
ⅯP.171-A〜B3
☉蘇州市昆山市錦渓鎮長寿路南側
☉錦渓客服服務中心から徒歩
10分

錦渓壺文化館
ⅯP.171-A2
☉蘇州市昆山市錦渓鎮上塘街
26号
☉錦渓游客服務中心から徒歩
13分

周荘と合わせて訪れるとよい

　錦渓は蘇州市昆山市の西南部、五保湖のそばに位置する2000年以上の歴史をもつ古い小さな町。周荘からは北東に直線距離で9km、蘇州市区中心部からは30km。古来から詩の題材となり、多くの文人を輩出した。私設の小さな博物館がたくさんあることでも有名。

見どころ

★★
南宋皇妃を祀る寺
蓮池禅院／蓮池禅院

れんちぜんいん　liánchí chányuàn

南宋の第2代皇帝孝宗の妃である陳妃は1164(南宋の隆興2)年に錦渓で病没し、妃の愛した五保湖に水葬され、陳

修復された円通宝殿

妃水塚が築かれた。
　孝宗は妃を弔うため、湖のほとりにこの蓮池禅院を建立した。1773(清の乾隆38)年に造られた3層の文昌閣と十眼長橋、円通宝殿がおもな見どころ。

★★
大小の壺や陶器がぎっしり
錦渓壺文化館／錦渓壺文化館

きんけいこぶんかかん　jīnxī húwénhuàguǎn

2002年5月オープンの博物館。江蘇省無錫市宜興を特

錦渓壺文化館入口

産とする茶色の陶器「紫砂」を中心に展示している。「紫砂」は茶器などに多く用いられており、ここでは大小さまざまな名品が見られるほか、多くの名品や珍品の壺類も集めている。

★★

中国伝統の瓦やれんがについての専門博物館

中国古磚瓦博物館／中国古砖瓦博物馆
ちゅうごくこせんがはくぶつかん　zhōngguó gǔzhuānwǎ bówùguǎn

中国式れんが（磚）を専門に展示する博物館。市内の良渚文化遺跡（新石器時代）から出土したものから明清代、中華民国期のものまでおよそ5000年にわたる歴代のれんが約2300点を収蔵している。展示物には秦代の行宮「望夷宮」で使用された装飾れんがなどがある。

★

昆山生まれの画家の作品を展示

張省美術館／张省美术馆
ちょうしょうびじゅつかん　zhāngshěng měishùguǎn

張省（1955年〜）は昆山市生まれの画家で、長さ73mの大作『煙雨江南図』は1994年にギネスブックに掲載されている。美術館では彼の足跡や、得意とする江南地方の風景を描いた水墨画のほか、油絵なども展示している。

町なかを散策するだけなら不要だし、特に興味がなければわざわざ見学するほどの見どころはない。

中国古磚瓦博物館
MP.171-A2

🏠 蘇州市昆山市錦渓鎮下塘街47号
🚌 錦渓游客服務中心から徒歩14分

各時代の磚が並ぶ

張省美術館
MP.171-A3

🏠 蘇州市昆山市錦渓鎮上塘街19号
🚌 錦渓游客服務中心から徒歩13分

春夏秋冬を描いた四部作

陳妃が葬られたと伝わる陳妃水塚

錦渓古鎮でよく目にする漆喰の壁と特徴的な屋根「馬頭墻」は、江南の伝統的な建築様式

甪直

ろく ちょく

甪直
ルー・ジー
Lù zhí

町の守り神である「甪端」像

蘇州市・
甪直　上海市
杭州市・

市外局番 0512

アクセス

▼上海から蘇州
上海駅または上海虹橋駅から高速鉄道で「苏州」または「苏州北」。その後は下記参照
▼蘇州から甪直
①蘇州站北広場の東側にある路線バス乗り場（MP.333-D1）から快速5号で「暁市路」。5:30～20:30の間10～15分に1便。4元、所要1時間20分～2時間
※「甪直汽车站」からの最終は20:00発
※5～9月、12～2月は空調代1元加算
②軌道交通1号線「钟南街」下車後528番バスに乗り換え「暁市路」

甪直古鎮

MP.50-C2、P.172
蘇州市呉中区甪直鎮
蘇州市用直旅游発展＝66191668
4月下旬～10月中旬
　入場券販売＝8:00～16:45
　入場時間＝8:00～17:00
　10月下旬～4月中旬
　入場券販売＝8:00～16:15
　入場時間＝8:00～16:30
なし
78元
※保聖寺、沈宅、万盛米行、蕭宅、王韜紀念館、葉聖陶紀念館、甪直歴史文物館、甪直水郷婦女服飾博物館の共通券
www.luzhi.com.cn

遊覧船

古鎮内の水路を手こぎ船で遊覧する。游客中心碼頭、思安浜碼頭、蕭宅碼頭、万盛米行碼頭の4つの乗り場で、行きたい船着き場を告げて乗船する。料金は1艘当たり6人乗りが150元、8人乗りが240元。所要時間は前者が20～25分、後者が40～45分。

多くの石橋がある小さな水郷古鎮

　甪直古鎮は蘇州市の東南東約25kmに位置する水郷古鎮。町は呉の宮廷と関係して生まれ、その歴史は蘇州と同じくらい古いと伝わる。古くは甫里といったが、水運の発展にともない、町の東に四方八方から船が集う直港という港ができたこと、水路が「甪」の字に似ていたことから、唐代以降は甪直と改名され、全国に知られる名鎮となった。また、町を巡る水路には宋代から清代にかけて72基もの石橋が架けられたことから「江南橋都」と呼ばれることもある（現存するのは41基）。

　甪直古鎮は約1㎢と手頃な広さ。名刹保聖寺を中心に、石橋や小さな道や水路沿いに立つ明清代の家屋を眺め、町歩きを楽しめる。観光には4時間もあれば十分だろう。

● 見どころ　❶ 観光案内所　🚏 バス停

見どころ

★★★ 所要30分

1500年以上の歴史をもつ用直の名刹

保聖寺 / 保圣寺
ほせいじ　bǎoshèngsì

南北朝の梁を建国した武帝蕭衍は仏教を信奉しており、即位後は国内に多数の寺院を建立したが、保聖寺もそのひとつ。創建は503（梁の天監2）年。以降、興廃を繰り返したが、明の成化年間（1464～1487年）に最盛期を迎え、境内の建造物は200を超えるほどだった。その大半は廃れてしまい、現存するのは頭山門、天王殿、古物館など。

入口の頭山門は清の乾隆年間（1735～1795年）に建てられた門を再現したもの。これをくぐると、眼前に明の崇禎年間（1628～1644年）に創建された天王殿が現れる。

天王殿の北の庭院には青石経幢と大鉄鐘が並ぶ。西側には陀羅尼を刻んだ八角石柱で1145（南宋の紹興15）年に再建された青石経幢（正式には尊勝陀羅尼経咒石幢）が、東側には17世紀中期に鋳造された大鉄鐘がある。

★★

地元名士の邸宅

沈宅 / 沈宅
しんたく　shěnzhái

1873（清の同治12）年に創建された用直出身の教育家沈柏寒の邸宅。創建当初の建築面積は約3500㎡、現在はその西側一部のみを一般公開している。沈家はさまざまな事業に携わって財をなし、清末期には地元の人々に「沈半鎮（町の半分は沈様のお宅）」と言われるほど財力を誇った。

★

豪商の邸宅を利用して農具を展示している

万盛米行 / 万盛米行
まんせいべいこう　wànshèng mǐháng

万盛米行は、1912年に用直の豪商であった沈家と范家が共同で経営を始めた米の売買を行う店。収穫期には、周辺から船で運ばれた米が店先の埠頭で荷揚げされ、おおいににぎわいを見せた。その様子は葉聖陶の小説『多収了三五斗』に描かれている。現在は一帯で使われる農具を展示する「水郷農具博物館」として活用されている。

保聖寺
M P.172-A1
住 蘇州市呉中区用直鎮香花弄
交 用端広場から徒歩3分

香花橋を渡って50mほどで頭山門

江南様式を備えた天王殿

塑壁羅漢を納める古物館は大雄宝殿の跡に建つ

沈宅
M P.172-A2
住 蘇州市呉中区用直鎮西匯中市上塘街23号
交 用端広場から徒歩3分

見事な造りの楽善堂

万盛米行
（水郷農具博物館）
M P.172-B2
住 蘇州市呉中区用直鎮南市下塘街62号
交 用端広場から徒歩5分

当時の建物を再現し、農具の展示を行っている

南潯
南浔
ナンシュン
nánxún

市外局番 0572

町はこぢんまりとしているが、往時の繁栄をうかがわせる上品さがある

アクセス

▼上海から
①上海長距離総合バスターミナル（→P.413）から「湖州」または「南潯」行きで「南潯」。6:50〜19:20の間に12便。50元、所要2時間30分
②上海長距離南バスターミナル（→P.413）から「湖州」または「南潯」行きで「南潯」。7:15〜19:20の間に10便。50元、所要2時間30分
▼蘇州から
蘇州北広場バスターミナル（→P.336）から「南潯」行きで終点。6:10〜17:40の間に14便。27元、所要1時間30分
※南潯バスターミナルは水郷古鎮から1.5kmほど離れている

南潯バスターミナル

南潯古鎮
MP.50-A3、P.175
4〜10月8:00〜17:30
11〜3月8:00〜17:00
なし　95元
※小蓮荘、張石銘旧宅、嘉業堂蔵書楼、劉氏梯号、南潯輯里湖絲館、広恵宮、張静江故居の共通券
※各見どころ入口で入場券をチェックされるので紛失しないように

南潯游客接待中心
MP.175-B3
湖州市南潯鎮人瑞路51号
3016999
www.chinananxun.com

小蓮荘
MP.175-B3
湖州市南潯鎮小蓮荘路
南潯游客接待中心から徒歩2分

シルクで栄えた当時の古建築が建ち並ぶ

　南潯は浙江省の東北端に位置する湖州市管轄下の町。戦国時代、楚の宰相黄歇（春申君）がこの地に菰城県を築いたのが始まりともいわれるが、正式に町の歴史が始まるのは1252（南宋の淳祐12）年から。

　湖州は杭州や蘇州など江南の主要都市を結ぶ交通の要衝として明代以降発展を遂げ、南潯はその中核の町としてシルク産業と手工業でおおいに栄えた。シルク産業の衰退により町も廃れたが、2003年以降、修復と再建が進み、明清代の古建築と清末から中華民国期に財をなした富豪が建てた西洋風の建物も建つ独特の雰囲気が感じられる。

　見どころは南潯バスターミナルから南に延びる宝善街、南東街沿いに点在する。ゆっくり散策してみたい。

川と橋、民居がつくる景観は、昼も夜も美しい

見どころ

★★★　所要30分

大富豪劉氏一族専用の庭だった

小蓮荘／小莲庄
しょうれんそう
xiǎoliánzhuāng

小蓮荘への入口

　清末の富豪、劉鏞が所有する庭であったことから、劉園とも呼ばれる。1885年に建設を開始し、1924年に完成した。庭園は外園と内園に分かれ、総面積は約1万7000㎡もある。劉氏の先祖を祀る家廟もある。

俗称は「紅房子（赤い家）」

劉氏梯号／刘氏梯号
りゅうしていごう
liúshì tìhào

　小蓮荘を造園した劉鏞の第3子である劉安泩（字は梯青）が建てた私邸で、正式名は崇徳堂という。建物は3部分に分かれ、全体の構成は中国の伝統に沿ったものだが、建物は赤れんがを用いた西洋式で、柱などの西洋式彫刻が見事。

赤壁小径と呼ばれる空間

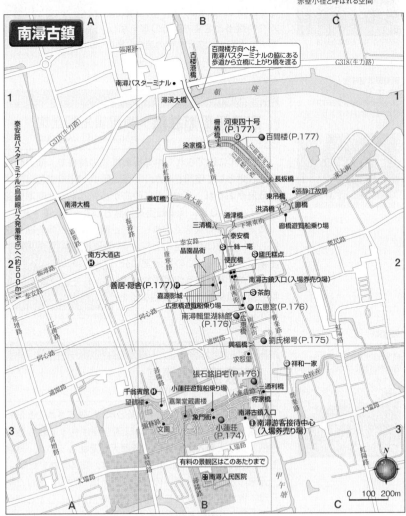

南潯古鎮

百間楼方向へは、南潯バスターミナルの脇にある歩道から立体橋に上がり橋を渡る

G318（生力路）

南潯バスターミナル

潯渓大橋

河東四十号（P.177）

百間楼（P.177）

染家橋

長板橋

垂虹橋

東吊橋　張静江故居

南潯大橋

通津橋　洪済橋　廊橋

三清橋　廊橋遊覧船乗り場

泰安橋

晶園晶街　一絲一毫　盧氏糕点

便民店

南方大酒店

善居・隠舎（P.177）

南潯古鎮入口（入場券売り場）

嘉源影城

茶韵

広恵橋遊覧船乗り場　広恵宮（P.176）

南潯輯里湖絲館（P.176）

興福橋　劉氏梯号（P.175）

祥和一家

張石銘旧宅（P.176）

求恕里

千翁賓館　小蓮荘遊覧船乗り場　三通利橋

望翁楼　嘉業堂蔵書楼　将軍橋

南潯古鎮入口

文園　象門街　小蓮荘（P.174）　南潯游客接待中心（入場券売り場）

有料の景観区はこのあたりまで

南潯人民医院

0　100　200m

●●見どころ　Ｈホテル　Ｓグルメ　Ｓショップ　ⓘ観光案内所　Ⓗ病院

張石銘旧宅
ⓂP.175-B3
⬛湖州市南潯鎮南西街132号
❌南潯游客接待中心から徒歩5分

細部の彫刻まで見事な洋館

南潯輯里湖絲館
ⓂP.175-B2
⬛湖州市南潯鎮南西街79号
❌南潯游客接待中心から徒歩10分

1950年代に使用された織機

広恵宮
ⓂP.175-B2
⬛湖州市南潯鎮南東街92号
❌南潯游客接待中心から徒歩11分

広恵宮外観

★★
西洋と中国の様式が融合した豪邸

張石銘旧宅／张石铭旧宅
ちょうせきめいきゅうたく　zhāng shímíng jiùzhái

南潯を代表する豪商張頌賢(1817～1892年)の孫である張鈞衡(1871～1927年)が、1889～1906(清の光緒25～31)年の間に建てた豪邸群。名は張鈞衡の字である石銘から。懿徳堂とも呼ばれる。建物は西洋のバロック様式と中国の近代建築を折衷しており、部屋数は150間に達する。

張石銘が客をもてなしたダンスホール

張頌賢は貧しい綿打ちから身を起こした人物で、張家はアヘン戦争後にシルクの輸出と塩業で巨万の富をなし、南潯を代表する四大商家の第2に挙げられる一族となった。

★★
南潯のシルク産業史がよくわかる

南潯輯里湖絲館／南浔辑里湖丝馆
なんじんしゅうりこしかん　nánxún jílǐhúsīguǎn

1926年に建てられた中洋折衷様式の建物で、南潯商会の所在地として使用された。中華人民共和国成立後は南潯鎮政府がおかれ、1998年に政府が移転した後は南潯史館となり、2010年に南潯輯里湖絲館として一般公開された。

南潯の発展に大きく寄与してきた輯里湖絲（輯里絲や輯絲とも）と呼ばれる生糸とシルク産業について、5つの展示室に分け、繭から糸を取る作業場や絹織物を織る織機、シルク製品などを紹介している。

絹織物や絹糸を展示する

★
1000年の歴史を誇る道観

広恵宮／广惠宫
こうけいきゅう　guǎnghuìgōng

北宋の治平年間（1065～1068年）に建立されたと伝わる道観（道教寺院）。かつては三清と呼ばれる道教の最高神格、元始天尊と霊宝天尊、道徳天尊を祀っていた。再建された現在の主殿には、黄大仙、財神、文昌帝君を祀る。

元末の反乱のリーダーのひとり張士誠（明を建国した朱元璋に敗れ自死）がここを行宮（臨時宮殿）としたことから張王廟とも俗称される。

★

明代に建設された水路沿いの長屋

百間楼／百间楼
ひゃっけんろう　　băijiànlóu

百間楼
M P.175-B1
住 湖州市南潯鎮百間楼河東
交 南潯游客接待中心から徒歩30分

　百間楼は、南潯古鎮の北部、頓塘から引き込まれた水路百間楼河（さくとうきょう）の両岸、北は柵椿橋から南は東吊橋（とうちょうきょう）までの400mにわたって連なる伝統的江南建築様式の古民居群。明の万暦年間（1573〜1620年）に礼部尚書（国家祭祀などを司る役所の長官）を務めた董份（とうふん）が使用人のために建てたものが起源とされる。

　建物は川縁にあるため、船からの荷揚げや積み込みに便

利であり、住民も生活用水を汲んだり洗濯が容易だった。また、川沿いの建物は騎楼という2階が通路の上に突き出た様式を備えるものとなっている。

■1川の緩やかな曲線に沿って騎楼が続く　■2車道から路地へ入ると静かな古鎮が姿を現す　■3形状の異なる古民居がまとまりある美しさをなしている

その他中国料理	河東四十号／河东四十号

かとうよんじゅうごう　hédōng sìshíhào

M P.175-B1　予算＝60元

百間楼の民家で地元の女性が営む食堂。南潯の家庭料理や中国茶を味わえる。川縁に置かれたテーブルと椅子が店の目印。"三鮮（揚げ、たまねぎ、豚肉の甘辛炒め）"40元、"炒绣花绵（青菜炒め）"20元、"熏豆茶（青豆茶）"10元。

住 湖州市南潯百間楼河東40号
電 なし
オ 8:00〜19:00
休 なし
サ なし
カ 不可
交 南潯游客接待中心から徒歩30分

星なし	善居・隠舎／善居・隐舍

ぜんきょ・いんしゃ　hànjū・yǐnshè

M P.175-B2
住 湖州市南潯晶園晶街1022号
電 携帯＝13957296660
朝 なし
S 580〜1380元
T 580〜1380元
サ なし　カ 不可
交 南潯游客接待中心から徒歩15分

両替　ビジネスセンター　インターネット

所在は景観区外だが、景観区入口と百間楼のほぼ中間に位置し、観光や食事にも便利。客室内にバスタブを設けた部屋もあり、客室、オープンスペースともに、シンプルなデザイン、かつゆったりとした造りで快適に過ごせる。

烏　鎮

うちん

乌镇
wūzhèn

市外局番 0573

烏鎮には水上楼閣が多く見られる

アクセス

▼上海から
①上海長距離南バスターミナル
（→P.413）から「烏鎮」行きで
終点。7:15～18:00の間に12
便、55元、所要2時間
②上海旅游集散中心総站から烏
鎮ツアーバスで終点（→P.157）。
9:15発。188元（往復。入場券
代含む）、所要2時間
※原則土・日曜のみ運行
▼杭州から
杭州バスセンター（→P.295）
から「烏鎮」行きで終点。7:25
～18:20の間に24便、32元、所
要1時間30分
▼蘇州から
蘇州北広場バスターミナル
（→P.336）から「烏鎮」行き
で終点。8:15、9:30、10:30、
11:30、13:30、15:00、
15:55、17:20発。37元、所要2
時間
※上海旅游集散中心総站からの
ツアーバスは東柵の無料シャ
トルバス乗降地点がある駐車
場に着く。路線バスの終点は
烏鎮バスターミナル（MⓂ
P.178-C3）。K350路バスに乗
り換えて西柵か東柵へ行く。
詳細は各景区の🚌を参照
※烏鎮西柵景区游客服务中心
（MⓂ**P.181-E2**）と烏鎮東柵景区
游客服务中心（MⓂ**P.185-C2**）と
の間に、無料シャトルバスを
7:30～17:30の間20分に1
便運行

西柵景区

MⓂ**P.180～181**
☎烏鎮旅游発展股份有限公司＝
88731088
🎫西柵景区：
9:00～22:00
西柵景区内各見どころ：
5～10月8:00～17:30
11～4月8:00～17:00
休なし
料150元
※東柵景区との共通券は200元
🚌K350路バス「西 柵 景 区」
（6:10～22:00の間10～30

1000年前から続く水郷古鎮

　烏鎮は浙江省の北東部、蘇州と杭州から80km離れた中間に位置し、西塘などと同じく江南六大古鎮と称される。現在の町並みは1300年以上前の唐代に遡り、発展したのは12世紀の宋代だ。北方民族の金に攻められた北宋は南に逃げ、杭州を臨時の都として南宋を建てるが、このとき烏鎮にとどまった宋人たちがいたからだ。

　烏鎮は清朝末の戦乱に巻き込まれずに済んだことから、建築物の保存状態はよい。「烏鎮」という町の名の由来となった黒茶色の町並みからは、1000年前から続く往時の繁栄ぶりがうかがえる。なかでも烏鎮の景観を特徴づけているのは、水上楼閣だ。川辺に建てられた民家の足元を川が流れ、人々が船で行き交う光景が見られる。鎮内には120本もの橋があり、円形アーチ形の美しい橋もあちこちで見られる。清末から民国期は、養蚕業や醸造業などの産業が発展し、今でも創業100年以上の老舗商店や工房が残っている。その豊かさは中

ⓗホテル 🚌バス停

国近代文学の作家、茅盾を生んだ。

現在、烏鎮には景区がふたつある。2001年開放の東柵と2007年開放の西柵だ。メインとなるのは西柵で、大小多くの劇場やホテルがある。無料シャトルバス(7:30～17:30、20分に1便)が東西の景区をつないでおり、じっくり観光しようとすると、西柵は1日、東柵は半日必要だろう。

上海、杭州、蘇州からの長距離路線バスは、東柵の約1km南にある烏鎮バスターミナルに着く。烏鎮バスターミナルから景区へは路線バスK350路が東柵経由で西柵へ運行されている。上海旅游集散中心総站からのツアーバスは東柵の無料シャトルバス乗降地点がある駐車場に着く。

■西柵西市河に架かる定昇橋　2歴史を感じさせる東柵の古い路地

西柵景区の見どころ

★★★ 所要30分

天然素材を使った藍染め工房

草木本色染坊／草木本色染坊
そうもくほんしょくせんぼう　　căomù běnsè rǎnfáng

絹生産の盛んだった烏鎮には染色工場がいくつもあった。ここはその一部を改装し、地元で採れた草木などの天然染料を使った「藍印花布」の、デザイン決めから染めつけ作業にいたる製造工程を見学できる。「藍印花布」は古く漢代に生まれ、宋代に完成した江南の伝統染色技法だ。入口は白壁の古い民家風だが、一歩中に入ると、運河沿いに草木染めした布が空にはためく光景が印象的。

染めつけの行われる工房

天日干しされる藍染めの布

分に1便。2元、所要15分)
U www.wuzhen.com.cn

西柵景区の乗り物

①遊覧船(定員8人)
☀7:30～21:30　休なし
图チャーター＝1隻8人乗り480元、相乗り＝1人60元(満席を待って出発)
※ともに片道料金
※游客服務中心碼頭(M P.181-E2)～安渡坊碼頭(M P.181-E2)は無料渡し船利用
▼南線／游客服務中心碼頭～安渡坊碼頭～如意橋碼頭(M P.180-B2)
▼北線／游客服務中心碼頭～安渡坊碼頭～望津里碼頭(M P.180-B2)

②観光車(定員10人)
　景区内北側の専用道を走る。安渡坊碼頭から乗降地点まで徒歩2分。
☀24時間　休なし
※22:00～翌8:00は☎8873 1051に電話予約する
图1乗車10元
※指定ホテル宿泊者は宿泊証明を提示すれば無料
順路：安渡坊碼頭～昭明書院～盛庭行館～望津里

草木本色染坊
M P.181-D2
住桐郷市烏鎮西柵大街
交安渡坊碼頭から徒歩2分

細長い布地がはためいている

179

叙昌醤園

MP.181-E3

住 桐郷市烏鎮通安街

交 安渡坊碼頭から徒歩5分

昔ながらの風情を残す販売コーナー

入口をくぐると、大豆の入った甕が目に入る

★★

150年の歴史をもつ醤油製造所

叙昌醤園／叙昌酱园
じょしょうしょうえん
xùchāng jiàngyuán

　清末の1859年に烏鎮生まれの陶叙昌が起こした醤油製造所で、現在は創業者一族の歴史や伝統的な醤油や味噌の製造工程などを説明する展示パネルや、実際に使われた道具などを展示している。中庭には大豆の入った甕が並んでいて圧巻だ。販売コーナーでは、ここで作られた濃厚で口当たりのよい醤油のほかに、醤油漬けの家鴨や、魚の燻製なども売られている。

醤油造りの伝統的な製造法がわかる

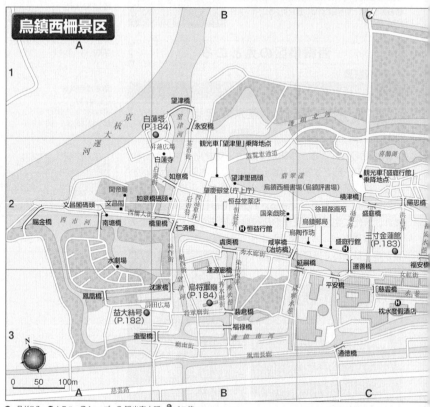

●・見どころ　Ｈホテル　Ｓショップ　❶観光案内所　🚏バス停

★★

昭明書院／昭明书院
しょうめいしょいん　zhāomíng shūyuàn

中国初の散文集『文選』の編纂で知られる南朝梁（502～557年）の時代の皇太子昭明のために造られた書院で、中国の古鎮で最も古い図書館だ。現在はその書院はないが、入口の前に六朝時代の遺址の石牌がある。社会科学や芸術、旅行などに関する1万冊を超える蔵書があり、茶室で閲覧もできる。烏鎮生まれの作家、茅盾の作品を紹介するコーナーなどもある。

内部はモダンな展示スペースになっている

昭明書院
MP.181-D2
住桐郷市烏鎮西柵大街240号
交安渡坊碼頭から徒歩5分

雨読橋の近くにある

書画も多く展示されている

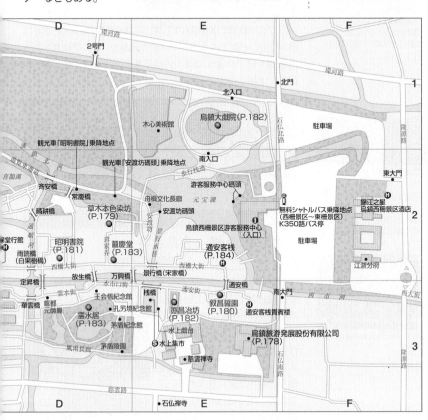

烏鎮大戯院
P.181-E1
住 桐郷市烏鎮洪昇広場
交 安渡坊碼頭から徒歩5分

烏鎮の観劇

烏鎮西柵書場（烏鎮評書場）
　烏鎮西柵書場（烏鎮評書場）では通常毎日語り物や劇を上演している。西柵景区入場券を提示すれば無料で観劇できる。
P.180-B2
住 桐郷市烏鎮西柵大街538号
時 13:00～15:00（休憩あり）
　　19:00～19:30
　　20:00～20:30

シアターフェスティバル

　毎年10～11月にかけて烏鎮大戯院で開催され、大型演目が上演される。
料 50～880元

烏鎮大戯院
P.180-A3
住 桐郷市烏鎮詩田広場
交 安渡坊碼頭から徒歩17分

西柵景区の西の外れにある

亦昌冶坊
P.181-E3
住 烏鎮通安街
交 安渡坊碼頭から徒歩7分

工房の外にも製錬の道具が展示される

★★
モダンなシルエットが際立つ大劇場

烏鎮大戯院 / 乌镇大戏院
うちんだいぎいん　　wūzhèn dàxìyuàn

　2013年に開館した烏鎮大戯院は、水郷古鎮の中に突如浮かび上がるようなモダンなシルエットが評判を呼んでいる。設計を担当したのは台湾出身の建築家の姚仁喜氏だ。烏鎮では、ここ以外にも1年を通して景区内各所にある昔ながらの戯劇院や水上集市の舞台を観られる。なかでも毎年10～11月に開催されるシアターフェスティバルの時期には多くの人でにぎわう。

ひときわ目立つ烏鎮大戯院

★★
皇帝に献上された「烏錦」の工房

益大絲号 / 益大丝号
えきだいしごう　　yìdà sīhào

　1875年創業の絹織物の工房。烏鎮の織物は「烏錦」と呼ばれ、皇帝にも献上されていたほどの逸品だ。ここでは昔ながらの機織り機で作業する職人の様子を見学できる。観光客が機織りを体験できるコーナーもある。

染色の作業を行う職人

機織り機で織れるのは1日5～6cmだという

★★
由緒正しき「天下第一鍋」

亦昌冶坊 / 亦昌冶坊
えきしょうやぼう　　yìchāng yéfáng

　1866年に烏鎮生まれの沈氏が起こした鉄鍋の工房。製錬時に飛び散る火花で火災を起こさないように、柱に石材を使用した独特の造りになっている。そのため、「石脚屋」と呼ばれた。館内で目を引くのは職人による精錬の実演で、火を噴く工房内は熱に包まれる。そのほか、昔の鉄鍋の展示や実用的な鍋の販売もしている。

「天下第一鍋」と呼ばれる大鍋の展示

★★
伝統的な婚礼儀式が再現される
囍慶堂／囍庆堂
きけいどう　xǐqìngtáng

囍慶堂
P.181-D2
桐郷市烏鎮西柵大街186号
衣装レンタル＝30元〜
※婚礼衣装で輿に乗り記念撮影
　できる
安渡坊碼頭から徒歩3分

　江南地方の伝統的な婚礼儀式を紹介する博物館。華麗な衣装を身につけた等身大のろう人形はリアルで、かつてのこの地方の習俗を伝えている。こまごまとした花嫁道具や船に乗って行う水上婚の籠の実物など、見るだけでもおもしろい。婚礼衣装をレンタルして撮影も楽しめる。

婚礼時の歌舞音曲も体験できる

水上集市の舞台の向かい側にある

★★
明代に造られた広い庭園
霊水居／灵水居
れいすいきょ　língshuǐjū

霊水居
P.181-D3
桐郷市烏鎮霊水街
安渡坊碼頭から徒歩5分

　烏鎮の景区内にある庭園のなかで2万㎡と最大級の大きさを誇る。明代の官僚唐龍により造園された。中国の伝統的な風格の東屋や池など、変化に富む庭園は時間をかけて歩く価値がある。園内には茅盾やその弟子の文筆家孔另境紀念館もある。

孔另境紀念館内の書斎の展示

霊水居の庭園の入口

★★
纏足の歴史を学べる
三寸金蓮館／三寸金莲馆
さんすんきんれんかん　sāncùn jīnliánguǎn

三寸金蓮館
P.180-C2
桐郷市烏鎮西柵大街366号
安渡坊碼頭から徒歩8分

　近代以前の中国では女児が4〜5歳になると纏足を余儀なくされていた。この博物館では、各地から集めた825足の纏足靴を展示している。「金蓮」とは変形された小さな女性の足を意味する。色鮮やかな刺繍が施された纏足靴は美しいが、この奇矯な風習の歴史を解説するコーナーもある。

子供用にしか見えない纏足靴

女性客が多く訪れている

烏将軍廟

M P.180-B3
住 桐郷市烏鎮将軍廟街
交 安渡坊碼頭から徒歩16分

本殿に祀られる烏賛将軍

白蓮塔

M P.180-B1
住 烏鎮昇蓮広場
交 安渡坊碼頭から徒歩18分

★★

烏鎮の守り神を祀る廟

烏将軍廟／乌将军庙
うしょうぐんびょう　**wūjiāngjūn miào**

烏鎮の名の由来は唐代の英雄、烏賛将軍といわれる。ここは烏将軍が祀られた廟で、いわば守り神だ。将軍が植えたとされる1本の古いイチョウの樹が今もある。

1000年以上の歴史がある

★

ライトアップに映える古塔

白蓮塔／白莲塔
びゃくれんとう　**báiliántǎ**

西柵景区の西の外れに立つ塔で、高さ51.75ｍ。烏鎮で最も高い建築だ。路地の散策の合間や川越しに見えるシルエットは趣がある。夜はライトアップされて幻想的に変わる。

西柵のランドマークになっている

星なし	**通安客桟／通安客栈**
	つうあんきゃくさん　tōng'ān kèzhàn

M P.181-E2　**U** www.wuzhen.com.cn(トップページから「住宿」>「度假酒店」>「通安客桟」)
住 烏鎮西柵大街129号
☎ 88731555　**FAX** 88731500
S 710～890元
T 710～890元
サ なし
カ ADJMV
交 安渡坊碼頭から徒歩4分

両替　ビジネスセンター　インターネット

2007年に開業した烏鎮西柵景区内にある5つ星相当の大型ホテル。入口は古風な江南スタイルで趣があるが、館内は現代的に改修されているので快適に過ごせる。レストランやバー、プールなども完備している。週末は割増料金、冬季は150～200元ほど安くなる。

東柵景区の見どころ

宏源泰染坊

M P.185-C1
住 桐郷市烏鎮東大街292号
交 烏鎮東柵景区入口から徒歩4分

入口に架かる看板

★★

烏鎮名産の「藍印花布」を買える

宏源泰染坊／宏源泰染坊
こうげんたいせんぼう　**hóngyuántài ránfáng**

烏鎮名産の「藍印花布」は藍染めの伝統柄の布のこと。桑の樹皮の紙型で文様を染め出し、藍に染まらなかった部分が白く残る。独特の花柄は歴史とともに洗練されてきた。ここは東柵にある染色工房で、藍染めの服やバッグなども販売している。

染めた布は中庭で干される。「藍印花布」の柄は多彩で美しい

東柵景区

MP.185

⏰5〜10月7:00〜18:00
11〜4月7:00〜17:30

休なし

料120元

※西柵景区との共通券は200元

🚌K350路バス「烏鎮地税（東柵景区）」、徒歩5分（6:10〜22:00の間10〜30分に1便。2元、所要3分）

Uwww.wuzhen.com.cn

※東柵景区の管理組織は西柵景区と同じで事務所は西柵景区にある（→P.178）

★★

明・清代の寝台を集めた博物館

江南百床館／江南百床馆
こうなんひゃくしょうかん
jiāngnán bǎichuángguǎn

明清代の木製寝台を集めたというユニークな博物館。1200㎡の敷地内にはさまざまなタイプの寝台が展示されているが、富豪の家屋にあったという動植物をあしらった精巧な木彫りを施された寝台は見るだけでもおもしろい。中国の住居文化の奥深さを知ることができる。

高貴な人物が使った豪華な大型寝台

江南百床館

MP.185-C1

住桐郷市烏鎮東大街210号

🚌烏鎮東柵景区旅游服務中心から徒歩6分

東大街の東外れにある

烏鎮東柵景区

A 烏鎮西柵景区へ　B　　　C

北花橋
甘夏東路
翰林第(P.187)　観后街　立志書院
修真観(P.187)　　余榴梁銭幣館(P.187)
応家橋　古戯台　把秀橋（観音橋）
訪廬閣　新華橋　芝耕雨読
匯源当舗　林家舗子　烏青水龍会
茅盾故居(P.186)　仁寿橋（望仏橋）　公生糟坊
文昌閣　太平橋　三白酒坊
新華橋碼頭　永安橋
伝統手工作坊区
義昌橋
江南木彫陳列館(P.186)　東大街
宏源泰染坊(P.184)
江南民俗館(P.186)
江南百床館(P.185)
木心故居紀念館
財神堂
香山堂薬店
仁慧橋　財神湾碼頭
拳船　世神湾　逢源双橋
仁徳橋　福恵橋　高竿船
駐車場碼頭
駐車場　出口　烏鎮東柵景区旅游服務中心
入口
無料シャトルバス乗降地点(東柵景区〜西柵景区)
ツアーバス発着地点
林家客桟
烏鎮大橋
K350路バス停「烏鎮地税(東柵景区)」
子夜酒店(P.187)
子夜路
姚震公路桐郷大道
桐郷市へ
新嶺路
北市河
市常楽路
烏鎮西柵景区へ

N

0　100　200m

A　B　C

1
2

●・見どころ　H ホテル　A アミューズメント　i 観光案内所

東柵景区内は歩いても回れるが、観光船で水上から古鎮を眺めるのもおもしろい。路線は駐車場碼頭（**M**P.185-C2）～新華橋碼頭（**M**P.185-B1）、財神湾碼頭（**M**P.185-C2）～新華橋碼頭のふたつ。遊覧船は4人乗りと8人乗り。

オ5～10月8:00～17:30　11～4月8:00～17:00

休なし

圏4～8人乗り＝1隻240元、4人乗り＝1隻160元、相乗り＝1人30元（満席を待って出発）

※ともに片道料金

江南民俗館

MP.185-C1

住桐郷市烏鎮東大街218号

交烏鎮東柵景区旅游服務中心から徒歩6分

厨房に置かれた家財道具

江南木彫陳列館

MP.185-B1

住桐郷市烏鎮東大街420号

交烏鎮東柵景区旅游服務中心から徒歩9分

もとは烏鎮生まれの徐氏の邸宅

茅盾故居

MP.185-B1

住桐郷市烏鎮観前街17号

交烏鎮東柵景区旅游服務中心から徒歩10分

新華橋を渡ったすぐそばにある

★★

江南地方の1年の習俗を知る

江南民俗館／江南民俗館
こうなんみんぞくかん　jiāngnán mínsúguǎn

　中国で最も豊かといわれる江南地方の民俗文化を展示する博物館。館内は、衣服や習俗、婚礼などテーマ別に分かれている。春節に始まり、清明節、端午の節句、中秋の名月、冬至にいたる1年の習俗を豊富な資料や写真で解説してくれる。

清代の婚礼風景を伝えるろう人形

★★

古鎮の民家の凝った装飾を展示

江南木彫陳列館／江南木雕陈列馆
こうなんもくちょうちんれつかん　jiāngnán mùdiāo chénlièguǎn

　江南地方の住宅に多用された木彫の装飾を展示する博物館。扉や梁などの装飾として作られたが、動植物や自然などのモチーフだけでなく、人々の生活習俗を表現したものもある。なかでも必見は、唐代の祝宴の様子を描いた「花大梁」だ。装飾の枠を超えた文化財として大切に保存されている。

祝宴の様子が生きいきと伝わってくる

★★

作家の生家を訪ねる

茅盾故居／茅盾故居
ぼうじゅんこきょ　máodùn gùjū

　中国近代文学の作家茅盾（1896～1981年）の生家で、14歳まで暮らした。1930年の世界大恐慌下に中国の民族資本家階級が没落する姿を描いた長編『子夜』が彼の代表作。日本にも2年間滞在していた。生家は江南地方の伝統的な様式の家屋で、彼の勉強部屋や庭もそのまま残っている。

茅盾の小説の舞台を知るうえで興味深い

★★

国内外のコインを3万点収蔵

余榴梁銭幣館／余榴梁钱币馆
よりゅうりょうせんへいかん　yúliúliáng qiānbìguǎn

　烏鎮生まれの余榴梁は
希代のコインコレクター
として知られている。彼
が40年かけて集めた、中
国の古銭はもとより世界
230ヵ国のコインと紙幣
の3万点を展示している。

ガラスケースに保管された記念コイン

★★

江南三大道教寺院のひとつ

修真観／修真观
しゅうしんかん　xiūzhēnguān

　北宋の道士張洞明が創建した道教寺院で、蘇州にある
玄妙観、濮院翔雲観と並び
「江南三大道教寺院」とい
われる。道教の最盛期には
烏鎮に12もの道教寺院が
あったとされるが、現在残
るのはここだけだ。

東岳大帝の像

★★

清代の文人の精神世界を体感する

翰林第／翰林第
かんりんだい　hànlíndì

　翰林とは唐代以降の皇帝の詔書の起草に当たった役人の
ことで、高い学識経験者
を指す。ここは清代の翰
林だった夏同善（1830〜
1880年）の私邸だったもの
で、風雅な書斎や茶室のた
たずまいから江南の文人の
精神世界を体感できる。

客間にも細かな木彫りの装飾が見られる

余榴梁銭幣館
MP.185-B1
住桐郷市烏鎮観前街20号
交烏鎮東柵景区旅游服務中心か
　ら徒歩9分

茅盾故居の隣にある

修真観
MP.185-B1
住桐郷市烏鎮観前街6号
交烏鎮東柵景区旅游服務中心か
　ら徒歩11分

翰林第
MP.185-B1
住桐郷市烏鎮観前街6号修真観
　内
交烏鎮東柵景区旅游服務中心か
　ら徒歩12分

星なし	子夜酒店／子夜酒店

しやしゅてん　zǐyè jiǔdiàn

住桐郷市烏鎮子夜街55号　**☎**88079252　**FAX**88728007　**S T**（ともに）日〜木曜430元、
540元　金・土曜540元　**サ**なし　**カ**不可　**交**烏鎮東柵景区旅游服務中心から徒歩4分
両替　ビジネスセンター　インターネット　**U**www.wuzhen.com.cn

MP.185-B2　2018年10月にリ
ニューアルオープンした。子夜
路にあり、烏鎮東柵景区入口
に最も近いホテル。

西塘

せい とう

xitáng
シータン
西塘

川沿いに立つ廊棚(右)と民家

市外局番 0573

アクセス

※土・日曜、祝日は多くの観光客が訪れるので、長距離バスを利用する場合は、到着後すぐに復路の切符を購入しておいたほうが無難

▼上海から
①上海長距離総合バスターミナル(→P.413)から「西塘」行きで終点。9:40～18:30の間に6便。39元、所要1時間30分
②上海旅游集散中心総站から西塘ツアーバスで終点(→P.157)。9:15発。150元(往復。入場券代含む)、所要1時間30分

▼杭州から
杭州バスセンター(→P.295)から「西塘」行きで終点。8:25～17:40の間に10便。41～45元、所要1時間40分

▼蘇州から
蘇州北広場バスターミナル(→P.336)から「西塘」行きで終点。7:20～17:40の間に8便。35元、所要2時間

▼各地から高速鉄道を利用
高速鉄道で「嘉善南站」。下車後、駅前の路線バス乗り場から「西塘古鎮」行きの直達専線車(直通バス)に乗り換え終点。「嘉善南站」→「西塘古鎮」=7:30～21:40、「西塘古鎮」→「嘉善南站」=8:30～20:30。満員になり次第出発。8元、所要40分。
※直達専線車の「西塘古鎮」発着地点は、西塘游客服務中心の前(MP.189-A3)

西塘古鎮
MP.50-C3、P.189
☎4～10月8:00～17:30
11～3月8:00～17:00
※5～10月の木～土・日曜、一部見どころは20:30まで
休なし **料**95元
※景区内の見どころ全部の共通券
※各見どころ入口で入場券をチェックされる
U www.xitang.com.cn

『M:i:Ⅲ(ミッション：インポッシブル3)』で有名

西塘は浙江省にある江南六大古鎮のひとつで、上海から西に90km、杭州から東へ110km離れている。古くは春秋戦国時代に呉国と越国が領土を奪い合った境界に位置しており、元代には川沿いに人家が建てられ、明清時代には江南地方の手工業と商業の中心地として発展した。

西塘河が旧市街の北から南へ流れ、大小さまざまな8つの河川が鎮を縦横に走っている。川には1581年に建てられた環秀橋をはじめとする美しいアーチ形の橋が架かり、その下を小舟がくぐり抜けていく光景が見られる。

西塘を世界的に有名にしたのは、トム・クルーズ主演の映画『ミッション：インポッシブル3』だろう。彼が駆け抜ける川沿いの長い廊下は「廊棚」と呼ばれる屋根付きの街路だ。雨の多いこの地方では、民家や商店の前に廊棚を設け、雨宿りができるようにしたのが始まりだという。

上海旅游集散中心総站からのツアーバスは、古鎮の南西に位置する西塘游客服務中心(観光案内所)のある第一駐車場に着く。一般の長距離路線バスは西塘バスターミナルに着く。すべての観光スポットが周囲1km圏内に点在しているので、1日あれば歩いてのんびり観光できる。

1美しいアーチ型をした環秀橋は、西塘で最も古い橋のひとつ **2**観光スポットは夜遅くまでにぎわう **3**弄と呼ばれる細い路地が何本もあり、町並みは迷路のよう

★★★ 所要20分

雨露をしのぐ屋根付き街路

煙雨長廊（廊棚） ／烟雨长廊（廊棚）

えんうちょうろう　　　ろうほう

yānyǔ chángláng (lángpéng)

旧市街の中心部に位置する長さ1kmの煙雨長廊（廊棚）は、西塘の町並みを象徴する場所のひとつだ。この川沿いの屋根付き街路は、外から来た商人や旅人のために設えられたもので、それだけこの町が栄えていたことを物語っている。おかげで西塘では、どんなに暑い日でも、雨の日でも、観光客は強い日差しや雨をしのぐことができる。廊棚の下にはたくさんの商店や民家が並ぶ。住民たちがそこにテーブルと椅子を置き、お茶を飲む憩いの空間でもある。

廊棚。1階は商店、2階は住居になっている

西塘游客服務中心
M P.189-A2
嘉善県西塘鎮南苑路258号
☎84567890

遊覧船
M P.189-A1、A2、P.189-B1
4～10月 8:00～17:00
11～3月 8:00～16:30
1隻150～200元、1人30元
※6～8人乗り、所要30分

煙雨長廊（廊棚）
M P.189-A2～B1
嘉善県西塘鎮塔湾街
西塘游客服務中心から徒歩12分

西園
MP.189-B2
住嘉善県西塘鎮下西街
交西塘游客服務中心から徒歩
20分

西園は2階建て。さまざまな角度から建築美を楽しめる

江南瓦当陳列館
MP.189-B2
住嘉善県西塘鎮上西街51号
交西塘游客服務中心から徒歩
23分

時代で異なる形状や、多種ある図案を展示する

酔園
MP.189-A1
住嘉善県西塘鎮塔湾街31号
交西塘游客服務中心から徒歩
15分

王氏の子孫は版画家。西塘が題材の作品は見事で販売もしている

★★

庭園の美しい屋敷跡

西園／西园
せいえん　xīyuán

　明代に朱氏という富豪が建てた屋敷跡で、庭園の美しさで知られる。1920年冬に詩人の柳亜子が西塘を訪れた際、この屋敷に逗留した。1990年に庭園が整備され、池や滝、木々や花が植えられ、観光客に開放された。館内には、西塘の歴史を学べる朱念慈扇面書道芸術館や百印館、商社陳列館などの展示室もある。

跳ね上がった精巧な屋根の東屋

★★

瓦が物語る水郷の歴史

江南瓦当陳列館／江南瓦当陈列馆
こうなんがとうちんれつかん　jiāngnán wǎdāng chénlièguǎn

　中国では古代から瓦の使用が知られ、型に土を入れて日干しれんがを作り、焼成した。ここは貴重な古瓦のコレクションを収蔵した博物館だ。富豪の邸宅の装飾に使われたものから寺院などの宗教施設に使われたものまで、約300点が揃う。

瓦当は軒先の筒瓦の先端に付ける飾り

★★

明代の江南式庭園

酔園／醉园
すいえん　zuìyuán

　西塘古鎮の東西を結ぶ運河沿いの塔湾街中央寄りに明代に建てられた庭園がある。地元の富豪、王氏の邸宅（王宅）の酔経堂にちなんで酔園とつけられた。

庭園奥の版画工作室

かぎられた空間に美しさをたたえる中庭

★★

狭過ぎる路地を歩く

石皮弄 / 石皮弄
せきひろう　shípínòng

西塘はほかの江南古鎮と比べても路地が多く、全部で122本もあるという。密集した住宅の間に人ひとりがやっと通れるほどの路地も多く、最も狭いもので幅80cmという。また路地に敷かれた石板がわずか3cmと薄いことから「石皮弄」と呼ばれるようになった。石皮弄はいまや西塘の名物で、観光客たちはわざわざこの狭苦しい路地を歩いて、その圧迫感を楽しんでいる。

石皮弄
Ⓜ P.189-A2
🏠 嘉善県西塘鎮石皮弄
🚍 西塘游客服務中心から徒歩13分

石皮弄。ほかにも蘇家弄、葉家弄、計家弄などの狭い路地がある

★★

「黄酒」の歴史を紹介する

中国酒文化博物館 / 中国酒文化博物館
ちゅうごくしゅぶんかはくぶつかん　zhōngguó jiǔwénhuà bówùguǎn

西塘には江南の歴史を伝えるいくつもの博物館があるが、ここでは地元の中国酒「黄酒」の歴史を紹介している。一般に日本では紹興酒として知られる酒の総称が黄酒だ。その製法、醸造過程などを解説し、古い酒壺や器なども展示している。

ふくよかで濃厚な黄酒は江南の生まれ

中国酒文化博物館
Ⓜ P.189-B1
🏠 嘉善県西塘鎮椿柞球
🚍 西塘游客服務中心から徒歩27分

中国酒文化博物館の入口

★

地元名士の邸宅

倪宅 / 倪宅
げいたく　nízhái

市民に広く愛され上海副市長を務めた倪天増一族の邸宅だった屋敷で、当時の西塘の裕福な人々の暮らしぶりがよくわかるように保存されている。なかでも客間の「承慶堂」は簡素ながらも風格を備えている。部屋数が多く、展示品もさまざまなので、見ていて飽きない。

承慶堂は往時の姿のまま保存されている

倪宅
Ⓜ P.189-B2
🏠 嘉善県西塘鎮焼香港南街96号
🚍 西塘游客服務中心から徒歩27分

かつて富裕層が多く住んだ倪宅のある焼香港南街の風景

王宅
MP.189-A2
🏠嘉善県西塘鎮下西街142号
🚶西塘游客服務中心から徒歩
　16分

種福堂

★
清代の大邸宅に飾られた書は必見

王宅／王宅
おうたく　　wángzhái

　南宋時代の軍人、王淵の子孫とされ、清代にこの地に来た王氏が建てた大邸宅。最も狭い石皮弄の隣にあり、下西街に面する。有名なのは「種福堂」と呼ばれる広い客間で、中央に海寧出身の学者、陳邦の書いた題額が飾られる。また両脇には「善行をして徳を積め」と書かれている。

2階では西塘の文化や習俗を紹介している

護国随糧王廟（七老爺廟）
MP.189-A2
🏠嘉善県西塘鎮塔湾街139号
🚶西塘游客服務中心から徒歩
　10分

廟の外観。川を挟んだ対面には古い戯台が立つ

★
地元の偉人を祀る廟

護国随糧王廟（七老爺廟）／护国随粮王庙（七老爷庙）
ごこくずいりょうおうびょう（しちろうやびょう）　hùguó suíliáng wángmiào(qīlǎoyèmiào)

　明代に建てられた廟で、七老爺とは今から約400年前西塘を襲った干ばつに苦しむ人々を救ったとされる役人のこと。その役人は宮廷に送られるはずだった穀物を民衆に分け与えたことで死刑にされたという。七老爺の誕生日とされる陰暦の4月3日は縁日になる。

内部には七老爺の巡行を再現したジオラマがある

| 杭州・江蘇料理 | **環秀橋飯店**／环秀桥饭店
かんしゅうきょうはんてん　huánxiùqiáo fàndiàn
MP.189-A2　予算＝60元 | 📶
Wi-Fi |

アーチ形の環秀橋のたもとにある食堂。採光のよい店内で西塘の家庭料理を食べられる。"清蒸鱸魚（スズキの蒸し焼き）"58元、"老鴨馄飩堡（鴨肉とワンタンのスープ）"68元、"糖醋里脊"（ヒレ肉の甘酢あんかけ）38元など。

🏠嘉善県西塘鎮下西街88号
☎84563000
🕐6:00～20:00
休なし
サなし
力不可
🚶西塘游客服務中心から徒歩15分

| 星なし | **西塘煙雨江南景瀾酒店**／西塘烟雨江南景澜酒店
せいとうえんうこうなんけいらんしゅてん　xītáng yānyǔ jiāngnán jǐnglán jiǔdiàn |

MP.189-A2　**U**www.yyjnhotel.com
🏠嘉善県西塘鎮環秀街168号
☎84578888、84557777（レストラン予約専用）
📠84559111
S448～1388元
T448～1388元
サなし　力ADJMV
🚶西塘游客中心から徒歩10分

江南の水郷文化をテーマにした客室棟が庭園を囲んで立っている。館内には中国料理を食べられるレストランもある。一方通行ではあるが、景区側からホテル裏手へつながる通路があり散策にも便利。上階からは煙雨長廊も見える。

両替｜ビジネスセンター｜インターネット

上海のグルメ

2019 年春の大流行は「HEYTEA 喜茶」というおしゃれなカフェチェーン。フルーツやチーズのトッピングが人気で、毎日長蛇の列 ／写真：町川秀人

上海へ行ったら食べてみたい
おすすめ料理

**肉料理
ホルモン料理**

上海へ行ったら食べてみたい、さまざまな料理を集めてみた。上海には上海料理の店が多く、四川料理のように激辛なものはない。基本は甘辛醤油味かあっさり仕上げた料理が多いので、甘めではあるが日本人の口によく合うものが多い。浙江省の料理も同様だ。

红烧肉
hóngshāoròu

こってりと甘辛で軟らかく、ツヤよく煮上げた豚の角煮。上海の肉料理といえばまずこれが挙がる。円苑（→P.212）は特に評判が高い。

梅干菜扣肉
méigàncài kòuròu

浙江省料理。豚の角煮を梅干菜という梅の味と香りのする発酵させたカラシナの漬物と一緒に煮込んである。孔乙己酒家（→P.217）などで食べられる。

腐乳扣肉
fǔrǔ kòuròu

皮付き豚三枚肉を軟らかく煮込み、麹で発酵させた豆腐の漬物、腐乳で色と味をつけた料理。上海老飯店（→P.214）などで食べられる。

金牌扣肉
jīnpái kòuròu

軟らかく煮込んだ豚の三枚肉を薄切りにし、タケノコの煮物を芯にしてピラミッド状に成形した浙江省の料理。添えられた饅頭に挟んで食べる。南麓浙里（→P.216）などで食べられる。

草头圈子
cǎotóu quānzǐ

甘辛醤油味で軟らかく煮込んだ豚のモツを、炒めた野菜にのせた料理。内臓だがまったく臭みがない。

使用されている野菜は日本ではあまり食べないウマゴヤシの仲間で、クセがなく軟らかい。請請請新上海菜（→P.216）など、上海料理店で食べられる。

八宝辣醤
bābǎo làjiàng

モツ、エビ、野菜など、さまざまな食材を味噌で炒めた料理で、少しピリ辛。上海料理店で食べられる。

黒椒金銭肚
hēijiāo jīnqiándù

モツ煮込みで点心の一種。満福楼（→P.219）などで食べられる。

豪大大鶏排
háodà dàjīpái

台湾風鶏のから揚げ。大きい。台湾系料理のあるフードコートや田子坊のシャオチースタンドなどで食べられる。

北京烤鴨
běijīng kǎoyā

アヒルのあぶり焼き。パリッと焼けた皮をそぎ切りにし、餅と呼ばれるクレープに味噌を塗り、野菜とともに包んで食べる。全聚徳（→P.219）のような専門店や、請請請新上海菜（→P.216）などで食べられる。

上海白斬鶏
shànghǎi báizhǎnjī

ゆでてスライスした鶏肉。好みで塩や酢で食べるシンプルなもの。頭も付いていることがある（この写真ではトリミングした）。円苑（→P.212）などで食べられる。

糖醋排骨
tángcù páigǔ

揚げたスペアリブの甘酢絡め。スペアリブは上海料理によく使われる。請請請新上海菜（→P.216）などで食べられる。

小排骨
xiǎopáigǔ

スペアリブをカットし、衣を付けて揚げた料理。塩胡椒で食べる。上海料理店にはたいていあるメニューで、店によっては長いものもある。上海老飯店（→P.214）のような上海料理店で食べられる。

魚介類

上海の魚介料理は肉類に比べると少々バリエーションに乏しく、また肉に比べて値段も高い。特に尾頭付きの淡水魚煮付けはメニューに「时价（時価）」と書かれていることもあるので、注文する場合はあらかじめ値段を確認する。

龍井虾仁
lóngjǐng xiārén

エビを龍井茶の茶葉と炒め合わせた浙江省の料理。塩味であっさりしており、添えられる酢で食べるとよい。南麓浙里（→P.216）などで食べられる。

西湖醋魚
xīhú cùyú

浙江省料理。川魚を甘酸っぱいたれで煮付けた料理。上海で食べると高い料理だが、日本人の口にはよく合う。味つけは甘め。南麓浙里（→P.216）などで食べられる。

苔条黄魚
táitiáo huángyú

浙江省料理。川魚を川海苔の入った厚めの衣でくるんで揚げたもの。孔乙己酒家（→P.217）などで食べられる。紹興酒によく合う。

油爆河虾
yóubào héxiā

川エビをからっと揚げたおつまみ。上海老飯店（→P.214）のような上海料理店で食べられる。

野菜、豆、豆腐、湯葉

野菜や豆腐の料理は多い。少し珍しいのはコヨメナやウマゴヤシ（クローバーの仲間）が野菜として使われていることだ。豆腐はあっさりした炒め物からおぼろ豆腐、発酵させてかなりクセのある臭豆腐まで幅広い。

鮮拌馬蘭頭
xiānbàn mǎlántóu

上海名物のコヨメナと押し豆腐のさっぱりしたあえ物。

高山豆苗
gāoshān dòumiáo

豆苗の炒め物。日本の豆苗と違い、中空の太い茎で葉も大きく、青臭くない。

清炒芥兰
qīngchǎo gàilán

青菜炒め。上海料理や浙江省料理、飲茶の店などにたいていある。

西湖藕韵
xīhú ǒuyùn

レンコンの穴にもち米を詰め、キンモクセイのシロップで甘く煮た料理。

三絲素鴨
sānsī sùyā

湯葉で鴨に似せて作った精進料理。

四喜烤麸
sìxǐ kǎofū

日本の麸と似た食材を戻し、揚げた後4種類の食材と煮込んだ前菜。

臭豆腐
chòu dòufū

豆腐を漬け汁に漬け、表面を発酵させた食品。独特の強い臭いがある。

蟹粉豆腐
xièfěn dòufū

豆腐と上海蟹の蟹ミソを炒め合わせた料理。あっさりしてコクがある。

豆腐花
dòufūhuā

軟らかなおぼろ豆腐に具をのせた軽食。甘いものもある。

茴香豆
huíxiāng dòu

ソラマメを八角の香りをつけて皮ごと軟らかく煮たおつまみ。

豆苗
dòumiáo

これが調理前の姿。日本でよく見るものより茎が太く、しっかりしている。

ここで食べられる！

- **1**、**6** 請請請新上海菜(P.216)
- **2** 南麓浙里(P.216)
- **3** 満福楼(P.219)など
- **4**、**5** 円苑(P.212)
- **7** 屋外の屋台
- **8** 上海老飯店(P.214)
- **9** 田子坊(P.106)などにある軽食スタンド
- **10** 孔乙己酒家(P.217)

大闸蟹
dà zhá xiè
（上海蟹）

上海蟹の基本、姿蒸し

　上海蟹は大闸蟹と呼ぶ。専門店で丸のままの上海蟹を注文すると蒸し上がった状態で運ばれてくる。解体しながら通常は食べない部分を取り外し、殻にはさみを入れたりしながら肉や蟹味噌を取り出し、好みでたれを付けて食べる。

実は姿蒸しだけではない上海蟹料理

新光酒家（→P.212）のような高級専門店には、殻から取り出した肉を使った炒め物などもあるほか、上海料理を出すレストランにはたいてい上海蟹の蟹味噌を豆腐とともに調理したメニューがある。また、高級な専門店でなくても、孔乙己酒家（→P.217）のようにお得な上海蟹料理コースを設定している店もある。蟹味噌を少量用いた小籠包もある。

蒸し蟹だけではないメニューは方亮蟹宴（→P.215）で味わうことができる。**1** 蒸した蟹の脚の肉を取り出したあえ物　**2** 蒸した蟹の爪の肉だけを盛った料理　**3** 蒸した蟹の肉の炒め物　**4** 蒸した蟹の蟹味噌を炒めた料理

上海蟹の味

　旬は10～12月だが通年食べられる。メインで食べるのは胴体中心の肉と蟹味噌、そしてはさみの肉だと思えばよい。脚は細く、脚の肉はズワイガニやタラバガニに比べて少なく、味もあっさりしているが、蟹味噌の味はとてもよく、コクがある。甲羅の隅にもおいしい部分が固まっているので、最後まで箸でつつき出すようにして食べる。高級店であるほど蟹の品質と同様に自慢のたれが調合されたものが出てくるが、フードコートのように安く食べられる店だとさばくのは素手で、添えられるのはたれではなく黒酢だけだったりもする。

上海蟹とは

　上海蟹の和名はチュウゴクモクズガニ、学名は*Eriocheir sinensis*。同族異種に日本産のモクズガニ *Eriocheir japonica* がいる。いずれも淡水性の蟹だが汽水域でも生息できる強さをもつ。旬の時期はブランド産地の陽澄湖のものがメイン。旬以外の時期は太湖産が有名で味もよいとされる。食用にするのは2年物で、この蟹の特徴として同じ2年物でも型の大きいタイプと小さいタイプがあり、高級店で蒸し蟹にされるのは型の大きなタイプ。小さいタイプは高級店で酔蟹にしたり、安いフードコートで蒸し蟹にされたりする。

上海蟹の
さばき方

上海蟹の食べ方ひとロメモ

食べるときには手と専用のはさみを使ってさばいてから食べるが、先にさばいてしまえば手を汚す回数が少なくてよい。

まず甲羅から脚とはさみを外し、裏返して、俗に「ふんどし」と呼ばれる三角形の部分を取り外す。この三角形の部分が鋭角的なものが蟹味噌のおいしいオスの蟹。

頭側から甲羅を外し、胴体に付いているひらひらした灰色の、俗に「ガニ」とよばれるエラを取り除く。俗に「蟹は食ってもガニ食うな」と言われるのは上海蟹でも変わらない。

外した甲羅の中に蟹味噌と胴体の肉を取り出す。たれがある場合は甲羅の中に少量入れてもおいしく食べられる。

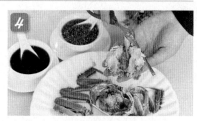

胴体にはまだ食べられる肉が残っているので、はさみで食べやすく切る。胴体の肉は箸で取り出す。これがやや面倒なのはズワイガニと同じ。

脚は関節で折り、肉を取り出しやすいよう、はさみで端を切る。関節から折り外した細い爪の先でつつき出すようにすると脚の肉が取りやすい。

はさみの肉も同様に取り出す。殻が固いので素手では難しいため、はさみを使用する。はさみにはしっかり肉が詰まっている。

注意!!

中国産も日本産もモクズガニは肺気腫などの原因となる肺吸虫の中間宿主。100%寄生されているわけではないが、どの蟹が寄生されているかの見分けもつかないので生食しないに越したことはなく、生のまま酒に漬けた酔蟹は避けたほうが無難。もし食べるなら自己責任で。酔蟹以外は完全に加熱した料理なので安全だ。

小籠包と生煎

上海へ行ったら名物の小籠包は必ず食べたいもののひとつ。薄い小麦粉の皮の中に、煮こごりを混ぜたひき肉のあんを包むので、蒸すと煮こごりが溶けて熱々のスープになる。スープをこぼさないようひと口で食べるか、レンゲに乗せて食べるとよい。やけどに注意。

専門店では蒸したてが蒸籠ごと運ばれてくる。写真は佳家湯包（→P.220）の蟹味噌入りあんの蟹粉鮮肉汤包（xièfěn xiānròu tāngbāo）30元。千切り生姜がたっぷり入った酢の小皿、生姜丝（shēng jiāng sī）1元も一緒に注文しよう。若い女性もひとりご飯によく利用している。

テイクアウト窓口が移転し、店内で立ち食いできるようになった豫園の南翔饅頭店（→P.220）。メニューは"鮮肉小笼馒头（豚肉小籠包）"12個20元と"蟹黄灌汤包（蟹味噌入りスープ包子）"1個25元の2種類のみ。行列はあるが、比較的早く進むうえ、狭いとはいえ以前と違ってスタンドのイートインコーナーがあるので、気軽に楽しめる。「口に入れるときにはやけどに注意」の貼り紙がおもしろい。

小籠包よりサイズが大きく肉まんぐらいの大きさがある蟹黄灌汤包（xièhuáng guàntāngbāo）は店にもよるがだいたい20〜30元ぐらい。メスの蟹の内子入りで、中のスープをまずストローで飲む。ストローで底の部分の皮を破るとスープが流れ出てしまうので注意（慣れないとストローで底を突いて穴を開けがち。「ストローは動かすな！」が鉄則のメニュー）。これはフードコートにもある。

生煎（shēngjiān）という焼き小籠包も人気。大きな専用の鍋で蒸し焼きにする。中にエビが入ったものなどもあり、酢で食べるとさっぱりしておいしい。フードコートやスナックキオスクでは焼きたてのタイミングで出てきた皿を取るようにしたい。

上海には飲茶で注文する点心の類とはまた違った、いかにも中国的な軽食がある。上海料理店で注文できるものもあるが、たいていは美食街のような所にある小さな店が商っている。気取らない普段着の中国を感じることができる。

菜泡饭 (cài pào fàn) は上海風雑炊。あっさりしているので、脂っこい料理に疲れたときにいい。上海料理店にある。

牛肉面 (niú ròu miàn) は牛だしのスープに手打ち麺の入った麺料理。日本でも人気上昇中。美食街などによく店が出ており、回族が経営していることが多い。

油条 (yóu tiáo) は厳密に言うとパンではないが、サクサクとした揚げパンのような食品。揚げたてを豆乳とともに食べるのは定番の朝食メニュー。饼 (bing) に味噌と炒り卵とともに挟んで豆乳を添えたものはマクドナルドのモーニングセットにもなった。

大饼 (dà bǐng) はネギ入りと砂糖入りの2種類。専用の窯の内側に張り付けて焼く。作っている様子を見ているのはなかなか楽しいものだ。食べながら裏通りの取り壊しが決まった建物などを見つつ歩くと、ある種の情緒も一緒に味わえる。

大饼、油条、牛肉面などは乍浦路美食街 (Ⓜ P.57-D1) などをぶらぶら歩いていると店を見つけることができる。牛肉面の店は小さな食堂が集まるストリートの定番メニューといってもいいほど見つけやすくどこにでもあり、安くておいしい。

点心
diǎn xīn

中国料理で軽食というような意味の料理で、塩味から甘味のものまでバリエーション豊富。お茶を飲みながら点心を食べることを飲茶という。ここでは上海でよく見られるものを選んでみた。高級レストランの昼食時の飲茶メニューからフードコートまであるが、メニューのバリエーションは香港のように多くはない。

1 鮮虾蒸饺（xiānxiā zhēngjiǎo）。浮粉を使った皮を用いる蒸したエビ餃子。エビの色がなかば透けて見える **2** 蟹肉烧卖（xièròu shāomài）。ひき肉に蟹肉を混ぜたあんを用いたシュウマイ。上海にはあんの代わりにもち米を包んだシュウマイもある **3** 叉烧包（chā shāo bāo）。チャーシューを包んだ小ぶりの饅頭 **4** 鮮虾肠粉（xiānxiā chángfěn）。小麦粉を薄く伸ばした皮にエビ入りの具を包んで蒸したもの。具の種類はさまざま **5** 蒸肉粽（zhēng ròuzòng）。写真は蓮の葉を用いて平らな形に包んでいるが、竹の皮で三角形をしたものも多い

ひと口メモ 上海の餃子とシュウマイ　一般的に中国の餃子は水餃子が主とされ、焼き餃子は鍋貼と呼ばれる
日本でいうところの鉄鍋餃子のようなものだが、上海には鍋貼とは違
う焼き餃子を普通に見られるのが食文化としてはおもしろい。ほか、飲茶のメニューとして蒸し餃子がある。シュ
ウマイには肉を包んだものともち米のおこわを包んだものがあり、デパートの地下レストラン街などではもち米の
おこわを包んだものがごく普通に見られる。

6 春巻 (chūnjuǎn)。日本でもおなじみの点心
7 煎餃子 (jiānjiǎozi)。焼き餃子。上海では珍しくな
い　**8** 珍珠丸子 (zhēnzhū wánzi)。俗にもち米シュ
ウマイとも呼ばれる、ひき肉のあんか魚肉すり身にも
ち米をまぶして蒸した団子　**9** 蚝皇凤爪 (háohuáng
fèngzhǎo)。鶏の足先をオイスターソース風味で煮た
もので、上海では甘辛醤油味であることも多く、総菜
店ではカレー味のものもある。ゼラチン質好きな人向
き　**10** 黒椒金銭肚 (hēijiāo jīnqiándù)。醤油味の中
国式モツ煮込みで、臭みはなく、軟らかく煮込まれてい
る。酒のつまみにもおすすめの一品

上海らしいスイーツ

中国で食べられるスイーツでは香港や台湾のものが有名で人気だが、このページではいかにも上海とその周辺というものを集めてみた。ほとんどは町歩きのついでに楽しめる。

栗子蛋糕 lìzǐ dàngāo
衡山賓館 (→ P.266) に併設のパティスリーで買える栗のお菓子。国賓に供されるものでもある。

汤圆 tāngyuán
黒ゴマあんなどを入れてゆでた餅菓子。上海では元宵節に食べる習慣がある。

豆沙 dòushā
小豆あんの入ったひと口サイズのパイ菓子。

桂花香拉糕 guìhuāxiāng lāgāo
キンモクセイをまぶしたういろうのようなデザート。上海料理店にある。

豆花 dòuhuā
できたてのふわっとした豆腐に龍眼や棗などを入れ、シロップをかけたおやつ。

酸奶 suānnǎi
マイルドで甘味をつけたドリンクヨーグルト。陶製の容器入り。

糖葫芦 tánghúlú
果物の飴がけ。サンザシが有名だが、季節によってはイチゴもおいしい。本来は北方のもの。

大白兔奶糖 dàbáitù nǎitáng
あっさりしたミルクキャラメル。1972年に周恩来がニクソン米大統領に贈った上海名物のひとつ。小豆味もある。スーパーでは18元で手に入るが、観光地の売店だと20～30元と高く、空港免税店だとさらに高いので注意。

Column
上海っ子が懐かしむ味、海棠糕／海棠糕
かいどうこう／hǎitánggāo

　上海老城隍廟小吃広場の入口近くに、素朴な焼き菓子、海棠糕の店がある。海棠糕は直径10cm程度、表面はたっぷりの白ゴマが入った飴がけになっているお焼きだ。中にはあんこが入っていて薄めの大判焼きのようでもある。値段は1個5元。日本円にして100円ほどの気軽さで、歩きながら食べるのも楽しい。豫園の周辺にはおいしいものがあふれていて胃袋がひとつでは足りない感があるが、せっかくの機会なので、一度試してみてはどうだろう。

指さしだけで買えるので中国語ができなくても問題ない

食べ歩きできるよう袋に入れてくれる。表面がベタつくのでウエットティッシュを持っていると便利

香港・台湾系スイーツ

中国でスイーツといえばまず思い浮かべるのがこの香港・台湾系のグループ。マンゴーやココナッツ、タピオカを用いたものが大人気。フルーツやゴマなどがたっぷりで人気が高い。香港・台湾系のスイーツ専門店は、百貨店やショッピングセンターの地下によく入店している。

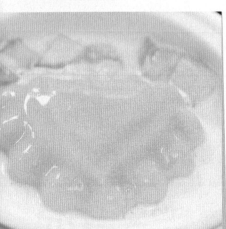

芒果布丁
mángguǒ bùdīng

マンゴープリン。中国スイーツでエッグタルトとともに高い人気を誇るデザートで、人気店からフードコートまで幅広くメニューにある。糖朝のメニューには鮮芒果凍布甸（xiān mángguǒ dòngbùdiàn）と記され、マンゴーの果肉がたっぷり。

フードコートのマンゴープリンはマンゴージュースを固めたようなあっさりしたもので庶民的。チープな味だが、これはこれでおいしい。

西米露
xīmǐlù

ココナッツミルクにタピオカを入れたデザートで、マンゴープリン同様、不動の人気を誇る。フルーツが入るなどバリエーションが豊富。写真がいちばんシンプルな基本形。

冻红豆豆腐花
dònghóngdòu dòufūhuā

豆腐花は豆花とも書く。上海では朝食や夜食で食べる塩味のイメージが強いが、香港・台湾系の店ではおもに甘いデザートとなる。甘く煮た小豆たっぷりのものが代表格。

Sweet Drinks

珍珠奶茶
zhēnzhū nǎichá

スイーツではないが、もはやスイーツの仲間ともいえる。台湾発祥の大きめの黒いタピオカを入れた甘いミルクティー。太いストローでタピオカごと吸うので小児や高齢者は誤嚥に注意。

水果茶
shuǐguǒ chá

香港系でも台湾系でもないが、まるでスイーツのようにフルーツたっぷりのフルーツティー。中国らしく温かいものもある。

上海名物の小籠包(中央)と生煎という焼き小籠包(左上、焼き肉まんとも)はぜひ味わいたい！

上海でシャオチー いろいろ 食べまくり！

写真：町川秀人

今でこそどこでも食べられるようになったが、アツアツの小籠包の本場は上海周辺。上海はシャオチーといわれる軽食の種類が豊富で、人々の生活に深く溶け込んでいる。朝や昼どきにはおいしいと評判のシャオチー売店の前に列ができるほどだ。

小籠包と仲間たち

キホンのキは名店から
南翔饅頭店 （店舗データは▶P.220）

豫園エリアにある南翔饅頭店は一度は足を運びたい老舗。長蛇の列に並んでテイクアウトするもよし、シャオチーとしてはかなり高くなるが、店

内で落ち着いて食べるもよし。味はあっさりめだが、蟹味噌入りは濃厚な風味。

毎日途方もない数の小籠包が作られている！

イートインは割高なので比較的すいている。2階にはメニューが1種類しかないが、この3階では数種類選べる

テイクアウト専門の売店(M P.125-B2)ができ、狭いがイートインコーナーもあるので便利になった

店内メニューのエビと豚肉の小籠包"鮮虾猪肉"は40元、ストロー付きは蟹味噌入りの"蟹黄灌汤包"35元。ストローでスープを吸うときにはやけどに注意

こぎれいなチェーン店が増えている
和記江南湯包伝奇
法華鎮路店
（詳細データは▶P.222）

屋台やキオスクで朝食をテイクアウトするイメージの強いシャオチー店だが、そこは上海。チェーン店でもシンプルながら清潔でおしゃれな店が徐々に出現している。メニューはごく一般的な小籠包や焼き餃子だが、味にはずれはなく、「ひとりご飯」にも便利だ。

木を多用した明るい店内はカフェのようだ。ひとりで食べに来る人も多い

"鍋貼"と呼ばれる焼き餃子もあり、1皿6個12元。日本の「羽付き餃子」にやや似ている

いちばん人気の"和記湯包"は1セイロ6個10元という安さ。湯包とは、小籠包のこと

気取らない庶民的な生煎店チェーン
金彪生煎王
乍浦路店
（詳細データは▶P.223）

生煎は厚めの皮で作った小籠包を多めの油で揚げるように焼いたシャオチー。日本では「焼き小籠包」とも。金彪生煎王は気取らない庶民的なチェーンだが、ひっきりなしに出前バイクがやってくる人気店。朝早くから営業しているのもうれしい。

生煎は4個7元、エビ入りは4個16元。6〜10元の各種スープと一緒に食べるのが上海流

カリカリ、モチモチの皮を破るとスープがあふれ出る

庶民的シャオチーがいろいろ
白玉蘭麺包食品
（店舗データは▶P.222）

徐家匯エリアでシャオチーの人気店といえばここだ。昼どきにはテイクアウトも店内も大混雑。値段も手頃なので片っ端から飲んで食べてみるのもおもしろそう。ここの小籠包はスープが甘めで上海人好み。

巨大ゴマ団子"大麻球"は6元。熱いうちがおいしい。冷めるとしぼんで油っぽくなる

シンプルな小籠包は18元。酢には千切りショウガをサービス

テイクアウトのショーウインドーには数十種類のシャオチーが並ぶ

結論！
小籠包はどこで食べてもそれほどハズレはなく、それなりにおいしい。スープの差を比べるべし！

看板には「長寿の秘密」
長寿鍋貼

(M P.78-C4)

朝から焼き餃子は日本人の感覚からするとちょっと重たいが、ここは6:00〜11:00しかやらない焼き餃子専門店。長生きできるかどうかはわからないが、ユニークなネーミングと餃子のうまさで周辺住民に人気。

多めの油で焦げ目をつけるので外はカリカリ。ヤットコで鍋をつまんで油を捨てるのがおもしろい

餃子の皮は厚め。北方と違い三日月形に包むのは日本と同じ。4個4元

間口はこれだけ。隣の食堂で座って食べてもよい

雑穀のクレープ
雑粮煎餅

他店の店先を間借りして朝だけ営業するシャオチー屋台。雑粮煎餅は食べ物の名前で店名ではなく、店は名なしだ。雑穀の粉をクレープ状に焼いて具を挟み、たれを絡めて巻き上げる。

雑穀粉の生地をクレープ状に焼く。溶き卵も入っている

中に挟むのは小麦粉をカリッと揚げたもの。この上にたれを絡める

ほかにもある 多種多様なシャオチー

シャオチーは中国式軽食の総称なので、何ページ使っても紹介しきれないほどの種類がある。おもしろいものを見つけたらまずはトライ!

"包子"と呼ばれる蒸した肉まんは朝食シャオチーの定番。あんは肉や野菜が多い。ここではひとつ2元だった

これは"焼麦"つまりシュウマイ。北方では肉入りが多いが、上海周辺ではもち米入りのものもよく見る。これはひとつ1元

手延べの麺"垃面"も広義のシャオチー。回族が出すシルクロード風の麺料理は意外なうまさ

焼き刀削麺。トマトで味つけしてあり、ちょっとエキゾチックな味わいで、日本人の口にも合う

昌里路
グルメストリートを探検！

店先で材料を選んで会計し入店。焼いたものを席まで持ってきてくれる。エビやホタテ、野菜などたくさんある

　観光客にはほとんど知られていないが、地元でひそかに注目を集めるグルメストリートを初紹介。昌里路（M折込表-C4）は浦東地区にあり最寄り駅は軌道交通7号線「長清路」、または7、8号線「耀華路」。昼間は道路両側に飲食店が多いくらいで何の変哲もないが、夜になると歩道に物販屋台が並び、歴城路にあるシャオチーのキオスクや広東式おかゆと海鮮焼きの店も俄然にぎわいだす。飾らない姿が好きな人にはおすすめの場所だ。

左・上：昼間からやっているシャオチー屋台もある。これは窯で焼く土家族の公婆餅というスナック

左・上：同じく昼間から営業の油墩子という細切り大根のかき揚げのようなもの

歴城路の入口に集まるシャオチーキオスク。客が絶えない

夜になると物販屋台が出る。食べ物の屋台はない

焼き餃子のキオスクもある。熱いうちにどうぞ

狭くて庶民的な雰囲気が楽しい。焼き物は出てくるまでに時間がかかる

商品はチープなものが多く、人にもよるだろうが購買欲はそそられない

歴城路にある広東式おかゆと海鮮焼きの店

エビは1尾12元、ホタテは10元。おかゆは15元前後。野菜は娃娃菜という小型の白菜でクミンを利かせてホイル焼きに

フードコートの
使い方楽しみ方

左上：いろいろなおかずを選べるのが魅力　右上：その場で作る屋台感覚がおもしろい　右下：各ブースでは呼び込みも盛ん

「ひとりご飯」の強い味方がフードコート。数人で分け合って食べるのが基本の中国料理をひとりで定食風にアレンジできるのが魅力で、少しずつたくさんの種類を試してみたいときにも便利だ。作り置きが多かったりして「安いがまずい」という店も多かった

が、上海ではそうした店は生き残れず淘汰されつつある。おすすめは大きなショッピングセンターの地下、逆におすすめできないのは有名観光地だ。ビジネスマンで混んでいるような店はだいたい外れがない。

フードコートの使い方

1　カードにお金をチャージ

　まれに現金払い式もあるが、多くは専用プリペイドカード式。まずは入口などにあるカウンターでカードにお金をチャージする。あとで払い戻すのでひとりなら50〜100元もチャージすれば十分。カードのデポジット（通常10元）込みなので、使えるのはチャージ額−デポジット額。

カードの自動チャージ機も一部で登場

100元をチャージしたところ

タッチパネルで操作する

カードはフードコート各店で独自仕様

2 ブースで注文、支払い

まずは店内をひと回りして食べたいものを決めよう。メニューが決まったら、各ブースで注文し、カードを渡して支払い。スマホ決済の場合は直接ブースで支払える。料理をそのまま取ればよいブースもあるし、調理に時間のかかるものはサンプルや写真があるので指させばよい。

井物や麺類はサンプル方式が多い

小皿料理は5〜20元程度。取り過ぎに注意！

箸やレンゲは自分で取る。箸の左上に見えるのはカードセンサー

3 座って食事

店内は自由席なのでどこで食べてもよい。日本の感覚で荷物を席に置いたまま席を外すのは盗難の危険があるので絶対にダメ！　ひとりのときは荷物を持ったまま注文し着席しよう。食事が済んだら食器はそのままでOK。片づけ専門のスタッフがいる。

混んでいるときは荷物に注意

おしゃれな内装のフードコートが増えている

15元のおかずふたつとトウガンスープ8元、ご飯2元でしめて40元

4 カードを払い戻す

最後にレジカウンターにカードを出して残額とデポジットを払い戻す。何も言わなくてもいいが、「退卡　tuì kǎ」と伝えれば確実。追加チャージの場合はお金とカードを差し出して「加　jiā ××」(××は追加したい金額)と言えばよい。

カードは他店で使えないものが多いので、払い戻しは忘れないように！

上海料理	**WHAMPOA CLUB** ／黄浦会

ワンポワ クラブ　　huángpǔ huì

M P.77-F2　予算=500元　U www.threeonthebund.com/dining.php?concept_id=5

黄浦会外灘3号にある高級上海料理ダイニング。味は伝統的だが、料理のプレゼンが独特。食事とともに外灘の景色を楽しむなら、ぜひ予約を。日曜の上海点心ビュッフェなら、気軽に飲茶を楽しめる。

住黄浦区中山東一路3号黄浦会外灘3号5階
☎63213737
オ11:30～14:30、17:30～22:30
休なし
サ10%
カADJMV
交軌道交通2、10号線「南京東路」

上海料理	**円苑** ／圓苑

えんえん　　yuányuàn

M P.77-E3　予算=200元

住静安区南京西路1038号梅龍鎮広場5階
☎62726972
オ11:00～22:00
休なし
サなし　カJV
交軌道交通2、12、13号線「南京西路」

化学調味料を使わず素材の味を大切にする料理法は、日本料理を手本にしているという。中国国内のコンテストで金賞を受賞した"圓苑紅焼肉"の味つけは甘めだが、軟らかく煮込まれた肉はさすが金賞という味。

上海料理	**新光酒家 天津路店** ／新光酒家 天津路店

しんこうしゅか　　てんしんろてん　　xīnguāng jiǔjiā tiānjīnlùdiàn

M P.76-C1　予算=500～600元　U www.xingguanghotel.cn

南京東路の裏通りにありオーナー方亮さんの自宅を改築したという店は、飾り気はないが、味は一流店に決して引けを取らない。こだわりの蟹料理は、安くはないが納得の味。比較的お得なコースメニューもある。

住黄浦区天津路512号
☎63223978
オ11:30～13:30、17:00～21:00
休陰暦大晦日までの3日間、春節17日間
サなし　カADJMV
交軌道交通1、2、8号線「人民广場」

上海料理	**成隆行蟹王府** ／成隆行蟹王府

せいりゅうこうかいおうふ　　chénglónghǎng xièwángfǔ

M P.77-E2　予算=500元　U www.slh.com.hk

清朝時代の地方の邸宅をイメージしたという店内は雰囲気満点。中国伝統楽器の生演奏を楽しみながら、さまざまな蟹料理を堪能できる。卸売商の直営店とあって、自分で好きな蟹を選ぶことができるコーナーもある。

住黄浦区九江路216号
☎63212010、63213117
オ11:00～14:00、17:00～22:00
休なし
サなし
カADJMV
交軌道交通2、10号線「南京東路」

上海料理 | 上海姥姥／上海姥姥
シャンハイもも　shànghǎi lǎolǎo
MP.77-E2　予算=80〜100元

上海の家庭料理をリーズナブルに食べられるとあって、店は常に地元客でにぎわっている。メニューは写真付きなので指さしでオーダーOK。外灘至近なので、観光がてらにいにしえの上海の味を味わおう。

住黄浦区福州路70号
☎63216613
オ10:30〜21:30
休春節当日
サなし
カMV
交軌道交通2、10号線「南京东路」

上海料理 | 福一零三九／福一零三九
ふくいちれいさんきゅう　fúyīlíngsānjiǔ
MP.63-F2　予算=300元

上海料理店はビルの中に入店していることが多く、親しみのあるものだが、ここは洋館の一軒家が珍しい。銀行家の別荘として建てられた近代建築を利用しているので、オールド上海の趣も、料理と一緒に味わうことができる。

住長寧区愚園路1039号
☎52371878
オ11:00〜14:00、17:30〜22:00
休春節当日のランチ
サなし
カJMV
交軌道交通2、11号線「江苏路」

上海料理 | 席家花園酒家 静安店／席家花园酒家 静安店
せきかかえんしゅか せいあんてん　xíjiā huāyuán jiǔjiā jìngāndiàn
MP.76-B4　予算=200元　📶 Wi-Fi

もとはフランス人の住居だった洋館をレストランに生かした店。お金持ちの住居ならではのおしゃれ感があり、予約すればテラス席で食事することもできる。創作上海料理なので、一般的な上海料理と違い、少々しゃれたメニューもある。

住静安区巨鹿路889号
☎64661246
オ11:00〜14:00、17:00〜22:00
休なし
サなし
カV
交軌道交通2、7号線「静安寺」

上海料理 | 上海小南国 上海正大店／上海小南国 上海正大店
シャンハイしょうなんこく シャンハイせいだいてん　shànghǎi xiǎonánguó shànghǎi zhèngdàdiàn
MP.57-F3　予算=200元　**U**www.xnggroup.com　📶 Wi-Fi

新鮮さと品質にこだわって厳選された素材と、手間を惜しまず作られた料理は、伝統的な上海料理をベースに地方料理の特徴を取り入れた新しい味。インテリアはスタイリッシュだが、価格はリーズナブルなので人気が高い。系列店が各地にある。

住浦東新区陸家嘴西路168号正大広場9階
☎4008209777※中国国内のみ通話可
オ11:00〜14:30、17:00〜21:00
休なし　サなし
カJMV
交軌道交通2号線「陆家嘴」

上海料理 | 廊亦舫酒楼／廊亦舫酒楼
ろうえきほうしゅろう　lángyìfǎng jiǔlóu
MP.57-F3　予算=150〜180元

浦東にある百貨店正大広場の5階にある上海料理店。一流シェフが作る「中国名菜」に選ばれた料理の数々も、ランチコースならリーズナブルに味わえる。外灘の景色を楽しみながら食事をするなら、予約をおすすめする。

住浦東新区陸家嘴西路168号正大広場5階23号
☎50471266

2024年1月現在閉店

サなし
カ
交軌道交通2号線「陆家嘴」

<table>
<tr><td>上海料理</td><td colspan="2">**上海老飯店**／上海老饭店
シャンハイろうはんてん　shànghǎi lǎofàndiàn</td></tr>
</table>

Ⓜ P.125-A1　予算=180元　Ⓤ www.laofandian.com

住 黄浦区福佑路242号
☎ 63111777、63552275
オ 11:00～14:00、17:00～20:30
休 なし
サ なし
カ ADJMV
交 軌道交通10号線「豫園」

1875年創業、老舗の高級上海料理店。国家特級レベルの調理人が腕を振るう料理は、まさに正統派上海料理の名にふさわしい味だ。ベーシックながら豪華なインテリアも、上海の伝統を味わう気分を盛り上げてくれる。

<table>
<tr><td>上海料理</td><td>**上海緑波廊酒楼**／上海绿波廊酒楼
シャンハイりょくはろうしゅろう　shànghǎi lǜbōláng jiǔlóu</td></tr>
</table>

Ⓜ P.125-B2　予算=150元

1879年創業、「上海老字号（上海の老舗店）」にも選出された老舗店。国賓クラスの要人も訪れる有名店で、店内はいつも混んでいる。メニューには英語と日本語の表記があるので、安心してオーダーできる。

住 黄浦区老城隍廟内豫園路115号
☎ 63280602
オ 11:00～14:00、17:00～20:30
休 なし
サ なし
カ V
交 軌道交通10号線「豫園」

<table>
<tr><td>上海料理</td><td>**1221**／1221
いちににいち　yīèrèryī</td></tr>
</table>

Ⓜ P.63-F4　予算=150元

在住外国人が支持するこの店の上海料理は、砂糖や油は控えめに素材を生かした味で日本人にも親し〜やすい。手頃な値段でハーフ〜オーダーできるのは、いろいろな料理を〜わってほしいというオーナーの気遣いだ。

住 長寧区延安西路1221号
☎ 62136585
オ 11:00～14:00、17:00～23:00

2024年1月現在閉店

カ DJMV
交 軌道交通3、4号線「延安西路」

<table>
<tr><td>上海料理</td><td>**保羅酒楼**／保罗酒楼
ほうらしゅろう　bǎoluó jiǔlóu</td></tr>
</table>

Ⓜ P.65-D2　予算=120元　Ⓤ www.baoluojiulou.com

フランス租界時代の洋館を利用して造られた店はしゃれた雰囲気だが、素朴でうまい上海料理とリーズナブルな値段が人気を呼び、地元客から外国人客まで幅広く訪れる。レトロ建築を巡るときの昼食や夕食におすすめ。

住 静安区富民路271号
☎ 62792827
オ 11:00～14:30、17:00～21:30
休 なし
サ なし
カ 不可
交 軌道交通1、7号線「常熟路」

上海料理	**上海老站**／上海老站
	シャンハイろうたん shànghǎi lǎozhàn

MP.78-B4 予算=250元 **U**www.shanghailaozhan.com

建物のほかに、古い貴重な客車をダイニングルームに転用した席もあるのが珍しい上海料理レストラン。メインの建物は近代建築のフランスの修道院なので、華美ではないが上品な美しさがあり、レトロ感も十分。客車を選ぶかどうか迷うのも楽しい。

住徐匯区漕渓北路201号徐家匯聖母院旧址
☎64272233
オ11:10～14:00、17:00～22:00
休春節4日間
サなし
カADJMV
交軌道交通1、9、11号線「徐家汇」

上海料理	**牧羊餐庁**／牧羊餐厅
	ぼくようさんちょう mùyáng cāntīng

MP.78-C3 予算=50元

家庭的な上海料理の店。1品20～50元で飾らない庶民的な料理を楽しめる。メニューには日本語も併記されているので、注文に不自由はない。価格設定が安めで若い人たちに人気があり、昼どきは満席になる。

住徐匯区康平路20号対面
☎62823612
オ10:00～14:00、17:30～21:00
休陰暦大晦日、春節7日間
サなし
カ不可
交軌道交通10、11号線「交通大学」

上海料理	**方亮蟹宴**／方亮蟹宴
	ほうりょうかいえん fāngliàng xièyàn

MP.71-F1 予算=800～1200元 **U**www.xingguanghotel.cn

2024年1月現在閉店

住長寧区虹橋路1591号上海虹橋迎賓館7号楼
☎62197788
オ11:00～14:00、17:00～21:00
休陰暦大晦日と前日、春節10日間
※上海蟹のシーズンとなる9～1月は完全予約制
サ15% **カ**ADJMV
交軌道交通10号線「水城路」

上海蟹の隠れた名店「新光酒家」（→P.212）のオーナーで、美食家であり蟹料理研究家の方亮さんが経営する高級レストラン。陽澄湖の専用養殖場から直送されるこだわりの上海蟹を、定番からオリジナルまでさまざまなメニューで味わえる。

コラム

量り売りの餃子やご飯の頼み方

中国では、小麦粉や米を使う主食を伝統的な重さの単位で量り売りする習慣が一部で残っている。単位は斤（500g）と両（50g）。餃子の場合はあんの重さは含まれないことに注意が必要。餃子は2両（100g）で10個が標準。

餃子専門店では2両からの注文となるケースが多い。ご飯は4両（200g）でだいたい日本の大盛りくらい。若い男性なら4両、女性なら2両くらいが適量だろう。なお、ご飯の量り売りは都市部では少なくなった。

<table>
<tr><td>上海料理</td><td>**請請請新上海菜**／请请请新上海菜
せいせいせいしんシャンハイさい　qīngqīngqīng xīnshànghǎicài</td><td></td></tr>
</table>

M P.71-E3　予算＝100〜120元

2024年1月現在閉店

住長寧区虹梅路3338弄3号
☎64659277
才11:00〜23:00
休春節7日間
サなし
カ不可
交軌道交通10号線「龙溪路」

上海虹橋国際珍珠城からとても近い虹梅休閑街（老外街）にある、上海料理を中心とした中国料理店。現地駐在の日本人にもよく利用されている。レトロ感あふれる店内で、上海の伝統的な料理だけでなく、北京ダックなども注文できるので、旅行者には便利。

<table>
<tr><td>杭州・江蘇料理</td><td>**南麓浙里**／南麓浙里
なんろくせつり　nánlù zhèlǐ</td><td></td></tr>
</table>

M P.77-E2　予算＝200元

住黄浦区四川中路216号
☎63231797
才11:00〜13:50、17:00〜20:50
休なし
サなし
カDJMV
交軌道交通2、10号線「南京东路」

外灘の1本裏の四川中路にある、杭州料理専門店（旧南麓碧郷）。店内はしゃれた西洋レストラン風だが、杭州出身の調理人が作る味は本物。杭州から取り寄せた食材を使った、さまざまな本格的杭州料理を楽しむことができる。

箸とナプキンのセットは有料

フードコートや大衆食堂を除き、中国のレストランでは箸とナプキン（使い捨てウェットタオル）がセットで包装されたものが出されることが多い。これは一般的に有料で、1〜2元程度を食事代に上乗せされる。レシートには " 餐具 "" 清洁毛巾 " などと表示されている。皿やお碗なども工場で洗浄したものを1セットずつ包装したものを使うケースがあり、これも包装を破ると使用料がかかる。不当請求ではないので覚えておくとよい。

孔乙己酒家／孔乙己酒家

こうおつきしゅか　kǒngyǐjǐ jiǔjiā

MP.67-D2　予算＝100元

住黄浦区学宮街36号
☎63767979
オ10:00～14:00、16:00～21:00
休なし
サなし
カJMV
交軌道交通8、10号線「老西门」

上海文廟の敷地内にある上海・浙江省料理店で、甕から汲んだ紹興酒を飲める。店名は、魯迅の短編小説『孔乙己』に由来する。小説の世界を彷彿とさせる"茴香豆（紹興酒や醤油、ウイキョウで味つけしたソラマメ）"をつまみに紹興酒を楽しむことができる。

蘇浙匯 肇嘉浜路店／苏浙汇 肇嘉浜路店

そせつかい ちょうかひんろてん　sūzhèhuì zhàobānglùdiàn

MP.75-E1　予算＝200元　**U**www.jade388.com

江蘇、浙江からひと文字ずつ取って店名をつけたというだけあり、江南料理をベースにした高級創作中国料理を食べられる。店内はゴージャスな雰囲気で料理も本格的なわりに、価格は意外にリーズナブルだ。

住徐匯区肇嘉浜路388号華泰大廈1、2階
☎64159918、4001081717
オ11:15～14:30、17:15～22:30
休なし
サなし
カ不可
交軌道交通9、12号線「嘉善路」

新雅粤菜館／新雅粤菜馆

しんがえつさいかん　xīnyǎ yuècàiguǎn

MP.76-C1　予算＝150～200元　**U**www.sunyafood.com

地元客に人気の高い老舗店で、結婚式などにも利用されており、国内外の要人も足を運ぶ。伝統の広東料理に西洋風アレンジを取り入れているのが特徴。また広東式飲茶でも有名で、広東式モーニングの早茶を楽しむこともできる。

住黄浦区南京東路719号マジェスティプラザ 上海2階
☎63517788
オ飲茶7:30～10:00、14:00～16:00
　食事11:00～14:00、17:00～21:00
休なし　**サ**なし　**カ**不可
交軌道交通1、2、8号線「人民広場」

富臨軒酒家／富临轩酒家

ふりんけんしゅか　fúlínxuānjiǔjiā

MP.57-F3　予算＝200元

アワビやフカヒレ、ローストダックなど本格的な高級中国料理を味わえるほか、広東式飲茶のメニューは100以上と種類も豊富。窓側の個室で、黄浦江の景色を望みながらのんびりと飲茶ランチを楽しむのもよいだろう。

住浦東新区陸家嘴西路168号正大広場4階30-31号
☎58781777、58780933
オ10:00～22:00
休なし
サなし
カJMV
交軌道交通2号線「陆家嘴」

富臨軒酒家は静安区南京西路1618号久光百貨F8に移転。

広東料理 CANTON／粤珍軒
カントン yuèzhēnxuān
M P.58-A4 予算=400元

香港出身のシェフが作る本格的な広東料理を味わえる、グランド ハイアット 上海内の高級ダイニング。上海でも有数の超高層ビル金茂大厦のグランド ハイアット 上海55階にあり、外灘の街を一望しながらゴージャスな食事を楽しむことができる。

住 浦東新区世紀大道88号グランド ハイアット 上海55階
☎ 50491234内線8886
オ 11:30～14:30、17:00～22:30
休 なし
サ 15%
カ ADJMV
交 軌道交通2号線「陆家嘴」

広東料理 白玉蘭／白玉兰
はくぎょくらん báiyùlán
M P.78-C1 予算=266～500元

上品でエレガントな雰囲気の店で、中国伝統楽器の生演奏を聴きながら高級ディナーを堪能したり、ランチビュッフェを気軽に味わったりと、さまざまな楽しみ方ができる。スタッフやメニューの日本語対応も安心。白玉蘭とは上海市の花で、和名はハクモクレン。

住 黄浦区茂名南路58号オークラ ガーデンホテル 上海2階
☎ 64151111内線5215
オ 11:30～14:00、17:30～21:30
休 なし
サ 10%+6%　カ ADJMV
交 軌道交通1、10、12号線「陕西南路」

広東料理 名軒 徐匯店／名轩 徐汇店
めいけん じょかいてん míngxuān xúhuìdiàn
M P.79-D4 予算=600～700元　U www.noblehouserestaurant.cn

国家の要人の館として建てられた洋館が国家の別荘として用いられた後、レストランに改装された高級店。前日までに予約が必要だが、広東料理をメインにしているため、味は日本人好み。すてきな洋館で高級料理を食べられる。

住 徐匯区安亭路46号安亭別墅1号楼
☎ 64333666
オ 11:30～13:30、17:00～21:30

2024年1月現在閉店

カ ADJMV
交 軌道交通1号線「衡山路」

広東料理 沙田軒／沙田轩
さでんけん shātiánxuān
M P.61-F4 予算=150元

ホテルの中にある、飲茶もできる広東料理レストラン。食べたいメニューを用紙に記入してオーダーするスタイルの店なので焦らずじっくりメニューを選べる。飲茶メニューは楽しくてついたくさん頼みがちだが、飲茶は現金払いのみなので注意。

住 長寧区水城路555号上海瑞泰虹橋酒店1階
☎ 62746381
オ 10:30～14:00、17:00～21:00
休 なし
サ なし
カ MV
交 軌道交通2号線「威宁路」

広東料理 君薈軒／君荟轩
くんわいけん jūnhuìxuān
M P.62-C3 予算=150元

上海君麗大酒店2階にある、広東料理をはじめ中国各地の料理を楽しめるレストラン。なかでも、香港出身の料理長が作る香港式飲茶のランチタイムビュッフェは100種類以上のメニューから選び放題で人気がある。

住 長寧区遵義路448号上海君麗大酒店2階
☎ 22161818
オ 11:00～14:00、17:00～21:00
休 なし
サ 祝日のみ15%
カ ADJMV
交 軌道交通2号線「娄山关路」

　沙田軒は長寧区淞虹路938号九華商業広場2号楼2階に移転。

広東料理

満福楼／満福楼
まんふくろう　mǎnfúlóu

MP.72-B1　予算=300元

5つ星のルネッサンス揚子江上海ホテルの2階にある、広東料理の高級ダイニング。虹橋エリアにあり、上海在住の日本人や日系企業のビジネス旅行者にも人気の店だ。夜は高いが、昼の飲茶は比較的気軽に本格的な味を楽しめる。

住長寧区延安西路2099号ルネッサンス揚子江上海ホテル2階
☎62750000内線2282
オ11:00～14:30、18:00～22:30
休なし
サ15%
カADJMV
交軌道交通10号線「伊犁路」

四川料理

渝信川菜 華盛店／渝信川菜 华盛店
ゆしんせんさい　かせいてん　yúxìn chuāncài huáshèngdiàn

MP.77-D2　予算=100元　Uwww.yuxin1997.com

重慶に本店をおく、本格的四川料理の店。本場の唐辛子をふんだんに使い重慶出身のシェフが作る伝統的な家庭料理は、辛さのなかにもうま味がある。辛いものが苦手な上海人にも広く受け入れられ人気の店となっている。

住黄浦区九江路399号華盛大廈5階
☎63611777

2024年1月現在閉店

サなし
カ不可
交軌道交通2、10号線「南京東路」

北京料理

楊同興涮羊肉／杨同兴涮羊肉
ようどうこうさつようにく　yángtóngxìng shuànyángròu

MP.55-E4　予算=120元

北京名物の羊しゃぶしゃぶの専門店。北京にある有名店の支店だったが、味を受け継ぎ独立した。薄くスライスされた羊肉には臭みがない。濃厚なゴマだれで食べるのが中国流。

住静安区石門二路215号
☎52288677、52288177
オ11:00～14:00、17:00～21:00
休なし
サなし
カ不可
交軌道交通13号線「自然博物館」

北京料理

全聚徳 閘北店／全聚德 闸北店
ぜんしゅうとく こうほくてん　quánjùdé zháběidiàn

MP.55-D2　予算=200元　Uwww.quanjude.com.cn

北京で、北京ダックといえばまずここといわれる有名店の上海支店。ツアーで北京ダックが食事に入っていれば、ほぼここに来る。厳選したダックの皮を乾かし、麦芽糖をかけながら焼くことでパリッとした皮に仕上げる。

住静安区天目西路547号聯通国際大廈内
☎63538558
オ11:00～13:30、17:00～21:00
休なし　サなし
カMV
交軌道交通1、3、4号線「上海火車站」

シャオチー

富春小籠館／富春小笼馆
ふしゅんしょうろうかん　fùchūn xiǎolóngguǎn

MP.64-A2　予算=25～30元

小籠包と軽食を食べにくる地元客で、店内は常に混み合っている。この店の小籠包は、しっかりした皮と、ほのかに甘味のあるあんの素朴な味わい。ローカルな雰囲気のなかで、手頃に地元の味を楽しみたいときにおすすめの店だ。

住静安区愚園路650号
☎62525117
オ6:30～22:30
休陰暦大晦日、春節6日間
サなし
カ不可
交軌道交通2、11号線「江蘇路」

シャオチー	**小楊生煎館 呉江路店**／小杨生煎馆 吴江路店
	しょうようせいせんかん ごこうろてん　xiǎoyáng shēngjiānguǎn wújiānglùdiàn

Ⓜ P.77-E3　予算＝20〜30元　Ⓤ www.xyshengjian.com

生煎とは、肉厚の皮の小籠包を香ば
しく焼いたもので「焼き小籠包」「焼
き肉まん」とも呼ばれる。この店は生
煎とスープのみを扱う生煎専門
チェーン店。この店が路面店だった
頃からある、カレー味のスープ"牛肉
汤"も人気のメニューのひとつ。

Ⓙ静安区呉江路269号涅普匯2階
☎61361391
Ⓞ10:00〜22:00
Ⓚなし
Ⓢなし
Ⓕ不可
Ⓧ軌道交通2、12、13号線「南京西
路」

シャオチー	**佳家湯包**／佳家汤包
	かかとうほう　jiājiā tāngbāo

Ⓜ P.76-B1　予算＝30〜50元

Ⓙ黄浦区黄河路90号
☎63276878
Ⓞ7:30〜20:00
Ⓚ陰暦大晦日、春節6日間
Ⓢなし
Ⓕ不可
Ⓧ軌道交通1、2、8号線「人民广场」

小さな店内はいつも客でいっぱい。数種類の小籠包があるが、時間によっては売り切れてしまうものもあるの
で早めに行くのがおすすめ。テーブル席は追い込みの相席が基本で、若い女性のひとりご飯も目立つ。手早
く楽しみたいときにおすすめ。

シャオチー	**秦源香西安美食 呉江路店**／秦源香西安美食 吴江路店	📶 Wi-Fi
	しんげんこうせいあんびしょく ごこうろてん　qínyuánxiāng xiānměishí wújiānglùdiàn	

Ⓜ P.77-F3　予算＝20〜30元

西安風の麺料理や「肉夾饃／肉夹
饃ròujiāmó」という中国式バーガー
を出すシャオチーのチェーン。おすす
めは陝西省名物のビャンビャン麺
(biángbiangmiàn)。幅広の麺と肉
をあえた混ぜ麺だが、ビャンは57画
もある珍しい字で話のタネになる。

Ⓙ静安区呉江路169号in point四季
坊地下階
☎携帯＝18917606036

2024年1月現在閉店

Ⓢなし　Ⓕ不可
Ⓧ軌道交通2、12、13号線「南京西
路」

シャオチー	**南翔饅頭店**／南翔馒头店
	なんしょうマントウてん　nánxiáng mántóudiàn

Ⓜ P.125-B2　予算＝60〜80元　Ⓤ www.nanxiang.com.sg

上海で小籠包といったらまずこの店
の名が挙がる、1900年創業の老舗
有名店。2階、3階では食事が取れる
が価格は高い。店の前には小籠包
を食べるために雨の日であっても行
列ができる。1階にあったテイクアウト
コーナーはⓂ P.125-B2に移転した。

Ⓙ黄浦区豫園路85号
☎63554206
Ⓞ8:00〜20:30
Ⓚなし
Ⓢなし
ⒻJMV
Ⓧ軌道交通10号線「豫园」

老街西施豆腐坊／老街西施豆腐坊

シャオチー

ろうがいせいしとうふぼう　lǎojiē xīshī duòfǔfáng

M P.67-D1　予算=20元

豫園にほど近い庶民的な豆腐料理専門店。上海で豆腐花といえば、上海っ子はスイーツではなく、まず塩味の朝食や夜食に食べるものを思い浮かべる。甘くない豆腐花もなかなかよいものだ。元宵節の日は湯円を求める客でにぎわう。

住黄浦区方浜中路456号
☎53831733
オ8:00～18:30
休なし
サなし
カ不可
交軌道交通10号線「豫園」

大富貴酒楼小吃部／大富贵酒楼小吃部

シャオチー

だいふきしゅろうシャオチーぶ　dàfùguì jiǔlóu xiǎochībù

M P.67-D2　予算=40元

テイクアウトもできるシャオチー店。小籠包をはじめ、シュウマイや饅頭などちょっとした軽食を気軽に注文できるので、小腹がすいたときや疲れてホテルの部屋で食べたいときなどに便利。地元の人気店なので味も保証つきだ。

住黄浦区中華路1409号
☎63770322
オ6:00～20:30
休なし
サなし
カ不可
交軌道交通8、10号線「老西門」

大腸麺／大肠面

シャオチー

だいちょうめん　dàchángmiàn

M P.79-F2　予算=30元

上海料理には意外にモツを使った料理があり、醤油味で煮込んで炒めた野菜にのせたものは定番だ。この店ではそんな煮込んだモツをのせた麺で人気。汁なしも選べて替玉ができるのも庶民的。ひと味違う上海料理を食べてみよう。

住黄浦区復興中路59号
☎63744249
オ10:00～20:00
休陰暦大晦日、春節9日間、7月15日～8月15日
サなし
カ不可
交軌道交通8、10号線「老西門」

小帘櫳／小帘栊

シャオチー

しょうれんろう　xiǎoliánlóng

M P.78-C1　予算=20～30元

2024年1月現在閉店

住黄浦区茂名南路112号
☎54667192
オ7:00～20:00
休なし
サなし
カ不可
交軌道交通1、10、12号線「陝西南路」

小籠包や麺類、ワンタンがメインのシャオチー店。帘は簾の異体字で「すだれ」、櫳は「窓」の意味。木や竹の質感を生かしたおしゃれな店内は狭いが女性ひとりでも入りやすい。"虾肉小笼（エビ入り小籠包）"5個18元、"花雕香鲜肉大餛飩（紹興酒で香りづけした肉ワンタン）"28元など値段もリーズナブル。英語メニューあり。

シャオチー	**白玉蘭麺包食品**／白玉兰面包食品

はくぎょくらんめんほうしょくひん　báiyùlán miànbāo shípǐn

Ⓜ P.78-B4　予算＝20～30元

住徐匯区天鑰橋路100号
☎64385612
オ7:00～22:00
休なし
サなし
カ不可
交軌道交通1、9、11号線「徐家匯」

おしゃれなレストランやカフェが多い徐家匯エリアにあって、庶民的なシャオチーを出す店として地元の人々から愛されている。シャオチーの種類はとても多く、多くはテイクアウト用だが、レジでチケットを買って店内飲食もできる。上海名物の生煎は8元、小籠包は18元と値段も安い。小籠包のスープは上海風の甘い味つけ。

シャオチー	**和記江南湯包伝奇 法華鎮路店**／和记江南汤包传奇 法华镇路店

わきこうなんとうほうでんきほっけちんろてん　héjì jiāngnán tāngbāo chuánqí fǎhuázhènlùdiàn

Ⓜ P.63-E4　予算＝20～30元

住長寧区法華鎮路651号
☎携帯=18101083821
オ6:00～21:00
休なし
サなし
カ不可
交軌道交通3、4号線「延安西路」

上海市内で約10店を展開するシャオチーのチェーン。麺類は扱わず、小籠包やシュウマイがメインで、"锅贴／guōtiē"という焼き餃子があるのが特徴。店内はシンプルながらも明るく、気軽に入れる。"和记汤包(小籠包)"6個10元、"蟹粉汤包(蟹入り小籠包)"6個28元、焼き餃子6個12元、シュウマイ1個2元～と価格は庶民的。

欧米ムードのグルメストリート「老外街」

欧米スタイルのレストランが並ぶグルメストリートは新天地や外灘だけではない。ここ老外街(**Ⓜ P.71-E3**)は、正式には虹梅休閑街といい、かつて鉄道線路だった土地を利用した細長いエリア。本格欧米スタイルのレストランが集ま

り、暖かい日はテラス席でくつろぐ人々の姿も。中国料理に飽きたときや、ちょっと変わったものを食べたいときにおすすめの場所だ。

欧米風の店が並ぶ

青一怒斗麺匠（怒酒館）／青一怒斗面匠（怒酒馆）

シャオチー

せいいちどとめんしょう（どしゅかん）　　qīngyīnùdòu miànjiàng (nùjiǔguǎn)

M P.75-E1　予算＝30～100元

2024年1月現在閉店

🏠徐匯区嘉善路524号
☎54668130
🕐11:00～23:00
休なし
サなし
カ不可
交軌道交通9、12号線「嘉善路」

日本でもポピュラーになりつつある中国式牛肉麺だが、この店は昼は牛肉麺、夜は本格的な中国式居酒屋となる二刀流。牛肉麺は29元とやや高めだが、牛肉のほか野菜や半熟卵、メンマが入るなど日本のラーメン風のトッピングが特徴。スマートフォンで注文し、支払いも済ますのが基本だが、申し出れば現金精算も可能。

万寿斎／万寿斋

シャオチー

まんじゅさい　　wànshòuzhāi

M P.52-C3　予算＝20元

ちょっとした軽食であるシャオチーの店で、客の目当てはワンタン。餃子と違って薄くなめらかな食感のワンタンは、つるりとのどを通っていく。アツアツがおいしいがやけどに注意。魯迅故居に近いので、観光の途中で立ち寄りたい。

🏠虹口区山陰路123号
☎携帯＝13818065119、13601678832
🕐5:00～21:00
休陰暦大晦日、春節5日間
サなし
カ不可
交軌道交通3、8号線「虹口体育場」

金彪生煎王 乍浦路店／金彪生煎王 乍浦路店

シャオチー

きんひょうせいせんおう さくほろてん　　jīnbiāo shēngjiānwáng zhàpǔlùdiàn

M P.57-D1　予算＝20元

グルメストリートの乍浦路にある庶民的な焼き小籠包"生煎"専門店。狭く、おしゃれではないが、味は一流。メニューは生煎とスープ各種のみ。"金彪生煎"4個7元、エビ入り"大虾生煎"4個16元、2個ずつの盛り合わせは11元と安い。

🏠虹口区乍浦路店336号
☎13774239725
🕐7:00～20:00
休なし
サなし
カ不可
交軌道交通10号線「四川北路」

上海珊珊小籠館 仙霞路店／上海珊珊小笼馆 仙霞路店

シャオチー

シャンハイさんさんしょうろうかん せんかろてん　　shànghǎi shānshān xiǎolóngguǎn xiānxiálùdiàn

M P.61-E4　予算＝20元

虹橋エリアにある、小籠包の人気店。看板メニューの小籠包は、皮は薄いがモチッとしており、ボリュームのあるあんにはしっかりとした強めの甘味がついている。麺類など、小籠包以外のシャオチーメニューも種類豊富。

🏠長寧区仙霞路774号
☎62625468
🕐5:30～21:00
休陰暦大晦日までの3日間、春節8日間
サなし
カ不可
交軌道交通2号線「威寧路」

<table>
<tr><td>

その他中国料理

</td><td>

古意湘味濃 富民店／古意湘味浓 富民店
こいしょうみのう ふみんてん　gǔyì xiāngwèinóng fùmíndiàn

</td></tr>
</table>

M P.76-C4　予算=150元　**U** guyi2001.com

四川、貴州と並び辛い中国料理の代表と称される湖南料理だが、本場の味と比べるとこの店の辛さはマイルド。上海流に洗練された料理とシックでおしゃれな雰囲気が人気を呼び、店は上海の若者や欧米人で常ににぎわっている。

住 静安区富民路87号巨富大厦1階A座
☎ 62495628
オ 11:00〜22:30
休 春節3日間
サ なし
カ MV
交 軌道交通2、7号線「静安寺」

<table>
<tr><td>

その他中国料理

</td><td>

老山東魯菜館／老山东鲁菜馆
ろうさんとうろさいかん　lǎoshāndōng lǔcàiguǎn

</td></tr>
</table>

M P.58-B3　予算=120〜150元

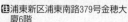

日本ではあまりメジャーではない山東料理は宮廷料理の原型になった料理といわれる。食材が豊富だったため、素材の味を生かしており、味つけはやや濃いめだが、四川料理のように刺激的でないところが日本人の口に合う。

住 浦東新区浦東南路379号金穂大厦6階
☎ 68869778
オ 11:00〜13:30、17:00〜21:00
休 なし
サ なし
カ MV
交 軌道交通2号線「東昌路」

<table>
<tr><td>

その他外国料理

</td><td>

黔香閣／黔香阁
けんこうかく　qiánxiānggé

</td></tr>
</table>

M P.79-F1　予算=150元

上海では比較的珍しい貴州料理の店。浦東にあったが2018年に移転した。貴州料理は唐辛子の辛みが特徴で、四川のように山椒の辛みはない。酢を多用するのも特徴で総じて酸っぱ辛い。少数民族の料理もあり、素朴な味わいを楽しめる。

住 黄浦区淮海中路99号大上海時代広場F6
☎ 63911779、63911788
オ 10:30〜14:30、16:30〜21:30
休 なし
サ なし
カ 不可
交 軌道交通8号線「大世界」

<table>
<tr><td>

少数民族料理

</td><td>

SPICE BAZAAR／香料集市新疆餐厅
スパイス バザール　xiāngliào jíshì xīnjiāng cāntīng

</td></tr>
</table>

M P.79-F2　予算=100〜120元

住 黄浦区湖濱路150号湖濱道1階
☎ 53530603
オ 11:00〜21:30
休 陰暦大晦日、春節6日間
サ なし
カ 不可
交 軌道交通8、10号線「老西門」

新疆料理を都会的にアレンジしたおしゃれな店で、上海在住の日本人の人気も高い。メインの串焼きのほか、ミントの葉をさっと炒めてアーモンドと合わせたサラダや、デザートの濃厚な自家製ヨーグルトはぜひ食べたいおいしさ。徐家匯エリアから2016年に移転した。

古意湘味濃 富民店は静安区南京西路1618号久光百貨上海店8階に移転。SPICE BAZAARは虹口区飛虹路118号瑞虹企業天地五階L5〜7室に移転。

天手古舞／天手古舞

日本料理

てんてこまい　tiānshǒugǔwǔ

Ⓜ P.79-D1　予算=150元

Wi-Fi

福岡と上海で修業を重ねたという店長自慢の餃子や博多もつ鍋が大人気の居酒屋風和食店。一番人気はやぶれ餃子で、独自のルートで仕入れる焼酎も種類豊富。懐かしの故郷の味を求める上海在住の日本人で連日にぎわっている。

住 黄浦区思南路30号
☎ 52280650
オ 17:00～23:30
　※土・日曜は11:30～14:30も営業
休 陰暦大晦日と前日、春節9日間
サ なし
カ MV
交 軌道交通13号線「淮海中路」

Mr & Mrs Bund／外灘夫妇

その他外国料理

ミスター アンド ミセス バンド　wàitān fūfù

Ⓜ P.77-F2　予算=900～1000元　Ⓤ www.mmbund.com

Wi-Fi

キュイジーヌ・モデルヌが味わえる、外灘にあるおしゃれなフレンチレストラン。研究熱心なシェフの考案するメニューで、どんな料理と出合えるかが楽しみ。外灘から浦東の風景を眺めることができるのも上海らしくていい。土・日曜のみランチあり。

住 黄浦区中山東一路18号外灘18号6階
☎ 63239898
オ 日～水曜 17:30～22:30
　木～土曜 17:30～翌2:00
休 なし　サ 10%
カ ADJMV
交 軌道交通2、10号線「南京东路」

泰和茶館／泰和茶馆

茶館

たいわちゃかん　tàihé cháguǎn

Ⓜ 折込表-D3　予算=138元～　Ⓤ www.taihetea.com

Wi-Fi

杭州式の茶館で、いちばんの特徴はフレッシュフルーツ、ドライフルーツ、お菓子、点心といった100種類以上のお茶請けが食べ放題な点。店内のほとんどは個室となっており、ゆっくりと5～6時間お茶を楽しむ地元客も多いため、予約が望ましい。

住 浦東新区芳甸路300号聯洋広場C棟3階
☎ 68877880
オ 10:00～24:00
休 なし
サ なし
カ 不可
交 軌道交通9号線「芳甸路」

湖心亭／湖心亭

茶館

こしんてい　húxīntíng

Ⓜ P.125-B2　予算=68～288元

1855年にオープンした老舗。1階には茶葉や茶器を扱うおみやげコーナーがあり、お茶を喫するのは景色のよい2階。中国の最高級茶である極品茶から美容効果があるといわれる美容養生茶まで茶葉の種類は豊富。お茶請けも充実している。

住 黄浦区豫園路257号
☎ 63736950、63558270
オ 8:30～21:00
休 なし
サ なし
カ MV
交 軌道交通10号線「豫園」

老上海茶館／老上海茶馆

茶館

ろうシャンハイちゃかん　lǎoshànghǎi cháguǎn

Ⓜ P.67-D1、P.125-A4　予算=55元～

Wi-Fi

豫園エリアにある茶館。オーナーの趣味で、オールド上海のイメージを濃厚に出している。店内には本物のレコードで古い曲が流れ、オーナーの集めた骨董品が小さな博物館のように並べられており、見学するのも楽しい。

住 黄浦区方浜中路385号
☎ 53821202
オ 9:00～21:00
休 なし
サ なし
カ ADJMV
交 軌道交通10号線「豫園」

老上海茶館は静安区江寧路495号博鴻大廈27楼に移転。

茶館	**大可堂普洱茶園**／大可堂普洱茶馆	

だいかどうプーアールちゃえん　dàkětáng pǔěr cháguǎn

Ⓜ️P.65-E4　予算=150元～

1933年建築のフランス式洋館の中にあるプーアール茶専門店。さまざまなタイプの部屋があり、およそ90種類のプーアール茶を楽しむことができる。入手困難な貴重な茶葉も多く、お茶請けの評価も高い。

> 🏠徐匯区襄陽南路388弄25号
> ☎64676577、64675077
> 🕐10:00～翌1:00
> 休春節3日間
> サなし
> カADJMV
> 交軌道交通9、12号線「嘉善路」。軌道交通1、10、12号線「陝西南路」

カフェ&バー	**Salon de Ning**／玲珑酒廊	

サロン ド ニン　línglóng jiǔláng

Ⓜ️P.77-F1　予算=300元　Ⓤshanghai.peninsula.com

ザ・ペニンシュラ上海内にあるバー&ラウンジ。特筆すべきはその室内装飾で、上海が東洋のパリと謳われ、繁栄を謳歌した1930年代をモチーフにしている。毎夜21:00以降コメディやミュージカルが上演されるので、カクテルを片手に楽しみたい。

> 🏠黄浦区中山東一路32号ザ・ペニンシュラ上海地下1階
> ☎23276731
> 🕐20:00～翌1:00
> 休日・月曜、春節6日間
> サ10%+6%
> カADJMV
> 交軌道交通2、10号線「南京東路」

カフェ&バー	**Bar Rouge**／外滩 18 号酒吧	

バー ルージュ　wàitān shíbāhào jiǔbā

Ⓜ️P.77-F2　予算=300～400元　Ⓤwww.bar-rouge-shanghai.com

上海のセレブたちが集うことで知られるトップランクバー。店内は赤で統一されたゴージャスな内装。240名を収容できるバルコニー席からは黄浦江の夜景を堪能できる。個人客入場料はひとり100元。4人席のミニマムチャージは3000～5000元。

> 🏠黄浦区中山東一路18号外滩18号7階
> ☎63391199
> 🕐日～水曜20:00～翌2:00、木～土曜20:00～翌3:00
> 休なし　サなし
> カADJMV
> 交軌道交通2、10号線「南京東路」

カフェ&バー	**ザ・バルフォア**／The Balfour

Ⓜ️P.77-F1　予算=360～520元　Ⓤshanghai.peninsula.com

旧英国領事館だった建物をザ・ペニンシュラ上海がカフェ&バーに改修した。広い庭を眺めながら優雅に過ごす本格的なアフタヌーンティー（14:00～、予約不可）が人気。ひとり360元～、ふたり680元～と高価だが、気分は最高だ。

> 🏠黄浦区中山東一路33号外滩源壹号
> ☎53089803
> 🕐10:00～22:00
> 休陰暦大晦日、春節6日間
> サ10%+6%　カADJMV
> 交軌道交通2、10号線「南京東路」

カフェ&バー	**老年爵士楽団**／老年爵士乐团	

ろうねんしゃくしがくだん　lǎonián juéshì yuètuán

Ⓜ️P.77-F1　予算=300元　Ⓤwww.fairmont.com/peace-hotel-shanghai/dining/thejazzbar

演奏を担当するのは改修前の和平飯店時代から活躍していたオールドジャズマンたち。本格的なジャズだけではなく、リクエストにも応じる。人気の店なので予約していこう。18歳未満は入場禁止。

> 🏠黄浦区南京東路20号フェアモントピース ホテル1階
> ☎61386886
> 🕐18:00～翌1:30
> ※演奏は19:00～翌0:30
> 休なし　サなし
> カADJMV
> 交軌道交通2、10号線「南京東路」

カフェ&バー

HU Bar ／沪吧
フー・バー　hú bā

M P.76-C1　予算＝200元　**U** www.marriott.com

ル・ロイヤルメリディアン上海の65階にある、上海摩天楼の眺望を堪能できるバー。お酒だけではなく、シガーも楽しめ、金曜日の22:00～24:00はレディスナイトと称し、ティアラを載せてくれるサービスなどを提供している。

住 黄浦区南京東路789号ル・ロイヤルメリディアン上海65階
☎ 33189999
オ 食事12:00～14:00、18:00～22:00　アフタヌーンティー14:00～18:00　バー22:00～翌1:00
休 なし　**サ** 10%＋6%　**カ** ADMV
交 軌道交通1、2、8号線「人民广场」

JW's 酒廊 ／ JW's 酒廊
ジェーダブリューズしゅろう　jiǔláng

M P.76-A2　予算＝200元

人民公園の隣にある60階建てのJWマリオット・ホテル上海アット・トゥモロースクエア内にあるバーで、上海の夜景全体を見渡すには絶好のロケーションにある。シャンパンの種類が豊富なことでも知られている。

住 黄浦区南京西路399号JWマリオット・ホテル上海アット・トゥモロースクエア40階
☎ 53594969
オ 17:00～翌2:00
休 なし　**サ** 15%　**カ** ADJMV
交 軌道交通1、2、8号線「人民广场」

Barbarossa Lounge ／芭芭露莎
バルバロッサ ラウンジ　bābālùshā

M P.76-B2　予算＝200元

人民公園内にあるラウンジバー。店内はモロッコをモチーフとしたインテリアになっており、水たばこを試すこともできる。モロッコ料理、西洋料理からアジア料理まで堪能でき、夜はDJイベントも開催される上海でも人気の夜遊びスポット。

住 黄浦区南京西路231号人民公園内
☎ 63180220
オ 1階（食事）11:00～22:30、2階（ラウンジ）17:00～翌1:00
休 陰暦大晦日
サ なし　**カ** MV
交 軌道交通1、2、8号線「人民广场」

House of Blues & Jazz ／ House of Blues & Jazz
ハウス オブ ブルース アンド ジャズ

M P.77-E2　予算＝150元

黄色いれんが造りの建物が目を引く、上海の老舗ジャズバーのひとつに数えられる名店。世界各国のミュージシャンが出演するのが特徴で、ステージは1日に3回ある。夜が更けるにつれ熱気を増していく。金・土曜はひとり50元の入場料が必要。

住 黄浦区福州路60号
☎ 63232779
オ 16:30～翌0:45
休 月曜、陰暦大晦日、春節4日間
サ なし
カ ADJMV
交 軌道交通2、10号線「南京东路」

甜蜜蜜 呉江178 ／甜蜜蜜 吴江178
てんみつみつ ごこういちななはち　tiánmìmì wújiāng yīgībā

M P.77-E3　予算＝50～60元　**U** www.sweeties.com.cn

お粥や点心などを手軽に楽しむことのできる香港式カフェレストランのチェーン店で、若者だけではなく地元の高齢者にも人気の店。スイーツは、タピオカ入りミルクティーや亀ゼリー、マンゴープリンなど、南国系フルーツをメインにしたメニューが豊富。

住 静安区呉江路歩行街178号
☎ 62178735
オ 7:00～22:30

2024年1月現在閉店

カ 不可
交 軌道交通2、12、13号線「南京西路」

スターバックス リザーブ ロースタリー上海／星巴克臻选 上海烘焙工坊
シャンハイ　xīngbākè zhēnxuǎn shànghǎi hōngbèigōngfāng

MP.77-F3　予算＝40元〜　Uroastery.starbucks.com.cn

2017年末にオープンした、世界最大規模というスターバックス。店内で焙煎した特別なコーヒーのほか、アルコール類や、ベーカリーで各種類豊富なパンやケーキを楽しめる。広い店内だが毎日行列ができる混雑なので、週末は避けるのがコツ。

住静安区南京西路789号興業太古匯
☎22262878、4008206998
オ7:00〜23:00
休なし　サなし
カADJMV
交軌道交通2、12、13号線「南京西路」

FLAIR／FLAIR
フレア

MP.57-F3　予算＝300〜400元　Uwww.marriott.com

リッツ・カールトン上海・浦東58階にあるルーフトップバー。東方明珠塔を間近に望み、上海で最も眺めのよいバーとも称される。カクテルだけではなく、魚介を中心とした料理も充実。テラス席には最低消費額が設定されているので注意が必要。

住浦東新区世紀大道8号リッツ・カールトン上海・浦東58階
☎20201717
オ17:30〜翌2:00
※金〜日曜は14:00から営業
休なし　サ15%
カADJMV
交軌道交通2号線「陆家嘴」

Lobby Bar／Lobby Bar
ロビーバー

MP.58-A4　予算＝200〜300元

パーク ハイアット 上海の87階という超高層階にあるバー。高層だけに眺望がよく、上海の町を見下ろすようにしながらお酒が飲めるという、まるでタワーの展望台にいるかのような体験ができる。夜も無駄なく観光したい人向き。店内全面禁煙。

住浦東新区世紀大道100号パークハイアット 上海87階
☎68881234
オ11:00〜24:00
休なし
サ15%
カADJMV
交軌道交通2号線「陆家嘴」

カフェ丹／丹咖啡
たん　dānkāfēi

MP.81-B2　予算＝100元

上海のカフェ激戦区である田子坊に、日本人オーナーが2007年にオープンした。自家焙煎のこだわりコーヒーや自家製ベイクトチーズケーキ、ワインをはじめお酒の種類も豊富。自家製パンのサンドイッチや和風定食などフードメニューも充実。

住黄浦区泰康路248弄41号
☎64661042
オ10:30〜22:00
休陰暦大晦日、春節3日間
サなし
カMV
交軌道交通9号線「打浦橋」

Kommune 公社／Kommune 公社
コミューンこうしゃ　gōngshè

MP.81-B2　Uwww.kommune.me　予算＝50〜200元

田子坊では古株のカフェ。文化大革命風のイラストに囲まれた店は多くの欧米人や中国の若者でにぎわう。テラス席も人気。コーヒーやカクテルのほか、本格的サンドイッチやバーガー類を楽しめる。定例のパーティもある。

住黄浦区泰康路210弄7号5室
☎64662416
オ9:00〜24:00
休なし
サなし
カADJMV
交軌道交通9号線「打浦橋」

上海灘は黄浦区黄陂南路358号に移転。

グルメ

カフェ & バー

上海灘／上海滩
シャンハイたん　shànghǎitān
Ⓜ️ P.79-E2　予算＝200〜400元

中国のトップブランドである「上海灘」（→P.241）がプロデュースしたことで知られるカフェ。土・日曜のランチタイム（11:30〜14:30）にはビュッフェを楽しめる（ひとり200元、指定ドリンク飲み放題は追加料金）。

🏠黄浦区黄陂南路273号
☎63773333
🕐月〜金曜11:30〜13:50、17:30
　〜21:30、土・日曜11:30〜14:30、
　17:30〜21:30
休なし　サなし
💳MV
🚇軌道交通1号線「黄陂南路」

カフェ & バー

Cigar Jazz Wine ／ Cigar Jazz Wine
シガー ジャズ ワイン
Ⓜ️ P.80-B3　予算＝150〜200元

シガーとワインにこだわり、CJWの名で親しまれている新天地にあるジャズバー。上海でトップクラスというバンドが奏でる本格的なジャズは、オールド上海の残り香を伝えてくれる。料理を堪能するなら、テラス席もおすすめ。金・土曜は最低消費額200元。

🏠黄浦区興業路123弄2号4単元新
　天地南里
☎63856677
🕐11:00〜翌2:00
休なし　サなし
💳ADJMV
🚇軌道交通1号線「黄陂南路」。軌
　道交通10、13号線「新天地」

カフェ & バー

八点醒黒糖甜品 新天地時尚店／八点醒黑糖甜品 新天地时尚店
はちてんせいこくとうてんぴん しんてんちじしょうてん　bādiǎnxǐng hēitáng tiánpǐn xīntiāndì shíshàngdiàn
Ⓜ️ P.79-E2　予算＝20〜30元　🆄www.8dianxing.com

黒糖蜜をたっぷりかけたタピオカミルクティーやかき氷など台湾スイーツをメインとするチェーン。大盛りのかき氷にはマンゴープリンや"芋圓"という台湾式サイトイモ団子が満載でボリュームたっぷりでコクがある。見た目もきれい。

🏠黄浦区馬当路245号新天地時尚
　地下1階130
☎52862508

2024年1月現在閉店

💳不可
🚇軌道交通10、13号線「新天地」

カフェ & バー

Ô delice! ／ 欧膳
オーデリス　ōushàn
Ⓜ️ P.78-A1　予算＝100元　🆄www.o-delice.com

🏠徐匯区新楽路208号
☎34615657
🕐9:00〜22:00
休陰暦大晦日、春節3日間
サなし
💳MV
🚇軌道交通1、7号線「常熟路」

フランス租界エリアにある、フランス人オーナーのカフェ。ちょっと休憩したいときからワインまで幅広く楽しめる。芸能人がさりげなく訪れるような人気店で、人気の秘密はオーナーの気さくな人柄とおいしいメニューの数々だ。

カフェ & バー	**JZ Club** ／ 爵士酒吧

ジェイジー クラブ　juéshì jiǔbā

MP.79-D1　予算=200〜800元　**U**www.jzclub.cn/en

復興西路にあった老舗ジャズバーが移転。毎夜21:00から始まるライブでは、スタンダードジャズからラテン、ビッグバンドまで幅広いジャンルを堪能できる。ライブのチャージが50〜200元、テーブルチャージは4人席800元〜、6人席1500元〜。

住黄浦区巨鹿路158号Found158地下
☎64310269
オ日〜木曜18:00〜翌2:00、金・土曜18:00〜翌4:00
休なし
サなし　**カ**ADJMV
交軌道交通13号線「淮海中路」

カフェ & バー	**coffee tree** ／ coffee tree

コーヒー ツリー

MP.79-D3　予算=100元

住徐匯区武康路376号
☎64660361
オ9:00〜22:00
休陰暦大晦日、春節4日間
サなし
カMV
交軌道交通10号線「上海図書館」。軌道交通10、11号線「交通大学」

武康路にあるカフェやギャラリーが集まる「378」というスポットの中庭にあるカフェ。明るいテラス席もあり、気候のいい時期は洋館の中庭で休憩するのもいい。訪れる客の7割は外国人のせいか、朝食セットにエッグベネディクトなどもある。

カフェ & バー	**宝珠酒醸酸奶 美羅城店** ／ 宝珠酒酿酸奶 美罗城店

ほうじゅしゅじょうさんない びらじょうてん　bǎozhū jiǔniàng suānnǎi měiluóchéngdiàn

MP.78-B4　予算=20〜40元

酒醸という中国式甘酒で風味をつけた伝統ヨーグルトスイーツのチェーン。酸味は弱く、自然な甘さが心地よい。トッピング各種は色鮮やかなフルーツやナッツ類。ベースのヨーグルトは"奶酪"という清朝宮廷式や、遊牧民風のものもある。

住徐匯区肇嘉浜路1111号美羅城B区1階
☎54500258
オ10:00〜22:00
休なし
サなし
カ不可
交軌道交通1、9、11号線「徐家汇」

カフェ & バー	**老電影珈琲館** ／ 老电影咖啡馆

ろうでんえいコーヒーかん　lǎodiànyǐng kāfēiguǎn

MP.52-C3　予算=50元

多倫路文化名人街にあるカフェ。建物はれんが造りの洋館で、オールド上海のレトロ感たっぷり。オーナーは映画好きで、店内のモニターでは常に国内外の古い映画が上映されている。コーヒーのほか中国茶も楽しめ、ワッフルやクッキーといったスイーツも人気。

住虹口区多倫路123号
☎56964763
オ9:30〜22:00

2024年1月現在閉店

カMV
交軌道交通3号線「東宝興路」

上海のショッピング

ビンテージテキスタイルをモチーフに、新しい雑貨を作り出している「de shanghai」（→ P.240）のイチオシはレトロムードのエコバッグ／写真：町川秀人

旅行でも出張でも
気軽に立ち寄れて
ひと安心

これは使える！
上海のコンビニ

上海のコンビニはすでに6000店を超えるという。ローソンなどの日系コンビニを筆頭に店舗数を増やし、オリジナル商品を続々開発している。いまや現地のコンビニは日本からの旅行者、出張者には欠かせないお助けスポットだ。

※商品やサービスは取材時のもので、
　その後変更されている場合があります

取材協力: 上海羅森便利有限公司、万象城店
取材・構成: オフィス カラムス
撮影: 町川秀人

朝と昼どきは
イートインが大繁盛！

　上海のコンビニはイートインが充実している。町歩きに疲れたとき、コンビニを見つければ旅行者もひと息つけるので大助かりだ。ただし、朝の出勤時とランチタイムは、お弁当や飲み物などを買う地元の人たちで混み合っている。イートインのテーブルもほぼ占拠されてしまう。ゆっくり過ごしたいなら、この時間帯は外したほうがいい。

日本と変わらないレジ周辺。昼どきにはオフィスに勤める人々が弁当やスナックを買いに列を作る

ローソン万象城店
日本のコンビニと変わらない清潔な店内。ローソンは中国全土で約1400店、上海市およびその周辺に800店以上ある（2019年4月現在）
Ⓤ www.lawson.com.cn

232

店によってイートインのスペースは違うが、万象城店では物販エリアと分かれている

攻略ポイント①
朝食代わりに
イートインを使う

軽食や飲み物の豊富な上海のコンビニは、地元の人たちも朝食代わりによく使っている。旅行者にとってもありがたい存在だ。

上海人の朝食の定番は肉まんと豆乳だ

攻略ポイント②
カフェより安く入れたてコーヒーを飲めてくつろげる

※一部店舗を除く

ローソンでは、アメリカンコーヒー（8元）やカフェラテ（8元）、香港式ミルクティー（5元）、豆乳（3.5元）を味わえて、町場のカフェより断然安い。種類の豊富なスイーツやパンもつい購入したくなる。旅行者にも憩いのスポットだ。

左：ローソンのオリジナルコーヒー
右：上海ではセルフでなく、店のスタッフがコーヒーメーカーで入れてくれる

攻略ポイント③
進化する各種サービス

キャッシュレス化が進む中国の消費状況に合わせ、ローソンではセルフレジの試みが始まっている。スマートフォンにあらかじめ専用アプリをダウンロードし、WeChat Payなどの決済システムとひもづけておくと、店内の専用端末に商品のバーコードをかざしてアプリを操作すればレジに行かずとも支払いができる。登録には中国の携帯番号が必要で観光客向けではないが、今後どう展開されるか楽しみだ。

類似のサービスの実証実験が日本でも始まった

充実の弁当やおにぎり
おでんや中華まんもある！

ローソンのプライベートブランド（PB）商品の代表格は、弁当とベーカリーだ。見かけはそれほど日本のコンビニ弁当と変わらないが、上海テイストの中国総菜を一品添えるなど、ローカル好みの味つけになっている。パンやスイーツも日本では味わえないオリジナル商品が多いので、中国の食体験を気軽に楽しめる。

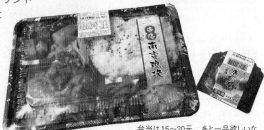

弁当は15〜20元。あと一品欲しいなと思ったら、温泉卵を付けたり、レジ前の総菜で買い足すのは日本と同じ

おにぎりは中国でも定番。日本米とよく似た東北地方の米を使っている。具は日本と違うものも多い

日系コンビニはパンがおいしい。左上のプライベートブランドのほか、下のヤマザキ製品、そして右上のような季節のサンドもある

ペットボトル飲料や缶ビールは日本メーカーの中国生産品が手に入る。もちろん中国各メーカーの製品も充実

おでんは通年販売

ローソンではおでんを「熱点　áo diǎn」と呼び、通年販売している。中国人好みに辛い出汁もあっておもしろい。

日本ぽい雰囲気を強調したおでんコーナー

種類豊富な"中華まん"

本場で展開する"中華まん"は、日本にはない中国式のあんが楽しみ。ひとつ3〜4元でいろいろと楽しめる。

"中華まん"の食べ比べもいい

棚に並ぶローカル商品をチェック!

ローソンの棚に並ぶ商品のなかには、日本でおなじみのものもあるが、中国オリジナルのものもたくさんある。ぜひ手に取って比べてみたい。

菓子パンは日本品質でおいしい。もちもちした食感のQQパンが人気

日本から輸入された缶コーヒーもある。無糖タイプは在住日本人に大人気 ※2019年5月現在、同商品は取り扱い中止

ヤマザキパンの現地生産品が買えるのも日系ならでは。パンはローソン専用のシリーズ

レジ前の惣菜は電子レンジで加熱して提供。弁当にプラス一品したいときに便利

「ローソンセレクト」のドライフルーツは日本と同じ品質管理下で生産している

同じく「ローソンセレクト」のナッツ類。沖縄の海塩を使っているのがウリ

配りみやげにもなるポッキーやプジョイの中国版製品

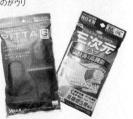

PM2.5用のマスクも複数種類を常備 ※2019年5月現在、同商品は取り扱い中止

中国に定着したローソン

中国語で「罗森 luó sēn」と呼ばれるローソンは、2019年1月には、中国で2003店を展開。内訳は上海周辺で1220、重慶207、大連145、北京108、武漢303、合肥20で、圧倒的に上海が多い。今後も驚くべきスピードで増えていくだろう。従来の雑貨店に飽き足らない成熟した中間層が増えたことや、「安心安全」の日本品質が支持されてもいるのだろう。社員はほぼすべてが中国人だといい、日本と中国の「いいとこ取り」を目指して頑張っている。

中国茶を選ぶ

中国茶のファンは多い。せっかく上海へ来たのであれば、やはり本場のお茶を買って帰りたい。町なかのすてきなショップのお茶もよいが、市場でならよりリーズナブルに買うことができる。天山茶城（→P.247）のような大きな市場ならよりどりみどり。納得いくまで試飲もできる。

心ゆくまで気に入ったお茶を選ぶ
気になったお茶は、買う前に試飲させてくれる

お茶に興味があるなら、ぜひ行ってみたいのがお茶市場の天山茶城。茶葉だけでなく、お茶道具の店も入店しているので選び放題だ。上海でお茶の詐欺に遭ったという話をよく聞くが、自分で市場へ買いにいけばぼられることもなく、気になるお茶（固めて包んであるプーアール茶以外）はたいてい試飲させてくれる。買う単位は多いほうが望ましいが、観光客なので少量でも断られることはない（2両＝100gがおすすめ）。ちなみにプーアール茶以外のお茶で入れる前に茶葉を洗うのは、茶葉が汚れているせいではなく、単に昔からの習慣による。

■ 各店舗の前にはたいてい見本のお茶が少しずつ出してある　2 市場は広い建物の中にあり、いくつもの店舗が入っている

■ 茶葉の店は問屋なので鷹揚。試飲用のお茶をどんどんついでくれる ■ 3月下旬にはもう新茶が出ている西湖龍井。緑茶や白茶は試飲の際、ガラスのコップで茶葉も見せてくれる。お茶を入れる温度はお茶の種類によって違っていて、龍井のような緑茶なら70℃〜80℃、紅茶と白茶は90℃、プーアール茶、ウーロン茶は熱湯で入れる

林鑫茶葉 中山西路店（→P.247）のおすすめする茶葉（例）

正山小種
紅茶

鉄観音
青茶

茉莉花茶
花茶

西湖龍井
緑茶

プーアール茶
黒茶

安吉白茶
白茶

茉莉大龍珠
工芸茶

1回分ずつ小さく包んだプーアール茶はかわいいのでおみやげに最適（パッケージは取材時のもの）

プーアール茶。サイズはいろいろで、固めてある。飲む時はナイフなどで削りとる

お茶道具を選ぶ
茶芸に使う道具や茶器など、手頃な価格からある

■ 茶器のセット ■ 小さな店がいくつもあるが品揃えは大同小異 ■ 茶盤のアクセサリー ■ リーズナブルな青磁の杯 ■ 茶芸に使う道具は30元ぐらいからある

　天山茶城2階には、茶葉のほかに茶道具を扱う店もいくつかある。茶器をおみやげにするならここがおすすめ。上質なセットからリーズナブルなばら売りまでさまざまで、お茶ではなくお酒を飲むために使えそうな茶器もある。茶壺という小さめの急須ひとつと、盃のような小さな茶碗が数個のセットになって箱入りになっているものは安いもので200元くらいからある。無錫市の宜興で作られる素焼きのものが有名で、高いものは天井知らずだが、それでも町なかの百貨店や空港の売店で買うよりはずっと安く手に入る。ただし目利きは欠かせない。

雑貨	**上海 Suzhou Cobblers**／上海 Suzhou Cobblers

シャンハイ スーチョウ コブラーズ　　　　　shànghǎi

M P.77-F2　**U** www.suzhou-cobblers.com

2024年1月現在閉店

住黄浦区福州路17号101室
☎63217087
オ10:00～18:30
休春節3日間
カADJMV
交軌道交通2、10号線「南京東路」

靴作り名人だった祖母の技を継いだオーナーの店。最高級の技をもつ蘇州の刺繍職人が刺繍を施したシルクの靴やバッグがすばらしい。ベジタリアンの友人のためにデザインした野菜柄のシリーズは秀逸。日本人には明るい地に金魚を刺繍したものが人気。

雑貨	**Brocade Country**／锦绣坊

ブロケード カントリー　　　　　jǐnxiùfáng

M P.76-C4

貴州省の苗族と中国南西部の少数民族に伝わる工芸品を扱う。銀細工のアクセサリーやかんざし、刺繍が施された衣装、タペストリーやクッションなどもある。日本語を話せるオーナーにモチーフの背景など尋ねてみよう。

住静安区巨鹿路616号
☎62792677
オ10:30～19:00
休陰暦大晦日と前日、春節7日間
カADJMV
交軌道交通2、7号線「静安寺」

雑貨	**上海張小泉刀剪 総店**／上海张小泉刀剪 总店

シャンハイちょうしょうせんとうせん そうてん　　　shànghǎi zhāngxiǎoquán dāojiǎn zǒngdiàn

M P.77-D1

家庭用のはさみからプロの使う特殊な刃物、電動の野菜皮むき器まで、取り扱う商品は500種類にも及ぶ。はさみや爪切りの日常使いを選ぶもよし、中華包丁など中国ならではのキッチン用品などを見るだけでも楽しい。

住黄浦区南京東路490号
☎63229393、63223858
オ9:30～21:30
休なし
カMV
交軌道交通2、10号線「南京東路」

雑貨	**上海景徳鎮芸術瓷器**／上海景德镇艺术瓷器

シャンハイけいとくちんげいじゅつじき　　　shànghǎi jǐngdézhèn yìshù cíqì

M P.77-D3

景徳鎮を専門に取り扱う、1959年創業の老舗店。店名には芸術瓷器とあるが、有名作家や名人の作品はもちろん、日常使い用から皇族が使用した茶器のレプリカまで、品揃えは幅広い。日本語の通じるスタッフもおり、安心して買い物ができる。

住静安区陝西北路212号(南京西路1185号)
☎62538865
オ10:00～21:00
休なし
カADJMV
交軌道交通2、12、13号線「南京西路」

雑貨	**& flow**／巡丽花

アンドフロー　xúnlìhuā

Ⓜ P.76-C4　**U** www.and-flow.com　ウィーチャットID:mariandflow

住静安区巨鹿路758号MORE THAN EAT内
☎なし
オ10:00〜19:00
休不定休
カ不可
交軌道交通2、7号線「静安寺」

日本人オーナーの竹下マリさんが2010年に立ち上げたスキンケアブランドの直売ショップ。中国医学（漢方）に基づき、手作業で作るオリジナルの熟成ハーバルソープやクリーム、オイルなどの肌に優しい製品がラインナップ。シンプルなデザインも品がよく、おみやげにも好評だ。店はフードコートの奥にある。

雑貨	**譚木匠**／譚木匠

たんぼくしょう　tánmùjiàng

Ⓜ P.125-B1　**U** www.ctans.com

さまざまな天然素材で作る櫛を扱う、櫛の専門店。日常使いの櫛だけでなく、意匠を凝らした装飾の美しい櫛や、ブレスレットやかんざし、鏡なども多く取り揃えているので、プレゼントや旅の思い出に選ぶのも楽しい。

住黄浦区豫園老街31号
☎63554420
オ8:30〜21:00
休なし
カMV
交軌道交通10号線「豫園」

雑貨	**石怡集**／石怡集

せきいしゅう　shíyíjí

Ⓜ P.81-B2

住黄浦区泰康路248弄51号1階
☎54658382
オ9:30〜20:30
休なし
カ不可
交軌道交通9号線「打浦橋」

英語店名はesydragon（イージードラゴン）。中国の伝統的な生地で作ったテディベアや、伝統的な縁起物のおもちゃ、チャイナテイストのアイテムをモチーフにした雑貨や陶磁器など、こぢんまりした店内は、色鮮やかでポップなデザインがかわいい商品であふれている。

譚木匠は黄浦区豫園新路13号に移転。

雑貨	**de shanghai** ／ 的上海

デシャンハイ　de shànghǎi
MP.65-F4 **U**www.webdeshanghai.com

2024年1月現在閉店

住黄浦区紹興路25弄
☎携帯=18521321327
オ11:00～17:00
休水曜
カ不可
交軌道交通9号線「打浦橋」

崇明島で生産されていた鮮やかな花柄生地にひかれた日本人オーナーの店。ビンテージ生地をモチーフにしたオリジナル雑貨を扱う。古いアパートをまるごとリノベーションし、一部はカフェやB&B（→P.281）にもしている。花柄マスキングテープやクリアファイル、レトロ柄のバッグやマグカップなどが好評。

雑貨	**Platane 泰康路店** ／ Platane 泰康路店

プラターネ たいこうろてん　tàikānglùdiàn
MP.66-A4 **U**www.platane.cn

パリ出身の女性オーナーが手がける、フレンチテイストのセレクトショップ。オーナー自らデザインし、景徳鎮大学に依頼製造した陶磁器をはじめ、世界各国のハイセンスな雑貨や高級ファブリックが揃っている。

住黄浦区泰康路156号
☎64662495
オ10:00～20:00
休陰暦大晦日と前日、春節5日間
カADJMV
交軌道交通9号線「打浦橋」

雑貨	**Joma Arts** ／ 卓玛

ジョーマ アーツ　zhuómǎ
MP.81-B2

チベット族女性オーナーが選ぶアクセサリーやインテリア小物は、どれも一点物。エキゾチックなサロン風店内には、チベット刺繍のタペストリーやクッション、実際に祭事で使われるゴールドアクセサリーなども並ぶ。

住黄浦区泰康路210弄7号6室
☎54652113
オ10:30～19:30
※陰暦大晦日と陰暦1月1日～15日は12:00～16:00
休なし
カADJMV
交軌道交通9号線「打浦橋」

雑貨	**PURELAND** ／ 青兰工舍

ピュアランド　qīnglán gōngshè
MP.81-A3 **U**www.pureland.cn

店内の壁面を飾る数多くの陶板画は、ほとんどがオーナーのデザイン。色数が多く鮮やかな陶板画は、伝統的なモチーフや素朴なデザインが愛らしく、絵画として、またインテリア装飾や家具としても楽しむことができる。

住黄浦区泰康路248弄49号
☎54656006
オ10:00～19:00
休陰暦大晦日、春節2日間
カJMV
交軌道交通9号線「打浦橋」

　Platane 泰康路店は徐匯区武康路439号に移転。Joma Artsは黄浦区泰康路200弄3号101に移転。PURELANDは黄浦区泰康路256号に移転。

雑貨 鄧氏剪紙／邓氏剪纸
とうしせんし　dèngshì jiǎnzhǐ
P.81-A3

2009年、世界遺産に登録された中国切り絵の技術者である鄧さんの店。切り絵の技術を現代に生かしたペーパークラフトがすてき。飾り用の切り絵は北方伝統のかわいいタイプから南方伝統の繊細なタイプまで表現の幅は広い。

住 黄浦区泰康路264号
☎ 携帯＝13020240188
オ 10:00～21:00
休 なし
カ JMV
交 軌道交通9号線「打浦桥」

雑貨 守白芸術・上海／守白艺术・上海
しゅはくげいじゅつ　シャンハイ　shǒubái yìshù shànghǎi
P.81-C2 Ⓤ www.lishoubai.com

現代絵画や切り絵で名を知られ、上海美術館にも作品が収蔵される李守白さんの作品を展示、販売している。オリジナルだけでなく複製や絵はがきも扱っているので、手頃なサイズと価格で作品を手にできる。

住 黄浦区泰康路210弄4号
☎ 64677607
オ 10:00～18:30
休 陰暦大晦日、春節6日間
カ MV
交 軌道交通9号線「打浦桥」

雑貨 上海灘／上海滩
シャンハイたん　shànghǎitān
P.80-B2 Ⓤ www.shanghaitang.cn

租界黄金期、いわゆる「オールド上海」をモデルに立ち上げられた香港ブランド。中国の伝統に基づきつつも、東洋と西洋を融合しようとするパワーは、ビビッドな色使いとなって現れている。高級感だけに収まらない個性が魅力。

住 黄浦区太倉路181弄新天地北里15号
☎ 63841601
オ 10:30～23:00　※陰暦大晦日と陰暦1月2・3日は10:30～18:00
休 春節当日　カ ADJMV
交 軌道交通1号線「黄陂南路」。軌道交通10、13号線「新天地」

雑貨 D.ART GALLERY／D.ART GALLERY
ディアート ギャラリー
P.79-D1 Ⓤ www.d-art.cn

農村の日常の風景を農民自身が描いた「農民画」、もとは農村の壁などに描かれていたものが1970年頃からアートとして発展した。ギャラリーでは、作家物の作品のほか、画集やポストカード、グッズも扱っている。

住 黄浦区南昌路63号
☎ 63854401、携帯＝13301847042　（日本語可）
オ 10:00～18:00
休 1月1日、春節2日間、労働節、国慶節
カ ADJMV
交 軌道交通13号線「淮海中路」

コラム 中国製品の購入は市内がお得

空港の免税店は免税だから市内より安いと漠然と考えている人も多いかもしれない。だが、中国の免税店では、中国製品が市内よりもずいぶんと高い値段で売られている。例えば、ポッキーやプリッツの12個セットが市内の日系デパートでは約60元。それが空港免税店ではなんと2倍以上（2019年4月現在）。時間に余裕があれば市内で買うのがお得。

人気のポッキーとプリッツ

上海灘は静安区南京西路1376号ポートマン・リッツ・カールトン上海ロビーに移転。

ZEN lifestoreは徐匯区新楽路196号に移転。

雑貨	**ZEN lifestore**／钲艺廊

ゼン ライフストア　zhēng yìláng

MP.80-B3　**U** www.zenlifestore.com

住 黄浦区興業路123弄2号
☎ 53822070
営 10:30～22:30　**休** なし
※陰暦大晦日、陰暦1月1日～4日
10:00～18:00
カ ADJMV
交 軌道交通1号線「黄陂南路」。軌道
交通10、13号線「新天地」

愛らしく上品な手彩色の食器や、中国らしい雑貨からキッチュな現代風雑貨などが揃っている。また中国伝統陶器のアンティークレプリカなども手頃な価格で扱っており、洗練されたデザインを身近に楽しむことができる。

雑貨	**KITSCH CHINA**／**KITSCH CHINA**

キッチュチャイナ

MP.79-D3　**U** kitschchina.net

2024年1月現在閉店。
通信販売は継続。

住 長寧区淮海中路1984弄淮海別
墅21号
☎ 62243390
営 11:00～18:00
休 不定休　※日本の年末年始時期
と中国の春節時期に連休あり
カ 不可
交 軌道交通10、11号線「交通大学」

KITSCH CHINAは上海在住のイラストレーター、ワタナベマキコ(マック)さんのイラストブランド。中国をモチーフに、さまざまな雑貨を展開しており、特にぽっちゃり体系のパンダシリーズはかわいいと評判。文房具やカード類、おみくじ缶バッジは手軽な中国みやげに好評。ショールームは路地裏でわかりにくいが、わざわざ行く価値はある。

雑貨	**OSHADAI**／哦纱玳

オーシャーダイ　ōshādài

MP.54-C2　**U** www.oshadai.com

綿やシルクを使った、ファッションとインテリア雑貨の店。2018年に新天地からM50に移転した。Tシャツやバッグ、ポーチ、クッションなど、布の柔らかな風合いとシンプルなデザインが日常使いによくなじむ。店名「oshadai」とはお手玉のこと。

住 普陀区莫干山路50号M50創意
園5号楼201
☎ 53063798
営 9:00～18:00
休 陰暦大晦日、春節10日間
カ ADJMV
交 軌道交通13号線「江寧路」

雑貨

詩雅布芸／诗雅布艺
しがふげい　shīyǎ bùyì

M P.71-E3

2024年1月現在閉店

🏠長寧区虹梅路3721号上海虹橋
国際珍珠城1階No.1115
☎64650290
🕐10:00～20:00
🈺陰暦大晦日までの7日間、春節8
日間
💳JMV
🚇軌道交通10号線「龙溪路」

シルクや合繊のポーチ、巾着などがたくさんあり、予算に応じて選べるのでおみやげ選びにいい店。刺繍の
入った化粧ポーチは25元から、カードケースは15元ぐらいからある。合繊で刺繍入りの巾着は1枚15元、10
枚以上なら1枚10元。

雑貨

Spin 旋／Spin 旋
スピン せん　xuǎn

M 折込表-C2

🏠静安区滬太支路538号飛馬旅二
期創意園D2－1階
☎62792545
🕐11:00～19:00
🈺陰暦大晦日、春節7日間
💳MV
🚇軌道交通7号線「大场镇」

台湾のアートディレクターが中国大陸の若手陶芸作家とコラボして立ち上げた陶芸ギャラリー兼直売ショッ
プ。作品は普段使いできるセンスのいい食器類から、遊び心を刺激する工芸品、大型の壺まで多種多様。
美術館のように見学しながら作品を買うことができる。交通は不便だが陶芸好きなら足を運ぶ価値はある。

コレクション

蘭馨珠宝文物商行／兰馨珠宝文物商行
らんけいじゅほうぶんぶつしょうこう　lánxīn zhūbǎo wénwù shānghǎng

M P.78-C1

翡翠のアクセサリー、陶磁器や工芸
品などのアンティーク専門店。また、
アンティークのレプリカも扱ってい
る。店に並ぶ品物のなかには、中国
外に持ち出せない貴重な歴史遺物
もあるので、購入の際は確認を。

🏠黄浦区長楽路398号A
☎62538459
🕐9:30～17:00

2024年1月現在閉店

🚇軌道交通1、10、12号線「陕西南
路」。軌道交通13号線「淮海中
路」

大上海／大上海
だいシャンハイ　dà shànghǎi
Ⓜ P.52-C3

🏠 虹口区多倫路179号
☎ 56963948
オ 9:00〜17:00
休 春節当日
カ 不可
交 軌道交通3号線「东宝兴路」

共同租界で日本人が多く住んでいた多倫路に店を構える骨董品店。古い物から比較的最近の物まで、日常に使用されていた食器や生活雑貨、標識、ポスター、道具類など、上海の昔の暮らしを彷彿とさせる品々がところ狭しと並んでいる。店内の商品を記念写真に撮る場合は撮影料1元。

上海市集郵総公司経営部／上海市集邮总公司营业部
シャンハイししゅうゆうそうこうしけいえいぶ　shànghǎishi jíyóu zǒnggōngsī yíngyèbù
Ⓜ P.56-C2

🏠 虹口区天潼路395号上海郵政大
　楼2階
☎ 63562528　オ 9:00〜17:00
休 日曜、祝日
カ 不可
交 軌道交通10、12号線「天潼路」

中国各地の名所旧跡をはじめ、行事式典や文学、伝統芸能、工芸品、著名人などさまざまな題材の記念切手、記念封筒、記念はがきを発行、販売している。上海郵政博物館もあるので、足を運んでみるのもよい。

Lilli's SHANGHAI ／ Lilli's SHANGHAI
リリーズ シャンハイ
Ⓜ P.55-E4

オリジナルデザインのジュエリーとシルク製品の店。ジュエリーのカスタマイズにも応じてくれる。スイス人の血を引くオーナーは、クリスタルヒーラーの肩書きももち、店ではパワーストーンも扱っている。

🏠 静安区新聞路1051号茂盛大厦1D
☎ 62531469
オ 月〜金曜9:00〜17:00、土·日曜
　10:00〜17:00
休 祝日
カ ADJMV
交 軌道交通2、12、13号線「南京西
　路」

中国藍印花布館／中国篮印花布馆
服飾
ちゅうごくらんいんかふかん　zhōngguó lányìn huābùguǎn

M P.78-A1

中国の伝統的な藍染め「藍印花布」の布地や藍染め製品の博物館&ショップ。博物館では制作工程を写真で解説するほか、機織り機や染めに使われた木版や型も展示されており、日本の藍染めのルーツの一端を知ることができる。

- 住 徐匯区長楽路637弄24号
- ☎ 54037947
- オ 9:30～17:00
- 休 春節3日間
- カ MV
- 交 軌道交通1、7号線「常熟路」

真絲大王／真丝大王
服飾
しんしだいおう　zhēnsī dàwáng

M P.78-C3

上海でも最大規模を誇るシルクの専門店。ネクタイやシャツ、スカーフやパジャマ、チャイナドレスなどの既製服を扱うが、オーダーメイドも可能。オリジナルデザインを含む多様なシルク生地を切り売りもしてくれる。

- 住 徐匯区天平路139号
- ☎ 62821533
- オ 9:00～21:00
- 休 春節当日
- カ ADJMV
- 交 軌道交通1、9、11号線「徐家汇」。軌道交通10、11号線「交通大学」

Woo／妩
服飾
ウー　wǔ

M P.81-C2　**U** www.shanghaiwoo.com

上質なカシミヤやシルク素材などのマフラーやストール、ショール、スカーフがずらりと並ぶ。色、柄、サイズなど豊富に取り揃えているので、あれこれ選ぶのも楽しい。カシミヤは内モンゴル、シルクは蘇州や杭州産を主体としている。

- 住 黄浦区泰康路210弄2-2
- ☎ 54659083
- オ 9:00～22:00
- 休 なし
- カ ADJMV
- 交 軌道交通9号線「打浦橋」

如蘭之馨／如兰之馨
服飾
じょらんしけい　rúlánzhīxīn

M P.71-E3

上海虹橋国際珍珠城1階にあり、シルクの服飾雑貨を多く扱う。スカーフやネクタイの種類が多い。数は少ないがパジャマもあり、300元程度のカンフーウエアやチャイナドレスも人気商品で、ミニのチャイナドレスは280元程度。

- 住 長寧区虹梅路3721号上海虹橋国際珍珠城1階No.1-009
- ☎ 携帯＝15021278755

2024年1月現在閉店

- 日間
- カ JMV
- 交 軌道交通10号線「龙溪路」

上海虹橋国際珍珠城／上海虹桥国际珍珠城
服飾
シャンハイこうきょうこくさいちんじゅじょう　shànghǎi hóngqiáo guójì zhēnzhūchéng

M P.71-E3

建物2階の真珠と玉石専門フロアには、中国特産の淡水パールを扱う店がずらりと軒を連ね、オーダーも可能。流行のロングネックレスは日本のインターネットショップの1/3程度の価格で手に入る。建物1階は雑貨などの店が並ぶ。

- 住 長寧区虹梅路3721号
- ☎ 62626278
- オ 10:00～20:30
- 休 陰暦大晦日と前日、春節7日間
- カ JMV
- 交 軌道交通10号線「龙溪路」

真絲大王は静安区南京西路776号に移転。Wooは浦東区張楊路501号上海第一八佰伴F1に移転。

服飾	**Andrea** ／ Andrea

アンドレア

M P.71-E3

- 住 長寧区虹梅路3721号上海虹橋
  国際珍珠城2階No.8
- ☎ 携帯=15821065055
- オ 10:00～20:00
- 休 陰暦大晦日と前日、春節8日間
- カ JMV
- 交 軌道交通10号線「龙溪路」

上海虹橋国際珍珠城の2階にある、固定式店舗をもたない店の1軒。流行をしっかり押さえたカジュアルな品揃え
で買いやすい。40cm台のネックレスは80元からあり、マルチカラーのロングネックレスに小粒のロングネックレス、ピ
アスで300元を切る値段で交渉できる。いろいろと手に取ってみよう。

お茶と茶具	**臻茶林** ／ 臻茶林

ぜんちゃりん　zhēncházlín

M P.81-B1

- 住 黄浦区泰康路210弄13号
- ☎ 64730507
- オ 月曜～金曜10:00～20:30
  土・日曜9:00～21:00
- 休 なし
- カ ADJMV
- 交 軌道交通9号線「打浦橋」

景徳鎮の新進作家による一点物の茶器や、江蘇省宜興市特産の名器、紫砂の急須などの高級茶器と、上
質な茶葉を扱う店。いずれもこだわりのセレクトだ。小分けのお茶やかわいい小物はおみやげにちょうどよい。
試飲スペースもあり、さまざまな中国茶の香りや味を比べながら好みの茶葉を選べる。

コラム 量り売り茶葉の買い方

　中国茶専門店、特に老舗の専門店では茶葉
は量り売りで買うのが基本。壁際に並んだ大き
な缶や瓶に茶葉の名前と価格が記されていて、
店員にふたを開けてもらい香りや色を比べなが
ら好みのものを選ぶ。ここで外国人に厄介なの

が重さの単位だ。通常、値札には「斤」つま
り500gの値段が記載されている。500gは家
庭用には多過ぎるので、一般的には2両＝100
g程度を買うのがちょうどいいだろう。「両」は
斤の十分の一、50gを表す伝統単位。

お茶と茶具 上海大寧国際茶城／上海大宁国际茶城
シャンハイだいねいこくさいちゃじょう　shànghǎi dàníng guójì cháchéng
M折込表-C2

さまざまな産地、種類の茶葉を扱う店が300軒以上、茶器茶道具を扱う店も合わせると600軒以上の店舗が集まる、上海市内最大規模のお茶の総合卸売市場。建物3階には歴史博物館もあり、茶文化についての展示やイベントも行われる。

住静安区共和新路1536号
☎66305888
オ8:00〜20:00
　※店舗により異なる
休店舗により異なる
カ店舗により異なる
交軌道交通1号線「延长路」

お茶と茶具 天山茶城／天山茶城
てんざんちゃじょう　tiānshān cháchéng
MP.62-C3

中国国内やインド、スリランカなどの茶葉、茶器など扱う店が300軒以上。多くの日本の業者も買い付けに訪れる。少量購入も可、小分けに袋詰めしてもらいみやげ物に。試飲もできるので、お気に入りのお茶を見つけよう。

住長寧区中山西路518号
☎62599999
オ9:00〜19:30
休店舗により異なる
カ店舗により異なる
交軌道交通2号線「娄山关路」。軌道交通2、3、4号線「中山公园」

お茶と茶具 程裕新茶号／程裕新茶号
ていゆうしんちゃごう　chéngyù xīncháhào
MP.76-C2

上海市商務委員会によって「上海老字号（上海の老舗店）」に選ばれた、清代から180年近く続く中国茶の専門店。中国十大名茶のうち、安徽省の特産である中国緑茶や中国紅茶などを中心に、各種の中国茶を扱う。

住黄浦区浙江中路56号
☎63225583
オ8:00〜18:00
休陰暦大晦日、春節3日間
カ不可
交軌道交通1、2、8号線「人民广场」

お茶と茶具 林鑫茶葉 中山西路店／林鑫茶叶 中山西路店
りんしんちゃよう ちゅうざんせいろてん　línxīn cháyè zhōngshān xīlùdiàn
MP.62-C3

店の外に茶葉のサンプルを出している茶葉問屋のなかでは入りやすい雰囲気で小売りもしてくれる。普段使いから高級品まで揃っており、買うと1回分ずつ小分けにパックしてくれるのでおみやげにもいい。気に入ったお茶が見つかるまで試飲させてくれる。

住長寧区中山西路518号天山茶城1階1096、1097
☎62338699
オ9:30〜19:00
休陰暦大晦日までの3日間、春節9日間　カ不可
交軌道交通2号線「娄山关路」。軌道交通2、3、4号線「中山公园」

お茶と茶具 合奉祥／合奉祥
ごうほうしょう　héfèngxiáng
MP.72-C3

十数年熟成された雲南の高級茶葉を専門に扱う店。珍しい野生茶などもある。店主の徐さんは趣味人で、茶葉についても最高級を追い求める。価格は50g100元〜と安くはないが、品質を考えると納得できる。通人向けの店。

住閔行区姚虹路299弄21号101室
☎62702067
オ10:00〜22:00
休春節、国慶節の政府指定休日
カ不可
交軌道交通10号線「宋园路」

百貨店・SC	**新世界大丸百貨**／新世界大丸百货

しんせかいだいまるひゃっか　xīnshìjiè dàwán bǎihuò
M P.77-E1　**U** www.newworld-daimaru.com

大丸松坂屋百貨店と上海新世界株式有限公司が提携して2015年にオープンした日系高級デパート。内外の高級ブランドが入店するほか、食品コーナーには日系の山崎パンなども入店。大丸松坂屋カード会員には優待がある。

住 黄浦区南京東路228号
☎ 69788888
オ 10:00〜22:00
休 なし
カ ADJMV
交 軌道交通2、10号線「南京东路」

百貨店・SC	**恒隆広場**／恒隆广场

こうりゅうこうじょう　hénglóng guǎngchǎng
M P.77-D3　**U** www.plaza66.com

ガラス張りの建物と吹き抜けが開放感を感じさせる、ブランドストリート南京西路を代表するファッショナブルな高級ショッピングモール。シャネルやルイ・ヴィトンをはじめ、海外の一流ブランド店が軒を連ねている。

住 静安区南京西路1266号
☎ 22251800
オ 10:00〜22:00
休 なし
カ ADJMV
交 軌道交通2、12、13号線「南京西路」

百貨店・SC	**上海梅龍鎮伊勢丹**／上海梅龙镇伊势丹

シャンハイばいりゅうちんいせたん　shànghǎi méilóngzhèn yīshìdān
M P.77-E3　**U** www.isetan.cn

梅龍鎮広場というショッピングビルにテナントとして入居しているが、サービスや品揃えのよさは日本の伊勢丹百貨店そのまま。梅龍鎮広場には紅焼肉で有名な円苑(→P.2...が入店しているので、食事の計...コースに入れるのもいい。

住 静安区南京西路1038号
☎ 62721111

2024年7月現在閉店

百貨店・SC	**久光百貨**／久光百货

きゅうこうひゃっか　jiǔguāng bǎihuò
M P.76-B3　**U** www.jiu-guang.com

住 静安区南京西路1618号
☎ 32174838
オ 10:00〜22:00
休 なし
カ ADJMV
交 軌道交通2、7号線「静安寺」

上海在住日本人に人気の、香港そごう系高級デパート。世界の一流ブランドから生活雑貨や文具を扱う店が500店以上、エステティックサロンなどもある。和洋中の食材が揃うという日本スタイルのデパ地下も人気で、おみやげ調達にもおすすめ。

百貨店・SC	**上海三越** ／上海三越

シャンハイみつこし　shànghǎi sānyuè

MP.78-C1 **U** www.mitsukoshi.cn

日系のオークラ ガーデンホテル上
海の1階ロビーに入っている。服飾
雑貨、中国雑貨、伝統工芸品な
百貨店らしい上質なえりすぐり
品々が並ぶ。スタッフも日本語が
能なので、安心して買い物ができる。

住 黄浦区茂名南路58号オークラ
ガーデン ホテル 上海1階

2024年1月現在閉店

休 なし　**カ** ADJMV
交 軌道交通1、10、12号線「陝西南路」

百貨店・SC	**上海高島屋百貨** ／上海高島屋百货

シャンハイたかしまやひゃっか　shànghǎi gāodǎowū bǎihuò

MP.72-B2 **U** www.takashimaya.com.cn

軌道交通10号線「伊犁路」駅と地
下に直結しているので、寒い日や荒
天の日に便利。日本人が多く住む
エリアにある。高級ブランドも多数
入店しており、地下食品売り場も充
実。残念ながら、2019年8月25日を
もって閉店が決定した。

住 長寧区虹橋路1438号
☎ 22232688
オ 10:00〜21:30
休 なし
カ ADJMV
交 軌道交通10号線「伊犁路」

食品	**上海市第一食品商店** ／上海市第一食品商店

シャンハイしだいいちしょくひんしょうてん　shànghǎishì dìyīshípǐn shāngdiàn

MP.76-C1

人民広場駅からすぐの南京東路の
歩行者天国沿いにあってわかりやす
い。おみやげ用お菓子、量り売りのお
菓子や加工食品がたくさんあるほか、
漢方のコーナーもあるが安くはない。
なお、量り売りの肉加工品は、日本へ
は持ち込めないので注意。

住 黄浦区南京東路720号
☎ 63222777
オ 9:30〜22:00
休 なし
カ MV
交 軌道交通1、2、8号線「人民广
场」

食品	**しんせん館 徐家匯店** ／新鲜馆 徐家汇店

かんじょかかいてん　xīnxiānguǎn xújiāhuìdiàn

MP.78-B3 **U** www.shinsenkan.com

住 徐匯区広元西路108号
☎ 事務室=62098205
店舗=64079352
オ 7:00〜22:00
休 陰暦大晦日、春節6日間
カ 不可
交 軌道交通1、9、11号線「徐家汇」

日本企業の現地法人が製造している食品を多く取り扱うスーパーマーケット。上海には5店ある。在住日本人
が多く利用するだけあり、さまざまな日本食品を取り揃えている。日本でおなじみの菓子類の中国バージョンは
観光客にもおみやげとして好評。空港免税店より格段に安いのでまとめ買いしておくとよい。

食品	**紅宝石 肇嘉浜店**／红宝石 肇嘉浜店

こうほうせき ちょうかはうてん　hóngbǎoshí zhàojiābāngdiàn

M P.65-F4　**U** www.rubyfoods.com

1986年創業、上海市民に人気の庶民的な洋菓子チェーン。いちばん人気はシンプルなショートケーキ（1個8.5元）で、イギリスとの合弁だけあって生クリームは本格派。この店はイートインも可能で、コーヒー（15元）などとともにケーキを楽しめる。

住 黄浦区肇嘉浜路12号
☎ 64152551
オ 8:00～19:45
休 なし
カ 不可
交 軌道交通9号線「打浦桥」

書籍	**上海書城**／上海书城

シャンハイしょじょう　shànghǎi shūchéng

M P.77-D2

7階建てのビルのフロアごとにジャンル分けされた書籍、ほかにも画材、文具、DVDなど、20万を超える品揃えを誇る。日本語の書籍はないが、日本人作家の中国語訳は豊富。地図やバス路線図など旅に役立つアイテムもある。

住 黄浦区福州路465号世紀出版大厦
☎ 63914848
オ 9:30～21:00
休 なし
カ 不可
交 軌道交通2、10号線「南京东路」。軌道交通1、2、8号線「人民广场」

読者投稿

水郷古鎮に泊まろう

　水郷古鎮は上海、蘇州等からの日帰りをする人が多い（中国人も）が、早朝の静かな町や、きれいなライトアップを楽しむために、古鎮でのホテル宿泊をおすすめ。同里では上海よりもだいぶ安く、すてきなホテルに泊まれた。ホテルは入り組んだ町なかにあることが多く、地図があってもたどり着けなかったので、事前にホテルの人に迎えを頼んだほうがよい。　　（栃木県　HIROKI-H　'18）

南京の両替事情

　南京の町なかには、いわゆる観光地にあるような両替所がまず見当たらない。高級ホテルのフロントではレートがあまりよくないうえに、4万円程度が上限だった。空港で両替したくても国内線のロビーにはない。国際線の発着ロビーにならあるが、時間によっては営業していない。町なかでまともなレートで両替できるのは銀行になるが、パスポートがないと両替できない。また、英語を話せる人がほとんどいないのと、昼休みが意外に長く営業時間が短いため、時間のかかる場合がある。　　（東京都　S子　'19）

七浦路服装市場　（M P.56-B～C2）

ものすごく安いが、ちょっと高くてすてき

なものもある。スーツケースを持ったバイヤーも見かけた。難点はトイレ。個室の扉がないので気になる人はホテルなどで済ませてから向かうのがおすすめ。

（千葉県　藤澤佐希子　'18）

豫園剪紙店

　豫園商城にある切り紙屋。いろいろな絵柄の切り紙や似顔絵の切り紙版、花文字などがあり、既製のものやその場で注文して作ってもらったりできる。私は既製のパンダの切り紙を80元（台紙付き）で購入した。薄くて軽く、中国らしいおみやげが買えてよかった。場所は、豫園商城5号門近く。

住 黄浦区豫園老街52号豫園商城1階

（千葉県　marco　'18）

外灘でのぼったくりに注意

　友人が外灘でぼったくりに遭った。日本人男性がひとりでいると、20～40代の女性がふたりで近寄ってくる。日本に最近旅行に行ってきた写真があるといって、スマホの写真を見せ、日本に知ってる人がいると親近感を演出する。日本語と英語の会話ができる中国人女性だった。近くで一緒にお茶を飲みましょうと誘われ、ビルの谷間にある、看板のない個室のような怪しい店で、フルーツとお茶で、法外な請求書が出された。

（神奈川県　匿名　'18）

それ、買っても大丈夫?

　上海でのショッピングで気をつけなければならないことがいくつかある。偽ブランド品を買ってはいけないのは言うまでもないが、買っても国外へ許可なく持ち出せない物や、持ち出せても日本には持ち込めない物もある。知らずにNGなものをすすめられるままに買ってしまわないようにしたい。

許可なく中国国外へ持ち出せない物

　アンティーク好きは要注意。購入した骨董品が本物であった場合(本物と称しても偽物が多い国ではあるが)、それが文化財的価値を有すると認められる物は許可なく持ち出すことはできない。販売する側はそのあたりをあまり関知せず売ることがあるので頭のすみに入れておきたい。(→ P.396)

肉類は日本へ持ち込めない

　中国の肉類、肉の加工品、生の野菜や果物は日本へ持ち込むことができない。2019年4月には違法な肉類の持ち込みに対し、厳正に対処するという通達が出された。空港の売店に肉の加工品があるが、実はそれもNG商品。食品デパートの個包装になった量り売りの肉加工品も同様だ。市場の野菜はつい買って帰りたくなる品質だが、土の付いた生のものは日本へ持ち込むことができない。買うなら乾物や塩漬け、漬物にとどめよう。(→ P.411)

ワシントン条約に違反する物

　中国では今、象牙が厳しく規制されている。しかしワシントン条約に抵触するのは象牙だけにとどまらない。うっかり買ってしまいそうなのは水牛の角の製品で、カトラリーや印章、櫛などは要注意だ。詳しくはワシントン条約の『附属書』を参照されたい。これによると製品として個人的にかぎられた数なら持ち込める物も、販売店の証明書がないとだめで、しかもその証明書はその生物を学名で記したものでなければならない。そのほかにもバッグや扇子等に加工される動植物があるので、事前に目を通して把握しておくことをおすすめする。

ワシントン条約の付属書

　ワシントン条約では国際取引の規制の対象となる動物約5000種、植物約2万9000種を『附属書』と呼ぶリストに掲載している。『附属書』には規制内容の異なる『附属書I』から『III』があり、掲載された動植物の数の多さに驚く。生物だけではなく、その皮や骨を使った製品も対象になるので、面倒だが目を通しておくに越したことはない。家具や服飾雑貨を買うなら要注意。

取引が規制される野生生物のリストは、このページを見るとわかる

U www.trafficj.org/aboutcites/summary.html

筆を買いたい人へ

　豫園周辺など、筆を扱う店がたくさんある。書をたしなむ人ならきっとのぞいてみたくなる店だが、なぜだか必ずすすめられるのが「オオカミの毛」の筆だ。これはオオカミの毛ではなく、イタチの仲間の動物の毛だ。筆が太く、大きくなるほど高価になるが、それはイタチの毛という材料の性質によるもの(もとがあまり長い毛ではないため)。単純に信じて買わないようにしたい。

上海のアミューズメント

上海名物の雑技。考えられないような技の数々が繰り広
げられる舞台を一度は観てみたい／写真：町川秀人

上海のエンターテインメントといえば
何といっても雑技

国際都市上海では、近代建築群とグルメやショッピングが観光の中心となる
が、旅の楽しみはそれだけではない。上海名物の雑技は一度は観て損はない、
華やかなエンターテインメントだ。言葉がわからなくとも十分に楽しめる。

雑技を見る

　雑技とは、鍛え上げた肉体と熟練によって見
せる体技・曲芸と奇術などの芸能を総合したア
ミューズメント。中国的なサーカスといってもよ
い。劇場ではその人間離れした技を間近に見るこ
とができる。子供の頃から訓練を始め、専門学
校を卒業する 12 歳には一人前のプロフェッショ
ナルとしてステージに立つ。中国全土で 2 年に 1
回行われるコンテストに出る優秀な技をもつ団員
もいるという。

1 積み上げた椅子に人が上る椅技。積み重ねた椅子の上で演技す
るのは、倒立をはじめとしたはらはらドキドキの技　**2** ステージが近
い　**3** 観客もステージに上げられる。上がってみたければ、前のほ
うの席を取るとチャンスがあるかも　**4** 鍛え上げた肉体による技は、
オリンピックの体操を思わせる　**5** 見事なジャグリング　**6** 体を支
えるのは 2 枚の布のみという華やかな紬吊。男女ひと組で演技する
場合でも命綱は使わないという。しかも、誰かが代役を務められる
よう、ひとりでいくつかの技をこなせるとのこと

1 顔の上にグラスを積み上げるバランス技、柔術。関節が柔らかいほど美しいが、その美しさは訓練を始める年齢が若いほど出せるとされ、団員の多くは6歳から雑技の専門学校へ通う　2 大きな甕を自在に操る頂椀と呼ばれる技。本物の陶器なので重いうえ、落とすと割れるので、派手さはなくても難しい　3 布1枚で空中を舞う綢吊は中国式空中ブランコ。伝統の技が西洋に見出され、シルク・ドゥ・ソレイユにも取り入れられた　4 シーソーで人を跳ね上げる小跳板。着地する場所は舞台ではなく、人の肩の上である

5 人間離れした力技と柔軟性。3人ひと組の技はふたりで演技するよりも呼吸を合わせるのがずっと大変だ。ライティングの演出も合わせた迫力あるステージに息をのむ　6 フィナーレには出演者全員がステージに登場。疲れた顔ひとつ見せず、笑顔であいさつ

劇場	**上海商城劇院**／上海商城剧院

シャンハイしょうじょうげきいん　　shànghǎi shāngchéngjùyuàn

📍**P.77-D3**　🔗www.shanghaicentre.com/jp

上海商城内にある劇場。比較的小
規模な劇場のため、オーソドックスな
がら世界的な評価も高い上海雑技
のパフォーマンスを近い距離から臨
場感たっぷりに楽しむことができる。
料金は180〜380元。

🏠静安区南京西路1376号上海商
　城
☎62798948
🕐19:30〜21:00
　※公演により変更あり
休不定期
🅿不可
🚇軌道交通2、7号線「静安寺」

劇場	**蘭心大戯院**／兰心大戏院

らんしんだいぎいん　　lánxīn dàjùyuàn

📍**P.65-E2**

1866年に開場し、現在の地に1930
年に建てられた歴史ある劇場。オーク
ラ ガーデンホテル上海のすぐ近く
にあり、現在は京劇にかぎらずさまざ
まなエンターテインメントが上演され
ている。午後の部は伝統の語り物
が主。

🏠黄浦区茂名南路57号
☎62178530
🕐13:00〜16:30、19:30〜21:30
　※公演により変更あり
休なし
🅿不可
🚇軌道交通1、10、12号線「陝西南
　路」。軌道交通13号線「淮海中路」

劇場	**上海馬戯城**／上海马戏城

シャンハイまぎじょう　　shànghǎi mǎxìchéng

📍折込表-C2　🔗www.era-shanghai.com

「馬戯」は中国語でサーカスを意味す
る言葉。照明や音響設備に工夫を凝
らしており、ファンタジックな雰囲気のな
かで中国伝統の雑技を楽しめる。工
事のため2019年10月まで、時空城
堡（📍折込表-C2🏠共和新路2801
号）で上演。同劇場は月曜休演。

🏠静安区共和新路2266号
☎66525468
🕐19:30〜21:10
休陰暦大晦日
🅿不可
🚇軌道交通1号線「上海马戏城」

変身写真	**上海萬紅変身写真館**／上海万红变身写真馆

シャンハイまんこうへんしんしゃしんかん　　shànghǎi wànhóng biànshēn xiězhēnguǎn

📍**P.54-B4**　🔗www.wanhong-sh.com

日本語の通じる変身写真館。楊貴
妃や則天武后などの衣装を着て中
国美人に変身したところをプロカメラ
マンが撮影する。料金は貸衣装とメ
イク含めて3カットで350元が標準。
ヘアメイクに時間がかかるので時間
には余裕を。

🏠静安区武定路1102号怡甸公寓
　内
☎61700758　日本語携帯━

2024年1月現在閉店

休なし
🅿不可
🚇軌道交通7号線「昌平路」

音楽教室	**知楽琴行**／知乐琴行

ちがくきんこう　　zhīyuè qínháng

📍**P.81-C3**

田子坊にある楽器店で、音楽教室
を併設。琵琶や琴、胡弓、笛といっ
た伝統楽器の個人レッスンを受けら
れる。日本語は通じないが英語は通
じるので体験にはちょうどいい。料金
は45分200〜260元。もちろん楽
器を選んで買うこともできる。

🏠黄浦区泰康路220弄2階
☎64483282
🕐9:30〜20:30
休陰暦大晦日までの4日間、
　春節10日
🅿不可
🚇軌道交通9号線「打浦桥」

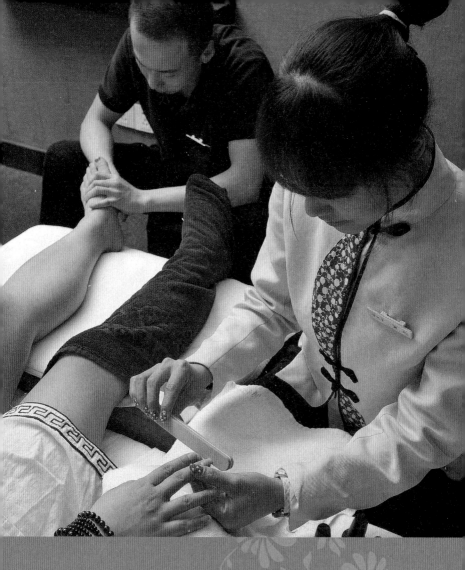

上海のリラクセーション

疲れた体にはマッサージがいちばん。足マッサージと同
時にネイルケアをできる店もある／写真：町川秀人

旅の疲れには極楽湯が効く!

地下鉄網が発達し、市内の移動が格段に便利になった上海だが、そのぶん行動半径がどこまでも広がり、旅の疲れもたまりがち。そんなときは「極楽湯」に行こう。2013年に上海出店した日本を代表するスーパー銭湯は、地元でも大人気だが、日本の旅行者にこそありがたい存在といえる。のんびり露天風呂につかっていると、癒やされること請け合いだ。

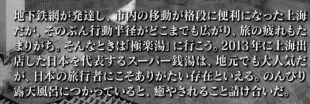

■ 日本の極楽湯と同じ露天の岩風呂がある ■ 多彩なストーンを使った岩盤浴は種類も豊富。日本では男性客の比率が高い極楽湯だが、上海では女性比率が高い ■ 「お食事処」は日本食を中心に多種の料理を味わえる ■ 色やサイズを選べる和風柄の館内着が人気で、館内には地元のOLや若いカップルの姿も多い。リクライナー設置の休憩所は広くてくつろげる。雑魚寝できる畳スペースも完備 ■ 日本のコミック（日本語と中国語）も設置 ■ ひとりでゆっくりつかれる壺風呂（露天）もある ■ 多種多様なお風呂があり、なかでも「美肌の湯」として知られる「シルキー風呂」や「炭酸泉」が人気。冬季には行列ができるため、事前に電話で確認しよう。碧雲温泉館（浦東）は2013年オープン。金沙江温泉館（浦西）は2015年オープン

極楽湯 金沙江温泉館
こくらくゆ　きんさこうおんせんかん

极乐汤 金沙江温泉馆
jílètāng jīnshājiāng wēnquánguǎn

※2号館
Ⓜ 折込表-B3
🏠 普陀区祁連山南路398号
☎ 62310660　オ 月〜金曜10:00〜翌2:00、土・日曜9:00〜翌2:00
※入館は閉館1時間前まで　休 なし
料 大人=158元　子供=68元
カ 不可　交 軌道交通13号線「祁連山南路」Ⓤ www.gokurakuyu.cn

極楽湯 碧雲温泉館
こくらくゆ　へきうんおんせんかん

极乐汤 碧云温泉馆
jílètāng bìyún wēnquánguǎn

※1号館
Ⓜ 折込表-E2
🏠 浦東新区新金橋路600号
☎ 38751245　オ 月〜金曜10:00〜翌2:00、土・日曜9:00〜翌2:00
※入館は閉館1時間前まで　休 なし
料 大人=158元　子供=68元
カ ADJMV　交 軌道交通9号線「台儿庄路」
Ⓤ www.gokurakuyu.cn
※極楽湯は上海市内にすでに4店オープンし、中国全土で8店ある

スパ Everlasting SPA ／艾维庭

エバーラスティング スパ　āiwéitíng

MP.77-D3　**U** www.everlasting.cn

1930年に建てられた、雰囲気のある洋館をリニューアルした建物内にあるリラクセーションスポット。足裏やホットストーンを使ったマッサージなどエステからリラクセーションまで多彩なメニューを楽しめる。

住 静安区陝西北路380号
☎ 62183079
オ スパ10:00〜22:00、マッサージ 11:30〜22:00
休 陰暦大晦日、春節7日間
サ なし　**カ** ADJMV
交 軌道交通2、12、13号線「南京西路」
※2日前までに要予約

スパ MISSPA ／麦莎

ミスパ　màishā

MP.64-A3

台湾の有名店が上海に開いたスパだが、世界各地の技術を融合した多彩なメニューを楽しめる。エステだけではなく、ネイルケアやヨガも体験可能。ダイエットコースもある。世界の技術を取り入れた施術が自慢。

住 長寧区江蘇路811号
☎ 52386522
オ 11:00〜21:30 ※受付は20:00まで
休 陰暦大晦日と前日、春節8日間
サ なし
カ ADJMV
交 軌道交通2、11号線「江苏路」
※前日までに要予約

マッサージ 桃源郷 ／桃源乡

とうげんきょう　táoyuánxiāng

MP.77-D1

日本でもおなじみの足ツボマッサージサロン「健美園」が経営するサロン。約70台のベッド数を誇る上海最大級の店で、日本語受付、日本語メニューがあり旅行客でも安心して利用できる。2018年に移転した。

住 黄浦区南京東路505号ホテル ソフィテル上海ハイランド4階
☎ 63226883
オ 11:00〜24:00
休 なし
サ なし　**カ** ADJMV
交 軌道交通2、10号線「南京东路」
※要予約、当日予約可能

マッサージ 蝶マッサージ ／蝶专业按摩

ちょう　dié zhuānyè ànmó

MP.79-D3

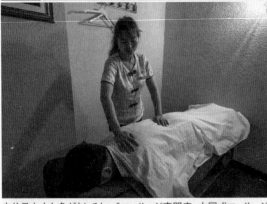

住 徐匯区呉興路29号
☎ 64665882
オ 11:30〜翌1:00
休 陰暦大晦日と春節当日
サ なし
カ ADJMV
交 軌道交通10号線「上海图书馆」

在住日本人も多く訪れるというマッサージ専門店。中国式マッサージ各種のほか、アロマテラピーやタイ式マッサージ、黄土パックなども施術可能。人気は中国式足マッサージと全身指圧のAセット（208元、1時間）。月曜から金曜の18:30以前に入店すると日替わりで指定のコースが割引となる。

| マッサージ |

香扇閣／香扇阁
こうせんかく　xiāngshàngé

M **P.78-C2**　U 27938.shop.liebiao.com

お湯につかったあとに漢方配合で
無煙性の温灸とマッサージを受ける
「艾灸療法」や、全身と足マッサー
ジを組み合わせた「香扇閣セット」が
人気。上海在住の日本人客も多い
のが特徴。

住黄浦区瑞金二路87-89号
☎63853130
オ11:00～翌1:00
休陰暦大晦日、春節4日間
サなし
カJMV
交軌道交通1、10、12号線「陝西南
路」

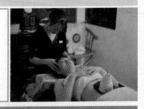

| マッサージ |

荷悦堂／荷悦堂
かえつどう　héyuètáng

M **P.78-B3**

住徐匯区広元西路88号
☎64077166
オ11:00～24:00
休なし
サなし
カADJMV
交軌道交通1、9、11号線「徐家汇」
※前日までに要予約

男性でも気軽に入れるマッサージサロン。中国伝統の保健マッサージや足裏マッサージ以外に美容や美肌、ネイルなどのオプションもある。施術のあとは飲み物や軽食を無料サービス。中国式全身マッサージ"全身中式保健按摩"1時間208元、中国式全身＋足裏マッサージ"全身中式保健按摩＋足底保健"2時間389元。

| 耳掃除 |

銘洋採耳／铭洋采耳
めいようさいじ　míngyáng cǎiěr

M **P.81-B3**

住黄浦区泰康路242弄
☎54355067
オ10:30～23:00
休不定休
サなし
カ不可
交軌道交通9号線「打浦橋」

2017年に田子坊に開業した耳掃除専門店。耳掃除店は四川省には多いというが、上海ではまだ珍しい。小さな道具を何種類も使っていねいに耳垢を取ってくれ、音叉を利用した耳マッサージもしてくれる。"采耳"(耳掃除)は30分68元、ほかに洗眼や洗鼻(いずれも20分68元)などもある。1階の洋品店の奥階段を上る。

漣泉大江戸（さざなみ大江戸）

1人気の露天岩風呂。釜風呂もある　**2**2階に上がる階段は、羽田空港国際ターミナルの江戸小路のような世界　**3**鉄板焼きやラーメン、居酒屋まであらゆる和食を味わえる　**4**なぜか金魚すくいの店も　**5**ショッピングモール「彩生活時代広場」に併設された施設

漣泉大江戸／涟泉大江户
さざなみおおえど　liánquán dàjiānghù

M P.51-D3

住閔行区莘福路288号（彩生活時代広場）

☎ 52967270　**オ** 10:00〜24:00　**休**なし　**料**大人168元、子供69元　**カ**不可　**交**軌道交通1、5号線「莘庄」。車で5分　**U** m.weibo.cn/u/6368020335

　中国全土で日本式のスーパー銭湯が次々開業しているが、2018年1月に上海市郊外の莘荘にできたのが「漣泉大江戸（さざなみ大江戸）」（日本の大江戸温泉物語とは無関係）。

　館内は広くてゴージャスだ。1階にはレセプションと大浴場、ショップなど、2階には日本食を楽しめる各種フードコートと休憩コーナー、イベントスペースもある。内風呂には四川薬湯や炭酸泉、シルキー風呂などのほか、露天の岩風呂も。館内では浴衣姿の地元上海人がくつろいでいる。

上海のホテル

レトロでゴージャスなムードあふれるフェアモント ピース ホテル（和平飯店）のロビー。オールドホテルに泊まれるのも上海の魅力／写真：町川秀人

上海のホテル

泊まり方 使い方

重厚な外観のホテルが多い

上海のホテルは多種多様。富裕層の拡大とともに、5つ星クラスの超豪華ホテルが人気となる一方で、中流層や若年層には「経済型」と呼ばれるチェーンホテルが支持されている。

ホテルの泊まり方や使い方は世界共通だが、中国独特の習慣や設備も若干あるので注意しておこう。

撮影協力：衡山賓館

ホテルの設備

中国ではシングルルームは少なく、大半がツインルームかダブルルーム。スタンダードクラスでバスタブがあるケースはまれだが、日系のホテルではバスタブ完備の所もある。シャワーは安宿でも設置されており、お湯は24時間出る。温水洗浄便座は日系や外資系ホテルには設置されている所もある。「経済型」チェーンホテルや3つ星以下では冷蔵庫やミニバーはない。

1〜5の星の数でクラス分けされている

スイートは大型ベッド1台が基本

バスタブは西洋式の浅いタイプが一般的

シャワーヘッドには固定式もある

コンセントはマルチタイプが基本

2019年7月からホテルアメニティの配布を制限

2019年7月1日から「上海市生活ゴミ管理条例」が施行され、分別が厳格化されるとともにホテルでは使い捨て歯ブラシなどのアメニティ配布が制限を開始。配布を全面廃止するか、または申し出に応じて配布するかといった対応は各ホテルにより異なるので、事前に確認するか、持参するかしたほうがよい。

チェックイン／チェックアウト

　チェックイン時は書類に名前等を記入し、パスポート実物を提示（中国に長期滞在の人も同様）。個人で宿泊する際は宿泊分より若干多い額のデポジット（保証金。中国語では"押金／yājīn"）が必要。保証金支払いはクレジットカードでも大丈夫。

4つ星以上ならだいたい英語が通じる

2019年4月現在、一部のホテルではチェックイン時に顔写真の撮影が義務化されている

「経済型」チェーンホテルの支店などでは、設備の優劣に関係なく外国人登録システムの端末が導入されていない場合は外国人の宿泊はできない

いろいろなサービス

コンシェルジュはロビーで待機

　ホテルではいろいろなサービスが充実している。困ったときはコンシェルジュに相談するとよい。英語や一部では日本語が通じ、観光の相談や予約などをしてくれる。一方、「経済型」チェーンホテルなどの安宿では中国語しか通じず、こまやかなサービスも期待できないので、割り切れる人向き。

ビジネスセンターは有料で使える

重い荷物はポーターへ。チップは10〜20元程度で

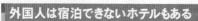

高級ホテルでは両替もできる。レートはそれほど悪くない

外国人は宿泊できないホテルもある

　星なしの庶民的ホテルや「経済型」チェーンホテルの支店の一部では、外国人の宿泊ができないケースがある。中国では外国人の宿泊に際してパスポートのデータなどを公安当局に届け出る義務があるが、届け出用のオンライン端末を設置していないホテルでは外国人は宿泊できない。立地や設備には関係ないので、便利な場所のこじゃれたホテルが外国人不可だったりする。ウェブサイトで「内宾」と表示されているホテルは外国人不可。ただ、外国人不可にもかかわらず予約を受け付けてしまうサイトもあり、その場合は予約済みでもフロントで門前払いされてしまう。トラブルを避けたいなら3つ星以上がおすすめ。

左はかつて摩天楼と呼ばれた錦江国際飯店、中央は同ホテルのエレベーターホール、右は和平飯店の1階ロビー

クラシックホテルでくつろぐ

文化財クラスの近代建築が多数残る上海では、いくつかの近代建築ホテルに実際に泊まることが可能だ。内部はきれいにリノベーションされていて、宿泊に不自由はなく、サービスも新しいホテルと遜色ない。レトロムードに浸りつつ、くつろいでみたい。

堂々たる外観はフランス租界のランドマークだった

★★★★ 衡山賓館／衡山宾馆
こうざんひんかん　héngshān bīnguǎn

旧フランス租界の徐家匯エリアにある。1934年にできた建物は、かつてはピカディ公寓という外国人用マンションだった。内部は現代的に改修されている。

Ⓜ P.79-D4　住徐匯区衡山路534号
☎64377050　FAX64372927
Ⓢ800〜900元
Ⓣ800〜900元
サなし　カADJMV
交軌道交通1号線「衡山路」
Ⓤwww.hengshanhotel.com

両替　ビジネスセンター　インターネット

落ち着いた雰囲気のスイートルーム

代表的なクラシックホテル

★ 衡山馬勒別墅飯店／衡山马勒别墅饭店
こうざんばろくべっしょはんてん　héngshān mǎlè biéshù fàndiàn

英語名はヘンシャン モラー ヴィラ ホテル 上海。1936年に建てられた建物はまるで西洋のお城のよう。もとはユダヤ系英国人の大富豪モーラー（モラー）が愛娘のために建てた私邸だったというから驚く。

MP.77-D4 　住静安区陝西南路30号
☎62478881 　FAX62891020 　S1180元
T1180元 　サなし 　カADJMV
交軌道交通2、12、13号線「南京西路」
Uwww.mollervillas.com

両替 | ビジネスセンター | インターネット

もと私邸だけあっていかつい門構え

娘の夢に出てきた北欧の城を具現化したという

※☆は申請中など正式認定ではありません

★★ 錦江国際飯店／锦江国际饭店
きんこうこくさいはんてん　jǐnjiāng guójì fàndiàn

英語名はジンジャン・パーク・ホテル。赤茶色のアール・デコ様式の建物は1934年に開業した。22階建て、84mの高さは1980年代まで上海で最も高く、市内を一望できる名所だった。

MP.76-B1 　住黄浦区南京西路170号
☎63275225 　FAX63751072
S1062元 　T1062元 　サなし 　カADJMV
交軌道交通1、2、8号線「人民广场」
Uwww.ihg.com

ビジネスセンター | インターネット

館内にはミニ博物館がある

★★ 錦江金門大酒店／锦江金门大酒店
きんこうきんもんだいしゅてん　jǐnjiāng jīnmén dàjiǔdiàn

英語名はジンジャン・パシフィック・ホテル。1926年に開業、旧名は華安大廈。保険会社のオフィスとホテルだった。豪華なロビーは感動的。

MP.76-B1 　住黄浦区南京西路108号
☎53529898 　FAX63750350 　S780～880元 　T780～
880元 　サなし 　カJMV
交軌道交通1、2、8号線「人民广场」
Uwww.ihg.com

両替 | ビジネスセンター | インターネット

時計塔が印象的

古典的な趣が美しい

浦江飯店が惜しまれつつも閉館

英国系のリチャードホテルとして1846年に創業し、1907年に改築されたバロック様式の建物が残る浦江飯店（英語名はアスターハウスホテル）。1980～1990年代にはドミトリーもあり、バックパッカーに愛用されていたので懐かしさを感じる人も多いだろう。外資系に経営が移るなどしてホテル営業を続けていたが、2017年についに廃業してしまった。建物は上海証券博物館として利用（2019年4月現在、団体のみに公開）。

フェアモント ピース ホテル／和平饭店
hépíng fàndiàn

★★★★★

MP.77-F1 **U**www.fairmont.com

住黄浦区南京東路20号
☎61386888 ℻61386920
S1470～1680元
T1470～1680元
サ15%
カADJMV
交軌道交通2、10号線「南京东路」

[両替] [ビジネスセンター] [インターネット]

長い間、和平饭店の名で親しまれていたクラシックホテル。南京東路の最東端、外灘を見渡せる位置にあり、ランドマークでもある。2010年にフェアモントホテルズ&リゾーツ系列となった。夕方からオープンするジャズバー（→P.226）はこのホテルの名物。

レ・スイート・オリエント 外灘上海／上海外滩东方商旅酒店
ワイタンシャンハイ　shànghǎi wàitān dōngfāng shānglǚ jiǔdiàn

★★★★★

MP.57-E4 **U**www.lessuitesorient.com

住黄浦区金陵東路1号
☎63200088 ℻63203399
S1330～1540元
T1330～1540元
サなし
カADJMV
交軌道交通10号線「豫园」

[両替] [ビジネスセンター] [インターネット]

外灘の南端部に位置する台湾資本のデザイナーズホテル。黄浦江に面する部屋からは浦東の高層ビル群を望める。オーナーが自ら集めた骨董品や芸術作品がところどころに飾られており、美術館のよう。レストランでは東西の創作料理を楽しめる。

バンヤンツリー・上海 オン・ザ・バンド／上海外滩悦榕庄
シャンハイ　shànghǎi wàitān yuèróngzhuāng

★★★★★

MP.58-A1 **U**www.banyantree.com

住虹口区公平路19号
☎25091188 ℻55091199
S2200～2600元
T2200～2600元
サ10%+6%
カADJMV
交軌道交通12号線「提篮桥」

[両替] [ビジネスセンター] [インターネット]

浦東新区の高層ビル群を見渡す黄浦江の北岸に立つ。アーバンリゾートとして、豪華な客室、アジア流の行き届いたサービスを提供している。上海の中心にありながら、日常生活から解放された静かなプライベート空間を堪能できる隠れ家的な存在。

ハイアット オン ザ バンド／上海外滩茂悦大酒店
shànghǎi wàitān màoyuè dàjiǔdiàn

★★★★★

MP.57-E2 **U**www.shanghai.bund.hyatt.com

住虹口区黄浦路199号
☎63931234 ℻63931313
S1609～1859元
T1609～1859元
サ15%
カADJMV
交軌道交通12号線「国際客运中心」

[両替] [ビジネスセンター] [インターネット]

外灘から外白渡橋を越えた北側に位置する。浦東の高層ビル群を一望する最上階にカフェ&バー「Vue Bar（ビューバー）」があり、落ち着いた雰囲気のなかで本格西洋料理を楽しめる。サウナやジャクージを備えた「ユアン・スパ」も人気。

268　レ・スイート・オリエント 外灘上海は、オリエンタルホテル上海／上海东方饭店に名称変更。

★★★★★ ウェスティン外灘センター，上海／上海威斯汀大饭店
ワイタン　　シャンハイ　shànghǎi wēisītīng dàfàndiàn

M P.57-D4 **U** www.starwoodhotels.com

住 黄浦区河南中路88号
☎ 63351888　**FAX** 63352888
S 1690〜1790元
T 1690〜1790元
サ 10%+6%
カ ADJMV
交 軌道交通10号線「豫園」

両 替　ビジネスセンター　インターネット

黄浦江沿いではないが、客室は26階建でツインタワーの上階にあるので眺望はよい。ベッドは豪華な特注のウェスティンヘブンリーベッドを採用、ウェスティンワークアウト・フィットネススタジオには温水プールやトレーニングジムを完備。

★★★★★ ウォルドーフ・アストリア上海オン・ザ・バンド／上海外滩华尔道夫酒店
シャンハイ　shànghǎi wàitān huáěrdàofū jiǔdiàn

M P.57-D4 **U** hiltonhotels.jp
住 黄浦区中山東一路2号
☎ 63229988　**FAX** 63219888
S 2100〜2300元
T 2100〜2300元
サ 10%+6%
カ ADJMV
交 軌道交通10号線「豫園」

両 替　ビジネスセンター　インターネット

租界時代はイギリスのシャンハイクラブだった社交場の趣を残しつつ、ヒルトン系列のウォルドーフ・アストリアにより現代的にリニューアル。レストランやバーはどれも華麗で宮殿のよう。かつて東洋最長といわれた34mのバーカウンターが復元されている。

★★★★★ ホテル インディゴ 上海 オン ザ バンド／上海外滩英迪格酒店
シャンハイ　shànghǎi wàitān yīngdígé jiǔdiàn

M P.67-F1 **U** www.ihg.com
住 黄浦区中山東二路585号
☎ 33029999　**FAX** 33029993
S 1480〜1780元
T 1480〜1780元
サ なし
カ ADJMV
交 軌道交通9号線「小南門」、10号線「豫園」

両 替　ビジネスセンター　インターネット

外灘の南に位置し、駅からは距離があるが黄浦江に面しているので眺望は抜群。客室は現代的センスにクラシックなデザインを融合させており、全室バスタブ付き。カジュアルなレストランが2軒入っている。

★★★★★ ザ・ペニンシュラ上海／上海半岛酒店
シャンハイ　shànghǎi bàndǎo jiǔdiàn

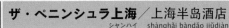

M P.77-F1 **U** shanghai.peninsula.com
住 黄浦区中山東一路32号
☎ 23272888　**FAX** 23272000
S 2700元
T 2700元
サ 10%+6%
カ ADJMV
交 軌道交通2、10号線「南京東路」

両 替　ビジネスセンター　インターネット

外灘の北端にあり、北側には緑豊かな旧英国領事館の敷地が広がる。浦東エリアを一望でき、眺望は抜群。建物は新しいが、1920〜1930年代のアール・デコ様式を取り入れている。レストラン「ザ・ロビー」ではエレガントなアフタヌーンティーを楽しめる。

ル・ロイヤルメリディアン上海は、コンラッド上海／上海康莱德酒店に名称変更。

ル・ロイヤルメリディアン上海／上海世茂皇家艾美酒店
シャンハイ　shànghǎi shìmào huángjiā àiměi jiǔdiàn

MP.76-C1　Ⓤwww.starwoodhotels.com
住黄浦区南京東路789号
☎33189999　FAX63613388
Ⓢ1089〜1339元
Ⓣ1089〜1339元
サ10%+6%
カADJMV
交軌道交通1、2、8号線「人民广场」
両替　ビジネスセンター　インターネット

多角形の柱を思わせる高層の建物からは、租界時代に競馬場だった広大な人民公園や、遠く浦東を一望できる。レストランは4軒、バーも2軒あり、中国料理と西洋料理を楽しめる。本格スパのほか、温水プール完備のフィットネスセンターも併設。

ラディソン ホテル・上海 ニューワールド／上海新世界丽笙大酒店
シャンハイ　shànghǎi xīnshìjiè lìshēng dàjiǔdiàn

MP.76-B1　Ⓤwww.radissonblu.com
住黄浦区南京西路88号
☎6359999　FAX63589705
Ⓢ920〜1080元
Ⓣ920〜1080元
サ10%+6%
カADJMV
交軌道交通1、2、8号線「人民广场」
両替　ビジネスセンター　インターネット

交通の要衝である人民広場の北端にあり、どこへ行くにも便利。客室は奇をてらわずにシンプルで落ち着いた雰囲気。45階（208m）に回転レストランがあり、上海全体を見下ろしながら食事を楽しめる。47階にある「星空」バーからの夜景も見事だ。

マジェスティ プラザ 上海／南新雅大酒店
シャンハイ　nánxīnyǎ dàjiǔdiàn

MP.76-C1　Ⓤwww.majestyplazashanghai.com
住黄浦区南京東路719号、九江路700号
☎63500000　FAX63508490
Ⓢ760〜980元
Ⓣ760〜980元
サなし
カADJMV
交軌道交通1,2,8号線「人民广场」
両替　ビジネスセンター　インターネット

3路線が交差する軌道交通「人民广场」駅のすぐ近くにあり、交通至便。南京路歩行街も目の前だ。客室は7〜24階にあり、人民公園や黄浦江を望める。フィットネスセンターやスパも併設。レストランでは地元の食材を生かした広東料理を味わえる。

ホテル・ニッコー上海／上海日航饭店
シャンハイ　shànghǎi rìháng fàndiàn

MP.64-A2　Ⓤwww.nikkoshanghai.com

住長寧区延安西路488号
☎32119999　FAX32119997
Ⓢ933〜1166元
Ⓣ933〜1166元
サなし
カADJMV
交軌道交通2、11号線「江苏路」
両替　ビジネスセンター　インターネット

市区中心の西側に位置する日系5つ星ホテル。全室バスタブ、シャワー付きトイレが設置されている。20〜25階はさらに快適なエグゼクティブフロアとなっており、上海の夜景も堪能できる。日本料理レストランの「弁慶」やスパ「ANGSANA」など施設も充実。

マジェスティ　プラザ　上海は、クラウン プラザ 上海 南京 ロード IHG ホテル／上海南新雅皇冠假日酒店に名称変更。

★★★★★ ポートマン・リッツ・カールトン上海／波特曼丽思卡尔顿酒店
シャンハイ　bōtèmàn lìsīkǎěrdùn jiǔdiàn

MP.77-D3 **U**www.ritzcarlton.com
住静安区南京西路1376号
☎62798888　FAX62798800
⑤1280～1430元
⑦1280～1430元
サ10%+6%
カADJMV
交軌道交通2、7号線「静安寺」

調度品の一部には中国で珍重される紫檀を用いるなど、伝統と現代を融合させたインテリアが好評。6軒あるレストランとバーでは中国料理や西洋料理を楽しめる。高級懐石と鉄板焼きの店「花筐」やビュッフェを楽しめる「ティーガーデン」が人気。

★★★★★ フォーシーズンズ ホテル 上海／上海四季酒店
シャンハイ　shànghǎi sìjì jiǔdiàn

MP.77-E4 **U**www.fourseasons.com
住静安区威海路500号
☎62568888　FAX62565678
⑤1190～1360元

2024年1月現在閉店

交軌道交通12、13号線「南京西路」

周辺は落ち着いた雰囲気。客室やロビーは現代的で明るく高級感のあるデザインで統一されている。レストランは少人数向けの中国料理店「四季軒」のほか、日本料理の「新太郎」、隠れ家的なステーキハウスがあり、日本人客にも好評。

★★★★★ 上海静安崑崙大酒店／上海静安昆仑大酒店
シャンハイせいあんこんろんだいしゅてん　shànghǎi jìngān kūnlún dàjiǔdiàn

MP.76-B4 **U**www.thekunlunjingan.com
住静安区華山路250号
☎62480000　FAX68481472
⑤1020～1190元
⑦1020～1190元
サ10%+6%
カADJMV
交軌道交通2、7号線「静安寺」

旧ヒルトン上海。おしゃれで落ち着いた雰囲気で人気の旧フランス租界に位置する。43階建ての建物はランドマークでもあり、浦東の高層ビルを遠望することができる。レストランはイタリア料理や海鮮料理が人気。サウナ完備のスパも併設。

★★★★★ JW マリオット・ホテル上海アット・トゥモロースクエア／上海明天广场 JW 万豪酒店
シャンハイ　shànghǎi míngtiān guǎngchǎng wànháo jiǔdiàn

MP.76-A2 **U**www.marriott.com
住黄浦区南京西路399号
☎53594969　FAX63755988
⑤1469～1669元
⑦1469～1699元
サ10%+6%
カADJMV
交軌道交通1、2、8号線「人民広場」

人民公園の西側にそびえ立つ60階建ての高層ホテル。客室には随所に中国テイストが取り入れられており、天蓋付きベッドを備えたスイートルームもある。各国料理を楽しめるビュッフェやカリフォルニア料理店など、レストランやバーが6軒入っている。

★★★★★ 静安 シャングリ・ラ 上海／静安香格里拉大酒店
せいあん　シャンハイ　jìngān xiānggélǐlā dàjiǔdiàn

MP.76-C4 **U**www.shangri-la.com
住静安区延安中路1218号
☎22038888　FAX22038899
⑤1638～1788元
⑦1638～1788元
サ10%+6%
カADJMV
交軌道交通2、7号線「静安寺」

軌道交通「静安寺」駅直結のケーリービジネスセンター南区商場の上階がホテル。素朴でありながらラグジュアリーというコンセプトで、くつろげる空間を提供。「1515ステーキハウス」では古い上海映画のような雰囲気のなかで、本格ステーキを楽しめる。

271

★★★★★ ザ プリ ホテル＆スパ／璞丽酒店
pǔlì jiǔdiàn

MP.76-C4　**U**www.thepuli.com
住静安区常德路1号
☎32039999　**FAX**32518989
S2080〜2288元
T2080元
サ10%+6%
カADJMV
交軌道交通2、7号線「静安寺」

両替　ビジネスセンター　インターネット

中国で5軒、マレーシアで1軒の高級デザイナーズホテルを運営するUrban Resort Concepts社が手がけるホテル。大型ガラスを各所に配した明るく落ち着いたインテリアは大都会にいることを忘れてしまいそう。

★★★★★ パーク ハイアット 上海／上海柏悦酒店
シャンハイ　shànghǎi bǎiyuè jiǔdiàn

MP.58-A4　**U**www.park-hyatt-hotel.com
住浦東新区世紀大道100号
☎68881234　**FAX**68883400
S2080〜2380元
T2080〜2380元
サ15%
カADJMV
交軌道交通2号線「陆家嘴」

両替　ビジネスセンター　インターネット

上海環球金融中心の79階から93階に入っている。高所に位置するホテルとしては世界でも有数クラス。どの階からの眺望もすばらしいが、特に91〜93階の「世紀100」レストランからの夜景は最高。客室はベーシックで現代的な装いだ。

★★★★★ リッツ・カールトン上海・浦東／上海浦东丽思卡尔顿酒店
シャンハイ　ほとう　shànghǎi pǔdōng lìsīkǎěrdùn jiǔdiàn

MP.57-F3　**U**www.ritzcarlton.com
住浦東新区世紀大道8号上海国際金融中心
☎20201888　**FAX**20201112
S2000〜2300元
T2000〜2300元
サ10%+6%
カADJMV
交軌道交通2号線「陆家嘴」

両替　ビジネスセンター　インターネット

浦東、陸家嘴の上海国際金融中心の上階。客室は39階から51階にあり、黄浦江や外灘を見渡せる部屋は眺望がよく人気。レストランにはイタリア料理と広東料理店があり、そのほかにバーが2軒ある。53階には温水プール付きフィットネスセンターを完備。

★★★★★ 紅塔ラグジュアリーコレクションホテル上海／上海红塔豪华精选酒店
こうとう　シャンハイ　shànghǎi hóngtǎ háohuá jīngxuǎn jiǔdiàn

MP.69-E1　**U**www.starwoodhotels.com
住浦東新区東方路889号
☎50504567　**FAX**68756789
S700〜1000元
T700〜1000元
サ10%+6%
カADJMV
交軌道交通4、6号線「浦电路」

両替　ビジネスセンター　インターネット

陸家嘴の有名観光地からは距離があるが、そのぶん騒々しさはない。客室は落ち着いたブロンズ色調でまとめられ、随所に中国テイストが取り入れられている。レストランはイタリア料理「ダニエリズ」と、各国料理のビュッフェを楽しめる「聖思園」がある。

★★★★★ グランド ハイアット 上海／上海金茂君悦大酒店
シャンハイ　shànghǎi jīnmào jūnyuè dàjiǔdiàn

MP.58-A4　**U**shanghai.grand.hyatt.com
住浦東新区世紀大道88号金茂大廈
☎50491234　**FAX**50491111
S1800〜2000元
T1800〜2000元
サ15%
カADJMV
交軌道交通2号線「陆家嘴」

両替　ビジネスセンター　インターネット

88階建ての金茂大廈の53階から87階に入っている（88階は展望台）。黄浦江側の客室は抜群の眺望だが、そうでない部屋もまるで空中で過ごしているかのよう。高級上海料理の「金茂倶楽部」、香港式広東料理の「粤珍軒」などレストランも充実。

浦東シャングリ・ラ 上海／浦东香格里拉大酒店
ほとう　　　　　　　　　　シャンハイ　　pǔdōng xiānggélǐlā dàjiǔdiàn

M P.57-F4　U www.shangri-la.com
住 浦東新区富城路33号
☎ 68828888　FAX 68826688
S 1300～1650元
T 1300～1650元
サ 10%+6%
カ ADJMV
交 軌道交通2号線「陆家嘴」

外灘の対岸にあり、黄浦江が見える客室からの景色は抜群。洗練のラグジュアリーと銘打つだけあり、現代的で高級感あふれるインテリアと、サービスには定評がある。CHI「氣」スパでは、東洋と西洋の技術を融合した快適な施術が人気。

両替　ビジネスセンター　インターネット

パープル マウンテンホテル 上海／上海国信紫金山大酒店
シャンハイ　　shànghǎi guóxìn zǐjīnshān dàjiǔdiàn

M P.69-D1　U www.trustel.com
住 浦東新区東方路778号
☎ 68868888　FAX 68868800
S 980～1080元
T 980～1080元
サ なし
カ ADJMV
交 軌道交通2、4、6、9号線「世紀大道」

軌道交通4路線が交わる「世紀大道」駅から300mの位置にあり、移動に不便はない。金融貿易関連の会社が多く集まるエリアだけにビジネス客に人気。客室は25階以上で、眺望はよい。タイ料理や日本料理店のほか、北京ダックの「全聚徳」が入っている。

両替　ビジネスセンター　インターネット

ダブルツリーby ヒルトン・上海・浦東／上海东锦江希尔顿逸林酒店
シャンハイ　　ほとう　　shànghǎi dōngjǐnjiāng xīěrdùn yìlín jiǔdiàn

M P.69-F4　U hiltonhotels.jp
住 浦東新区楊高南路889号
☎ 50504888　FAX 50504895
S 1000～1300元
T 1000～1300元
サ 10%+6%
カ ADJMV
交 軌道交通4、6号線「蓝村路」

47階建てのビルで、対岸の外灘一帯を見渡せる。ビジネス街や観光エリアからは距離があるが、そのぶん価格はリーズナブル。上階には回転レストラン「X-sensation」があり、360度開けた上海の景色を楽しみながら食事できる。

両替　ビジネスセンター　インターネット

ホテル・インターコンチネンタル・浦東上海／上海锦江汤臣洲际大酒店
ほとうシャンハイ　　shànghǎi jǐnjiāng tāngchén zhōují dàjiǔdiàn

M P.68-C1　U www.ihg.com
住 浦東新区張楊路777号
☎ 58356666　FAX 58357777
S 943～1143元
T 943～1143元
サ 10%+6%
カ ADJMV
交 軌道交通2、4、6、9号線「世紀大道」.軌道交通9号線「商城路」

浦東、陸家嘴のビジネス街に位置する。レストランは創作上海料理の店など2軒、そのほか24時間営業のフィットネスセンターを併設している。軌道交通は「世紀大道」駅と「商城路」駅の両方を使え、どこに行くにも便利。

両替　ビジネスセンター　インターネット

インフォメーション 公共の場所は全面禁煙

2017年3月から、上海市では屋内の公共スペースが全面禁煙となった。駅やバスターミナル、空港、飲食店、オフィスでは分煙も不可となり喫煙スペースを撤去、と規制は極めて厳しい。学校や病院前では屋外でも禁煙。違反者は最高200元の罰金となる。

禁止吸烟
NO SMOKING
投诉电话: 12345

禁煙の表示。
罰金も明示

ルネッサンス上海豫園ホテル／上海豫园万丽酒店
シャンハイよえん　shànghǎi yùyuán wànlì jiǔdiàn

MP.67-D1 **U**www.marriott.com

住黄浦区河南南路159号
☎23218888　FAX53503658
S979〜1179元　T979〜1179元
サ10%+6%　カADJMV
交軌道交通10号線「豫園」

両替　ビジネスセンター　インターネット

軌道交通「豫園」駅からすぐに立地し、下町ムードあふれる豫園エリアの散策に便利。客室からは黄浦江を隔てて浦東の高層ビル街も見渡せる。上階のバー「Yu Bar」では、美しい夜景を見ながら各種カクテルを楽しめる。

アンダーズ新天地、上海／上海新天地安达仕酒店
しんてんち　シャンハイ　shànghǎi xīntiāndì āndáshì jiǔdiàn

MP.79-E1 **U**www.shanghai.andaz.hyatt.com

住黄浦区嵩山路88号
☎23101234　FAX23101235
S1500〜1800元
T1500〜1800元
サ15%
カADJMV
交軌道交通1号線「黄陂南路」

両替　ビジネスセンター　インターネット

おしゃれなショッピングスポットとして人気の新天地を見下ろす、28階建てのホテル。ハイアット系列のブティックホテルで、趣向を凝らした現代的なデザインのインテリアが特徴。独創的なレストランとバーは5つあり、寿司バーも入っている。

オークラ ガーデンホテル上海／花园饭店 上海
シャンハイ　huāyuán fàndiàn shànghǎi

MP.78-C1 **U**www.gardenhotelshanghai.com

住黄浦区茂名南路58号
☎64151111　FAX64158866
S1428〜1628元
T1428〜1628元
サなし
カADJMV
交軌道交通1、10、12号線「陝西南路」

両替　ビジネスセンター　インターネット

上海中心部に位置する日系5つ星ホテル。もとは1920年代に建てられた旧フランスクラブで、古典主義建築と現代的高層建築を調和した気品と優雅さにあふれる。また、約3万㎡の広大な庭園に囲まれており、とても大都市上海の中心にいるとは思えないほど静かな環境にある。

クラウンプラザ上海／上海银星皇冠假日酒店
シャンハイ　shànghǎi yínxīng huángguān jiàrì jiǔdiàn

MP.73-F1　**U**www.ihg.com
住長寧区番禺路400号
☎61458888　FAX62083353
S770〜890元
T770〜890元
サ10%+6%
カADJMV
交軌道交通10、11号線「交通大学」

両替　ビジネスセンター　インターネット

人気上昇中の旧フランス租界エリアに位置する。ホテル周辺は緑豊かな高級住宅地なので、落ち着いた雰囲気だ。繁華街の立地ではなく、設備も若干古めかしいが、軌道交通を利用すれば移動には不自由しない。

錦江飯店／锦江饭店
きんこうはんてん　jǐnjiāng fàndiàn

MP.78-C1　**U**www.ihg.com
住黄浦区茂名南路59号
☎32189888　FAX64725588
S810〜994元
T810〜994元
サなし
カADJMV
交軌道交通1、10、12号線「陝西南路」。軌道交通13号線「淮海中路」

両替　ビジネスセンター　インターネット

メインの錦北楼は1929年竣工のキャセイマンションという高級住宅だった建物。1951年に錦江飯店となり、今日にいたっている。シンガポールのリークアンユーをはじめ、VIPも数多く宿泊した。ほかに、1964年竣工の錦楠楼と1934年竣工の貴賓楼がある。

インターコンチネンタル上海瑞金／上海瑞金洲际酒店
シャンハイずいきん　shànghǎi ruìjīn zhōují jiǔdiàn

MP.78-C2　**U**www.ihg.com
住黄浦区瑞金二路118号
☎64725222　FAX64732277
S1298〜1498元
T1298〜1498元
サ10%+6%
カADJMV
交軌道交通1、10、12号線「陝西南路」

両替　ビジネスセンター　インターネット

旧名は瑞金賓館。インターコンチネンタルグループのホテルとして2012年にリニューアルオープンした。中国料理レストランは1930年代に建てられたれんが造りで、ノスタルジックな雰囲気のなかで広東料理や上海料理を楽しめる。

ミレニアム虹橋ホテル上海／上海千禧海鸥大酒店
こうきょう　シャンハイ　shànghǎi qiānxǐ hǎiōu dàjiǔdiàn

MP.71-F2　**U**www.millenniumhotels.com
住長寧区延安西路2588号
☎62085888　FAX62951390
S950〜1100元
T950〜1100元
サ15%
カADJMV
交軌道交通10号線「水城路」

両替　ビジネスセンター　インターネット

虹橋エリアでは最大級のホテル。客室はシンプルで現代的なインテリアでまとめられ、全室バスタブ付き。レストランは中国料理のほか、日本式鉄板焼きの店がある。温水プールやサウナがあるフィットネスセンターも完備。

上海虹橋迎賓館／上海虹桥迎宾馆
シャンハイこうきょうげいひんかん　shànghǎi hóngqiáo yíngbīnguǎn

MP.71-F1　**U**www.hqstateguesthotel.com
住長寧区虹橋路1591号
☎62198855　FAX62195036
S848〜1048元
T848〜1048元
サなし
カADJMV
交軌道交通10号線「水城路」

両替　ビジネスセンター　インターネット

緑に囲まれた広大な敷地の中に、メイン棟のほかに独立した別荘風のコテージがいくつも点在する。迎賓館の名にふさわしいスケールのホテル。8つあるレストランには上海蟹の名店「方亮蟹宴」も入っている。高級スパや美容室も併設。

上海城市酒店／上海城市酒店
シャンハイじょうししゅてん　　shànghǎi chéngshì jiǔdiàn

MP.77-D4　**U**www.cityhotelshanghai.com
住黄浦区陕西南路5-7号
☎62551133　**FAX**62550211
S728～838元
T728～838元
サなし
カADJMV
交軌道交通2、12、13号線「南京西路」

両替　ビジネスセンター　インターネット

英語名はシティホテル。有名観光スポットからは若干距離があるが、客室はシンプルでビジネスにもいい。建物は26階建てで、眺望もよい。本格的上海料理を楽しめる「滬江軒」はじめ、日本料理店やステーキハウスも入っている。

フォーポイントバイシェラトン上海,浦東／上海浦东福朋喜来登由由酒店
シャンハイほとう　　shànghǎi pǔdōng fúpéng xǐláidēng yóuyóu jiǔdiàn

MP.68-C4　**U**www.starwoodhotels.com
住浦東新区浦東南路2111号
☎50399999　**FAX**58707003
S558～658元
T558～658元
サ10%+6%
カADJMV
交軌道交通4号線「塘橋」

両替　ビジネスセンター　インターネット

観光スポットやビジネスエリアからは離れているが軌道交通駅から近いので移動に不自由はない。客室はベーシックで現代的な雰囲気で、ビジネスにも観光にもよい。温水プールやフィットネスセンターも完備。一部はマンションになっている。

コートヤード上海浦東／上海齐鲁万怡大酒店
シャンハイほとう　　shànghǎi qílǔwànyí dàjiǔdiàn

MP.69-D1　**U**www.marriott.com
住浦東新区東方路838号
☎60216888　**FAX**68867889
S680～780元
T680～780元
サ10%+6%
カADJMV
交軌道交通2、4、6、9号線「世紀大道」

両替　ビジネスセンター　インターネット

浦東の観光スポットエリアからは距離があるが、軌道交通4路線が交差する「世紀大道」駅が最寄りなので、どこへ行くにも不自由はない。客室はシンプルにまとめられており、全室バスタブ付き。レストランは中国料理と西洋料理の2軒。

ホリデイ・イン浦東上海／上海浦东假日酒店
ほとうシャンハイ　　shànghǎi pǔdōng jiàrì jiǔdiàn

MP.69-E2　**U**www.ihg.com
住浦東新区東方路899号
☎58306666　**FAX**58305555
S799～999元
T799～999元
サ10%+6%
カADJMV
交軌道交通4、6号線「浦電路」

両替　ビジネスセンター　インターネット

浦東、陸家嘴の金融ビジネスエリアに位置する。黄浦江が見える部屋からは遠く外灘を望める。レストランは広東料理や上海料理を主体とする中国料理店と日本料理店。温水プールやサウナを備えたフィットネスジムも併設している。

ノボテル アトランティス 上海／上海海神诺富特大酒店
シャンハイ　　shànghǎi hǎishén nuòfùtè dàjiǔdiàn

MP.59-D3　**U**novotel.accorhotels.com
住浦東新区浦東大道728号国際航運金融大廈
☎50366666　**FAX**50366677
S782～898元
T782～898元
サなし
カADJMV
交軌道交通4号線「浦東大道」

両替　ビジネスセンター　インターネット

浦東、陸家嘴の高層ビル街の東側に位置し、観光には若干不便。黄浦江に近いので見晴らしはよく、最上階には回転レストラン(海鮮料理とブラジル式シュラスコ)があって、360度の眺望を楽しめる。

斯波特大酒店／斯波特大酒店
スポーツだいしゅてん　　sībōtè dàjiǔdiàn

Ⓜ P.78-A4　Ⓤ www.sportshotel.cn
住 徐匯区南丹路15号
☎ 24226200　℻ 64386648
Ⓢ 452〜589…
Ⓣ 452〜589…

2024年1月現在閉店

サ なし
カ ADJMV
交 軌道交通1、9、11号線「徐家匯」

両替　ビジネスセンター　インターネット

斯波特はスポーツの音訳で、英語名はスポーツホテル。スポーツビジネスを手がける会社が経営するだけあって、本格温水プールやバスケットコート、卓球場、バドミントンコートまで併設する。客室はシンプルでベーシック。

東湖商務賓館／东湖商务宾馆
とうこしょうむひんかん　　dōnghú shāngwù bīnguǎn

Ⓜ P.78-A〜B1　Ⓤ www.donghuhotel.com
住 徐匯区東湖路70号、7号
☎ 64158158　℻ 64157142
Ⓢ 450〜980元
Ⓣ 570〜1500元
サ なし
カ ADJMV
交 軌道交通1、7号線「常熟路」

両替　ビジネスセンター　インターネット

緑豊かな敷地に1号棟から7号棟までのクラシックな建物が建ち並ぶ。いずれも1920年代から1940年代に建設された歴史的建築で、かつては領事館などに使われた建物もある。70号は高級棟、7号は普通棟。星なしだが設備はよい

慢心酒店 上海新天地店／漫心酒店 上海新天地店
まんしんしゅてん シャンハイしんてんちてん　　mànxīn jiǔdiàn hànghǎi xīntiāndìdiàn

Ⓜ P.79-F1　Ⓤ www.huazhu.com
住 黄浦区太倉路68号
☎ 63288688　℻ 63288688
Ⓢ 1059元

2024年1月現在閉店

交 軌道交通1号線「黄陂南路」

両替　ビジネスセンター　インターネット

旧カーサ・セレナホテルが華住グループに買収され、改名した。ラグジュアリーなブティックホテル。デザインはユニークだが奇をてらうことなく、クラシックな上品さを取り入れた落ち着いた雰囲気。客室は全室ダブル。

錦江都城経典上海青年会人民広場酒店／锦江都城经典上海青年会人民广场酒店
きんこうとじょうけいてんシャンハイせいねんかいじんみんひろばしゅてん　　jǐnjiāng dūchéng jīngdiǎn shànghǎi qīngniánhuì rénmín guǎngchǎng jiǔdiàn

Ⓜ P.79-F1　Ⓤ www.metropolohotels.com
住 黄浦区西蔵南路123号
☎ 33059999　℻ 63201957
Ⓢ 658〜738元
Ⓣ 658〜738元
サ なし
カ ADJMV
交 軌道交通8号線「大世界」

両替　ビジネスセンター　インターネット

錦江国際酒店グループの高級ホテルブランド「錦江都城」の上海支店で、設備は4つ星相当。1900年代前半に建てられたビルを利用しており、雰囲気もよい。ホテルの前に軌道交通の駅があり、上海博物館や人民広場などは徒歩圏内。

上海神旺大酒店／上海神旺大酒店
シャンハイしんおうだいしゅてん　　shànghǎi shénwàng dàjiǔdiàn

Ⓜ 折込表-B4　Ⓤ www.sanwant.com.cn
住 徐匯区宜山路650号
☎ 61451111　℻ 61451129
Ⓢ 828元
Ⓣ 828元
サ なし
カ ADJMV
交 軌道交通9号線「桂林路」

両替　ビジネスセンター　インターネット

英語名はサンワン(San Want)ホテル。観光スポットやショッピングスポットからは離れているが、軌道交通での移動に不自由はない。客室は中国の標準的なタイプで、観光にもビジネスにも使える。レストランでは潮州料理を楽しめる。

※星がグレーは申請中など正式認定ではありません

上海君麗大酒店は、ホリデイ・イン 上海 虹橋 セントラル IHG ホテル／上海虹桥君丽假日酒店に名称変更。ホリデイ・イン・ダウンタウン上海は、パークイン　バイ　ラディソン上海ダウンタウン／上海广场长城丽柏酒店に名称変更。

★★★★ 金水湾大酒店／金水湾大酒店
きんすいわんだいしゅてん　jīnshuǐwān dàjiǔdiàn

M P.55-E2　**U** www.goldenriverviewhotel.com/cn
住 静安区恒豊路308号
☎ 63537070　**FAX** 63537700
S 598〜668元
T 598〜668元
サ なし
カ ADJMV
交 軌道交通1、12、13号線「汉中路」

両替　ビジネスセンター　インターネット

英語名はゴールデン・リバービューホテル。観光スポットや、ショッピングスポットではない立地だが、上海駅周辺には高級ホテルが少ないので、貴重な存在。客室やインテリアのデザインは奇をてらわずシンプルにまとめられている。

★★★★ ホリデイ・イン・ビスタ上海／上海古井假日酒店
シャンハイ　shànghǎi gǔjǐng jiàrì jiǔdiàn

M P.54-A3　**U** www.ihg.com
住 普陀区長寿路700号
☎ 62768888　**FAX** 62661188
S 616〜856元
T 616〜856元
サ なし　**カ** ADJMV
交 軌道交通7、13号線「長寿路」。13号線「武寧路」

両替　ビジネスセンター　インターネット

観光スポットやショッピングスポットからは距離があり、観光には少々不便な立地。客室は明るくシンプルなデザインで統一されており、全室バスタブが付いている。宿泊客は温水プール付きのフィットネスジムを無料で使える。

★★★★ 上海君麗大酒店／上海君丽大酒店
シャンハイくんれいだいしゅてん　shànghǎi jūnlì dàjiǔdiàn

M P.62-C3　**U** www.jadelink-hotel.com
住 長寧区遵義路448号
☎ 22161888　**FAX** 22161999
S 588〜738元
T 588〜738元
サ なし
カ ADJMV
交 軌道交通2号線「婁山関路」

両替　ビジネスセンター　インターネット

英語名はジェイドリンクホテル。上海虹橋国際空港や高速鉄道の上海虹橋駅へはタクシーでも渋滞なく行け、軌道交通の便もあるので長距離移動の前泊などに便利。全室バスタブ付き。レストランでは香港式の広東料理を楽しめる。

★★★★ ホリデイ・イン・ダウンタウン上海／上海广场长城假日酒店
シャンハイ　shànghǎi guǎngchǎng chángchéng jiàrì jiǔdiàn

M P.55-D2、P.82-A〜B3　**U** www.ihg.com
住 静安区天目西路285号
☎ 60167777　**FAX** 63533501
S 530〜630元
T 530〜630元
サ なし
カ ADJMV
交 軌道交通1、3、4号線「上海火車站」

両替　ビジネスセンター　インターネット

南京行き城際高速鉄道が発着する上海駅の駅前広場にあるので、蘇州や無錫への鉄道利用の際に便利。客室は白を基調としたベーシックなデザインで、全室バスタブ付き。レストランは西洋料理ビュッフェが人気。向き合って2棟ある。

★★★★ 上海瑞泰虹橋酒店／上海瑞泰虹桥酒店
シャンハイずいたいこうきょうしゅてん　shànghǎi ruìtài hóngqiáo jiǔdiàn

M P.61-F4
住 長寧区水城路555号
☎ 62419600　**FAX** 62747492
S 640〜690元

2024年1月現在閉店

カ ADJMV
交 軌道交通2号線「威寧路」

両替　ビジネスセンター　インターネット

外灘などの観光スポットからは若干距離があるが、上海虹橋国際空港や高速鉄道の上海虹橋駅には渋帯の心配なく行けるので、移動の前泊に便利。南東1.5kmには日本国総領事館があり、周囲には日本企業も多いのでビジネスにも好適。

※星がグレーは申請中など正式認定ではありません

中福大酒店／中福大酒店
ちゅうふくだいしゅてん　　zhōngfú dàjiǔdiàn
★★★

2024年1月現在閉店

MP.76-C2 **U**www.zhongfuhotel.com.cn
住黄浦区九江路619号
☎53594900　**FAX**53594980
S548～798元

交軌道交通1、2、8号線「人民広場」

両替　ビジネスセンター　インターネット

上海中心部、軌道交通3路線が交差する「人民広场」駅が最寄りで、アクセスがよい。南京東路のショッピングエリアや、外灘なども徒歩圏内だ。客室インテリアはベーシックで落ち着ける。周囲には飲食店も多い。

金辰大酒店／金辰大酒店
きんしんだいしゅてん　　jīnchén dàjiǔdiàn
★★★

MP.78-C1
住黄浦区淮海中路795号
☎54619668　**FAX**64330566
S730元
T760元
サなし　**力**ADJMV
交軌道交通1、10、12号線「陝西南路」。13号線「淮海中路」

両替　ビジネスセンター　インターネット

おしゃれでハイソなストリートとして注目を集める淮海中路に面しており、ショッピングや散策に便利。客室は白とパステルカラーを基調とした明るいインテリア。レストランは創作中国料理を出しており、季節には上海蟹も味わえる。

船長青年酒店 福州路外灘店／船长青年酒店 福州路外滩店
せんちょうせいねんしゅてん ふくしゅうろワイタンてん　　chuánzhǎng qīngnián jiǔdiàn fúzhōulù wàitāndiàn
星なし

2024年1月現在閉店

MP.77-E2
住黄浦区福州路37号
☎63235053　**FAX**63219331
S238元

交軌道交通2、10号線「南京東路」

両替　ビジネスセンター　インターネット

英語名はキャプテン・ホステル・シャンハイ。ホステルのある福州路は上海最大級の書店街。南京東路や人民広場は徒歩圏内なので、何をするにも便利。客室は個室から2段ベッドまでいろいろ選べる。ドミトリーはカード使用不可。

錦江之星品尚南京路歩行街酒店／锦江之星品尚南京步行街酒店
きんこうしせいひんしょう なんきんろほこうがいしゅてん　　jīnjiāngzhīxīngpǐnshàng nánjīngbù xíngjiē jiǔdiàn
星なし

MP.76-C1 **U**www.jinjianginns.com
住黄浦区南京東路680号
☎63223223　**FAX**63224598
S360～446元
T427～465元
サなし
力MV
交軌道交通1、2、8号線「人民広場」

両替　ビジネスセンター　インターネット

旧東亜飯店が、「経済型」チェーンホテルの錦江之星の経営になった。南京路歩行街に面する建物は、租界時代の1917年にオープンしたデパート(先施百貨)だったものの一部。インテリアはチェーン共通の白を基調としたシンプルなもので、快適。

漢庭上海外灘南京東路酒店／汉庭上海外滩南京东路酒店
かんていシャンハイワイタンなんきんとうろしゅてん　　hàntíng shànghǎi wàitān nánjīng dōnglù jiǔdiàn
星なし

2024年1月現在
外国人宿泊不可

MP.77-D2 **U**www.huazhu.com
住黄浦区山東中路230号
☎63221999　**FAX**63529996

交軌道交通2、10号線「南京東路」

両替　ビジネスセンター　インターネット

華住酒店グループの「経済型」チェーンホテルのブランドである「漢庭」の支店。ショッピングや食べ歩きに不自由はなく、外灘(バンド)や人民広場も徒歩圏内。150m北の山東中路300号には同系列の上海外灘南京東路中心店がある。

如家-上海外灘南京路歩行街店／如家-上海外滩南京路步行街店

じょか シャンハイワイタンなんきんろほこうがいてん　　rújiā shànghǎi wàitān nánjīnglù bùxíngjiēdiàn

2024年1月現在閉店

M P.77-D1　U www.bthhotels.com
住 黄浦区天津路416号
☎33662999　FAX33667699
S245〜327元

交 軌道交通2、10号線「南京東路」

両替　ビジネスセンター　インターネット

首旅如家グループの「経済型」チェーンホテルのブランドである「如家」の支店。客室は簡素ながらひととおり揃っている。軌道交通駅に近くアクセスは非常に便利。さらに、観光地の南京路歩行街、外灘（バンド）、人民公園も徒歩圏内。

如家-上海南京路歩行街廈門路店／如家-上海南京路步行街厦门路店

じょか シャンハイなんきんろほこうがいアモイろてん　　rújiā shànghǎi nánjīnglù bùxíngjiē xiàménlùdiàn

2024年1月現在閉店

M P.56-B3　U www.bthhotels.com
住 黄浦区厦門路48号
☎63223737　FAX63501665
S278〜344元

路」。軌道交通8、12号線「曲阜路」

両替　ビジネスセンター　インターネット

首旅如家グループの「経済型」チェーンホテルのブランドである「如家」の支店。客室は簡素ながらひととおりの設備が整っている。上海有数の繁華街である南京路から約500mの位置にあり立地条件はよい。

24K国際連鎖酒店南京東路店／24K国际连锁酒店南京东路店

にじゅうよんけいこくさいれんさしゅてんなんきんとうろてん　　èrshísì K guójì liánsuǒ jiǔdiàn nánjīng dōnglùdiàn

2024年1月現在
外国人宿泊不可

M P.76-C2　U www.24khotels.com
住 黄浦区福州路555号
☎51503588　FAX51503506

交 軌道交通1、2、8号線「人民広场」

両替　ビジネスセンター　インターネット

上海に本拠をおく「経済型」チェーンホテル。客室やロビーはシンプルなパステルカラーでまとめられており、明るく現代的なインテリア。上海最大級の書店である上海書城のななめ前にあり、わかりやすい。南京路歩行街は徒歩圏内。

イビス上海豫園／上海豫园宜必思酒店

シャンハイ よえん　　shànghǎi yùyuán yíbìsī jiǔdiàn

2024年1月現在閉店

M P.67-E1、P.125-B4　U www.huazhu.com
住 黄浦区昼錦路85号金陽広場
☎33662868　FAX33662898
S429元

交 軌道交通10号線「豫園」

両替　ビジネスセンター　インターネット

上海一の下町である豫園エリアの南部、老城隍廟の南に位置する。豫園は目の前なので、豫園商場などの散策にも便利。客室インテリアはシンプルで現代的。小さいながらレストランやバーもあり、朝食は早朝4時から正午までの長時間営業。

モーテル-上海思南路店／莫泰-上海思南路店

シャンハイしなんろてん　　mòtài shànghǎi sīnánlùdiàn

M P.66-A4　U www.bthhotels.com
住 黄浦区思南路113号
☎51703333　FAX51586189
S237〜303元
T270〜335元
サ なし
カ V

交 軌道交通9号線「打浦橋」

両替　ビジネスセンター　インターネット

首旅如家グループの「経済型」チェーンホテル、モーテルの支店。ホテルの表示は以前からの168と268とが混在して残っているが同じもの。人気上昇中のショッピングスポット、田子坊に歩いて行け、そのほかの旧フランス租界エリアの散策にも便利。

de shanghai ／的上海

デ シャンハイ　de shànghǎi

2024年1月現在閉店

星なし

ⅯⅢP.65-F4　🖳www.webdeshanghai.com
🏠黄浦区紹興路25弄
☎非公開　※予約はウェブか
　ウィーチャットで
🄛不可
🚃軌道交通9号線「打浦橋」

両替　ビジネスセンター　**インターネット**

崇明島のビンテージテキスタイルをモチーフにした創作雑貨店「de shanghai」(→P.240)の一角がB&Bになっている。寝具やインテリアはもちろんビンテージ柄で統一。ウィーチャットからは15%引き。IDはshanghai_zakka。

老陝客桟／老陝客桟

ろうせんきゃくさん　lǎoshǎn kèzhàn

2024年1月現在閉店

星なし

ⅯⅢP.66-C1　🖳www.laoshanhostel.com
🏠黄浦区雲南南路17号
☎63288680　🖷なし
Ⓢ308～428元
🚃軌道交通8号線「大世界」

両替　ビジネスセンター　**インターネット**

世界中から若者やバックパッカーが集まる国際的なホステル。美食街として知られる雲南南路に面しており、食事には不自由しない。南京東路や豫園も徒歩圏内だ。客室は「経済型」チェーンホテルに遜色なく、5階にはオープンテラスもある。

客堂間／客堂间

きゃくどうかん　kètángjiān

2024年1月現在閉店

星なし

ⅯⅢP.78-A2　🖳www.ketangjian.com
🏠黄浦区永嘉路335号
☎54669335　🖷64669982
Ⓢ708～998元
🚃軌道交通8、10、12号線「陝西南路」。軌道交通9、12号線「嘉善路」

両替　ビジネスセンター　**インターネット**

租界時代の古い邸宅を、ノスタルジックな趣を残しつつ洗練された現代的センスでリニューアルしたサービスアパートメント。ホテルと同様に使うことができ、インテリアはアール・デコ風。1930年代の華やかな上海に思いをはせて過ごせる。

モーテル-上海新天地徐家匯路店／莫泰-上海新天地徐家汇路店

シャンハイしんてんちじょかかいろてん　mòtài shànghǎi xīntiāndì xújiāhuìlùdiàn

星なし

ⅯⅢP.66-C4　🖳www.bthhotels.com
🏠黄浦区徐家匯路3号
☎55698838　🖷53021197
Ⓢ204～294元
Ⓣ204～294元
🄥なし　🄛JMV
🚃軌道交通8、9号線「陸家浜路」。軌道交通9、13号線「馬当路」

両替　ビジネスセンター　**インターネット**

首旅如家グループの「経済型」チェーンホテル、モーテルの支店。客室は簡素ながらひととおりの設備が整っている。北約1kmに新天地、西約600mに田子坊とショッピングには便利な立地。

新時空瑞力酒店／新时空瑞力酒店

しんじくうずいりょくしゅてん　xīnshíkōng ruìlì jiǔdiàn

2024年1月現在閉店

星なし

ⅯⅢP.63-D3
🏠長寧区匯川路99号2階
☎52732747　🖷なし
Ⓢ380元
🚃軌道交通2、3、4号線「中山公園」

両替　ビジネスセンター　**インターネット**

英語名はニュースペシャルタイムルイリホテル。長期滞在も可能なキッチン付きサービスアパートメントだが、ホテルと変わらないサービスで日本人出張者の利用も多い。広めの客室は白を基調とした現代的インテリア。バスタブはない。

モーテル-上海新天地徐家匯路店は、艾菲·上海新天地陆家浜路地铁站店に名称変更。

インターネット関連の中国語

旅行情報収集で中国語サイトを見たり、ホテルのビジネスセンターでPC関連機器を使ったり、電子機器用品を買い足したりする際に覚えておくと便利なインターネット関連の中国語を集めてみた。日本語と同じ字で違う意味になるものもあるので注意したい。

●スマートフォン関連用語

携帯電話／**手机** shǒujī

携帯電話番号／**手机号码** shǒujī hàomǎ

ショートメール（ショートメッセージ）／
短消息（短信） duǎnxiāoxi（duǎnxìn）

スマートフォン／**智能手机** zhìnéng shǒujī

QRコード／**二维码** èrwéimǎ
※QRコードをスキャンする
　＝扫码　sǎo mǎ
　（QRコードなどを）スキャンしてください
　＝扫一扫　sǎoyīsǎo

●機器関連用語

デジタルカメラ／
数码照相机 shùmǎ zhàoxiàngjī

ノートPC／**笔记本电脑** bǐjìběn diànnǎo

ハードディスク／**硬盘** yìngpán

パソコン（コンピューター）／
电脑 diànnǎo

光学ディスク／**光盘** guāngpán

プリンター／**打印机** dǎyìnjī

メモリーカード／**记忆卡** jìyìkǎ
※卡はカード一般を指す。SDカードならSD卡、
　SIMカードはSIM卡

USBメモリー／**U盘** U pán

●インターネット関連用語

アドレス（URL）／**地址** dìzhǐ

メールアドレス／
电子邮件地址 diànzi yóujiàn dìzhǐ

アプリケーションソフト／
应用软件 yìngyòng ruǎnjiàn
※またはそのまま英語でAPP

インストール／**安装** ānzhuāng

アンインストール／**卸载** xièzǎi

インターネット／**因特网** yīntèwǎng
※ネットに接続する＝上网　shàngwǎng

インターネットカフェ／**网吧** wǎngbā

ウイルス／**病毒** bìngdú

ウェブページ／**网页** wǎngyè

エラー／**错误** cuòwù

クリック／**点击** diǎnjī

公式サイト／**官网** guānwǎng

コメント（メッセージ）／**留言** liúyán

ダウンロード／**下载** xiàzài

入力／**输入** shūrù

パスワード／**密码** mìmǎ
※Wi-Fiのパスワードを教えてください。
　＝请告诉Wi-Fi密码。　Qǐng gàosù Wi-Fi mìmǎ

コピー／**复制** fùzhì

ペースト／**粘贴** zhāntiē

無線LAN／**无线网** wúxiànwǎng
※LANは英語のまま无线LANでもよい。または
　Wi-Fiでも通じる。有線LANはLANで通じる

ユーザー／**用户** yònghù

ユーザー登録／**注册** zhùcè

リンク／**链接** liànjiē

ログイン／**登录** dēnglù

ログアウト／**退出** tuìchū

杭　州

中国で緑茶といえば龍井茶。その産地は杭州にある。
お茶を味わいつつ見る風景は、旅のよい思い出となる
だろう。西湖ほとりの茶楼、「湖畔居」にて ／写真：金
井千絵

清河坊の町歩きを楽しむ

文・写真　金井千絵

西湖の東部に位置する「清河坊（清河坊／qīnghéfáng）」一帯は、南宋時代にその名の起源をもつ、商業貿易で栄えた繁華街。リノベーションされてはいるが、昔懐かしい町並みが再現され、町歩きの楽しいエリアだ。南側には高さ94mの呉山もあり、山頂からは西湖や杭州市内を一望できるので、合わせて散策してみよう。（🅼 P.292下）

河坊街
<small>かぼうがい</small>

河坊街／héfángjiē
（🅼 P.292-A4〜5, B4〜5, C4）

華光路から中山中路までの約500mが最もにぎやか。老舗と新しいみやげ物店とが混在する。通りの中央に点在する「工芸亭」も忘れずに注目しよう。職人や芸術家たちが見事な技芸を披露している。

昼夜を問わず観光客でにぎわう

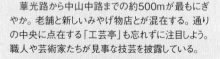

白壁の迫力ある文字が目印、漢方薬の老舗「胡慶余堂」（🅼 P.292-B4〜5）

工芸亭の職人たち。粘土で彫り上げる胸像（100元〜）はモデルそっくり

中山中路（南宋御街）
<small>ちゅうざんちゅうろ　なんそうぎょがい</small>

中山中路（南宋御街）／zhōngshān zhōnglù（nánsòng yùjiē）
（🅼 P.292-C4〜5）

河坊街との交差点（🅼 P.292-C4）は、かつて最も華やかな場所だったという。通りにはレトロな洋風建築が建ち並び、マクドナルド、スターバックスコーヒーをはじめスタイリッシュな飲食店が多く集まる。

町並みも人通りも河坊街より落ち着いた雰囲気

1864年創業の「萬隆」（🅼 P.292-C4）は、金華ハムなど肉製品の老舗

1848年創業、「楼外楼」（→P.311）のおみやげ用スイーツの専門店（🅼 P.292-C4）。クッキー（10元／枚、100元／缶）などを販売

大井巷

大井巷／dàjǐngxiàng
(Ⓜ P.292-B4〜5, C5)

かつては庶民が暮らす路地だったが、再開発後はカフェやセレクトショップの並ぶ、静かな通り。庶民の生活を支えた重要文化財の井戸、銭塘第一井 (Ⓜ P.292- C5) は今も水を枯らすことなく残る。

江南地方によく見られる、白壁に黒瓦、屋根には延焼防止のための馬頭塀をもつ2階屋が連なる。観光客もさほど多くなく静かな通り

老舗の「王星記」(→P.314) や、「張小泉剪刀店」(→P.314) は、大井巷にも共同店舗がある。河坊街の店舗よりすいているので買い物しやすい。西湖十景のしおり (王星記、25元)、携帯用はさみ (張小泉、25元) はおみやげにもおすすめ

胡慶余堂中薬博物館
(Ⓜ P.292- B5)

「玄和店舗」(→P.314) では、モンゴルに由来する民族服を現代風にアレンジした一点物の女性服を販売する

にぎやかな河坊街から呉山側へ1本通りを入っただけとは思えないほど静かな路地。

安栄巷

安荣巷／ānróngxiàng
(Ⓜ P.292-B5)

十五奎巷

十五奎巷／shíwǔkuíxiàng
(Ⓜ P.292-B5, C5)

鼓楼の先から呉山の南を回る通り。大小の飲食店や日用雑貨の商店などが集まり、地元の人々の暮らしを垣間見る。

通りからは呉山や、山頂の城隍閣が見える

臭豆腐などのシャオチーも売っている

日本料理店、「魚宇」(→P.312) では、大連などから直送される新鮮な魚介類を食べられる。日本人オーナーから聞く地元の話が楽しい

杭州の家庭料理をリーズナブルに食べられると人気の高い店、「新周記」(→P.312)

呉山への登り口、暁霞弄の路地に近い宿泊施設、「呉山居」(→P.319)

呉山
ご ざん

吴山／wúshān
(Ⓜ P.292-A～C5)

高さ94mの小高い山。西湖新十景の「呉山天風」(→P.307)の景色を楽しめる。登り口はいくつかあるが、坂が緩やかで景色もよい十五奎巷側の暁霞弄(Ⓜ P.292-B5)から登り、糧道山(Ⓜ P.292-A5)を河坊街側へ下るのがおすすめ。

城隍閣内部には清河坊一帯の繁栄を紹介する展示や、茶館、レストラン「城隍閣茶楼」(→P.313)がある

城隍閣(地図外Ⓜ P.292-A5下)は高さ41.6m、内部は7階建て。西湖や杭州市街を一望できる。夜景観賞の穴場でもある。入場するには別途ひとり30元が必要

なだらかな遊歩道。呉山は地元の人々の憩いの場となっている

遠方から望む城隍閣

杭州博物館(Ⓜ P.292-A5)は、豊富な展示で杭州、清河坊、南宋文化の繁栄を紹介する。見学後は町歩きや西湖巡りがさらに楽しくなるだろう

紹介した通りのほかにも付近には、杭州料理を扱うレストランが軒を連ねる高銀街(Ⓜ P.292-A～C4)などがある。

歩き疲れたら、カフェが多く集まる中山中路(南宋御街)や大井巷が休憩するのにおすすめだ。

鼓楼(Ⓜ P.292-C5)

民家のすぐ後ろは山の中腹まで続く茶畑（梅家塢）

路線バスでゆく
龍井茶のふるさと

龍井茶は杭州の特産品。茶畑の広がる龍井茶のふるさと、梅家塢村と龍井村へは、杭州市街から路線バスでのアクセスが便利で、両方の村を日帰りで訪ねることも可能だ。おだやかな風景の広がる茶どころへ出かけてみよう。

出発地点は西湖の南東部、鼓楼付近の「鼓楼」バス停留所（Ⓜ P.292-C5）とした。杭州市街地から龍井村へは27、28路、梅家塢村へは103、121、122、122B路もある。

タイムスケジュール

10:30	「鼓楼」バス停留所（Ⓜ P.292-C5）から308路バスに乗車
11:05	「梵村」バス停留所、下車（2元）
11:10	324路バスへ乗り換える
11:20	「梅家塢」バス停留所に到着、下車（2元）
	●梅家塢村を散策。食事と龍井茶を楽しむ。
15:10	「梅家塢」バス停留所から103路バスに乗車。龍井村へ向け出発
15:30	「黄泥嶺」バス停留所、下車（2元）
15:35	27路バスへ乗り換える
15:45	「龙井茶室」バス停留所、下車（2元）
	●龍井村を散策。龍井茶を楽しむ。
17:20	「龙井茶室」バス停留所から、27路バスに乗車。帰路へ
18:10	「岳王路」バス停留所（Ⓜ P.292-C1）到着（2元）

「鼓楼／鼓楼」から「梅家塢／梅家塢」への路線バスルートは、途中、銭塘江の大運河沿いを走っていく。進行方向に向かって左側の座席に座ると、運河や水上をゆく船などの眺望を楽しめる。

訪れる時期にもよるが、西湖新十景の、龍井問茶（→ P.307）として名高い龍井村よりも旅行客が訪れることの少ない梅家塢村は、よりのどかでゆったりとした茶どころの雰囲気を満喫できる。

梅家塢のメインストリート

「梅緑茶荘」の外観

「梅緑茶荘」（→ P.312）で、清明節前に採れた明前茶（80元）と食事（48元）を楽しむ

茶摘みを待つ新芽

茶農家の翁さん宅では龍井茶を飲める（住梅家塢村403号、ひとり50元）

茶農家の軒先に干された茶摘み用のかご

龍井村の牌坊

獅峰龍井茶を味わえる茶農家（住龍井村277号、ひとり30元）

茶杯やグラス、龍井茶の飲み方はそれぞれ

287

左：茶農家の軒先に干された摘まれたばかりの茶葉　中：さわやかで豊かな香りが龍井茶の持ち味　右：一面に広がる梅家塢の茶畑

文・写真　金井千絵

杭州・龍井茶のある風景

　中国茶のなかで緑茶に分類される龍井茶は、西湖西側の山あいの村、「龍井」で作られたことからその名がついた。日本の緑茶とはひと味違う、さわやかで豊かな香りと茶葉の形。杭州を訪れたなら、産地で、茶館で、町なかのカフェで、ゆったりとお茶の時間を楽しもう。

梅家塢のメイン通りに面した「梅緑茶荘」（→P.312）では食事もお茶も楽しめる

茶畑のある産地で味わう

　「龍井（龙井／lóngjǐng）」「獅子山（狮子山／shīzǐshān）」「梅家塢（梅家坞／méijiāwù）」で生産された茶葉のみが正式な龍井茶といわれている。いずれのエリアへも西湖周辺から路線バスで1時間もあれば到着できる。

龍井茶の普及に尽力した盧正浩の足跡も展示する、茶葉専門店「盧正浩」（M P.291-A4 住梅家塢村10号）

茶摘み仕事を終えて、梅家塢村のメイン通りを歩く女性たち

茶農家でお茶作りに携わる人たちとの話を楽しみながら飲む龍井茶もまた格別

西湖を望む茶館で味わう

上：広々としたオープンテラスと屋内席を設ける城隍閣茶楼（→P.313）は、呉山山頂にあり西湖全体を見渡せる　下左：西湖東岸南部の聞鶯館茶楼（→P.313）。西湖十景の柳浪聞鶯（→P.300）の公園内にありおだやかな風景が広がる　下中・下右：高級茶館の風格をもつ湖畔居（→P.313）。湖面が迫る席で充実した喫茶セットを楽しめる

町なかで味わう

町なかには、龍井茶をメニューに揃えるカフェも多い。市内には茶葉専門店や茶菓子、茶器などの問屋が集まる佑聖観路、通称「茶葉一条街／茶叶一条街 (cháyè yītiáojiē)」(茶葉通り)（Ⓜ P.291-C3）もある。

シンプルな店内でくつろげる大井巷珈琲（Ⓜ P.292-B5　🏠大井巷52号）

路地を見下ろす2階席のある納利珈琲（Ⓜ P.292-C5　🏠大井巷15号）

上：見ているだけでも楽しい問屋街（Ⓜ P. 291-C3）。下：梅家塢に本店をおく「盧正浩」の支店もある（Ⓜ P. 291-C3　🏠佑聖観路190号）

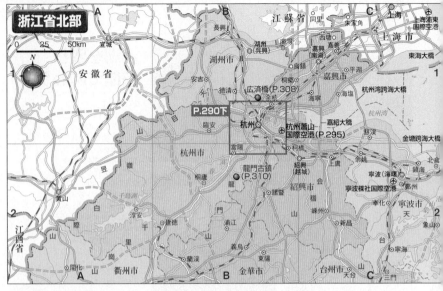

浙江省北部

0 25 50km

P.290下

A
B
C

安徽省

江蘇省

上海

上海浦東国際空港

上海市

東海大橋

湖州市（呉興）

嘉興市

杭州湾跨海大橋

金塘跨海大橋

広済橋(P.308)

P.290下

杭州蕭山国際空港(P.295)

寧波(海曙)

寧波櫟社国際空港

寧波市

龍門古鎮(P.310)

紹興市（越城）

江西省

衢州市

金華市

台州市

杭州市全図

0 5 10km

3

4

5

A
B
C

余杭区

下城区

拱墅区

江干区

嘉興市

杭州バスセンター(P.295)

杭州東駅

彭埠大橋

杭州蕭山国際空港(P.295)

西湖区

西湖(P.296)

上城区

杭州駅

濱江区

錢江世紀城

下沙大橋

中医薬大学

宋城(P.306)

富陽区

フーチュンリゾート

フーチュンリゾートゴルフ場

蕭山区

紹興市

杭州南駅(建設中)

● 見どころ　🅷 ホテル　🅐 アミューズメント　◎ 省都　● 地級市の行政中心　◎ 区・県・県級市・自治県の行政中心　○ 鎮・村　⊕ 空港　━━━ 直轄市・省境界線　━━━ 市境界線
━━━ 鉄道　━━━ 高速鉄道　━━━ 高速道路　━━━ 建設予定　━━━ 国道　━━━ 省道　━━━ 地下鉄1号線　━━━ 地下鉄2号線　━━━ 地下鉄4号線　⊖ 乗り換え

杭州

撤祥街 撤祥街

拱墅区

橋西歴史街区
(P.309)

杭州北駅(貨物駅)

下城区

北バスターミナル

拱宸橋(P.309)

天香楼(P.311)

浙江飯店(P.311)

三墩 三墩

蝦龍圩
虾龙圩

大兜路歴史街区

三塘 三塘

地下鉄
2号線

文三路電子街
(PC・携帯ショップ街)

富義倉遺址公園
(P.309)

武林門民航航空券売り場
エアポートバス発着地点
エアポートバス(上海浦東)発着地点

ラディソン プラザ ホテル杭州(P.316)

杭州市フェリーターミナル(遊覧船乗り場)

浙江省博物館(武林館)
(P.302)

杭州米蘭風尚酒店(P.318)

江干区

杭州
バスセンターへ

杭州東駅

文新 文新

古翠路
古翠路

学院路
学院路

浙江
自然博物館

下寧橋
下宁橋

潘橋
沈塘橋

打銅関
打铜关

閘寿口
闸寿口

新風
新风

火车东站

オリエンタル・
デラックス・
ホテル杭州(P.317)

新塘
新塘

西湖区

イビス杭州黄龍文三路酒店
(P.318)

豊潭路
丰潭路

西湖文化広場
西湖文化广场

バンヤンツリー・杭州
(P.317)

黄龍飯店(P.316)

杭州旅游集散中心
黄龍体育館

武林門 武林广

武林広場
武林广场

西バスターミナル(P.295)

双峰挿雲(P.300)
(西湖湖上から見る)

百合花飯店(P.318)

山外山

凤起路 凤起路

龍翔橋 龙翔橋

中国絲綢城(P.314)

ホリデイ・イン杭州(P.317)

全日空杭州支店

景芳
景芳

建国北路
建国北路

慶春広場
庆春广场

銭江路
钱江路

杭州植物園

玉泉(P.306)

九里松度假酒店

和茶館
(P.313)

ローカウエイ

アマン
ファユン

美人峰

飛来峰

月桂峰

霊隠寺(P.303)

中国茶葉博物館(P.305)

天喜山

天馬山

棋盤山

満隴桂雨(P.307)

青龍山

慶菱路
庆菱路

浙江大学医学院付属
第一医院

城站
城站

西湖

定安路 定安路

西湖(P.296)

通称「茶葉一条街」

中国絲綢
博物館(P.306)

鳳凰山

エアポートバス
発着地点

杭州駅
(P.295)

市民中心
市民中心

城星路
城星路

江錦路
江锦路

龍井問茶
(P.307)

楊梅嶺

桂語山房

杭州動物園

虎跑泉(P.305)

虎跑夢泉

螺螄峰

馬鞍山

九渓煙樹
(P.307)

梅緑茶荘
(P.312)

盧正浩
(P.288)

雲棲竹徑
(P.307)

西湖区

宋城(P.306)

五雲山

三台山

六和塔(P.303)

大華山

玉皇飛雲
(P.307)

八卦田

大慈山

上城区

南星橋駅(貨物駅)

復興路 复兴路

南宋官窯博物館
(P.305)

水澄橋
水澄橋

白塔

地下鉄
4号線

銭塘江大橋

聯荘 联庄

中医薬大学 中医药大学

復興大橋
复兴大橋

濱江区

近江

西興大橋

甬江路
甬江路

市公安局出入境管理処
(P.417)

江陵路 江陵路

濱和路 滨和路

杭州蕭山
国際空港、
杭州南站へ
(建設中)

杭州南駅へ
(建設中)

0   1.5   3km

●見どころ(西湖十景、西湖新十景) ⑤グルメ ⑤ショップ ⑪ホテル ⑥アミューズメント ⑤学校 ⑥病院 ▬▬繁華街

○─地下鉄1号線 ─○─地下鉄2号線 ─○─地下鉄4号線 ----地下鉄(建設中) ⑨乗り換え駅

杭州·西湖周辺

A
- 黄龍吐翠
- 杭州黄龍洞円円線民俗園(P.304)
- 西湖区
- 百合花酒店(P.318)
- 岳王廟(P.301)
- シャングリ・ラ ホテル 杭州(P.315)
- 西泠書画院
- 楼外楼(P.311)
- 曲院風荷(P.299)
- 西泠印社(P.302)
- 最憶是杭州印象西湖(P.319)
- 阮墩環碧(P.307)
- 蘇堤春暁(P.298)
- 西里湖
- 丁家山
- 三潭印月(P.297)
- 花港観魚(P.299)
- 知味観味荘(P.311)

B
- 宝石流霞(P.307)
- 都錦生 絲綢精品商場(P.314)
- 保椒塔
- 断橋残雪(P.299)
- 湖畔居(P.313)
- 北里湖
- 新新飯店
- グランドハイアット 杭州(P.316)
- 大宅門
- 白堤(P.301)
- 三公園 音楽噴水
- 平湖秋月(P.300)
- 浙江省博物館(孤山館区)(P.302)
- 杭州湖濱国際名品街(P.315)
- 外婆家 西湖天地2A号楼店(P.312)
- 采芝斎(P.315)
- 青藤茶館(P.313)
- 2019年3月現在、宝印坊の見学は建物外観のみ
- 西湖天地
- 元華広場
- ソフィテル杭州ウエストレーク(P.316)
- 西湖大道
- 杭州酒家(P.311)
- 杭州友好飯店(P.317)
- 柳浪聞鶯(P.300)
- 聞鶯館茶楼(P.313)
- 西湖
- 小瀛洲
- 聞鶯閣
- 浣紗路切符売り場(P.295)
- 呉山天風(P.307)
- 城隍閣茶楼(P.313)
- 錦江之星 杭州湖濱酒店(P.318)
- 胡慶余堂薬膳
- 浙江美術館
- 雷峰夕照(雷峰塔)(P.297)
- 南屏晩鐘(浄慈禅寺)(P.298)

C
- 下城区
- 杭州維景国際大酒店(P.316)
- 浙江省中国旅行社(P.319)
- 中山国際大酒店(P.317)
- 龍翔橋/龙翔桥
- 邵芝厳童莊(P.315)
- 「岳王路」バス停留所
- 杭州君亭湖濱酒店(P.318)
- 定安路/定安路
- 呉山広場
- P.292下
- 市民卡営業庁
- 錦江之星品尚杭州西湖大道南宋御街酒店(P.318)
- 品琲客(P.312)
- 鳳山水城門遺址(P.308)
- 上城区

0 ━━━━━ 1km

● 見どころ (西湖十景、西湖新十景) ⑥ グルメ ⑤ ショップ Ⓐ アミューズメント Ⓣ 旅行会社 Ⓗ ホテル ▦ 繁華街
─○─ 地下鉄1号線 ---- 地下鉄(建設中)

河坊街

A
- 西湖銀泰城
- 緑茶餐庁 西湖銀泰店(P.311)
- 如家精選 杭州西湖呉山広場河坊街店(P.318)
- 杭州旅游集散中心 南宋皇城小鎮諮詢中(P.319)
- 侶山堂旧址
- 杭州博物館北館
- 河坊街観光インフォメーション
- 杭州博物館
- 呉山広場
- 致徳遺址
- 呉山天風(P.307)

B
- 地下鉄1号線「定安路」駅へ
- 大井珈琲店
- 王星記/張小泉剪刀店
- 高銀街にはレストランが建ち並ぶ
- 張小泉剪刀店(P.314)
- 保和堂薬店
- 王星記(P.314)
- 西湖茶社(P.315)
- 河坊街観光インフォメーション
- 玄和店舗(P.314)
- 胡慶余堂
- 胡慶余堂中薬博物館
- 山頂へつながる遊歩道
- 呉山廟会
- 王星廟
- 新周記 鼓楼総店(P.312)
- 魚宇(P.312)
- 呉山居(P.319)
- 呉山登り口
- 城隍閣、城隍閣茶楼(P.313)へ

C
- 南宋御街陳列館
- 萬隆
- 楼外楼 南宋御街店
- 知味観
- スターバックスコーヒー
- マクドナルド
- 王潤興
- 方回春堂
- 状元館
- 打銅巷
- 北京同仁堂
- 天堂傘
- 銭塘第一井
- 納珈琲
- ホーファン インターナーショナルユースホステル(P.319)
- 鼓楼
- 「鼓楼」バス停留所

0 ━━━━━ 100m

● 見どころ(西湖新十景) ⑥ グルメ ⑤ ショップ Ⓗ ホテル Ⓣ 旅行会社 ❶ インフォメーション ▦ 繁華街

列車内への持ち込み禁止品目が増加

　2016年1月に法令が改正され、高速鉄道および在来線の列車車内への持ち込み禁止品目が増え、個数制限も厳しくなった。代表的な禁止、制限品目を紹介する。駅へ入る際の安全検査で禁止品が見つかった場合は任意放棄（事実上の没収）となる。チキ（託送手荷物）制度を利用して、飛行機の機内預けのように別送することも可能だが、取り扱いは在来線のみ。したがって時間に余裕のある旅行でなければ現実的ではない。高速鉄道での移動を予定している場合はもちろん、旅程は決まっていないが列車を利用するかもしれないときも、持参する道具には気をつけたい。

・中華包丁やアーミーナイフ、食事用ナイフなどの刃物類、護身具、モデルガン
※リンゴをむくような小型折りたたみナイフも持ち込み不可

・3個以上のライター
※従来5個までOKだったが持ち込みは2個までとなった。ちなみに航空機は国際線、国内線ともに全面持ち込み禁止

・120mlを超えるスプレー缶類
※従来600mlまで持ち込みOKだったが、120mlまでとなった

・臭いのきつい物品類
※臭豆腐やドリアンなど

・生き物
※盲導犬を除くすべての生き物

　そのほか、一般の鉄道以外でも一部都市の地下鉄では度数の強い酒類2ℓ以上や折りたたみ式自転車などの大型荷物は持ち込み禁止なので要注意。

西湖観光電動カートルート

●見どころ　Ｓショップ　Ａアミューズメント　━━━ 西湖観光電動カートルート

杭 州

こう　しゅう

杭州

ハンジョウ

Háng zhōu

南京　無錫
蘇州　上海
杭州○
紹興

市外局番 0571

中国四大民間伝承のひとつ、『白蛇伝』のロマンスの舞台となった断橋

都市DATA

杭州市
人口：703万人
面積：1万6596km²
10区1県級市2県を管轄
杭州市は浙江省の省都

市内交通

【地下鉄】2019年4月現在、3路線が営業。詳しくは公式ウェブサイトを参照
杭州地鉄
路線図→折込裏
※地下鉄全線が乗り降り自由の「一日票」「三日票」を販売している。「一日票」は最初の使用から24時間有効で15元、「三日票」は72時間有効で40元。購入は駅のサービスセンターで
🌐www.hzmetro.com
【路線バス】運行時間の目安は5:30〜22:00.2〜5元
【タクシー】初乗り3km未満11元、以降1kmごとに2.5元加算
【レンタサイクル】杭州では観光地付近に多数乗降ポイントが開設されている。料金は1時間以内が無料、2時間以内が2元、3時間以内が3元、終日は5元。支払いは杭州の交通系ICカード「杭州通」を利用する
自転車ホットライン
☎85331122
杭州通
☎96225
※詳細→P.296

西湖で知られる風光明媚な古都

　杭州は上海の南西約150kmに位置する、浙江省の省都。悠々と流れる銭塘江のほとりに開けた杭州市は、上城、下城などの10区、県級市の建徳、淳安などふたつの県からなる。その中心には2011年に世界遺産に登録された西湖が輝き、白居易や蘇東坡の詩に詠われ、春秋時代の美女西施にもたとえられた麗しい姿で観光客を迎えている。

　町の歴史は、秦の始皇帝がここに銭塘県を設置したのが始まりとされ、2200年以上も前に遡る。杭州という名は589（隋の開皇9）年に初めて用いられ、北京と杭州を結ぶ京杭大運河（2014年に世界遺産に登録）が開通したのを機に、江南の交易の要衝として発展。9〜10世紀は呉越国、12〜13世紀には南宋の国都となり、13世紀末には90万人の人口を抱えるほどの大都市であったという。元代に杭州を訪れたマルコ・ポーロはその規模と繁栄ぶりに驚嘆し、この町を「地上の楽園」とたたえている。

　杭州の繁華街は西湖の東側一帯。なかでもにぎわいを見せるのが南北に延びる延安路。北端には高級ホテルの集中する武林広場があり、町の中心を貫いて、南端の呉山広場まで続いている。そこから東へはレトロな町並みを再現した河坊街（清河坊）があり、観光客向けのレストランやショップが並ぶ。延安路から西湖の東岸へは徒歩5〜10分。湖畔を南北に走る湖濱路から南山路沿いには、レイクビューを売りにする高級ホテルが点在する。おしゃれなレストランの集まる西湖天地もここにある。西湖周辺や西湖観光の交通手段は、バスやタクシーのほか、西湖を一周する電動カートや遊覧船、レンタサイクルなどさまざま。うまく組み合わせ効率よく回ろう。

　六和塔や茶の名産地である龍井、梅家塢など、繁華街から離れた場所へも路線バスなどのアクセスがよい。

自転車で西湖を巡る人も多い

見る場所により美しさを変える西湖

ACCESS

空港案内図 ⇒ **P.400**　鉄道時刻表検索 ⇒ **P.415**

✈ **飛行機**　市区の東約30kmに位置する杭州蕭山国際空港（HGH）を利用する。日中間運航便が5路線あり、国内線は主要都市との間に運航便がある。

国際線 成田（7便）、関西（15便）、札幌（2便）、静岡（4便）、沖縄（4便）。
国内線 北京、広州、深圳、西安、成都など主要都市との間に運航便がある。
所要時間（目安） 北京首都（PEK）／2時間30分　広州（CAN）／2時間5分　深圳（SZX）／2時間15分　西安（XIY）／2時間10分　成都（CTU）／3時間5分　香港（HKG）／2時間25分

🚈 **鉄道**　通常旅行者が利用するのは杭州駅と杭州東駅。在来線は杭州駅発着で、高速鉄道は一部を除き大半が杭州東駅発着。両駅間は地下鉄1号線で18分（待ち時間など含まず）。2019年4月現在、総合ターミナルの杭州南駅を建設中。

所要時間（目安）【杭州東（hzd）】紹興北（sxb）／高鉄：20分　紹興（sx）／特快：45分　上海虹橋（shhq）／高鉄：1時間　寧波（nb）／高鉄：1時間　南京南（njn）／高鉄：1時間30分 【杭州（hz）】紹興（sx）／快速：55分　南京南（njn）／高鉄：1時間50分

🚌 **バス**　市内には4つの主要バスターミナルがあるが、黄山以外との移動には鉄道利用のほうが便利。

所要時間（目安） 上海／2時間30分　紹興／1時間　寧波／2時間　蘇州／2時間30分　烏鎮／1時間30分　黄山風景区／4時間30分

DATA

✈ **飛行機**
■ **杭州蕭山国際空港**（杭州蕭山国際机场）
M P.290-B1、C4　**住** 蕭山区迎賓大道
☎ 統一電話＝96299　**オ** 始発便～最終便　**休** なし
カ 不可　**U** www.hzairport.com
[移動手段] **エアポートバス**（空港～武林門民航航空券売り場）／20元、所要50分が目安。空港→市内＝7:30～翌2:00の間15～30分に1便、2:00～最終便の間最終便到着に合わせて運行　市内→空港＝5:00～21:00の間15～30分に1便　**タクシー**（空港～西湖六公園）／120元、所要50分が目安
　航空券売り場では3ヵ月以内の航空券を販売。エアポートバスは、杭州駅方面の平海路線、火車東站線（→P.408）、蘇州や紹興などとを結ぶ路線もある。
■ **エアポートバス**（上海浦東行き）
M ～～～～～～～～～～～～～～～～～～～～～～～
　　　　　　　2024年1月現在廃止
　5:3～～～～～～～～～～～～～～～～～～～～～1便。
120元、所要3時間30分。

🚈 **鉄道**
■ **杭州東駅**（杭州火車东站）
M P.291-C2　**住** 江干区全福橋路2号
☎ 共通電話＝12306、56730952
オ 24時間　**休** なし　**カ** 不可
[移動手段] **タクシー**（杭州東駅～西湖六公園）／35元、所要30分が目安　**地下鉄**／1、4号線「火車东站」
28日以内の切符を販売。
■ **杭州駅**（杭州火車站）
M P.291-C3　**住** 上城区環城東路1号城站广场
☎ 共通電話＝12306、56720222
オ 24時間　**休** なし　**カ** 不可
[移動手段] **タクシー**（杭州駅～西湖六公園）／15元、所要20分が目安　**地下鉄**／1号線「城站」

■ **浣紗路切符売り場**（浣紗路售票处）
M P.292-C1　**住** 浣紗路147号　**非** 非公開
オ 8:0～～～～～～～～～～～～～～～～可
[移動～～～　2024年1月現在廃止　～六公
園）～～～～～～～～～～～～～～～～～鉄1号
線「龙翔桥」
　28日以内の切符を販売。手数料は1枚5元。

🚌 **バス**
■ **共通問い合わせ電話**＝86046666
　杭州バスセンター、西バスターミナル、南バスターミナル、北バスターミナルに関する問い合わせに対応する。
■ **杭州バスセンター**（杭州客运中心站）
M P.290-B3　**住** 江干区徳勝東路3339号
☎ 87650679　**オ** 6:30～19:30
休 なし　**カ** 不可
[移動手段] **タクシー**（杭州バスセンター～西湖六公園）／60元、所要40分が目安　**地下鉄**／1号線「客运中心」
　10日以内の切符を販売。烏鎮（7:25～18:20の間24便）、西塘（8:25～17:40の間10便）、紹興（7:20～19:10の間23便）、寧波（8便）、蘇州南（12便）、上海南（3便）など。
■ **西バスターミナル**（汽车客运西站）
M P.291-A2　**住** 西湖区天目山路357号
☎ 85222237　**オ** 6:30～19:00　**休** なし　**カ** 不可
[移動手段] **タクシー**（西バスターミナル～西湖六公園）／30元、所要30分が目安　**路線バス**／49、102、179路「汽车西站」
　10日以内の切符を販売。屯渓（6:50～18:50の間10便）、黄山風景区など。

見どころ

★★★ 所要 1～2日

杭州を代表する景勝地

世界遺産

西湖 / 西湖
せいこ　xīhú

　風光明媚な西湖は、中国十大風景名勝のひとつに数えられ、「西湖十景」に代表される絶景スポットが点在する。その美しさは、古くから多くの詩や絵に表現され、詩人蘇東坡が春秋時代の美女西施にたとえたことが西湖の名の由来となっている。2011年世界文化遺産に登録された。

　湖の周囲は約15km、面積は6.4㎢、東西2.8km、南北3.2km。堆積した土砂によって銭塘江と切り離され、秦漢時代に出現したと考えられている。唐代には約11㎢の広さがあったが、杭州一帯の発展によって人口が増加すると、湖水が利用されることになり、徐々に縮小した。

　白堤、蘇堤、楊公堤の3つの堤防によって西里湖、北里湖、小南湖、岳湖に分けられ、湖には小瀛州、湖心亭、阮公墩の小島が浮かぶ。

西湖の乗り物

①西湖電動遊覧船
☎ 87968995(西湖游船有限公司)
🕐 3～10月7:30～17:00
　11～2月8:00～16:00
🚫 なし
💴 普通=55元、エアコン付き=70元
※小瀛州(三潭印月)入場料20元を含む

②こぎ手付きボート(包租手划船)
　4人乗りのボートで西湖を遊覧できる。
🕐 3月下旬～11月上旬8:30～22:00
　11月中旬～3月中旬8:30～17:00
※最終受付は終了2時間前まで
💴 1時間150元(1時間単位で貸し出す)

③手こぎボート(自划船)
　5人乗り(中国人1人以上の同伴が必要)。デポジット(保証金)300元、1時間30元。その後30分単位で15元加算。
☎ 87026538
🕐 3～10月7:30～17:00
　11～2月8:00～16:00

④西湖観光電動カート
　(西湖观光电瓶观光车)

　西湖の周囲を4つの区間に分けて時計回りに運行する電動カートがある。

　乗車時は手を挙げて車を停めればよいが、空席がない場合は停車しないので次のカートが来るのを待つしかない。降車は各区間の終点で。区間をまたぐ場合は注意が必要。ひとつの区間の距離がどんなに短くても2区間分支払うことになる。1周の所要時間は1時間10分が目安。
☎ 87987784、87972452
🕐 3～10月8:30～17:30
　11～2月9:00～16:30
※最終バスの発車は営業終了30分前
※7～8月、10月の連休中の最終便は18:30発
🚫 なし
💴 各区間：普通車=10元、レトロ車=20元
※通し券はあるが、割引設定なし
※区間は次の4つ。少年宮(断橋)→涌金門、涌金門→雷峰塔、雷峰塔→岳王廟、岳王廟→少年宮(断橋)

三潭印月 / 三潭印月 (sāntān yìnyuè)
さんたんいんげつ

1607 (明の万暦35) 年に湖底の泥で造られた小瀛州は、西湖に浮かぶ島。西湖遊覧の船に乗ると必ずここを巡る。主要な見どころは開網亭、先賢祠、迎翠軒、曲橋、九獅子石など。島にはたくさんの池があり、それを九曲橋で結んでいる。島の南には3本の石灯籠が立っており、中秋の名月にはここに火がともされる。

三潭印月の名は、月が出ている夜に船から湖面に映る月を見ると、月が3つに分かれて見えるという話に由来している。

湖上に3本の灯籠が立つ

雷峰夕照 / 雷峰夕照 (léifēng xīzhào)
らいほうせきしょう

雷峰山の頂上に立つ雷峰塔が創建されたのは975 (呉越の開宝8) 年。呉越王であった銭弘俶と黄妃の間に男子を授かったことを祝い建てられた。塔は1924年に倒壊、現在見られるのは2002年に復元されたもの。中国四大民間伝承のひとつ『白蛇伝』にも登場する。

塔の頂上に上れば、約70mの高さから西湖を一望することができる。「雷峰夕照」とは、雷峰塔に夕日が重なったときに見せる、輝くような美しさから名づけられた。

日没が近づくと多くの人たちが集まる

西湖
Ⓜ P.291-B3、P.292上、P.293
🏠西湖風区
※連絡先やオープン時間、交通手段などは各見どころの欄外を参照

三潭印月
Ⓜ P.293-A2〜B3
🏠西湖区西湖湖中心
☎87980020
🕐3月15日〜11月15日
　7:30〜18:30
　11月16日〜3月14日
　8:00〜16:30
🈺なし
💰20元
🚌遊覧船で行く
※遊覧船は岳王碼頭、花港観魚碼頭、孤山中山公園碼頭、湖濱碼頭、銭王祠碼頭の5ヵ所から出発

西湖を象徴する風景のひとつ

雷峰夕照
Ⓜ P.293-B3
🏠西湖区南山路15号
☎87982111
🕐3月16日〜4月30日
　8:00〜19:00
　5〜10月8:00〜20:00
　11月1日〜3月15日
　8:00〜17:30
※入場は閉門30分前まで
🈺なし　💰40元
🚌Y2、4、31、51、52路バス「浄寺」
🔗www.leifengta.com

塔は西湖の各所から見える

蘇堤春暁
MP.293-A2
🏠西湖区蘇堤
🕐24時間
休なし
料無料
🚌Y2、4、31、51、52、87路バス「蘇堤」

南屏晩鐘(浄慈禅寺)
MP.293-B3
🏠西湖区南山路56号
☎87995600
🕐6:30～17:00
※入場は閉門30分前まで
休なし
料10元
※鐘突きは1回10元、8:00～15:00
🚌Y2、4、31、51、52路バス「浄寺」

蘇堤春暁／苏堤春晓 (sūdī chūnxiǎo)
そていしゅんぎょう

　西湖を南北に貫く長さ2.8km、幅36mの堤防。北宋の政治家で詩人・書家として名高い蘇軾(1036～1101年、号は東坡居士)が杭州知事だった1090(北宋の元祐5)年に、20万の工人を使って築いたもの。彼の名を取り蘇堤と呼ばれる。

　6つの橋が架かる蘇堤は四季を通して美しいが、春霞のかかる朝、しだれ柳の枝でウグイスの鳴く様子から「蘇堤春暁」という名がつけられた。

西湖の南端に向かって延びる蘇堤

南屏晩鐘／南屏晚钟 (nánpíng wǎnzhōng)
なんぺいばんしょう

　西湖の南岸に位置する南屏山は高さ131mの山。その北麓に浄慈禅寺があり、寺で突く鐘の音を聞きながら眺める夕景が「南屏晩鐘」と呼ばれる絶景。『清明上河図』で知られる北宋の画家張択端が描いた『南屏晩鐘図』によって、西湖十景のなかでは最も早く人々に知られるようになった。

　浄慈禅寺は954(後周の顕徳元)年創建の禅林。日本曹洞宗の開祖である道元(未詳～1253年)が修行した寺院としても知られる。境内には如浄禅師之塔が立つ。

主殿に向かって右手前の鐘楼で鐘を突ける

廬舎那仏坐像を安置する1932年再建の主殿、大雄宝殿

花港観魚／花港观鱼 (huāgǎng guānyú)
かこうかんぎょ

蘇堤の南端部、西里湖と小南湖の間に位置する。舞い泳ぐ色鮮やかなコイなどの魚とボタンなどの花々を観賞できる広大な公園。昔、背後にある花家山から流れ出る清流が、ここを通り西湖に達したため、「花港」と呼ばれるようになった。

南宋期に盧允昇が別荘を建て、花園を造ったのが始まり。その後庭園は廃れたが、清の第4代皇帝である康熙帝が江南行幸の際、蘇堤の映波橋と鎖瀾橋の間にあった定香寺跡地を整備し、「花港観魚」と記した石碑を立てた。また、第6代皇帝の乾隆帝もここを訪れ石碑を残している。

池を囲み庭園風景が広がる

花港観魚（観魚公園）
M P.293-A3
住 西湖区楊公堤
☎ 園林管理処＝87963033
オ 24時間
休 なし
料 無料
交 西門＝Y2、51、52、318路「浴鵠湾」
南門＝Y2、4、31、51、52、87路バス「苏堤」

花港観魚の石碑

断橋残雪／断桥残雪 (duànqiáo cánxuě)
だんきょうざんせつ

白堤（→P.301）の北端に架かる石橋で、雪見の名所として知られる場所。積雪のあと、橋の中央から雪が解け始めるときに、橋が中央で折れているように見えることから、その風景はいつしか「断橋残雪」と名づけられ、「西湖十景」を代表する景勝地となった。『白蛇伝』の中で、主人公の白素貞（白娘子）と許仙が巡り会い、後に再会した場所としても知られる。

橋の東端には、西湖を気に入り、何度も杭州を訪れた康熙帝の題字による碑亭が立つ。

断橋残雪
M P.293-B1
住 西湖区白堤断橋
オ 24時間
休 なし
料 無料
交 7、27、51路バス「葛岭」

緩やかな美しいカーブを描く断橋

曲院風荷／曲院风荷 (qūyuàn fēnghé)
きょくいんふうが

西湖の北西部、岳王廟の南に位置するハスの花を観賞する名所。南宋代に酒を造る官営醸造所がおかれており、その周囲にはハスが茂っていた。夏になってハスの花が開くようになると、風に乗って周囲に花の香りと酒の匂いが漂ったことから、この名がついた。現在では広さ約28万㎡の公園となっており、開花時期には、200以上のハスの品種を鑑賞できる。

夏にハスの花を見る場合は早朝がおすすめ。昼には花を閉じてしまうので注意。

曲院風荷
M P.293-A1
住 西湖区北山街と楊公堤の交差点東南角
オ 24時間
休 なし
料 無料
交 7、27、51、52路バス「岳坟」

緑豊かな水辺の風景が美しい

柳浪聞鶯（柳浪聞鶯公園）
ＭP.293-B2
住上城区南山路
オ24時間
休なし
料無料
交①地下鉄1号線「定安路」
　②Y2、4、12、31、42、51路バ
　ス「清波門」

柳浪聞鶯にある柳鶯館茶楼

平湖秋月
ＭP.292-B1、P.293-A1～2
住西湖区孤山路
オ24時間　休なし
料無料
交52路「白堤」、7、27、51路バ
　ス「岳坟」

御碑亭

双峰挿雲
ＭP.291-A3
住西湖区雲隠路と趙公堤路の交
　差点付近
オ24時間
休なし
料無料
交7、27、87、103路バス「洪春
　橋」

柳浪聞鶯／柳浪闻莺 (liǔlàng wényīng)
りゅうろうぶんおう

　柳浪聞鶯公園は、西湖東岸南部に位置する20万㎡の広さをもつ公園。友誼景区、聞鶯景区、聚景景区、南園景区の4つのエリアで構成されている。その原型は南宋代において杭州最大の御花園であった聚景園。南宋滅亡後は廃れたが、清代になって再整備された。

　このあたりは、春から夏にかけて、湖岸に立ち、風に葉を揺らす柳と、枝でさえずるウグイスの声とが情緒的な風情を醸し出すことから「柳浪聞鶯」と呼ばれるようになった。

早朝から訪れる人は多い

平湖秋月／平湖秋月 (pínghú qiūyuè)
へいこしゅうげつ

　白堤の西端、錦帯橋を渡った孤山の南側に位置する6000㎡の景勝エリア。明鑑楼、平月台、御碑亭、八角亭などの建物がある。

　南宋以降、ここで観賞する月の美しさが知られるようになってから、多くの文人が訪れ、その景観を多くの詩に詠んだ。現在でも夜になると多くの人が観賞に訪れるが、満月、特に中秋節には大変なにぎわいとなる。

　近くには浙江省博物館や西泠印社、楼外楼など見どころやレストランが多くあるので、それらと合わせ訪れるとよい。

湖面が穏やかに広がる平湖秋月

双峰挿雲／双峰插云 (shuāngfēng chāyún)
そうほうそううん

　西湖の西岸には南高峰（256m）と北高峰（355m）という緑豊かなふたつの山があり、これを双峰と呼ぶ。「双峰挿雲」とは、それらの峰を湖上に浮かべた船から眺めた風景のこと。なお、山がある洪春橋のほとりには「双峰挿雲」の石碑が立っているだけで、山を見ることはできない。山を眺めるなら湖上の船に乗ろう。

大きなくぼみの左右の山が南高峰と北高峰

★★

西湖最古の堤防

白堤／白堤
はくてい　báidī

白堤
Ⓜ P.293-B1
🏠西湖区西湖景区白堤
🕐24時間
休なし
料無料
🚌7、51路バス「断橋」。52路「西冷橋」

白堤から見る岸辺の景色

西湖の北東部に築かれた堤で、東端の断橋から西端の錦帯橋まで約1km。西湖十景の「断橋残雪」と「平湖秋月」を結ぶ道になっている。完成当初は白沙堤といったが、宋代には孤山路、明代には十錦塘と呼ばれた。また、明代以降、堤沿いに桃や柳の木の植林が始まった。

唐の詩人白居易（白楽天）が造った堤ということで「白堤」という説があるが、彼が杭州刺史（長官）時代に築いた堤防は別の場所であり、その堤はすでに存在していない。しかし、杭州の人々はこの偉大な詩人に敬意を込めて、現在でも「白堤」と呼んでいる。

堤防の両側に広がる絶景を楽しみながら歩く

★★

南宋の名将岳飛を祀る社

岳王廟／岳王庙
がくおうびょう　yuèwángmiào

岳王廟
Ⓜ P.293-A1
🏠西湖区北山路80号
☎87986653
🕐7:30〜18:00
休なし
料25元
🚌7、27、51、52路バス「岳坟」

「心昭天日」の扁額を掲げる正殿

1221（南宋の嘉定14）年に創建された北宋の名将岳飛（1103〜1142年）を祀る場所。岳廟とも呼ばれる。一時は忠烈廟と改称されたこともある。残念ながら文化大革命によって破壊されてしまい、再建されたのは1979年。

岳飛は女真族が建国した金によって奪われた江南の地を奪還しようと軍を率いて活躍したが、投降した秦檜や張俊の陰謀に遭い、無実の罪で投獄され、志半ばにして毒殺された。21年後にえん罪は晴らされ、国民的英雄としてここに祀られた。敷地内に、岳飛と息子の墓石がある。

岳飛の生涯を紹介する岳飛紀念館

岳飛の座像を祀る正殿内部

岳飛とその息子が眠る

301

浙江省博物館

莫高窟の保護に尽力した常書鴻
作の油絵

西泠印社

小高い山を利用した美しい庭園

★★

7000年の文化を知る

浙江省博物館／浙江省博物馆
せっこうしょうはくぶつかん　　zhèjiāngshěng bówùguǎn

　1929年に開館した浙江省最大の博物館。当初は浙江省立西湖博物館といった。文瀾閣、西湖美術館を含む孤山館区、武林館区、黄賓虹芸術館、沙孟海旧居などの景区で構成されている。

　その中心となるのが1993年の改修・拡張工事で完成した孤山館区。陶瓷館、黄賓虹芸術館、常書鴻美術館、漆器館などの常設館で収蔵物を展示している。清代に編纂された四庫全書を収蔵する文瀾閣や1997年に開館した西湖美術館も館区内にある。

　武林館区は2009年に竣工した展示館。館内には浙江革命歴史紀念館があり、歴史や習俗を中心にした展示を行う。

浙江省博物館武林館区

★★

庭園から眺める西湖は格別

西泠印社／西泠印社
せいれいいんしゃ　　xīlíng yìnshè

　中山公園内にあり、江南様式の庭園に点在する金石篆刻の研究施設。約7100㎡の敷地に、印学博物館をはじめ多くの明清時代の建築物が残っている。

　1904（清の光緒30）年に葉為銘、丁仁などの研究家によって設立された中国最初の学術団体で、金石篆刻、書道、中国画などの分野で人材を輩出しており、創作活動から研究、収蔵、編集出版など多岐にわたる活動を絶えず行っている。現在では400名近い社員が中国はもとより、台湾や日本、欧米各国で活躍している。敷地内には、1912年創業の印章店、宝印山房があったが閉店し、2019年3月現在建物の見学のみ。

庭園から西湖を望む

★★
荒ぶる銭塘江を鎮めるために建立された塔

六和塔／六和塔
りくわとう　liùhétǎ

　杭州市を流れる大河、銭塘江の北岸月輪山にそびえ立つ八角7層の仏塔（高さは約60m）。『水滸伝』では魯智深円寂の地として登場する。

　海水の逆流現象である海嘯によって、銭塘江はたびたび氾濫を起こしたが、それを鎮めるため、呉越王の銭弘俶が智元禅師に命じ、970（北宋の開宝3）年に建設させた。その後、1121（北宋の宣和3）年に兵乱で塔は破壊されたが、1156（南宋の乾道元）年に10年の月日をかけて再建された。現存する塔は一見すると八角13層だが、内部は7層という不思議な造りになっている。

正面から見るとどっしりとした印象

★★
中国禅宗十刹のひとつ

霊隠寺／灵隐寺
れいいんじ　língyǐnsì

　インド人僧侶の慧里により326（東晋の咸和元）年に創建された中国禅宗十刹のひとつ。周囲の山々を見た慧里が、深山に隠れ棲む仙霊の存在を感じたことからこの名がつけられたと伝わる。中国最大の木造座像、金色釈迦尊像や世界最大の銅製御殿がある。寺院の全盛期には僧坊は1300、僧侶は3000を超えたといい、南宋の嘉定年間（13世紀初め）には江南五山のひとつにも指定された。その後、清の康熙帝の江南巡幸の折に雲林禅寺と改称され、もとの名に戻ったのは中華人民共和国になってから。

　寺院の奥に岩山の飛来峰がある。その山肌には338体の石仏が彫られている。

霊隠寺薬師殿

六和塔
🗺 P.291-B4
🏠 西湖区之江路16号
☎ 86591401
🕐 4〜10月6:30〜18:00
　11〜3月6:30〜17:30
※入場は閉門30分前まで
🈺 なし
💰 20元
※塔に上る場合は別途10元
🚌 4、314、318路バス「六和塔」

智元禅師座像

六和塔御碑亭

霊隠寺
🗺 P.291-A3
🏠 西湖区霊隠路法雲弄1号
☎ 霊隠寺客堂＝87968665
　飛来峰景区＝87973280
🕐 7:30〜17:00
※入場は閉門30分前まで
🈺 なし
💰 霊隠寺＝30元、飛来峰＝45元
※飛来峰に行くには霊隠寺に入らなければならない。実質的な入場料は2ヵ所を合計した75元となる
🚌 Y2、7路バス「灵隐」
🌐 www.lingyinsi.com

ロープウエイ
🗺 P.291-A3
🕐 8:30〜16:30
🈺 なし
💰 上り＝30元、下り＝20元
　往復＝40元

飛来峰に彫られた見事な仏像

杭州黄龍洞円縁民俗園

M P.292-A1

住 西湖区曙光路61号

☎ 87979505

⏰ 7:30～18:00

休 なし

料 15元

交 21、82路バス「黄龙体育中心南」。16、17、28、103、318路バス「松木场」

黄龍吐翠と彫られた石碑を収める黄龍吐翠碑亭

★★

西湖新十景のひとつにあるテーマパーク

杭州黄龍洞円縁民俗園／

こうしゅうこうりゅうどうえんえんみんぞくえん

杭州黄龙洞圆缘民俗园

hángzhōu huánglóngdòng yuányuán mínsúyuán

　1995年、曙光路の南、栖霞嶺の北麓に広がる竹林を整備した庭園で、「縁」に関連する中国文化を紹介している。中心となるのは禧園。ここには江南の地方劇「越劇」を上演する大劇台がある。

　このほかに、30種近い竹に囲まれた黄龍洞を中心とする景観は「黄龍吐翠」とたたえられ、風光明媚な場所で、西湖新十景のひとつに数えられている。

入口にある「緣」の字の前は記念写真スポット

地方劇が演じられる大戯台

「黄龍吐翠（黄龍が緑を吐く）」と名づけられた小さな滝

インフォメーション

杭州観光に便利な旅游バス

　市内を走るバスのうち、路線番号の頭にYが付くものが観光地を通る旅游バス。週末、祝日のみ運行する循環バスもある。

■公共交通ホットライン（公交热线）

☎ 85191122

※下記情報は2019年3月現在

▼Y2（游2）: 灵隐⇔城站火车站／霊隠発＝8:00～18:00の間、城站火车站発＝8:00～18:00の間、それぞれ10～20分間隔。3元、全行程50分。

灵隐⇔石莲亭⇔九里松⇔黄泥岭⇔茅家埠⇔空军疗养院⇔浴鹄湾⇔苏堤⇔净寺（南屏晚钟）⇔南山路万松岭路口⇔清波门（柳浪闻莺）⇔钱王祠⇔涌金门东⇔柴垛桥⇔市三医院⇔城站火车站

▼Y8（游8）: 七古登⇔吴山公交站／七古登発＝6:00～20:20の間、呉山公交站発＝6:40～21:00の間それぞれ10～15分間隔。2元、全行程70分。

七古登発＝七古登⇨上绍路⇨二纺机总厂⇨长乐路⇨董家新村⇨余杭塘上⇨打索桥⇨石灰桥⇨沈塘桥⇨密度桥⇨武林门⇨延安新村⇨孩儿巷⇨胜利剧院⇨延安路湖滨⇨延安路饮马井巷⇨吴山广场⇨吴山公交站
呉山公交站発＝吴山公交站⇨吴山广场⇨延安路饮马井巷⇨胜利剧院⇨孩儿巷⇨延安新村⇨武林门⇨密度桥⇨沈塘桥⇨石灰桥⇨打索桥⇨余杭塘上⇨董家新村⇨长乐路⇨二纺机总厂⇨沈塘湾⇨善贤社区⇨茶汤桥⇨七古登

▼西湖外環線: 白堤⇔白堤／週末、祝日のみ運行、9:00～17:00の間、10～15分間隔。5元、全行程60分。

白堤⇨岳坟⇨杭州花圃⇨浴鹄湾（花港观鱼）⇨净寺（雷峰塔）⇨清波门⇨一公园⇨东坡路平海路口⇨小车桥⇨钱塘门外⇨葛岭（断桥）→新新饭店⇨岳坟⇨白堤

　Yが付く旅游バスは廃止。代わりに土・日曜祝日に運行される「数字旅游1号線」、「大紅豆数字旅游専線」「大紅豆数字旅游専線」の3路線を新設。

★★

登り窯の跡が残る

南宋官窯博物館／南宋官窑博物馆
なんそうかんようはくぶつかん　nánsòng guānyáo bówùguǎn

館内の展示スペース

宮廷で使用する青磁などを制作していた官窯と呼ばれる窯の跡と作業場が出土した状態のまま保存されている。別棟の展示室では、南宋時代の陶磁器作成のあらましや、陶磁器の名品を見ることができる。陶磁器に興味がある人向き。

★★

お茶を専門に紹介する中国唯一の博物館

中国茶葉博物館／中国茶叶博物馆
ちゅうごくちゃようはくぶつかん　zhōngguó cháyè bówùguǎn

龍井茶の産地である双峰に位置する、中国唯一の茶葉に関する国立博物館。四方を茶畑で囲まれ、非常にのんびりとした空間にある。

中国茶葉博物館外観

博物館は茶史、茶萃、茶事、茶具、茶俗、友誼の6つのテーマごとに展示室が設けられている。館内には体験茶や売店も併設されている。

★★

杭州有数の名泉

虎跑泉／虎跑泉
こほうせん　hǔpǎoquán

819（唐の元和14）年に創建された虎跑寺の敷地内に湧いており、鎮江（江蘇省）の中冷泉、無錫（江蘇省）の恵泉に次ぐ天下第三泉と称される名泉。もともと水の乏しかったこの一帯に、仙人が2頭のトラを遣わして泉を掘らせたという伝説からこの名がついたという。敷地内にはいくつかの茶館があるので、ミネラル豊富な名水で入れた龍井茶を試してみよう。その味は格別で、「西湖の双璧」とたたえられる。敷地内には性空禅師が建てた虎跑寺の旧跡もある。西湖新十景のひとつとして「虎跑夢泉」とも呼ばれる。

南宋官窯博物館
Ⓜ P.291-B4
🏠上城区南復路60号
☎86086023
🕐8:30～16:30
※入場は閉館30分前まで
🚫月曜
💴無料
🚌①42、87、133路バス「施家山」
　②地下鉄4号線「水澄橋」
Ⓤwww.ssikiln.com

館内の展示品

中国茶葉博物館
Ⓜ P.291-A3
🏠西湖区龍井路88号双峰
☎87964221
🕐5月1日～10月7日
　9:00～17:00
　10月8日～4月30日
　8:30～16:30
※入場は閉館15分前まで
🚫月曜　💴無料
🚌27、87路バス「双峰」
Ⓤwww.teamuseum.cn

茶文化に関する展示物

虎跑泉（虎跑公園）
Ⓜ P.291-A4
🏠西湖区虎跑路39号
☎87981900
🕐4～10月6:00～18:00
　11～3月6:00～17:30
🚫なし
💴15元
🚌4、197、314、318路バス「虎跑」

西湖新十景に数えられる虎跑泉

中国絲綢博物館
MP.291-B3
🏠西湖区玉皇山路73-1号
☎87035150
🕐9:00～17:00
※月曜は12:00から
※入場は閉館15分前まで
🈳なし
💰無料
🚌12、42、87路バス「絲綢博物館」
🌐www.chinasilkmuseum.com

養蚕の様子を再現

玉泉
MP.291-A3
🏠西湖区桃源嶺1号杭州植物園内
☎87961904
🕐8:00～17:00
🈳なし
💰玉泉=無料
　杭州植物園=10元
※8:00以前、17:00以降は無料
🚌7、15、27、28、87、103路バス「植物園」
🌐www.hzbg.cn

宋城
MP.291-A4
🏠西湖区之江大道148号
☎87099989
🕐3～11月9:00～21:00
　12～2月10:00～21:00
※『宋城千古情』は14:00と19:30に開演。週末や中国の伝統的な祝日には12:30から追加上演することもある
🈳なし
💰310元、320元、580元
🚌4、318路バス「宋城」。103、324路バス「感応橋北（宋城）」
🌐www.songcn.com

艶やかな衣装をまとった『宋城千古情』

★★
シルクの発展を語る博物館

中国絲綢博物館／中国丝绸博物馆
ちゅうごくしちゅうはくぶつかん　zhōngguó sīchóu bówùguǎn

およそ5000年前に中国で生まれた絹に関する展示を序庁、歴史文物庁、蚕絲庁、染織庁、現代成就庁などに分けて行っている。序庁では宋代の織機模型を置いて年表とシルクロード地図を使った概説を、歴史文物庁では

ここでは絹に関する知識を得られる

新石器時代以降、各王朝における絹に関連する歴史を解説し、出土品や状態のよい絹製品などが展示されている。

★★
音楽舞踊ショーを楽しもう

杭州が誇る名泉

玉泉／玉泉
ぎょくせん　yùquán

虎跑泉、龍井泉とともに西湖三大名泉のひとつ。かつてここには清漣寺があったが廃寺となり、1964年に整備された際、広さ7300㎡、江南様式庭園を備えた憩いの場となった。現在では杭州植物園の敷地内にある。

北門から徒歩で5分ほどの所にコイが泳ぐ魚楽園があり、その隣の茶館では玉泉の水で入れたお茶を味わえる。

杭州植物園内の静かな雰囲気に包まれた玉泉

★
音楽舞踊ショーを楽しもう

宋城／宋城
そうじょう　sòngchéng

宋代の町並みを再現したテーマパーク。スタッフは職人役や庶民役など当時の衣装を身に着けている。内部は宋河東街、土豪家族、美食街など6つの区画に分かれており、季節ごとに特色あるショーを開催している。最大の見ものである音楽舞踊ショー『宋城千古情』の上演時間に合わせて行くとよい。

園内に再現された宋代の城門

★

西湖新十景／西湖新十景
せいこしんじゅっけい　xīhú xīnshíjǐng

「西湖十景」のほかにも、西湖周辺には古くから知られる景勝地がたくさんある。そこで選ばれたのが「西湖新十景」。西湖の自然と文化を堪能できる名所ばかりだが、1日で巡るのは難しい。時間がなければ、経路などを考え、訪問地を絞ったほうがよいだろう。

宝石流霞／宝石流霞 (bǎoshí liúxiá)
ほうせきりゅうか

西湖北岸には高さ200mほどの宝石山がある。その岩石が酸化鉄を含み、日光を受けると山肌が宝石のように輝くことからこのように呼ばれるようになった。山頂には1933年に再建された高さ45.3m六角7層の保俶塔が立つ。湖畔から眺める宝石山と保俶塔は風情満点。また、宝石山山頂からの西湖の眺望もすばらしい。

山頂に立つ保俶塔

龍井問茶／龙井问茶 (lóngjǐng wènchá)
りゅうせいもんちゃ

龍井は風篁嶺に位置する山あいの村。昔から水が豊富だったため、龍井(龍の住処)と名がついた。西湖三大名泉に数えられる龍井泉はここから湧き出る。また、この地には茶畑が多く、収穫された茶葉は龍井茶となる。緑豊かな環境のなかで杭州のふたつの名物を楽しめる贅沢な場所であることから、龍井問茶という名所となった。

残る八景

「九渓煙樹」は獅子山と楊梅嶺から流れ出た水が小川になって銭塘江に注ぐ九渓十八澗沿いの自然を指し、「玉皇飛雲」は玉皇山から見た西湖の絶景を指す。また、「雲棲竹径」は五色の雲が生まれたという言い伝えが残る五雲山南麓の景観をいい、「満朧桂雨」は明代以降に植林された桂花(キンモクセイなど)が咲く頃のさまをたたえたもの。

「阮墩環碧」は西湖に浮かぶ小島の緑豊かな様子を碧玉にたとえ、浙江省の文化振興に功績のあった阮墩の名と合わせたもの。「呉山天風」は高さ94mの呉山から見晴らす杭州の町並みや西湖、銭塘江のすばらしい風景を指す(→P.286)。

「黄龍吐翠」については杭州黄龍洞円縁民俗園(→P.304)、「虎跑夢泉」については虎跑泉(→P.305)を参照。

宝石流霞
- MAP P.292-B1
- 🏠西湖区宝石山
- 🕐24時間　休なし　料無料
- 🚌7、27、51路バス「葛岭」

龍井問茶
- MAP P.291-A3
- 🏠西湖区龍井路龍井村1号
- 🕐24時間　休なし　料無料
- 🚌27、87路バス「龙井茶室」

九渓煙樹
- MAP P.291-A4
- 🏠西湖区龍井村南九渓十八澗尽頭
- 🕐24時間　休なし　料無料
- 🚌4、103、189、324路バス「九渓」
- ※バス停から徒歩30分

玉皇飛雲
- MAP P.291-B3
- 🏠西湖区玉皇山路1号
- ☎87039426
- 🕐7:00～18:00
- ※入場は閉門30分前まで
- 休なし　料10元　🚌42、87、133路バス「玉皇飞云」

雲棲竹径
- MAP P.291-A4
- 🏠西湖区梅霊南路
- ☎87090437
- 🕐7:30～17:30　休なし
- 料8元
- 🚌103、121、324路バス「云栖竹径」

満朧桂雨
- MAP P.291-B3
- 🏠西湖区虎跑路60号
- ☎87981970
- 🕐8:30～16:30　休なし
- 料15元
- 🚌4、31、194、314、318路バス「动物园」

阮墩環碧
- MAP P.292-A2
- 🏠西湖区西湖中
- 🕐24時間　休なし　料なし
- 🚌島に渡る＝手こぎボートをチャーターする(→P.296)

呉山天風
- MAP P.292-A5、P.292-C3
- 🏠上城区呉山路3号
- ☎87033300
- 🕐24時間
- 休なし　料無料
- 🚌①地下鉄1号線「定安路」②Y8、8、31路バス「吴山广场」

世界遺産「大運河」 その1

　2014年6月、カタールのドーハで開かれた第38回世界遺産委員会において、世界文化遺産に登録された「大運河」は、8つの直轄市と省にまたがり、運河31段と遺跡58を合わせたものとなった。杭州だけでも運河2段、遺跡5ヵ所（これとは別に紹興との境に遺跡2ヵ所）が登録された。

　5ヵ所の遺跡については比較的アクセスもよいので、興味がある人は訪問してみるとよい。

鳳山水城門遺址／凤山水城门遗址
ほうざんすいじょうもんいし　fèngshān shuǐchéngmén yízhǐ

　鳳山水城門遺址は、1359（元の至正19）年、張士誠が杭州城を建設した際に造らせた城門を中心とした遺跡。鳳山水城門の正式名称は南城門。220K近くに風光明媚な鳳凰山があることから、「鳳山」の名で呼ばれることになった。また、明清代には真南に位置したことから正陽門とも呼ぶ。

　竣工当時、城門は陸上に10基、川に面して5基が築かれたが、鳳山水城門は水門のほう。中華民国期に杭州の城壁が撤去された際、この城門のみが残された。

　この水門は銭塘江から水を引き込み、城内の各水路を巡り、北の武林門から出て、杭州と北京とを結ぶ京杭大運河と合流している。当時は水運の要衝であったことから世界遺産に含まれた。

　鳳山水城門遺址には上がれないが、近くにある南宋代創建の六部橋は現在でも歩いて渡れる。あわせて訪れるとよい。

Ⓜ **P.292-C3**
住 上城区中河南路と中山南路の中間
オ 24時間　休 なし　料 無料
交 8、13、52、66、190、308路バス「六部橋」

広済橋／广济桥
こうさいきょう　guǎngjìqiáo

　広済橋は余杭区塘栖鎮の北西に位置し、京杭大運河に南北方向に架かる橋。創建年代は不詳だが、一説によると唐の宝暦年間（824〜826年）まで遡る。全長78.7m、全幅5.2m、7つのアーチをもつ石橋で、その姿はとても美しい。古くは通済橋、碧天橋とも呼ばれ、長橋という通称ももつ。

　橋の南には明末清初に誕生した塘栖鎮がある。江南十大名鎮にも数えられたが、その時代の建物はあまり残っておらず、現存するのは再現された町並み。

Ⓜ **P.290-B1**
住 余杭区塘栖鎮広済路北端
オ 24時間　休 なし　料 無料
交 地下鉄1号線「臨平」。上がった所で786路バスに乗り換えて「塘栖」（終点）。人民路を東に徒歩3分。広済路に着いたら、北に向かって徒歩8分

❶鳳山水城門遺址　❷広済橋　❸広済橋から見た町並み

世界遺産「大運河」 その2

富義倉遺址公園／富义仓遗址公园
ふぎそういしこうえん　fùyìcāng yízhǐ gōngyuán

　1880（清の光緒6）年、杭州では穀物不足に陥ったため、時の浙江巡撫（浙江省長官）であった譚鐘麟が穀物を備蓄する倉庫の建設を命じた。霞湾におよそ7000㎡の土地を購入し、4年の月日をかけ、4〜5万石（石は60kg）の穀物を常備できる倉庫群を完成させた。その後、この地に江南の穀物が集められ、杭州における穀物供給地となると同時に、はるか北京の宮廷へ納める貢租の出荷地点となった。

　2007年には文献などに基づき、忠実な修復工事が行われ、富義倉遺址公園となった。

Ⓜ **P.291-B2** 住拱墅区霞湾路8号
Ⓞ24時間　休なし　料無料
Ⓧ76、151、188、516路バス「仓基新村」

拱宸橋／拱宸桥
こうしんきょう　gǒngchénqiáo

　1631（明の崇禎4）年に造られた3つのアーチをもつ石橋。何度か再建され、現在の姿となったのは1888（清の光緒14）年。全長92m、高さ16mと古橋としては杭州市内で

最長かつ最高。「拱」は胸の前で手を合わせる中国式のあいさつを、「宸」は皇帝の住居を表す。

Ⓜ **P.291-B1** 住拱墅区大関橋の北
Ⓞ24時間　休なし　料無料
Ⓧ61、70、95路バス「运河广场」

橋西歴史街区／桥西历史街区
きょうせいれきしがいく　qiáoxī lìshǐ jiēqū

　拱宸橋の西側約7万8300㎡のエリア。清末から中華民国初期（20世紀初頭）にかけて、杭州は近代的な地方都市の顔をもつようになり、拱宸橋の西側には、商店や伝統的な民居の建設が一気に進んだ。現在は再整備を終え、運河沿いに花開いた当時の町の姿を見ることができる。

Ⓜ **P.291-B1** 住拱墅区橋西直街以西
Ⓞ24時間　休なし　料無料
Ⓧ61、70、95路バス「运河广场」

❶再建された富義倉の外観　❷ビルを背景にした拱宸橋　❸橋の上から見た富義倉遺址公園　❹橋西歴史街区の町並み

★★

杭州の南郊外の山中に残る古村

龍門古鎮 / 龙门古镇
りゅうもんこちん
lóngmén gǔzhèn

　龍門古鎮は市区中心部の南約50km、龍門山(標高1067.6m)の麓に位置する。三国時代の呉国を建国した孫権(182～252年)の末裔が暮らす村として知られ、およそ8000人の村民の90%以上が孫姓を名乗っている。

　古鎮内には状態のよい明清時代の建築物が多く残っており、その間には小さな道が何本も通っていて、外部の人は簡単に迷ってしまうほど入り組んでいる。時間をかけてのんびりと散策するとよいだろう。

　思源堂は明代にアフリカまで到達した鄭和の船の建造に携わった孫坤の業績をたたえた建物。工部とも呼ばれるが、それは孫坤がこの部門の官僚であったことによる。

　孫氏宗祠は第26代目の子孫である孫助が宋代に建てた祖先を祀る建物。1791(清の乾隆56)年には余慶堂を中心に拡張された。余慶堂は一族の決めごとや祭祀を執り行う場所で村人にとっては最も大切な建物。

　天子堂は一族の祖である孫権を祀る建物で、義門は私財を投げうって干ばつに襲われた村を救った孫潮をたたえて建てられた門。山楽堂は清代に財をなした孫仁有の住居で、いたるところに見事な彫刻が施されている。

■村の入口に立つ牌坊　②天子堂に納められた孫権像　③村にとって重要な施設である余慶堂(孫氏宗祠)　④義門。門前の干し物が日常を感じさせる

知味観味荘／知味観味庄

杭州・江蘇料理 ちみかんみそう　zhīwèiguān wèizhuāng

M P.292-A3　予算＝180〜200元

Wi-Fi

孫翼斎が1913年に創業した伝統的な杭州料理レストラン知味観の支店。名物料理は"西湖草鱼（西湖産草魚の甘酢あんかけ）"198元や"金牌扣肉（豚の角煮）"176元、"叫花童鸡（丸鶏のハスの葉包み焼き）"268元などがある。

住 西湖区楊公堤10号
☎ 87971913
オ 10:30〜14:00、16:30〜20:00
休 なし
サ なし
カ MV
交 Y2、51、52、318路バス「浴鵠湾」

天香楼／天香楼

杭州・江蘇料理 てんこうろう　tiānxiānglóu

M P.291-B2　**U** www.tianxianglou.com.cn　予算＝120元

Wi-Fi

1927年創業の老舗レストラン。創建当初には武津天香楼といった。おすすめ料理は"龙井虾仁（龍井茶葉で炒めたエビ）"98元、"东坡肉（豚の角煮）"1個20元、"叫化鸡（丸鶏のハスの葉包み焼き）"88元などがある。

住 下城区延安路447号浙江飯店2、3階
☎ 87076789
オ 10:30〜14:00、16:30〜20:30
休 なし
サ なし
カ MV
交 地下鉄1、2号線「鳳起路」

杭州酒家／杭州酒家

杭州・江蘇料理 こうしゅうしゅか　hángzhōu jiǔjiā

M P.292-C1　予算＝80元

1921年に高長興酒菜館として開業した老舗レストラン。杭州酒家に改称したのは1951年。手頃な価格で杭州の名物料理を提供している。"龙井虾仁（龍井茶葉で炒めたエビ）"69元、"叫化鸡（丸鶏のハスの葉包み焼き）"98元など。

住 上城区延安路205号
☎ 87087123
オ 10:50〜14:00、16:50〜20:30
休 なし
サ なし
カ 不可
交 地下鉄1号線「龙翔桥」

楼外楼／楼外楼

杭州・江蘇料理 ろうがいろう　lóuwàilóu

M P.292-A2　予算＝150〜200元　**U** www.louwailou.com.cn

1848年創業で西湖湖畔に店を構えて170年という老舗レストラン。おすすめ料理は"东坡焖肉（中国風豚の角煮）"1個28元、"西湖醋鱼（揚げた川魚の甘酢炒め）"88元、"叫化鸡（丸鶏のハスの葉包み焼き）"198元など。予約が必要。

住 西湖区孤山路30号
☎ 87969023
オ 10:30〜14:30、16:30〜20:15
休 なし
サ なし
カ ADJMV
交 52路バス「西泠桥」。7、27、51路バス「岳坟」

緑茶餐厅 西湖銀泰店／绿茶餐厅 西湖银泰店

チェーン店 りょくちゃさんちょう　せいこぎんたいてん　lǜchá cāntīng　xīhú yíntàidiàn

M P.292-A4　予算＝80元

Wi-Fi

杭州が発祥で中国の他都市にも店舗を設ける人気のチェーンレストラン。食事はもちろん、カフェとしても利用できる。スイーツも各種あり、厚切りトーストにアイスクリームをのせた"面包诱惑"28元は人気のメニュー。

住 延安路98号西湖银泰城3階
☎ 87002788
オ 10:30〜15:30、16:30〜21:30
休 なし
サ なし
カ 不可
交 地下鉄1号線「定安路」。Y8、8、31路バス「吴山广场」

チェーン店	**外婆家 西湖天地2A号楼店**／外婆家 西湖天地2A号楼店	Wi-Fi

がいばか　せいこてんち　ごうろうてん　wàipójiā　xīhú tiāndì hàolóudiàn

Ⓜ P.292-C1　予算=80～100元　Ⓤ www.waipojia.com.cn

杭州が本拠の中国版ファミレスともいえる形態のチェーンレストラン。江南風味の中国料理を現代風にアレンジし、安さとおいしさが人気で行列ができる。"外婆紅焼肉（豚肉の醤油煮込み）"68元。西湖天地に2店舗あり、11号楼店が付近にある。

Ⓔ 上城区南山路147号
☎ 85223676
Ⓞ 11:00～21:00
Ⓗ なし
Ⓢ なし
Ⓒ 不可
Ⓧ 地下鉄1号線「定安路」。43、51、102、133路バス「涌金門」

杭州・江蘇料理	**新周記 鼓楼総店**／新周记 鼓楼总店	Wi-Fi

しんしゅうき ころうそうてん　xīnzhōují gǔlóu zǒngdiàn

Ⓜ P.292-C5　予算=80元

庶民的な杭州料理のレストラン。オーダーは写真入りメニューに記入する。人気は"老杭州东坡肉（豚肉の角煮）"1個15元、"招牌豉油虾（エビの豆豉油炒め）"65元など。食事どきを外して行くとひとりでもゆっくり食べられる。

Ⓔ 上城区十五奎巷2号
☎ 86070806
Ⓞ 11:00～14:30、17:00～翌2:00
Ⓗ なし
Ⓢ なし　Ⓒ 不可
Ⓧ 地下鉄1号線「定安路」13、190、195、208、230、295、308、315路バス「鼓楼」

日本料理	**魚宇**／鱼宇	Wi-Fi

うおう　yúyǔ

Ⓜ P.292-C5　予算=150元

日本人オーナーが経営する居酒屋店。各種串焼き、大連などから空輸する新鮮な魚介は、素材に合わせた味つけが日本酒によく合う。落ち着いた店内にはオープン式の厨房を囲むカウンター席があり、ひとりでもゆっくりくつろげる。

Ⓔ 上城区十五奎巷43号
☎ 86903396
Ⓞ 17:00～24:00
Ⓗ 春節
Ⓢ なし　Ⓒ 不可
Ⓧ 地下鉄1号線「定安路」13、190、195、208、230、295、308、315路バス「鼓楼」

カフェ＆バー	**品琲客**／品啡客	Wi-Fi

ひんひきゃく　pǐnfēikè

Ⓜ P.292-C2　予算=30～50元

懐古的な洋館が建ち並ぶ中山中路（南宋御街）で、ウッディな外観が目を引くコーヒーの専門店。コーヒー28元のほか、ビール35元などのアルコール類も置く。窓の大きな採光のいい店内は、1階がカウンター席、2階にはソファ席がある。

Ⓔ 上城区中山中路174号
☎ 87099070
Ⓞ 10:00～24:00
Ⓗ なし
Ⓒ 不可
Ⓧ 地下鉄1号線「定安路」。13、66、71、295、501路バス「涌金立交」

茶館	**梅緑茶荘**／梅绿茶庄	Wi-Fi

ばいりょくちゃそう　méilù cházhuāng

Ⓜ P.291-A4　予算=30元～

梅家塢のメイン通りに面した茶館。あっさりとした杭州の家庭料理と、龍井茶を楽しめる。お茶と茶菓子2種の龍井茶の喫茶セットは4種あり、茶葉の採取時期や等級によって値段が異なる（ひとり30～100元）。

Ⓔ 西湖区梅家塢8号
携帯=13606708152
Ⓞ 8:00～22:00
Ⓗ なし
Ⓢ なし
Ⓒ 不可
Ⓧ 103、121、122、324路バス「梅家塢」

湖畔居／湖畔居
茶館
こはんきょ　húpànjū
MP.292-B1　予算=180元～

杭州で最高級の茶館。1998年の開業当初より要人の接待にも使われてきた。西湖を間近に見渡せ、テラスでも喫茶を楽しめる。180元の喫茶セットはお茶3種のほか、茶菓子8種、果物5種、ワンタン、小籠包などが付く。

住西湖区聖塘景区1号
☎87020701　オ1階9:30～24:00、2・3階10:30～24:00
休なし　サなし　カJMV
交地下鉄1号線「龙翔桥」。地下鉄1、2号線「凤起路」。7、10、16、27、49、51、103路バス「钱塘门外」

聞鶯館茶楼／闻莺馆茶楼
茶館
ぶんおうかんちゃろう　wényīngguǎn chálóu
MP.292-B2　予算=38元～

西湖十景のひとつ「柳浪聞鶯」の中心部に位置する茶館。周囲の風景はすばらしい。価格が安いため地元の客も多く、世間話に興じる多を目にする。喫茶セットは、お茶1種、茶菓子1種で58元。食事メニューもある。

住西湖区南山路柳浪聞鶯公園内
☎88061895

2024年1月現在閉店

交地下鉄1号線「定安路」。Y2、4、12、42、51、102、117路バス「清波门」

和茶館／和茶馆
茶館
わちゃかん　hécháguǎn
MP.291-A3　予算=100～200元

村ひとつをまるごとリゾートホテルにしてしまったというアマンファユンの中にある茶館。伝統民家を改修しており、落ち着いた風情で時を忘れてくつろげる。店主自ら探したという中国各地の伝統茶を楽しめ、11:30～14:00と17:30～20:00には食事もできる。

住西湖区法雲弄15号アマンファユン内
☎87979556
オ10:00～22:00
休なし
サなし
カMV
交103、121、324路バス「中天竺」

青藤茶館／青藤茶馆
茶館
せいとうちゃかん　qīngténg cháguǎn
MP.292-C2　予算=98～158元　Uwww.qtcg.cc

開業は1996年、杭州市中心部で最初に登場した茶館のチェーン店。西湖に近く、席数も多い。龍井茶は98元、108元、128元、158元の4つのランクから選べ、それ以外の中国茶も提供する。

住上城区南山路278号元華広場2階
☎87022777
オ9:30～24:00
休なし　サなし　カJMV
交地下鉄1号線「定安路」「龙翔桥」。Y2、4、12、25、38、42、102、108、117路バス「钱王祠」

城隍閣茶楼／城隍阁茶楼
茶館
じょうこうかくちゃろう　chénghuánggé chálóu
MP.292-C3、地図外(P.292-A5下)　予算=50元～

「呉山天風」を一望できる呉山山頂の城隍閣3階にある茶館。西湖や杭州市内の眺望、夜景もすばらしい。龍井茶の喫茶セットは88元と168元の2種。各種中国茶はひとり50元～。軽食セット100元、要予約のディナー300元もある。

住上城区呉山3号城隍閣景区
☎87033300
オ9:00～21:00
休なし
サなし　カ不可
交13、190、195、208、230、295、308、315路バス「鼓楼」、徒歩15分

張小泉剪刀店／张小泉剪刀店

工芸

ちょうしょうせんせんとうてん　zhāngxiǎoquán jiǎndāodiàn

M P.292-B4　**U** www.zhangxiaoquan.cn

現在の安徽省黟県出身の張小泉が1663年に創業した刃物店。すでに350年以上の歴史をもち、杭州だけでなく中国を代表する店になった。はさみが25〜44元、爪切りが12〜65元。

住 上城区后市街2-4号
☎ 87830425
オ 8:30〜22:00
休 なし
カ 不可
交 地下鉄1号線「定安路」。Y8、8、31路バス「呉山广场」

王星記／王星记

工芸

おうせいき　wángxīngjì

M P.292-B5　**U** www.wangxingji.com

1875年創業の老舗扇子店。中国で唯一の扇子専門店として有名。王星記の扇子はシルク、龍井茶と合わせ「杭州三絶」と賞賛されている。扇子は並で50〜100元、中で200〜400元、上で500〜1000元が目安。

住 上城区河坊街203-205号
☎ 87830144
オ 8:30〜22:00
　※12〜3月は8:30〜21:00
休 なし
カ ADJMV
交 地下鉄1号線「定安路」。Y8、8、31路バス「呉山广场」

中国絲綢城／中国丝绸城

服飾

ちゅうごくしちゅうじょう　zhōngguó sīchóuchéng

M P.291-C2

通りの両側にシルク製品やシルク生地を扱う店舗がずらりと並んでいる。すべて個人経営の店舗なので、値段交渉が可能。シルクスカーフは10〜300元前後、シルク製チャイナドレスは70〜1000元、シルク製パジャマは50〜600元。

住 下城区新華路253号
☎ 85100192、85199810
オ 店舗によって異なる(8:00〜17:00が目安)
休 なし
カ 不可
交 北端=8、11、28路バス「市体育館」南端=地下鉄2号線「中河北路」

都錦生 絲綢精品商場／都锦生 丝绸精品商场

服飾

ときんせい　しちゅうせいひんしょうじょう　dōujǐnshēng sīchóu jīngpǐn shāngchǎng

M P.292-B1

1922年に杭州出身の都錦生が開業したシルク製品を扱う店舗で、シルク関連の店では杭州指折り。シルクのスカーフ200〜300元、シルクを使ったチャイナドレス2000〜3000元、シルクのパジャマ400〜500元。

住 下城区龍游路48号
☎ 87064420
オ 9:00〜20:00
休 なし
カ MV
交 地下鉄1、2号線「凤起路」。Y8、55、56、155路バス「孩儿巷」

玄和店舗／玄和店铺

服飾

げんわてんぽ　xuánhé diànpù

M P.292-B5

襟の高さや胸の合わせに特徴のある、モンゴルに由来する民族服を女性オーナー自らがデザイン。麻、綿、シルクなど、いまや希少となったモンゴルの「古布」を使った味わいのある服や小物が揃う。綿入れの上着980元など。

住 上城区安栄巷25-27号
☎ 携帯=18058158700

2024年1月現在閉店

カ 不可
交 地下鉄1号線「定安路」。Y8、8、31路バス「呉山广场」

文房四宝

邵芝厳筆荘／邵芝严笔庄
しょうしがんひつそう　shàozhīyán bǐzhuāng

MP.292-C2

1862年の創業ですでに160年近くの歴史をもち、文房四宝では杭州随一。筆は並で20〜30元、中で50〜70元、上で100〜200元といったところ。このほか墨は30〜100元。

- 住上城区中山中路298号
- ☎87026608
- オ8:30〜17:00
- 休なし
- カ不可
- 交地下鉄1号線「定安路」。42、49、55、56、92、195、308路バス「官巷口」

百貨店・SC

杭州湖濱国際名品街／杭州湖滨国际名品街
こうじゅうこひんこくさいめいひんがい　hángzhōu húbīn guójì míngpǐnjiē

MP.292-C1

2005年に開業したモール街。高級ブランドのショップも多く、服飾から革製品、家具、化粧品まで品揃えは北京、上海に次ぐといわれている。営業時間は店舗によって異なるが、一般的には9:00〜21:00。

- 住上城区湖濱路、東坡路、平海路、仁和路
- オ店舗によって異なる
- 休なし
- カ不可
- 交地下鉄1号線「龙翔桥」

食品

采芝斎／采芝斋
さいしさい　cǎizhīzhāi

MP.292-C1　Uwww.caizhizhai.com.cn

1928年開業の中国菓子店。おもに杭州の伝統菓子を販売している。"西湖藕粉（レンコンのデンプン。お湯に溶かして飲む。葛湯のような物）"ひと袋18元、"杭州伝統糖果（飴菓子）"ひと袋15〜20元。このほか、粽子飴、月餅も有名。

- 住上城区延安路217号
- ☎87061510、87919734
- オ月〜木、日曜8:30〜21:30　※金・土曜8:30〜22:00
- 休なし
- カ不可
- 交地下鉄1号線「龙翔桥」。Y8、31、55、117、188路バス「延安路湖滨」

お茶と茶具

西湖茶社／西湖茶社
せいこちゃしゃ　xīhú cháshè

MP.292-B5

杭州茶廠有限公司直営店なので、品質は確か。味の濃い銭塘龍井は並で500g140元、中で500g230元、上で500g350元。味の軽い西湖龍井は並で500g260元、中で500g380元、上で500g580元。1種類につき、200g程度がちょうどよい。

- 住上城区河坊街187号
- ☎87807457
- オ8:30〜21:30
- 休なし
- カ不可
- 交地下鉄1号線「定安路」。Y8、8、31路バス「吴山广场」

シャングリ・ラ ホテル 杭州／杭州香格里拉饭店
こうしゅう　hángzhōu xiānggélǐlā fàndiàn

MP.292-A1　Uwww.shangri-la.com
- 住西湖区北山路78号
- ☎87977951　FAX87073545
- S900〜1100元
- T900〜1100元
- 卩10%+6%
- カADJMV
- 交7、27、51、52路バス「岳坟」

西湖の北岸に立ち、浙江省のなかで最も有名で歴史あるホテル。建物は東楼と西楼のふたつに分かれ、どちらも随所に中国風細工を施したインテリア。予約の際はぜひレイクビューの部屋をリクエストするとよい。

両替　ビジネスセンター　インターネット

★★★★★ ラディソン プラザ ホテル杭州／杭州国大雷迪森广场酒店
こうしゅう　hángzhōu guódà léidísēn guǎngchǎng jiǔdiàn

M P.291-B2　**U** www.landison-plazahotel.com

住 下城区体育場路333号
☎ 85158888　FAX 85157777
S 898～998元
T 898～998元
サ なし
カ ADJMV
交 地下鉄1号線「武林广场」

両替　ビジネスセンター　インターネット

西湖の北東、杭州の商業・金融の中心地に位置する。地下鉄1号線の駅も近く、観光には非常に有利な立地条件にある。客室は広めでゆったりくつろげる。サウナやマッサージ、プールなどの施設も完備。

★★★★★ グランドハイアット 杭州／杭州君悦酒店
こうしゅう　hángzhōu Jūnyuè jiǔdiàn

M P.292-C1　**U** hangzhou.regency.hyatt.com

住 上城区湖濱路28号
☎ 87791234　FAX 87791818
S 1400～1850元
T 1400～1850元
サ 15%
カ ADJMV
交 地下鉄1号線「龙翔桥」

両替　ビジネスセンター　インターネット

西湖を一望できるプールやフィットネスセンターがあるほか、太極拳やヨガなどのプログラムを用意するなど、リゾート的な要素も満たされている。モダンなインテリアの杭州料理レストラン「湖濱28」は好評を博している。

★★★★★ ソフィテル杭州ウエストレーク／杭州索菲特西湖大酒店
こうしゅう　hángzhōu suǒfēitè xīhú dàjiǔdiàn

M P.292-C2　**U** www.accorhotels.com

住 上城区西湖大道333号
☎ 87075858　FAX 87078383
S 1000～1100元
T 1000～1100元
サ 10%+6%
カ ADJMV
交 地下鉄1号線「定安路」

両替　ビジネスセンター　インターネット

西湖の東側、西湖天地近くに位置する。ロケーションはよい。部屋を彩るのは南宋時代の杭州を描いた木彫りのレリーフ。「涌金閣」をはじめとするレストラン、プール、サウナ、スパ、フィットネスルームなど施設も充実。

★★★★★ 杭州維景国際大酒店／杭州维景国际大酒店
こうしゅういけいこくさいだいしゅてん　hángzhōu wéijǐng guójì dàjiǔdiàn

M P.292-C1　**U** www.hkctshotels.com

住 上城区平海路2号
☎ 87088088　FAX 87081588
S 530～630元
T 530～630元
サ なし
カ ADJMV
交 地下鉄1号線「龙翔桥」

両替　ビジネスセンター　インターネット

豪華なロビーが目を引く。英語名はメトロパークホテル。客室には最新の設備を導入している。また、4つのレストランとバーがあり、ジム、屋内プール(夏季のみ)、テニスコート、ヨガクラブなど施設はバラエティに富む。

★★★★★ 黄龍飯店／黄龙饭店
こうりゅうはんてん　huánglóng fàndiàn

M P.291-B2　**U** www.dragon-hotel.com

住 西湖区曙光路120号
☎ 87998833　FAX 87998090
S 1218～1418元
T 1218～1418元
サ なし　カ ADJMV
交 16、17、28、103、318路バス「松木場」

両替　ビジネスセンター　インターネット

西湖新十景の「宝石流霞」、保俶塔などの見どころや観光バスの発着する杭州旅游集散中心にも近い。建物は中国庭園様式で、客室もゆったりしている。ジムやサウナ、ビリヤード台、屋内プールなど施設も充実。

バンヤンツリー・杭州／杭州西溪悦榕庄
こうしゅう　hángzhōu xīxī yuèróngzhuāng

MP.291-A2 **U**www.banyantree.com
住西湖区紫金港路21号西溪天堂国際旅游総合体2号
☎85860000 FAX85862222
S3000〜3300元
T3000〜3300元
サ10%+6% 力ADJMV
交杭州蕭山国際空港からタクシーで50分、150元が目安
両替 ビジネスセンター インターネット

西溪国家湿地公園の中にあり、豊かな緑と自然に囲まれた5つ星相当のホテル。客室はスイートとヴィラに分かれ、江南地方の伝統的建築様式と四季をテーマとした室内装飾はシンプルで優雅な雰囲気だ。バンヤンツリー・スパを併設。

★★★★ ホリデイ・イン杭州／杭州国際假日酒店
こうしゅう　hángzhōu guójì jiàrì jiǔdiàn

MP.291-C2 **U**www.ihg.com
住下城区建国北路289号
☎85271188 FAX85271199
S517〜575元

2024年1月現在閉店

力ADJMV
交地下鉄2号線「建国北路」
両替 ビジネスセンター インターネット

杭州の中心部ビジネス街の大通りに位置する。館内施設が充実し、長期滞在客にも評判がよい。地下鉄2号線「建国北路」とは至近の立地で、各所へのアクセスも便利。

★★★★ 杭州友好飯店／杭州友好饭店
こうしゅうゆうこうはんてん　hángzhōu yǒuhǎo fàndiàn

MP.292-C1
住上城区平海路53号
☎87077888 FAX87074522
S600元
T600元
サなし
力ADJMV
交地下鉄1号線「龙翔桥」
両替 ビジネスセンター インターネット

杭州の代表的な観光地である西湖まで徒歩圏内であり、繁華街のひとつ平海路に面して立つ。18階に日本料理レストランも併設されている。部屋はゆったり広めでくつろげる。

オリエンタル・デラックス・ホテル杭州／浙江東方豪生大酒店
こうしゅう　zhèjiāng dōngfāng háoshēng dàjiǔdiàn

MP.291-C2 **U**www.odhl-zj.com
住江干区艮山西路288号
☎86767888 FAX86767666
S780元
T680元
サなし
力MV
交地下鉄1号線「闸弄口」。34、40、156、516路バス「华家池北」
両替 ビジネスセンター インターネット

日本人の利用も多い、星なし渉外ホテル。設備は4つ星相当。館内には杭州料理の「老方一帖」をはじめ、西洋料理を提供するレストラン、バーもある。また、ジムなどの施設も完備。

中山国際大酒店／中山国際大酒店
ちゅうざんこくさいだいしゅてん　zhōngshān guójì dàjiǔdiàn

MP.292-C1 **U**www.zshotel.com.cn
住上城区平海路15号
☎87068899 FAX87066591
S370〜520元

2024年1月現在閉店

力ADJMV
交地下鉄1号線「龙翔桥」
両替 ビジネスセンター インターネット

繁華街の平海路と中山中路の交差点角に位置する。レストランが充実しており、中国(杭州料理と広東料理)および日本、西洋料理を堪能できる。

※星がグレーは申請中など正式認定ではありません

百合花飯店／百合花饭店
ひゃくごうかはんてん　　bǎihéhuā fàndiàn

★★★

MP.292-A1　**U**www.lilyhotel.com
住西湖区曙光路156号
☎87991188　**FAX**87991166
S550元

2024年1月現在閉店

交16、21、28、87、103、117、318
路バス「浙大附中」

ビジネスセンター　インターネット

玉泉や黄龍吐翠（西湖新十景の
ひとつ）、岳王廟など見どころが点
在する西湖の北西部に立つ。繁華
街から離れているため静かに過ご
せる。ジムやビリヤード台、卓球台な
どの施設もある。

杭州米蘭風尚酒店／杭州米兰风尚酒店
こうしゅうべいらんふうしょうしゅてん　　hángzhōu mǐlán fēnghàng jiǔdiàn

★★★

MP.291-B2
住下城区朝暉路188号
☎85305555　**FAX**85305000

2024年1月現在
外国人宿泊不可

交地下鉄1号線「西湖文化広
場」

ビジネスセンター　インターネット

西湖文化広場の東に位置する中
級ホテル。客室は明るくモダンな内
装となっている。ホテルにレストラン
はないが、周囲はにぎやかなエリア
でショップやコンビニなどもあって非
常に便利。

杭州君亭湖濱酒店／杭州君亭湖滨酒店
こうしゅうくんていこひんしゅてん　　hángzhōu jūntíng húbīn jiǔdiàn

星なし

MP.292-C2　**U**www.ssawhotels.com
住上城区解放路221号
☎28033666　**FAX**28033818

2024年1月現在
外国人宿泊不可

交地下鉄1号線「定安路」「龍
翔橋」

ビジネスセンター　インターネット

「経済型」チェーンホテル。星なし
渉外ホテルだが、中級クラスの設
備をもつ。杭州有数の繁華街解放
路にあり、ショッピングに便利で、交
通の便もよい。西湖までは徒歩10
分ほどの位置にある。

星なし

如家精選 杭州西湖呉山広場河坊街店／如家精选 杭州西湖吴山广场河坊街店
じょかせいせん こうしゅうせいこざんひろばかほうがいてん　　rújiā jīngxuǎn hángzhōu xīhú wúshān guǎngchǎng héfāngjiēdiàn

住上城区華光路1号　**☎**87817288　**FAX**なし　**S**329〜399元　**T**399〜439元
サなし　**カ**不可　**交**地下鉄1号線「定安路」。Y8、8、31路バス「吴山广场」

別替　トラネスセンター　インターネット　**U**www.bthhotels.com

MP.292-A4　「経済型」チェー
ンホテル。繁華街のひとつ河坊
街へは徒歩で2、3分ほど。西
湖にも近くアクセスの便はよい
が、そのぶん料金は高め。

星なし

イビス杭州黄龍文三路酒店／宜必思杭州黄龙文三路酒店
こうしゅうこうりゅうぶんさんろしゅてん　　yíbìsī hángzhōu huánglóng wénsānlù jiǔdiàn

住西湖区文三路345号　**☎**85892888　**FAX**85892899　**S**299〜345元　**T**359元
サなし　**カ**ADJMV　**交**地下鉄2号線「学院路」

別替　ビジネスセンター　インターネット　**U**www.huazhu.com

MP.291-B2　「経済型」チェー
ンホテル。黄龍体育場の北約
500mと観光地からは少々離
れているが、バス停も近く移動
は便利。

星なし

錦江之星品尚杭州西湖大道南宋御街酒店／锦江之星品尚杭州西湖大道南宋御街酒店
きんこうしせいひんしょうこうしゅうせいこだいどうなんそうぎょがいしゅてん　

住上城区中山中路196号　**☎**28023

T275元　**サ**なし　**カ**不可　**交**地下

2024年1月現在閉店

ビジネスセンター　インターネット　**U**www.jinjianginns.com

MP.292-C2　「経済型」チェー
ンホテル。「錦江之星」グループ
の高級店。設備は整っている。
南宋御街とも呼ばれる中山中
路に位置しており非常に便利。

星なし

錦江之星 杭州湖濱酒店／锦江之星 杭州湖滨酒店
きんこうしせいこうしゅうこひんしゅてん　　jǐnjiāngzhīxīng hángzhōu húbīn jiǔdiàn

住上城区国貨路11号　**☎**87088888　**FAX**87088988　**S**218元
T265〜275元　**サ**なし　**カ**不可　**交**地下鉄1号線「定安路」

別替　ビジネスセンター　インターネット　**U**www.jinjianginns.com

MP.292-C2　「経済型」チェーン
ホテル。繁華街や観光地にも
近くアクセスの便はよい。

　※星がグレーは申請中など正式認定ではありません

呉山居／吴山居
ごさんきょ wúshānjū
星なし

MP.292-C5
- 住上城区十五奎巷58号
- ☎87316555 FAXなし
- S308〜656元
- T418〜818元
- サなし カMV
- 交地下鉄1号線「定安路」。13、190、195、208、230、295、308、315路バス「鼓楼」

両替　ビジネスセンター　インターネット

宋文化をデザインに反映した落ち着いた造りのホテル。白壁に囲まれた2階建ての内部は、迷路のような細い通路に沿って、白木調の部屋が不規則に並んでいる。河坊街や南宋御街、呉山へのアクセスが便利で、付近に飲食店も多い。

ホーファンインターナショナルユースホステル／荷坊国际青年旅舍
héfāng guójì qīngnián lǚshè
星なし

MP.292-B5
- 住上城区大井巷67号
- ☎87079290 FAXなし
- S248〜358元
- T368〜568元
- D86〜165元（4〜6人部屋）
- サなし カ不可
- 交地下鉄1号線「定安路」。Y8、8、31路バス「吴山广场」

両替　ビジネスセンター　インターネット

歴史ある大井巷に立つユースホステル。立地は静かだが、にぎやかな河坊街へ徒歩で2、3分と、とても便利。周囲にはレストランやカフェも多数。ドミトリーから四合院タイプまで部屋タイプは多いが人気は高く満室の日も多い。

最憶是杭州 印象西湖／最忆是杭州 印象西湖
さいいぜこうしゅう いんしょうせいこ zuìyì shì hángzhōu yìnxiàng xīhú
劇場

MP.292-A1 U www.hzyxxh.com

湖上を舞台に光、音楽、ダンスで中国文化を表現する張芸謀総監督によるショー。上演日や開始時間は季節により変動するので、ホームページやチケット購入時に確認すること。1日2回上演時の2回目は21:15頃開始。

- 住西区北山街と蘇堤の交差点東南角、印象西湖特設場（曲院風荷内→P.299）
- ☎87079290 時19:30〜20:20が目安 ※上演時間50分
- 休天気や季節により異なる
- 圏360〜680元 カ不可
- 交7、27、51、52路バス「岳坟」

浙江省中国旅行社／浙江省中国旅行社
せっこうしょうちゅうごくりょこうしゃ zhèjiāngshēng zhōngguó lǚxíngshè
旅行会社

MP.292-C1 U www.ctszj.com.cn

杭州市内850元、茶摘み体験900元、烏鎮日帰り1050元、西塘日帰り1050元、龍門諸葛八卦村日帰り1300元など豊富なツアーがある（料金はひとり当たり）。詳細はウェブサイトなどで確認。日本語ガイド1日600元、車のチャーター市内1日800元〜。

- 住上城区光復路200号
- ☎87553541、87553543（日本語可）

2024年1月現在
外国人対応部門廃止

- ✉971477973@qq.com（日本語可）
- 交地下鉄1号線「龙翔桥」

杭州旅游集散中心 南宋皇城小鎮 諮詢点／杭州旅游集散中心 南宋皇城小镇 咨询点
こうしゅうりょゆうしゅうさんちゅうしん なんそうこうじょうしょうちん しじゅんてん hángzhōu lǚyóu jísàn zhōngxīn nánsòng huángchéng xiǎozhèn zīxúndiǎn
旅行会社

MP.292-B4 U www.gotohz.com

市内各地にある杭州旅游集散中心のひとつ。郊外の観光地に向かうツアーバスが6:30〜7:30の間に出発している。烏鎮古鎮は170元。西塘古鎮は118元。紹興は228元。前日までに予約が必要。出発時間はそのとき告げられる。

- 住上城区華光路10号
- ☎87809951
- 時8:00〜20:00

2024年1月現在廃止

- 交地下鉄1号線緑「定安路」。Y8、8、31路バス「吴山广场」

紹　興

紹興
Shào xīng

運河沿いの町並み。遠くには建設が進む高層ビルが見える

南京　無錫　蘇州　上海
杭州　紹興

市外局番 0575

紹興酒と魯迅の故郷として知られる越国の都

　紹興は、浙江省の北部、杭州の東約60kmに位置する比較的小さな都市。市内には運河が張り巡らされており、烏篷船という足こぎ舟が通る。そのため水郷沢国とも呼ばれる。

　紹興の歴史は古く、石器時代に人類が生活していた跡も残されている。春秋戦国時代には越の都で、越王勾践が呉との戦いに破れ「臥薪嘗胆」し、復讐を遂げたことで知られる。

　また紹興は、文豪魯迅、周恩来、清末の女性革命家秋瑾の故郷として有名で、越劇発祥の地としても知られる。名産は紹興酒。中国語では黄酒とも呼ばれるが、これは米を原料とする醸造酒のこと。その代表格である紹興酒は、中国有数の穀倉地帯であるこの地域ならではの銘酒だ。これを長年寝かせたものが老酒。咸亨酒店や黄酒集団公司のものが有名。

　2014年には八字橋、八字橋社区、紹興古纤道が「大運河」の構成要素として世界文化遺産に登録された。

　市内中心部の観光は徒歩とバスやタクシーの併用かレンタサイクル。郊外にある東湖や蘭亭へは路線バスやタクシーのほか、春節、5月と10月の連休期間中などに運行される紹興観光専線車（→P.323）の利用も便利。著名な見どころをカバーする2～3日間有効のお得な共通入場券もある（→P.320）。

　メインストリートは市内を南北に貫く解放路。魯迅紀念館や咸亨酒店がある魯迅中路は歩行街となっており、観光客でにぎわっている。レトロな風情の残る倉橋直街や運河沿いに古民家の並ぶ長橋直街、八字橋（→P.324）周辺の散策も趣深い。

都市DATA

紹興市
人口：440万人
面積：8256km²
3区2県級市1県を管轄

市内交通

【路線バス】運行時間の目安は6:00～20:30、市内2元、郊外行き2～5元
【観光バス】紹興駅と蘭亭風景区とを結ぶ0003旅游専線がある。紹興駅発が6:50～17:00、蘭亭風景区発が7:30～17:30。ともに30～45分に1便。3元
【タクシー】初乗り3km未満10元、3km以上1kmごとに2.4元加算
【三輪リキシャ】1乗車5元

魯迅故里游客中心

　魯迅故居、魯迅紀念館、三味書屋などを含む「魯迅故里」の見学は無料だが、入場整理券が必要。入場整理券は8:30～16:30の間「魯迅故里游客中心」にて無料で配布される（枚数限定）。
魯迅故里游客中心
Ⓜ P.321-D1　☎85124580

紹興古城旅游共通券

　2日間有効が140元、3日間有効が180元。沈園（『沈園之夜』は3日間有効券のみ）、東湖、蘭亭、大禹陵風景区に各1回入場できる。沈園で上演される『沈園之夜』（19:40～20:30。入場は18:30以降）は3日間有効の共通券で入場可能。ただし観覧は購入日のみ。
※町なかにある有名人ゆかりの建物などは多くが無料となった
紹興古城
Ⓤ www.shaoxingtour.cn

倉橋直街の景観

世界遺産「大運河」の構成要素のひとつ八字橋

概要／紹興市広域図／紹興市中心マップ

ACCESS

上海から他都市へ ➡ P.412　鉄道時刻表検索 ➡ P.415

✈ 飛行機

紹興には空港はないが、市区から40kmにある杭州蕭山国際空港（HGH）を利用する。エアポートバスは紹興市バスセンター発着（30元、所要1時間が目安）。

国際線 杭州発着便：成田（7便）、関西（18便）、札幌（2便）、静岡（4便）、沖縄（4便）。

国内線 北京、広州、深圳、西安、成都などとの間に運航便がある。

所要時間（目安） 北京首都（PEK）／2時間25分　広州（CAN）／2時間　西安（XIY）／2時間10分　成都（CTU）／3時間5分　香港（HKG）／2時間30分

🚆 鉄道

市区に位置する紹興駅と高速鉄道専用の紹興北駅を利用する。始発はないので、座席指定券や寝台券の購入は比較的難しい。長距離列車に乗る場合は、杭州、上海発を利用するといい。紹興駅と紹興北駅との間には専用バスがある。

所要時間（目安） 【紹興（sx）】杭州東（hzd）／特快：50分　杭州（hz）／快速：56分　寧波（nb）／快速：1時間28分　上海南（shn）／特快：2時間50分　南京（nj）／特快：6時間55分　【紹興北（sxb）】杭州東（hzd）／高鉄：18分　寧波（nb）／高鉄：32分　上海虹橋（shhq）／高鉄：1時間15分　南京南（njn）／高鉄：1時間30分

🚌 バス

紹興市バスセンターを利用する。上海や江蘇省、浙江省方面の各都市との間に路線がある。

所要時間（目安） 杭州／1時間　上海／3時間　蘇州／2時間30分　天台／2時間

DATA

🚆 鉄道

■ 紹興駅（绍兴火车站）

Ⓜ P.321-B3　**住** 越城区車站路210号
☎ 共通電話＝12306　**オ** 6:00～23:05　※23:05～翌6:00の間、列車到着の20～30分前に販売開始
休 なし　**カ** 不可
[移動手段] タクシー（紹興駅～魯迅故里）／12元、所要15分が目安　**路線バス**／1、4、15路「绍兴站」
28日以内の切符を販売。

■ 紹興北駅（绍兴火车北站）

Ⓜ P.321-B1　**住** 越城区霊芝鎮大慶寺村
☎ 共通電話＝12306　**オ** 6:00～22:40　**休** なし
カ 不可
[移動手段] タクシー（紹興北駅～魯迅故里）／50元、所要35分が目安　**路線バス**／BRT1号線、15、803路「高鉄绍兴北站」
28日以内の切符を販売。

特徴的な外観の紹興駅

🚌 バス

■ 紹興市バスセンター（绍兴市客运中心）

Ⓜ P.321-C3　**住** 越城区中興大道7号
☎ 88022222　**オ** 5:40～19:40　**休** なし　**カ** 不可
[移動手段] タクシー（紹興市バスセンター～魯迅故里）／15元、所要15分が目安　**路線バス**／BRT1号線、3、13、21、30、32、35、57、111路「客运中心」
20日以内の切符を販売。杭州（杭州バスセンター：6:50～19:35の間24便）、上海（上海南駅：6:20～19:10の間22便）、寧波（6便）、蘇州（5便）、天台（3便）、杭州蕭山国際空港（6:00～19:40の間17便）など。

魯迅故里

Ⓜ P.321-B5、P.321-D1
☎ ガイド手配、入場券配布窓口＝85132080
オ 8:30～17:00
※入場は閉館30分前まで
休 なし　**料** 無料
※配布窓口で入場券を受け取る。入場時にパスポート提示が必要。詳細→P.320
※紹興古城旅遊共通券（→P.320）購入者は入場券不要
交 0003旅游専線、8、13、24、30、52、177路バス「魯迅故里」
U www.sxlxmuseum.com

見どころ

★★★　**所要 1.5時間**

魯迅少年が暮らした場所

魯迅故里／鲁迅故里
ろじんこり　　　lǔxùn gùlǐ

魯迅故里は、代表作に『阿Q正伝』や『狂人日記』などがあり、紹興出身で中国近代文学の創始者と評価される魯迅（1881～1936年）にゆかりのある見どころを整備したエリアで、広さは約50万㎡。魯迅紀念館や魯迅故居、三味書屋、魯迅

祖居など彼に関係する旧宅が残り、周囲の景観を含め、水郷古鎮の雰囲気を強く感じさせる。

魯迅紀念館／魯迅紀念馆　lǔxùn jìniànguǎn
ろじんきねんかん

　魯迅の業績を紹介するため1973年に建てられた記念館。2003年にいったん解体され、周囲の景観となじむよう昔の姿の建物に再建された。魯迅故居と魯迅祖居の間に立つ。

　魯迅はペンネームで本名を周樹人（幼名は周樟寿）という。南京で学んだ後、給費留学生として派遣され、東京の弘文学院で日本語を、仙台医学専門学校で医学を学んだが、退学して東京で文学を志す。1909年に帰国し、教職に就くかたわら文筆活動を始め、侵略に対抗する中国人の精神改造を求める小説を発表。またそれまで中国では評価の低かった古典小説を研究し、その評価を高めた。近代中国の社会思想に多大な影響を与えた。

魯迅紀念館外観

魯迅故居／魯迅故居　lǔxùn gùjū
ろじんこきょ

　東昌坊口に立つ、魯迅が生まれてから18歳までを過ごした家で、教師となって帰郷した1910年から1912年の間も基本的にここで暮らした。魯迅祖居（魯迅祖父の館）が周家老台門と呼ばれるのに対して周家新台門ともいわれる。

魯迅故居の古い門。見どころの入口は別

　当時の住居の前方部は撤去され、残るのは後方部のみ。そこには魯迅の寝室や厨房などが再現されている。また裏には周家の菜園、百草園もある。

三味書屋／三味书屋　sānwèi shūwū
さんみしょおく

　運河を挟んで魯迅祖居の南に立つ、清朝末期に紹興で開かれた有名な私塾。講師は寿鏡吾（1849～1930年）で、彼の家である寿家台門内にあった。寿鏡吾は科挙の郷試に合格した人物だが、仕官することはなく、学問に努め、清廉潔白で博学な人物として名高かった。魯迅は12歳から17歳までここで学び、彼から多大な影響を受け、そのことを『从百草园到三味书屋』に記している。

　寿家台門は780㎡の敷地をもち、「文魁」の扁額がかかる入口の台斗門や思仁堂、三味書屋などが残り一般公開されている。

紹興観光専線車

　陰暦の元旦や春節、清明節、労働節、端午節、中秋節、国慶節などに運行される観光バス。紹興古城旅游共通券（→P.320）を購入すれば無料で利用できる。
　路線は魯迅故里游客中心～東湖～大禹陵風景区～蘭亭～魯迅故里游客中心。運行は8:00～16:00の間30分に1便。蘭亭からの最終は17:00。
※正式な運行は祝日の前日に発表される

魯迅紀念館
Ⓜ P.321-D1
🏠越城区魯迅中路235号

魯迅紀念館内にある魯迅胸像

仙台医学専門学校時代の恩師、藤野厳九郎の胸像

魯迅故居
Ⓜ P.321-D1
🏠越城区魯迅中路229号

三味書屋
Ⓜ P.321-D1
🏠越城区魯迅中路264-1号

魯迅が学んだ三味書屋の内部

八字橋

M P.321-B4
住 越城区八字橋直街
オ 24時間
休 なし
料 無料
交 0003旅游専線、8、13、21、22、25、50路バス「市妇保険」

八字橋のたもとには、中国の重要文化財指定を受けたときに建てられた石碑がある

中国黄酒博物館

M P.321-A3
住 越城区下大路557号
☎ 85397288
オ 8:30〜17:00
　※入場は閉館30分前まで
休 なし　**料** 30元
交 5、51、108路バス「小城北橋（黄酒博物館）」
U www.zghjbwg.com

博物館の地下に収蔵された紹興酒

沈園

M P.321-B5
住 越城区鲁迅中路318号
☎ 85135140
オ 日中8:00〜17:00
　夜間18:30〜21:00（演目は19:40〜20:30）
休 なし
料 日中＝40元
　夜間＝80元、138元
　※紹興古城旅游共通券（→P.320）に含まれるが、『沈園之夜』を観賞できるのは3日間有効券の購入日のみ
交 52路バス「沈園」。0003旅游専線、8、13、24、30、52、177路バス「鲁迅故里」

★★★　所要**30**分　　　　　　　　　世界遺産

世界遺産に登録された古い橋

八字橋／八字桥
はちじきょう　bāzìqiáo

八字橋は八字橋直街の東端に架かる石橋で、南宋の嘉泰年間（1201〜1204年）に創建され、1256（南宋の宝祐4）年に再建された。水路が町中を巡る紹興には多くの橋が架かるが、その形状から特に有名。2014年に紹興古縴道とあわせ、「大運河」の一部として世界遺産に登録された。周囲には古い町並みと暮らしが残り、散策をするだけでも楽しい。

水路沿いに立つ民居

★★

紹興酒のすべてがわかる

中国黄酒博物館／中国黄酒博物馆
ちゅうごくこうしゅはくぶつかん　zhōngguó huángjiǔ bówùguǎn

2007年に開館し、紹興酒に代表される米を原料とした黄酒の歴史と各種製法を展示している。醸造に使う器具の実物や古代から現代にいたる酒器のコレクション、地下の酒蔵などの展示がユニーク。売店横の試飲コーナーでは4種類の紹興酒を少しずつ利き酒できる。

博物館は名酒「古越龍山」の工場跡に建てられた

★★

800年以上の歴史をもつ庭園

沈園／沈园
しんえん　shényuán

南宋代の豪商沈氏が造営した江南式庭園。古跡区と東苑、南苑の3つのエリアで構成され、孤鶴亭、双桂堂、半壁亭、射圃、問梅、琴台などが配置される。夜には『沈園之夜』という、劇員が宋代の服装をまとい演じるショーもある。

1151（南宋の紹興21）年、南宋を代表する文学者であった陸游が、かつて思いを寄せた唐婉とこの庭園で再会し、その気持ちを込めて作った宋詞『釵頭鳳とも呼ばれる）』で有名。

『沈園之夜』で上演される劇

★★

女性革命家が育った家

秋瑾故居 ／ 秋瑾故居
しゅうきんこきょ qiūjǐn gùjū

　清末に活躍した女性革命家であり、詩人でもあった、秋瑾（1875〜1907年）が少女時代を過ごした場所。市区南部の塔山（標高29.4m）南麓に位置する。

　秋瑾は結婚後、夫の任地である北京へ移り住んだが、1904年に単身日本へ渡り、学びながら革命運動に参加することになった（留学中は魯迅とも面識があった）。帰国後の1906年、本籍地である紹興に戻り、光復会の幹部養成機関である大通学堂（M P.321-A4）の創設に尽力し、その代表者となった。しかし、武装蜂起計画が清朝に漏れ、1907年7月14日に大通学堂で捕らえられ、翌朝市内の軒亭口で処刑された。

★

町の歴史を紹介する博物館

紹興博物館 ／ 绍兴博物馆
しょうこうはくぶつかん shàoxīng bówùguǎn

　府山公園の南に位置する博物館。外壁には東湖の青石が使用されている。展示室では新石器時代から辛亥革命にいたるまでの歴史を紹介している。

郊外の見どころ

★★

王羲之ゆかりの地

蘭亭 ／ 兰亭
らんてい lántíng

　蘭亭は市街地の南西12km、蘭渚山の麓に位置する庭園。ここは、書聖と称される王羲之が353（東晋の永和9）年に曲水の宴を開き、著名な『蘭亭序』を書いた場所として知られる。『蘭亭序』は28行324字、最も有名な書とされるが、王羲之を愛した唐の太宗が自分の陵墓に副葬させたため、現存せず、模写が数点残るのみ。

　現在の蘭亭は1548（明の嘉靖27）年に再建されたものを1980年に復元したもので、曲水觴亭、右軍祠、墨池などがある。また、鵞池には石碑が立つが、これは「鵞」を王羲之が、「池」を息子の王献之が書いたと伝わる。

秋瑾故居
M P.321-B5
住 越城区和暢堂35号
☎ 88063369
⏰ 8:00〜17:00
休 なし
料 無料
🚌 35、36路バス「秋瑾故居」。2、11路バス「越城区府（第二医院）」

秋瑾故居の和暢堂

紹興博物館
M P.321-A4
住 越城区偏門直街75号
☎ 85096361
⏰ 9:00〜16:30
※入場は閉館30分前まで
休 月曜
料 無料
🚌 18、23、52路バス「大校場」
U www.shaoxingmuseum.com

蘭亭
M P.321-B2
住 柯橋区蘭亭鎮蘭亭風景区
☎ 84600896
⏰ 8:00〜17:20
※入場は閉門20分前まで
休 なし
料 80元
※紹興古城旅游共通券（→P.320）に含まれる
🚌 ①0003旅游専線、3路バス「兰亭风景区」
②タクシーをチャーターする。往復90元が目安
U www.sxlanting.com

鵞池のほとりに立つ「鵞池」碑

東湖

MP.321-C2　**住**越城区東湖鎮箬
簣山麓東湖風景区
☎管理処＝88606879
⊙8:00〜17:00　※入場は閉門
30分前まで、登山は15:30まで
休なし
料入場料＝50元、船(3人乗り足
こぎ船)＝往復85元
※入場料は紹興古城旅游共通券
(→P.320)に含まれる
交1、57路バス「東湖風景区」

大禹陵風景区

MP.321-C2　**住**越城区会稽山景区
☎88366666
⊙8:00〜17:00
※入場は閉門30分前まで
休なし
料65元
※入場料は紹興古城旅游共通券
(→P.320)に含まれる
交2、68、177路バス「大禹陵」

★

もと採石場に造られた湖

東湖／东湖
とうこ　dōnghú

今にも飲み込まれそうな断崖絶壁の奇景で知られる湖。本来は青石によるひとつの山だったが、漢代から採石が始まり、隋代に築城のため大量に採石した結果、現在のような絶壁となった。その後は堤を築き、水を引いて湖を造った。

★

伝説上の人物禹を祀った陵墓がある

大禹陵風景区／大禹陵风景区
だいうりょうふうけいく　dàyǔlíng fēngjǐngqū

禹陵、禹祠、禹廟の3つの建築物を合わせた景勝区。夏王朝の創始者となった伝説上の人物、禹の陵墓が中心。

紹興料理	咸亨酒店／咸亨酒店
	かんきょうしゅてん　xiánhēng jiǔdiàn

Wi-Fi

MP.321-B5　予算＝80〜100元(酒含まず)

魯迅の小説『孔乙己』に登場する老舗居酒屋。紹興名物の"臭豆腐(豆腐の発酵食品)"25元や"茴香豆(八角風味のソラマメ)"12元、"梅菜扣肉(カラシナの漬物と豚三枚肉を蒸したもの)"68元などがおすすめ。"太雕酒(紹興酒「太雕酒」)"(ひと碗)24元〜。

住越城区魯迅中路179号
☎85127179
※風味餐庁＝85116666
⊙11:00〜13:30、17:00〜20:30
※風味餐庁は8:30〜20:30
休なし　**サ**なし　**カ**不可
交0003旅游専線、8、13、24、30、52、177路バス「魯迅故里」

酒・食品	咸亨酒店 土特産商場／咸亨酒店 土特产商场
	かんきょうしゅてん　どとくさんしょうじょう　xiánhēng jiǔdiàn túčchǎn shāngchǎng

MP.321-B5

咸亨酒店オリジナル商品を扱う。販売している紹興酒の種類やランクは豊富。日本人に人気なのは20年物の"太雕酒(太雕酒)"388元と"花雕酒(花雕酒)"288元。このほか、"茴香豆(八角風味のソラマメ)"(袋詰め)などもある。

住越城区魯迅中路185号
☎85227285
⊙7:50〜20:00
※木・金曜は20:30まで
休なし
カ不可
交0003旅游専線、8、13、24、30、52、177路バス「魯迅故里」

★★★★★	紹興飯店／绍兴饭店
	しょうこうはんてん　shàoxīng fàndiàn

住越城区環山路8号　**☎**85155888　**FAX**85155565　**S**680〜950元　**T**680〜950元　**サ**なし　**カ**ADJMV　**交**11、19、22、24、52路バス「府山橋」
両替　ビジネスセンター　インターネット　**U**www.hotel-shaoxing.com

MP.321-A4　庭園様式の高級ホテル。建物は白い壁に黒い瓦を使った江南伝統様式で、1号楼から8号楼に分かれており、それぞれ料金が異なる。

星なし	紹興魯迅故里国際青年旅舍／绍兴鲁迅故里国际青年旅舍
	しょうこうろじんこりこくさいせいねんりょしゃ　shàoxīng lǔxùn gùlǐ guójì qīnnián lǚshè

住越城区新建南路558号　**☎**85080288　**S**118〜138元　**T**158元　**D**45元(6人部屋)　**サ**なし　**カ**不可　**交**0003旅游専線、8、13、24、30、52、177路バス「魯迅故里」
両替　ビジネスセンター　インターネット　**U**www.yhachina.com

MP.321-B5　数百年の歴史をもつ商人屋敷を利用した旅館。中庭を取り囲むように古建築様式の客室が並び、ホテルとはまったく違った風情を味わえる。

蘇　州

蘇州では世界遺産に登録された江南式庭園を巡ろう。
太湖石を池の周囲に配し、その妙を楽しむ趣向は共通している。写真は環秀山荘／写真:オフィス カラムス（服部朗宏）

蘇州・無錫で世界遺産を巡る

上左：京杭大運河の蘇州段運河の一部、山塘街は「山塘歴史地区」として世界遺産に登録　　上右：陸運と水運の両方の城門である盤門も京杭大運河、蘇州段運河の一部　　下左：凝った造作の豪商の邸内（同里・崇本堂）　　下中：鏡に映る池を見ながら涼しさを感じるという凝った趣向（同里・退思園）　　下右：丸い窓からのぞき見るという技巧が風趣を増す（獅子林）

名士が築いた名園の数々

「蘇州古典園林」として世界遺産に登録された庭園は全部で9ヵ所。規模はさまざまだが、いずれも引退した高級官僚など地元の名士たちが邸宅内に山水の美を造園したものだ。個人の庭園ということで、その人の思想や理想、あるいは趣味嗜好を反映して細かいところまで凝った作りになっている。奇岩として名高い太湖石を配置し、池に面した建物から庭を眺め、歩んで変化する景観を楽しむという典型的な江南様式は共通。主要な名園を選んで鑑賞するのがおすすめだ。

どこの庭園も団体客で騒がしいのが難（留園）

太湖石がまるで林のように並び立つ奇観（獅子林）

おもしろい形をした門や窓越しに見える景色を楽しむという趣向が各所にある

いにしえの姿を残す同里古鎮

「蘇州古典園林」として世界遺産に登録された退思園のある同里古鎮。軌道交通4号線の開業で、終点の同里駅に古鎮の案内所兼切符売り場ができ、無料シャトルバスで気軽に行けるようになった。こぢんまりとした町並みに昔の風情がよく残り、ぶらぶらと散策したり手こぎ船に乗ったりが楽しい。

同里駅の古鎮案内所では通常100元の見どころ共通券の引換券を88元で販売。右は共通券

手こぎ船がのんびりと水路を行き交う

左：「同里三橋」のひとつ、長慶橋。同里では婚礼などめでたい節目に三橋を渡る習慣があった　右：落ち着いた風情の退思園

町歩きが楽しい山塘街と観前街

運河沿いに小さな店の建ち並ぶ山塘街は蘇州中心部でいにしえの風情を残す繁華街。大運河の蘇州段運河「山塘歴史地区」として世界遺産に登録されている。世界遺産ではないが蘇州いちばんの繁華街、観前街も庶民的なスナックや伝統菓子の店が多く散策が楽しい。

観光客でにぎわう山塘街

グルメスポットでもある観前街

無錫にも足を延ばしてみよう

じっくり見るなら蘇州だけでも丸1日以上はかかるが、余裕があれば無錫にも。大運河の無錫段運河のうち、「清名橋歴史地区」が世界遺産登録されている。

清名橋歴史地区は、清名橋歴史文化街として整備。世界遺産ロゴも誇らしげ

古運河と高層ビルの対比がおもしろい

清名橋歴史文化街の中心はこの高いアーチの清名橋

蘇州市

D
E
F

常熟（虞山）
古里
董浜
璃溢
崇明島

常熟市
長

支塘
浮橋

昆承湖

沙家浜
沙溪
太倉市
江

石牌
双鳳
妻東
1

巴城
陸楊
周市
滬河

陽澄湖
太倉
（婁東街道）

昆山（玉山鎮）
上 海 市

唯亭
正儀
昆山市
嘉定

鐘南街／鈡南街
京滬高速

秀塘
勝浦
陸家
花橋

2

桑田島／桑田島
張浦
舟直
千灯
石浦
上海駅へ

呉中区
澄湖
角直古鎮(P.172)
蘇滬高速

同里
錦渓古鎮(P.170)
淀山湖

同里古鎮
(P.346)
周荘古鎮(P.164)
淀山湖

呉江区
周荘
青浦
杭州方面へ
3

G
H
I

鎮北游客服務中心
鎮北停車場
地下鉄同里駅行き無料シャトルバス
発着地点

珍珠塔景区
松石悟園
北門
同里

崇本堂(P.347)
太平橋(P.348)
三元橋
游船服務中心
（手こぎ遊覧船切符売り場、乗り場）

耕楽堂
王紹鏊
紀念館
小東渓橋
羅星洲

長慶橋(P.348)
退思園
(P.347)
大東渓橋
渡し船乗り場
同里湖

吉利橋(P.348)
嘉蔭堂(P.347)
東新橋
同里湖度假村

陳去病故居
中川橋
北図路

南門
同里古鎮牌坊
電動カート発着地点
北図浜橋

渡し船乗り場
電動カート発着地点

昆山758路バス発着地点
（周荘とを結ぶ）
鎮東游客服務中心
電動カート発着地点

同里鎮政府
同里バスターミナル

浙江省

N

0 250 500m

4

5

6

331

蘇州中心

姑 蘇 区

虎丘(P.340)

望山橋

2階:旅游集散中心
エアポートバス発着地点(上海)
上海虹橋浦東機場蘇州航站楼(P.336)
無錫蘇南碩放機場蘇州候機楼(P.336)
エアポートバス発着地点(無錫)
蘇州北広場バスターミナル(P.336)

普済医院

遊覧船折返点

蘇州水郷風情民俗園

蘇錦／苏锦

軌道交通4号線

車站路

平泉路

山塘街(P.343)

冠雲大酒店

山塘街／山塘街
松鶴楼 山塘街店(P.350)

功徳林素菜館(P.351)

留園(P.337)

手こぎ山塘船乗り場

游船碼頭業務中心(遊覧船切符売り場、乗り場)

山塘橋

芸圃(P.342)

虎
丘
区

西園(P.345)

園外楼飯店

山塘府邸酒店

石路／石路

楓橋

寒山寺(P.343)

寒山寺
24号   大鐘楼

金門路

景徳路

広済南路／广济南路

姑 蘇 区

軌道交通1号線

桐涇北路／桐泾北路

広済南路／广济南路

濱河路／滨河路

西環路／西环路

三香広場／三香广场

蘇州国信雅都大酒店

市政府

市公安局
出入境管理処(P.417)

青城大厦

蘇州市規画展示館

運河公園

シャングリ・ラ ホテル 蘇州(P.352)、
ホテル・ニッコー蘇州(P.352)へ

労働路／劳动路

獅山路

京杭運河

虎 丘 区

軌道交通3号線(建設中)

濱河路

竹園路

青江路／青江路

軌道交通2号線

桐涇公園

唐寅園

桐涇公園／桐泾公園

南環西路

N

0   1km

●見どころ Ｈホテル Ｇグルメ Ｓショップ Ｂ銀行 Ｘ学校 Ｈ病院 ▅▅繁華街 ░░高速道路

D 蘇州北駅(P.336)へ
軌道交通2号線
平河路／平河路

E
姑蘇区

上海へ→

F

1

路線バス乗り場
蘇州駅北広場
蘇州火車站 苏州火车站
蘇州北バスターミナル(P.336)
路線バス乗り場
蘇州站南広場
平門橋
蘇州駅
(P.336)
格林豪泰蘇州
火車站商務酒店(P.353)
蘇州美術館
蘇州博物館(P.340)
忠王府
蘇州
檀香扇廠
(P.351)
拙政園(P.337)
蘇州市旅游諮詢服務中心
蘇州絲綢博物館
錦繡苑
北塔報恩寺
民俗博物館
獅子林
(P.338)
北半園
北園
蘇州動物園
東園
中国銀行
北寺塔／北寺塔
蘇州市旅游諮詢中心
耦園(P.341)
蘇猫絲綢
観前街
(P.344)
平江路歴史街区(P.344)
中央公園／中央公園
環秀山荘(P.342)
玄妙観
(P.345)
P.344
察院場／察院場
顧亭酒家(P.350)
軌道交通1号線 東環路／东环路
蘇州刺繡研究所
怡園(P.342)
臨頓路
临顿路
相門／相门
楽橋
乐桥
双塔(P.345)
養育巷
养育巷
蘇州公園
定慧寺巷
蘇州大学
錦江之星 蘇州観前街酒店(P.353)
蘇州市会議中心1幢
蘇州市会議中心3幢
蘇州人民大会堂
蘇州大学付属
第一医院
老蘇州茶酒楼
(P.350)
蘇州中心大酒店(P.353)
三元坊／三元坊
網師園(P.341)
南園賓館
蘇州碑刻博物館(文廟)
(P.346)
滄浪亭
(P.338)
格林豪泰快捷酒店
開元寺
(無梁殿)
友誼賓館
パンパシフィック
蘇州(P.352)
麗景楼
南門／南门
姑蘇区
瑞光塔
呉門橋
人民橋／人民桥
盤門景区
(P.339)
盤門
人民橋南／人民桥南
軌道交通4号線
蘇州南門バスターミナル
(P.336)

2

3

4

軌道交通3号線(建設中)

D
E
宝帯橋へ
F

—○— 軌道交通1号線　—○— 軌道交通2号線　—○— 軌道交通4号線　⊘乗り換え駅

水郷の風情あふれる夕暮れの山塘街

市外局番 0512

東洋のベニスといわれる庭園都市

　蘇州は江蘇省の南東部、長江三角州の中心に位置し、上海市と接する。西には太湖が豊かな水をたたえ、北から東にかけて長江が流れる。運河に囲まれた市街には、白壁と黒瓦の家並みを縦横に水路が走り、今も静かに小船が行き交う様子が見られる。その情景があまりに秀麗であることから、いつしか町は「東洋のベニス」と呼ばれるようになった。

　町の歴史は春秋時代の紀元前514年、呉王闔閭がここに周囲25kmの城壁を備えた堅固な都城を築いたのが始まりとされ、当時は呉州といった。蘇州に改名されたのは589（隋の開皇9）年である。唐代以降、町はシルク産業により発展を遂げ、宋代には「魚米之郷（魚や米の郷里）」として栄え、明清代になると国内有数の大都市へ成長した。現在の蘇州市は東部と西部の新市街区（商工業開発エリア）に日系を含む外国企業が進出し、多くのビジネス客も訪れる。

　シルク産業とともに、蘇州の名を世に知らしめたのは、富豪たちが競い合うように造った江南式庭園で、2019年4月現在、そのうちの9ヵ所、拙政園、留園、網師園、滄浪亭、環秀山荘、獅子林、耦園、芸圃、退思園（同里）がユネスコの世界文化遺産に登録されている。このほか、中国の南北輸送を担った大運河に関連した施設や町並みとして、盤門と宝帯橋、山塘歴史街区、平江歴史街区、呉江運河古道が世界遺産に登録された。

　町の中心は、外城河という運河に囲まれた内側エリア。そのちょうど中心に町有数の繁華街である観前街があり、南北に走る町のメインストリート、人民路と接している。老舗レストランやショップが軒を連ねる観前街は、蘇州を訪れる誰もが一度は立ち寄る場所。半径1km以

都市DATA

蘇州市
人口：648万人
面積：8488㎢
5区4県級市を管轄

市内交通

【軌道交通】2019年4月現在、3路線が営業。詳しくは公式ウェブサイトを参照
蘇州軌道交通
路線図→折込裏
Ⓤwww.sz-mtr.com
【路線バス】運行時間の目安は5:30〜22:00、普通1元、空調付き2元、郊外行き2〜7元
※1〜2月、5〜9月、12月は空調代1元加算
【タクシー】初乗り3km未満13元、以降1kmごとに1.8元加算

同里まで開業した地下鉄4号線

伝統家屋風のバス停がおもしろい

落ち着いた風情の中国庭園を楽しもう（拙政園）

内に中級ホテルも数軒あるので、ここを蘇州観光の拠点にすると便利。また、網師園がある城内南東部の十全街もホテルや庶民的な店が点在するエリア。

　蘇州観光といえば、やはり庭園と運河沿いの散策。庭園の多くは城内に点在しているが、その範囲はさほど広くない。市街から少し離れた留園や虎丘などはタクシーを利用して効率よく回ろう。運河の風情を楽しむには、山塘街、耦園周辺、十全街、盤門周辺などがよいだろう。軌道交通（地下鉄）4号線の開業で便利になった同里古鎮へ行けば、昔ながらの水郷風景を楽しめる。さらに時間があれば、郊外にある観光名所の太湖周辺へも足を延ばしてみたい。

江南式庭園では、ユニークな形の門や窓越しに奇石や庭園を鑑賞する仕かけがおもしろい

観前街に並行する太監弄にはシャオチーやB級グルメの店が並ぶ

風情あふれる、たそがれどきの山塘街

ACCESS

上海から他都市へ ➡ **P.412**　　鉄道時刻表検索 ➡ **P.415**

✈ 飛行機　蘇州には空港がないので、上海虹橋国際空港や上海浦東国際空港、無錫蘇南碩放国際空港（→P.370）などを利用する。蘇州市内と各空港との間にはエアポートバスが運行されている。

🚄 鉄道　蘇州には駅が4つあるが、旅行者が利用するのは蘇州駅と高速鉄道の蘇州北駅。このほか、滬寧城際高速鉄道の停車駅である蘇州園区駅と蘇州新区駅がある。

所要時間（目安）【蘇州（sz）】南京（nj）／高鉄：1時間12分　無錫（wx）／高鉄：14分　鎮江（zj）／高鉄：50分　上海（sh）／高鉄：25分　杭州東（hzd）／高鉄：1時間28分　紹興北（sxb）／高鉄：1時間56分　北京南（bjn）／動車：11時間9分　【蘇州北（szb）】南京南（njn）／高鉄：44分　無錫東（wxd）／高鉄：10分　鎮江南（zjn）／高鉄：35分　上海虹橋（shhq）／高鉄：23分　杭州東（hzd）／高鉄：1時間20分　紹興北（sxb）／高鉄：1時間52分　北京南（bjn）／高鉄：4時間11分

🚌 バス　蘇州市内には5つのバスターミナルがあるが、旅行者がおもに利用するのは蘇州北バスターミナルと蘇州北広場バスターミナル、蘇州南門バスターミナル。高速鉄道の発達により減便傾向が続いている。高鉄が停車する町には高鉄のほうが速く到着するうえ運賃も安いので便利。

所要時間（目安）上海／1時間30分　杭州／2時間　無錫／1時間　南京／3時間　鎮江／2時間　揚州／3時間

DATA

✈ 飛行機

　市内にあった中国東方航空蘇州営業処は2017年11月で営業を取りやめた。中国では航空券をインターネットで購入するのが一般的となり、対人窓口は次々に廃止となっている。

■ エアポートバス

　蘇州と3つの空港（無錫と上海の2空港）の間に運行されているエアポートバスの発着地点は次ページのとおり。

▶上海便
■ **上海虹橋浦東機場蘇州航站楼**
　（上海虹桥浦东机场苏州航站楼）
Ⓜ P.332-C1
🏠姑蘇区蘇站路1455号蘇州北広場バスターミナル内
☎65231774
[移動手段]**タクシー**（蘇州駅～観前街）／18元、所要15分が目安　**軌道交通**／2、4号線「苏州火车站」
　バスは上海虹橋国際空港、上海浦東国際空港の順に到着する。5:40～17:30の間19便。上海虹橋国際空港行き／53元、所要2時間。上海浦東国際空港行き／90元、所要3時間。

▶無錫便
■ **無錫蘇南碩放機場蘇州候機楼**
　（无锡苏南硕放机场苏州航候机楼）
Ⓜ P.332-C1
🏠姑蘇区蘇站路1455号蘇州北広場バスターミナル内
☎65231774
[移動手段]**タクシー**（蘇州駅～観前街）／18元、所要15分が目安　**軌道交通**／2、4号線「苏州火车站」
　普通車＝5:40～19:30の間8便。豪華車＝7:30～19:00の間12便。普通車30元、豪華車50元。所要50分が目安。

🚉**鉄道**
■ **蘇州駅**（苏州火车站）
Ⓜ P.333-D1　🏠姑蘇区蘇站路27号
☎共通電話＝12306
🆗北広場＝24時間　南広場＝7:00～21:30
🈳なし　🅿不可
[移動手段]**タクシー**（蘇州駅～観前街）／18元、所要15分が目安　**軌道交通**／2、4号線「苏州火车站」
　28日以内の切符を販売。

巨大な蘇州駅。南北出入口は地下自由通路で結ばれている

■ **蘇州北駅**（苏州火车北站）
Ⓜ P.330-C2　🏠相城区南天城路
☎共通電話＝12306　🆗5:30～23:30
🈳なし　🅿不可
[移動手段]**タクシー**（蘇州北駅～観前街）／55元、所要30分が目安　**軌道交通**／2号線「高铁苏州北站」
　28日以内の切符を販売。
■ **鉄道切符売り場**（火车票代售处）
Ⓜ P.344-A1　🏠姑蘇区人民路1606号　☎なし
🆗8:[　　　　　　　　　　　]可

[移動[　　　　　　　　　　　]／13元、[　　　　　　　　　]「北寺塔」　**路線バス**／1、5、8、38、101路「接驾桥」
　28日以内の鉄道切符を販売。手数料は1枚5元。

🚌**バス**
■ **蘇州長距離バス総合インフォメーション**
☎65776577
■ **蘇州北バスターミナル**（苏州汽车客运北站）
Ⓜ P.333-D1　🏠姑蘇区西匯路29号
☎67517685　🆗5:30～19:30　🈳なし　🅿不可
[移動[　　　　　　　　　　　　　　　]観前街）[　]、10、55、[　　　　　　　　　　]

　7日以内の切符を販売。周荘（7:15～18:20の間17便）、杭州（北バスターミナル：7:05～19:00の14便）、紹興（4便）など。
■ **蘇州北広場バスターミナル**
　（苏州北广场汽车客运站）
Ⓜ P.332-C1　🏠姑蘇区蘇站路1455号
☎69355916　🆗5:00～22:00　🈳なし　🅿不可
[移動手段]**タクシー**（蘇州北広場バスターミナル～観前街）／18元、所要15分が目安　**軌道交通**／2、4号線「苏州火车站」
　7日以内の切符を販売。同里（6:00、10:20発）、周荘（7:00～18:05の間17便）、南潯（6:10～17:40の間14便）、烏鎮（8:15～17:20の間8便）、西塘（7:20～17:40の間8便）などがある。

蘇州駅に隣接する蘇州北広場バスターミナル

■ **蘇州南門バスターミナル**（苏州南门汽车客运站）
Ⓜ P.333-E4　🏠姑蘇区南環東路601号
🆗5:30～20:30　🈳なし　🅿不可
[移動手段]**タクシー**（蘇州南門バスターミナル～観前街）／20元、所要15分が目安　**路線バス**／4、10路「汽车南站广场」。3、39、101路「汽车南站」
　7日以内の切符を販売。同里（6:25、10:45発）、上海（上海駅：12:30、16:45発）、杭州（北バスターミナル：7:55～19:00の間6便。杭州バスセンター：7:35～18:50の間12便）、無錫（7:30～19:00の間12便）、南京（8:35～17:30の間7便）などの便がある。

蘇州南門バスターミナルは町の南にあり、中心からの移動には少し時間がかかる

見どころ

★★★ 所要1時間30分

中国随一といわれる江南の名園

世界遺産

拙政園／拙政园
せっせいえん　zhuōzhèngyuán

明代の正徳・嘉靖年間(1505～1566年)に造られた、蘇州四大名園(残る3つは留園、滄浪亭、獅子林)のうち最大の庭園であり、中国四大庭園の首位にもおかれる。

高官を失脚した王献臣により大弘寺の跡地に造園されたものだが、賄賂で造られたとのうわさもあった。

敷地は約5万㎡で蘇州の古典園林で最大規模を誇り、その約7割を大小の池や堀が占める。敷地は東園、中園、西園の3つの庭園と住宅部からなるが、このようになったのは、清朝末期に庭園が整備されたとき。住宅部には中国で唯一、庭園を専門に紹介する蘇州園林博物館(拙政園西側に新館がある)が立つ。

庭園内で絶景と評されるのは中国に立つ遠香堂からの眺め。自分の目で確かめてみよう。

数ある庭園のなかでも格段に広い拙政園。左の建物が遠香堂

★★★ 所要1時間

清代を代表する名園

世界遺産

留園／留园
りゅうえん　liúyuán

清代の建築造園様式を今に伝える名園。建築物の見事な配置と太湖石を中心とした奇石で知られる。蘇州四大名園であるばかりか、中国四大名園のひとつとしても名高い。敷地は2万3300㎡に及び、個人の古典庭園としては大型。

造園は徐時泰によって、1593(明の万暦21)年に開始された。完成当時は東園と呼ばれた。彼の死後、庭園は荒れ果てて、18世紀末に劉恕が再建した際に寒碧山荘と名づけられた。ただ、地元の人は劉園と呼んでおり、1876(清の光緒2)年の再建時に留園と改称された。

園内は4つの景区に分けられており、おのおのの楼閣が花窓や透かし彫りで飾られた長い回廊で結ばれている。透かし彫りのデザインは実にさまざまで、ひとつとして同じものはないという。廊壁には、歴代の名書家による300点以上の見事な墨跡『留園法帖』も見ることができる。

拙政園
M P.333-E2
住 姑蘇区東北街178号
電 67537002
開 3月1日～11月15日
　7:30～17:30
　11月16日～2月末日
　7:30～17:00
※入場は閉園30分前まで
休 なし
料 6月、11～3月=70元
　4・5月、7～10月=90元
※要パスポート提示。1時間あたり3000人の人数制限あり
交 ①軌道交通4号線「北寺塔」
　②游1、游2、游5、202路バス「苏州博物馆(拙政園／獅子林)」
U www.szzzy.cn
※2019年4月から拙政園、獅子林、蘇州博物館は公式サイト上からの予約が必要となった。しかし、予約に際して中国の携帯電話での認証が必要なため外国人観光客は原則予約不可。残数のある場合のみ窓口で手続きできるが、確実に見学するには旅行会社等を通して予約するしかない

留園
M P.332-B2
住 姑蘇区留園路338号
電 65337903
開 3月21日～10月31日
　7:30～17:30
　11月1日～3月20日
　7:30～17:00
※入場は閉園30分前まで
休 なし
料 6月、11～3月=45元
　4・5月、7～10月=55元
交 ①軌道交通2号線「石路」
　②游1、317、933路バス「留園」
U www.gardenly.com

名石といわれ、「冠雲峰」と名づけられた太湖石

滄浪亭

MP.333-D3

🏠 姑蘇区人民路滄浪亭街3号

☎ 65194375

🕐 4月21日～10月20日
7:30～17:30
10月21日～4月20日
7:30～17:00
※入場は閉園30分前まで

休 なし

🎫 6月、11～3月
滄浪亭＝15元、可園＝20元、
共通券＝30元
4・5月、7～10月
滄浪亭＝20元、可園＝25元、
共通券＝40元

🚇 ①軌道交通4号線「南門」「三
元坊」
②游1、游2、游4、5、101、
309路バス「工人文化宮」

Ⓤ www.szclp.com

こぢんまりとして落ち着いた風情の池

獅子林

MP.333-E2

🏠 姑蘇区園林路23号

☎ 67770310

🕐 3月1日～11月15日
7:30～17:30
11月16日～2月末日
7:30～17:00
※入場は閉園30分前まで

休 なし

🎫 6月、11～3月＝30元
4・5月、7～10月＝40元
※要パスポート提示。1時間あ
たり2500人の人数制限あり

🚇 ①軌道交通4号線「北寺塔」
②游1、游2、游5、202路バス
「苏州博物馆(拙政园／狮子林)」

Ⓤ www.szszl.com

奇石がくまなく置かれた假山はまさに
奇観

★★★ 所要1時間

蘇州最古の庭園

滄浪亭／沧浪亭
そうろうてい　cānglàngtíng

世界遺産

五代十国期、杭州を都とした呉越国（907～978年）の広陵王銭元僚が956年に造園した蘇州最古の庭園。後に北宋の詩人蘇舜欽が別荘として所有した際に再整備し、滄浪亭と命名した。これは戦国時代の詩人屈原が詠んだ『滄浪之水』という詩から採ったといわれている。

その後何度も興廃を繰り返し、1696（清の康熙35）年と1873（清の同治12）年の造営によって現在の形となった。庭園は当初の姿とは異なるが、宋代園林様式の風格はしっかりと残している。

広さ約1万㎡の園内は、シンプルな造りが特徴となっており、池の美しさから「水の亭園」と称される。池と林の間には曲がりくねった複廊がおかれ、飾り窓から園内の景色を堪能できる。

凝った意匠の飾り窓がある複廊

★★★ 所要1時間

太湖石が織りなす中国独自の造形美

獅子林／獅子林
ししりん　shīzǐlín

世界遺産

1342（元の至正2）年、臨済宗の天如禅師が弟子とともに蘇州に移り住み、この地に菩提正宗寺を建立した。獅子林はその花園で、蘇州四大名園のひとつに数えられる。名は当時園内にあった假山の姿が獅子の形に似ていたことに由来する。

広さは約1万1000㎡。假山に使った太湖石で埋め尽くされた奇石庭園として知られ、「假山王国」の称号をもつ。太湖石とは、蘇州の西にある太湖から採れる無数の穴の開いた石で、昔から観賞用として珍重されたため、皇帝や富豪たちは、富の象徴として太湖石を競って庭園に配したという。

また、庭園を巡る長廊の壁面には宋代の四大書家である蘇軾、米芾、黄庭堅の石刻がかけられている。

多くの人が奇観を楽しむ

★★★ 所要1時間30分

水上都市の様子を端的に伝える

盤門景区／盘门景区
ばんもんけいく
pánmén jǐngqū

世界遺産

蘇州古城の西南角に位置する景勝エリア。かつて蘇州にあった8つの城門のうち、唯一現存する盤門を中心に、瑞光塔や呉門橋などの見どころがある(この3つを合わせて盤門三景と呼ぶ)。このうち盤門は2014年に「大運河」の一部として世界文化遺産に登録された。

盤門の創建は紀元前514年、春秋時代の呉国王闔閭の時代まで遡る。側近の伍子胥の進言を受けて造られた城郭の城門のひとつで、閶門や胥門と並ぶ規模だった。現存する城壁は1351(元の至正11)年に築かれたものを基礎にして明清代に修復されたもの。検問所と水位調整の役割を兼ねた水都らしい特徴が見られる。

瑞光塔は247年に孫権によって創建された普済禅寺(後に瑞光寺と改称)の敷地に建てられた13層の塔を、12世紀前期に八角7層の塔として再建したもの。寺院は早くに廃れており、仏塔が残るのみ。高さは約54m。

盤門景区の南に位置する呉門橋は、1084(北宋の元豊8)年に建てられ、清代に再建されたアーチ型の花崗岩を使用した石橋。全長は約66m、最も高い所で川面から11m。橋のフォルムは非常に美しい。

盤門景区
P.333-D4
姑蘇区東大街49号
65260004
4～11月
　7:30～17:30
12～3月
　7:30～17:00
※入場は閉門30分前まで
なし
40元
※2019年4月現在、瑞光塔は6元で、5階まで上れる
①軌道交通4号線「南門」
②游4、5、55、101、308路バス「南門」
③游2、305路バス「盘门景区北」
www.panmen.com.cn

呉門橋への訪問
盤門景区の南に位置する呉門橋を訪れる場合は、游5、970路バスで「盘门」。
観光を終えたら、橋を渡って后門(裏門)から盤門景区に入場できる。

盤門は瓮城という石垣に囲まれた構造

盤門から見た運河と呉門橋

瑞光塔の北側には大きな池が広がる。建物は麗景楼

瑞光塔には6元で5階まで上れる

盤門は水陸両方の門でこれは陸の門

盤門の水路の門

虎丘

M P.332-B1
住 姑蘇区虎丘山門内8号
☎ 65323488
⏰ 5月1日～10月7日
7:30～17:30
10月8日～4月30日
7:30～17:00
※入場は閉門30分前まで
休 なし
料 6月、11～3月＝60元
4・5月、7～10月＝80元
交 游1、游2バス「虎丘首末站」
U www.tigerhill.com

雲岩寺塔は蘇州を代表する建築物

剣池の入口にある「虎丘剣池」の文字。顔真卿が記したものが風雨の浸食によってなくなり、明代に改めて記されたと伝わる

蘇州博物館

M P.333-D～E2
住 姑蘇区東北街204号
☎ 67575666
⏰ 9:00～17:00
※入場は閉館1時間前まで
休 月曜 **料** 無料
※要パスポート提示。1時間あたり1000人の人数制限あり
交 ①軌道交通4号線「北寺塔」
②游1、游2、游5、202路バス「蘇州博物館（拙政園／獅子林）」
U www.szmuseum.com

★★★ 所要1時間30分

呉王闔閭の陵墓

虎丘 / 虎丘
こきゅう　　huǒqiū

　虎丘は市区北西部に位置する闔閭が葬られた小高い丘（約30m）。もとは海涌山といった。

　呉王闔閭は、宿敵である越国の王允常の死去に乗じて越を攻めたが、その子勾践に破れ、戦いの傷がもとで死亡した（携李の戦い）。闔閭の子夫差は彼をこの丘に埋葬したが、葬儀の3日後に墓の上に白虎がうずくまっていたという伝説からこの名がついた（ほかに諸説あり）。

　唐代になって白居易（772～846年）が蘇州刺史（長官）となった際には、城門から虎丘まで運河が開削され、それ以降は交通の便がよくなり、景勝地として知られるようになった。

　虎丘の広さは約20万㎡。雲岩寺塔や剣池などの見どころがある。雲岩寺塔はその完成を961（北宋の建隆2）年まで遡る仏塔。八角7層のれんが造りで高さは47.7m。明代以降、地盤沈下により傾き始め、現在では3度59分傾いている。

塔内には鮮やかな絵が描かれている。

基礎部でもその傾きは見て取れる

虎丘の入場口

★★★ 所要1時間30分

忠王府に立つ博物館

蘇州博物館 / 苏州博物馆
そしゅうはくぶつかん　　sūzhōu bówùguǎn

　蘇州博物館は拙政園の南西角、もとは忠王府がおかれた場所に1960年に開館した博物館。2006年10月には、約3億4000万元をかけ、中国系アメリカ人建築家であるI. M. Pei（イオ・ミン・ペイ）の設計による新館が完成した。

　新館は現代的な建物と江南様式を取り込んだ庭園部とで構成されており、

新館中庭から眺めた建物

それだけでも一見の価値がある。館内は基本陳列、臨時展覧、民俗展覧に分かれ、旧石器時代の出土品から現代にいたる歴史的な収蔵品や絵画を展示している。

新館の東は老館と呼ばれるエリア。1851（清の咸豊2）年に勃発した、太平天国の乱における指導者のひとり李秀成が1859年に建てた忠王府がもとになっており、礼拝堂や軍事会議が開かれたホールなどを見られる。

忠王府軍事会議庁

新館の展示品（三彩鴛鴦扁壺）

★★

中規模江南古典庭園の代表	世界遺産

網師園／网师园
もうしえん　wǎngshīyuán

旧蘇州城の東南部に位置する中型の江南様式の庭園。揚州出身で南宋の蔵書家史正志が建てた万巻堂の跡地に、政府高官を退職した宋宗元が1765年頃に庭園を再建し、網師園と名づけた。古くは「漁隠（年老いた漁師が釣りをする花園）」と呼ばれたが、それとほぼ同じで悠々自適の意味。18世紀末に再整備され、現在の規模と姿となった。

広さは拙政園の6分の1ほどだが、清代の典型的な官僚邸宅部がそのまま残り、その生活ぶりがうかがわれる。西側はシャクヤクなどの植えられた花園になっている。

網師園は建物や池や築山の配置がすばらしい

網師園
M P.333-E3
住 姑蘇区帯城橋路闊家頭巷11号
☎ 65293190
⏰ 4月21日〜10月20日
　7:30〜17:30
　10月21日〜4月20日
　7:30〜17:00
※入場は閉園30分前まで
休 なし
料 6月、11〜3月＝30元
　4·5月、7〜10月＝40元
※4月から11月の19:30〜22:00（入場は21:00まで）に蘇州劇や民謡の演奏会がある。見学の場合、別途100元支払う
交 ①軌道交通4号線「三元坊」
　②55、202路バス「网师园」
U www.szwsy.com

★★

建物と假山を巧みに配置した庭園	世界遺産

耦園／耦园
ぐうえん　ǒuyuán

清の雍正年間（1722〜1735年）に政務から引退した陸錦によって造営された庭園で当初は渉園といった。旧蘇州城の東城壁際にある。その後、戦乱などで荒れ果てたが、療養のため、蘇州に滞在していた瀋秉成が1876（清の光緒2）年に再建した際に耦園と改めた。その後も興廃を繰り返し、1994年に再整備され一般公開された。

東にある假山と西にある蔵書楼などの対比が見事。また假山には太湖石でなく、黄石を用いているのが特徴。

耦園
M P.333-E2
住 姑蘇区小新橋巷6号
☎ 67272717、67272722
⏰ 8:00〜17:00
※入場は閉園30分前まで
休 なし
料 6月、11〜3月＝20元
　4·5月、7〜10月＝25元
交 軌道交通1号線「相门」
U www.oygd.cn

園内に配置された奇岩

環秀山荘

- ＭP.333-D2
- 住姑蘇区景徳路262号
- ☎65816805
- オ8:30〜16:30
- ※入場は閉園30分前まで
- 休なし
- 料15元
- 交①軌道交通1号線「养育巷」。
  軌道交通4号線「察院场」
  ②游1、204、301、313路バ
  ス「儿童医院」
- Ｕhxsz.szzzy.cn

こぢんまりとしているが江南庭園の基本が詰まっている環秀山荘

怡園

- ＭP.333-D2〜3、P.344-A2
- 住姑蘇区人民路1265号
- ☎65249317
- オ7:30〜17:00
- ※入場は閉園30分前まで
- 休なし
- 料15元
- 交①軌道交通1、4号線「乐桥」
  ②游4、1、8、38、101路バス
  「乐桥北」

芸圃

- ＭP.332-C2
- 住姑蘇区文衙弄5号
- ☎67271614
- オ4〜10月
  7:30〜17:00
  11〜3月
  7:30〜16:30
- ※入場は閉園30分前まで
- 休なし
- 料10元
- 交31、54、501路バス「闾门横街」

南岸から見た北の景観

★★

環秀山荘／环秀山庄
かんしゅうさんそう　huánxiù shānzhuāng

　2179㎡の広さながら、建築物や假山、彫刻をはじめとする伝統芸術が詰め込まれた庭園で、假山として使われた太湖石としては最大のものがある。現在は蘇州刺繍研究所の敷地内にある。

　造営は唐代の金谷園まで遡るが、その後廃墟となり、清の乾隆年間(1736〜1795年)以降に邸宅の建設、池の掘削、假山の造営などが行われた。1847 (清の道光27)年には、汪為仁が汪氏宗祠を建てた際に東北部の庭園を修復し、そこを環秀山荘と呼ぶようになった。

★★

蘇州古典庭園の長所を取り入れた庭園　世界遺産

怡園／怡园
いえん　yíyuán

他の庭園から「いいとこ取り」をしたという怡園

　清末の高官であった顧文彬(蔵書家としても有名)が職を辞した後、故郷である蘇州に戻って造った庭園。完成までは1874 (清の同治12)年から9年の歳月と銀20万両を費やした。蘇州の古典庭園としては歴史が新しく、複廊や假山、石舫などほかの庭園の優れた要素を取り入れており、似園という別名もある。敷地面積は6270㎡。

★★

明末清初の蘇州古典園林様式を残す庭園　世界遺産

芸圃／艺圃
げいほ　yìpǔ

　明の大学士であった文震孟が廃墟となっていた酔穎堂を手に入れて整備を行い、薬圃と改称したのが庭園の原型。清代に入ると主は姜埰に代わり、頤圃と改称、さらにその息子が芸圃とした。現存する庭園は1970年代に整備されたもの。

　広さは3967㎡と小ぶり。明末清初の典型的な江南庭園様式で、北に博雅堂や東莱世綸堂、延光閣などの邸宅部があり、南には自然をより多く取り入れ、池を取り囲むように暘谷書堂や延光閣、思嗜軒、響月廊、假山を配置している。

★★

『楓橋夜泊』にも詠まれた禅寺

寒山寺／寒山寺
かんざんじ　hánshānsì

市区の西端、京杭運河（大運河）のほとりに位置する禅宗寺院。南北朝梁の天監年間（502〜519年）に創建された。当初は、妙利普明塔院と呼ばれていたが、唐の貞観年間（627〜649年）に寒山と拾得というふたりの僧が住職となった折、寒山寺と改名された。これまでに何度も火災に見舞われ（5回とも7回とも伝わる）、最後に再建されたのは清の光緒年間（1875〜1908年）。

境内には、張継の詩『楓橋夜泊』をはじめ、文人墨客の石刻や碑文が数多くある。また、鐘楼では料金を払って鐘を突くこともできる。

★★

白居易によって造られた町並み

世界遺産

山塘街／山塘街
さんとうがい　shāntángjiē

山塘街は、山塘橋と望山橋の区間に延びる約3.5kmの道。

唐代を代表する詩人である白居易が蘇州の長官であった宝暦年間（825〜827年）に蘇州城の閶門と虎丘を結ぶ運河の開削とともに建設したもので、姑蘇第一名街と呼ばれる。

白居易が造った運河は、明清代に入ると重要な物資運搬路となり、山塘街はおおいに栄えることとなり、その様子は人々に「上有天堂、下有杭州。杭州有西湖、蘇州有山塘」と謳われるほどだった。1985年以降、蘇州政府は古い町並みが残るように修復を進め、2014年には「大運河」の一部として世界遺産に登録された。

山塘街は散策が楽しいが、遊覧船も運航されているので、船上からも古い町並みを堪能できる。

寒山寺
MP.P.332-A2
住 姑蘇区楓橋路寒山寺弄24号
☎ 67236213
開 8:00〜17:00
※入場は閉門30分前まで
休 なし
料 20元
※鐘突きは3回まで5元
交 游3、40、307、313、324、406路バス「寒山寺南」。游3、9、10、40、406路バス「来凤橋」
U www.hanshansi.org

寒山寺大鐘楼

山塘街
MP.P.332-B1〜C2
住 姑蘇区山塘街
☎ 67236980
開 山塘街24時間
各見どころ8:30〜17:00
※2019年4月現在、玉涵堂は改修中
休 なし
料 山塘街、商会博物館＝無料
交 軌道交通2号線「山塘街」
U www.shantang.com.cn

遊覧船
8:00〜21:00の間15〜30分に1便。所要約30分。
料 55元

遊覧船に乗ってみよう

いつもにぎやかな山塘街。ウインドーショッピングが楽しい

水郷らしい光景が残っている

平江河沿いの景観

平江路歴史街区
MAP P.333-E2、P.344-C1～2
個姑蘇区平江路
開24時間
休なし
料無料
交南端＝軌道交通1号線「相门」
「临顿路」

小川沿いに残る古い町並み

平江路歴史街区／平江路历史街区
へいこうろれきしがいく
píngjiānglù lìshǐ jiēqū

★★

平江路は北を東北街、南を干将東路に挟まれた平江河沿いに南北に延びる約1.6kmの道で、白い壁とグレーのかわらを用いた、唐宋以来の古い町並みが残るエリア。このうち白塔東路以南の約1.1kmが世界遺産に登録された。

★★

玄妙観の南に延びる繁華街

観前街／观前街
かんぜんがい
guānqiánjiē

玄妙観山門の南側を東西に延びる蘇州市内有数の繁華

観前街

・鉄道切符売り場(P.336)

軌道交通4号線

如家-蘇州観前察院場地鉄站店
(2019年4月現在改修中)

察院場

観前街
(P.344)

新世紀大廈

大洋百貨

松鶴楼　観前街店

蘇州人民商場

得月楼
(P.350)

蘇州中国国際旅行社
(P.353)

同得興(P.350)

怡園(P.342)

蘇州文物商店

楽橋／乐桥

玄妙観
(P.345)

来芝斎(P.351)

朱鴻興麺館(P.351)

緑楊餛飩

飲食店の建ち並ぶグルメストリート

観前公園

ウィンダムガーデン蘇州
(P.352)

軌道交通1号線

臨頓路

平江路歴史街区
(P.344)

品芳茶社
(P.351)

中国昆曲博物館

平江客桟

蘇州明堂青年旅舎
(P.353)

双塔
(P.345)

蘇州公園

0　　　200m

● 見どころ　G グルメ　S ショップ　T 旅行会社　H ホテル　▨ 繁華街　○— 軌道交通1号線　○— 軌道交通4号線

街。玄妙観創建後から門前街として発展してきた。1930年に道が拡張され整備が進んだ。

現在では百貨店など近代的な商業ビルや食品関連の名店が建ち並ぶ。また、1本南を東西に延びる太監弄には有名レストランやシャオチー店が多くあるので、食べ歩きにおすすめ。

★★

市区中心に立つ道教寺院

玄妙観 / 玄妙観
げんみょうかん　xuánmiàoguān

観前街に面して立つ道観。276（西晋の咸寧2）年に創建された当初は真慶道院と呼ばれていたが、その後何度か名が変わり、1295（元の元貞元）年に成宗の勅命によって玄妙観と改称された。正面に現れるのが、1179（南宋の淳熙6）年に再建された三清殿。中国三大木造建築物のひとつで、内部には太清、玉清、上清の道教三清が安置されている。

鮮やかな黄色をした玄妙観の山門

★★

そびえ立つ一対の舎利塔

双塔 / 双塔
そうとう　shuāngtǎ

並んで立つ高さ33.3と33.7m、れんが造り八角7層の舎利塔。似たような造りであることから兄弟塔などの別称もある。982（北宋の太平興国7）年に建設が始まり、雍熙年間（984〜987年）に完成したといわれる。塔には上れないが、内部に安置された仏の彫刻を拝むことができる。

★★

500体の羅漢像と西花園が見どころ

西園 / 西园
せいえん　xīyuán

留園の西側に位置する戒幢律寺と、その西に併設された西花園を総称して西園という。寺は元の至元年間（1264〜1294年）に創建された。1860（清の咸豊10）年に戦火で焼失し、1875（清の光緒元）年に再建されたもの。

境内の大王殿に続き現れるのが大雄宝殿。その西側に立つ羅漢堂には、金色に輝く500体の羅漢像が安置されている。

観前街
Ⓜ P.333-D〜E2、P.344-A1・2〜B1
🏠 姑蘇区観前街
🕐 24時間
休 なし
料 無料
🚇 東端＝軌道交通1号線「臨頓路」
西端＝軌道交通4号線「察院場」。游2、游5、55、202路バス「醋坊橋观前街东」
そのほか＝游1路バス「玄妙観」

玄妙観
Ⓜ P.333-D2、P.344-B1
🏠 姑蘇区観前街94号
☎ 67276616
🕐 5月〜10月上旬7:30〜17:00
10月中旬〜4月7:30〜16:30
※入場は閉門15分前まで
休 なし
料 10元
🚇 ①軌道交通1号線「臨頓路」。軌道交通4号線「察院場」
②游1路バス「玄妙観」。游2、游5、55、202路バス「醋坊橋观前街东」
Ⓤ www.szxmg.com

双塔
Ⓜ P.333-E3、P.344-C2
🏠 姑蘇区定慧寺巷22号
☎ 65227778
🕐 8:00〜16:30
※入場は閉門30分前まで
休 なし
料 8元
🚇 軌道交通1号線「臨頓路」

西園
Ⓜ P.332-B2
🏠 姑蘇区西園弄18号
☎ 65349545
🕐 8:00〜17:00
※入場は閉門1時間前まで
休 なし
料 55元
🚇 406路バス「西園」
Ⓤ www.jcedu.org

兄弟塔と呼ばれるのも納得の姿

蘇州碑刻博物館（文廟）
M P.333-D3
住 姑蘇区人民路613号
☎ 65168070
⏰ 8:30〜16:00
休 月曜
料 無料
交 ①軌道交通4号線「三元坊」
「南門」
②游2、游4、1、5、101、309
路バス「工人文化宮」
U www.szbkmuseum.com

文廟欞星門

同里古鎮
M P.331-D3、P.331下
住 呉江区同里鎮
☎ 4006982990
蘇州同里国際旅游発展＝
63331140
⏰ 各見どころ：
4〜10月7:30〜17:30
11〜3月7:30〜17:15
休 なし
料 共通入場券＝100元
※古鎮入場料、退思園、珍珠塔景
区、羅星洲、嘉蔭堂、崇本堂、耕
楽堂、陳去病故居、王紹鏊紀念
館、松石悟園
※羅星洲への往復乗船料が含ま
れる
電動カート＝5元
交 ①軌道交通4号線「同里」。2
号出口から出た所で725路
バスに乗り換えて「石牌楼」
※軌道交通駅の2号出口から出
た所にある古鎮案内所で共
通入場券引換券（通常100元
を88元に割引）を買うと無料
シャトルバス乗車可。シャト
ルバスは古鎮北門の鎮北停
車場まで行く
②蘇州北広場バスターミナル
または蘇州南門バスターミナ
ルから「同里」行きで終点
U www.tongli.net

※1 江南六大古鎮
残る5つは蘇州市の周荘、用
直、浙江省の西塘、烏鎮、南潯。
蘇州のふたつと合わせ江南水郷
三明珠と呼ぶこともある。

★★

貴重な石刻を展示する博物館

蘇州碑刻博物館（文廟）／苏州碑刻博物馆（文庙）
そしゅうひこくはくぶつかん　ぶんびょう　sūzhōu bēikè bówùguǎn（wénmiào）

文廟内にある古代石刻の収蔵や研究、複製、陳列を行う専門的な博物館。明清代の石碑や拓本が中心だが、北宋の書家米芾や司馬光の書をもとに刻んだ碑文、1229（南宋の紹定2）年に李寿明が記した蘇州城内の地図を石刻した『平江図』をはじめとする『天文図』、『地理図』、『帝王紹運図』、『四大宋碑』など、すばらしいものがある。

文廟は、孔子を祀るため蘇州出身の政治家范仲淹が1035（北宋の景祐2）年に建立したもので、すでに1000年近い歴史があり、欞星門や戟門、大成殿などが残るので、合わせて見学するとよい。

展示されている碑文

郊外の見どころ

★★★ 約3時間〜

江南六大古鎮のひとつ

同里古鎮／同里古鎮
どうりこちん　tónglǐ gǔzhèn

世界遺産

蘇州の約20km南東に位置する同里古鎮は江南六大古鎮[1]に数えられる水郷の町。古くは富土と呼ばれ、唐代に銅里と改称され、現在の名称となったのは宋代に入ってから。

周囲を湖に囲まれ、町を流れる15本の運河に、49の橋が架かる。正式に町が築かれたのは宋代だが、豊かな土地と水運の利によって順調に発展を遂げた。明清代には富豪も生まれ、彼らが残した邸宅や古くから伝わる石橋は「一園、二堂、三橋」といわれ観光名所となっている。一園とは世界遺産に登録された退思園の

クリーク沿いの散歩が楽しい

有料で鵜飼いの実演を見られる

ことで、二堂は嘉蔭堂と崇本堂、三橋は吉利橋と太平橋、長慶橋のこと。町散策と同時に、これらの名所を巡るのが同里古鎮訪問の楽しみとなっている。

上海からのアクセス

①高速鉄道を利用して蘇州に向かい、蘇州北広場バスターミナルまたは蘇州南門バスターミナルから「同里」行きで終点（→P.346同里欄外データ⊠参照）または軌道交通4号線「同里」②上海旅游集散中心総站から同里ツアーバス（不定期）で終点（→P.157）。9:30発。130元（往復。入場券代含む）、所要1時間30分

退思園／退思園 (tuìsīyuán)
たいしえん

1885～1887（清の光緒11～13）年にかけて任蘭生が建てた私家花園。彼は地方高官であったが、弾劾されて故郷に戻り、建設に銀10万両をつぎ込んだといわれている。2001年には「蘇州古典園林」の一部として世界遺産に登録された。

任蘭生は豪華さよりも景観を見て詩作を催すような風情のある庭園を目指し、設計を同里の画家袁龍に託し、非常に精巧な庭園を造り出した。東側は池を中心に退思草堂、坐春望

同里から周荘

同里バスターミナルから758路バスで「江沢」（6:30～18:00の間20～30分に1便。所要45分）、2元。

月書楼、琴台、眠雲亭などを、西側に蔭餘堂などの居住空間を配置している。

手こぎ遊覧船

6人まで乗船可能。25分かけてクリークを巡る。
🕖7:30～17:30
💴90元（1艘）

退思草堂から見た庭園

退思園
M P.331-H5
住呉江区同里鎮新鎮街234号
⊠中川橋から徒歩3分

退思園の主庁、退思草堂

嘉蔭堂／嘉荫堂 (jiāyīntáng)
かいんどう

嘉蔭堂では昔日の暮らしの様子が保存されている

同里二堂のひとつで、柳炳南によって1922（中華民国11）年に建設された住居。明代の様式を取り入れた造りとなっている。詩人で政治家でもあった柳亜子と同族で、彼自身もここに住んだことがある。

住居には『三国志演義』に登場する8つの名場面を題材とした精緻な彫刻がある。

嘉蔭堂
M P.331-G5
住呉江区同里鎮竹行街81号
⊠中川橋から徒歩6分

崇本堂／崇本堂 (chóngběntáng)
すうほんどう

同里二堂の残るひとつ。銭幼琴が1912（清の宣統3）年に購入した顧氏邸宅の西側を造り直したもの。近くには長慶橋、吉利橋、太平橋の同里三橋がある。れんが造りの門の上に彫り込まれた彫刻は必見。また、現在は「江南水郷婚俗館」としてこの地域の婚礼に関する展示も行っている。

崇本堂
M P.331-G5
住呉江区同里鎮富観街18号
⊠中川橋から徒歩6分

当地の婚礼習俗を紹介する資料館となっている崇本堂

いくつもの名をもつ長慶橋

長慶橋、吉利橋、太平橋
Ⓜ P.331-G5
住 呉江区同里鎮丁字河
交 中川橋から徒歩5分

フラットなシルエットの太平橋

西山
Ⓜ P.330-B3
住 呉中区西山風景区
Ⓤ www.taihutravel.com

石公山
Ⓜ P.330-B3
住 呉中区金庭鎮
☎ 66271164
⊘ 8:00〜17:00
※入場は閉門30分前まで
休 なし
料 50元
交 蘇州站南広場から快線11号バスで終点。5元(空調使用時は6元)、所要2時間15分

林屋洞
Ⓜ P.330-B3
住 呉中区金庭鎮林屋路
☎ 66310058
⊘ 8:00〜17:00
※入場は閉門30分前まで
休 なし
料 50元
交 蘇州站南広場から快線11号バスで「林屋洞」。5元(空調使用時は6元)、所要2時間

　水に囲まれた同里には多くの橋が架かっている。同里古鎮を代表するのは、3本の水路が交わる所に架かる長慶橋、吉利橋、太平橋の3つの橋。総じて人は三橋と呼ぶ。長慶橋は1470(明の成化6)年の創建(1704年再建)のアーチ型石橋で、謝家橋、福建橋、広利橋などの別称もある。太平橋はふたつの橋梁に石を載せた橋で1747(清の乾隆12)年の創建(1818年再建)。吉利橋は1987年に再建されたアーチ型石橋。

　同里の人々は、子供が生まれて30日の祝い、結婚の祝い、長寿の祈願の願い事をする際にこの3つの橋を渡る「走三橋」という風習がある。

半月形のアーチが美しい吉利橋

★★

太湖に浮かぶ島

西山/西山
せいざん　xīshān

　市区中心の南西約40kmに位置する太湖の東部に浮かぶ約80k㎡の島で、洞庭西山ともいい、陸地とは太湖大橋で結ばれている。

　石公山は太湖に突き出た標高50mほどの小山。山麓にある巨石が老人のように見えることからこう呼ばれている。山中には帰雲洞や一線天などの見どころがある。山の上からは太湖を見晴らすことができる。

　林屋洞は道教経典に記される十大洞天の9番目に挙げられる有名な洞窟。洞窟のある林屋山から見る夕暮れの景観は「林屋晩煙」と呼ばれる絶景。

原色の明かりでライトアップされた林屋洞内部

一線天(石公山)

★★

洞庭東山とも称される景勝地

東山 / 东山
とうざん　dōngshān

　市区中心の南西に位置する半島。もとは島だったが、元から明の時代に陸地とつながり、現在の姿となった。西山とあわせ、風光明媚な場所として知られており、啓園や雕花楼、雨花勝境、陸巷古村、紫金庵などの見どころがある。また、温和な気候から避暑地として多くの人が訪れている。

　啓園の正式な名称は席家花園といい、1684年に康熙帝の行幸を記念して造営された蘇州古典園林で、康熙帝を迎えた御碼頭をはじめ、柳毅井、古楊梅樹などの見どころがある。

　雕花楼は1922年から3年の期間をかけ、250人以上の職人の手で造り上げられた邸宅。創建当初は春在楼といい、梁や柱などあらゆる所に施された見事な彫刻で知られる。

御碼頭（啓園）の先端に立つ亭からの眺めはすばらしい　　れんがに施された彫刻（雕花楼）

★★

2500年以上の歴史がある湖畔の町

木涜古鎮 / 木渎古镇
もくどくこちん　mùdúgǔzhèn

　木涜は蘇州の南西に位置する風光明媚な水郷古鎮で、「呉中第一鎮」と称される。言い伝えによると、春秋時代に呉王夫差が西施を迎え、霊岩山山頂に宮殿を築いたことに町の歴史は始まる。木涜となったのは北宋に入ってから。肥沃な土地に恵まれたことから早くから発展を遂げ、財をなした人々が造った庭園は30を超える。見どころには、厳家花園や虹飲山房、古松園、榜眼府第、霊岩山館などがある。

聞木樨香（厳家花園）

　厳家花園は清の乾隆年間に瀋徳潜によって造営された私家古典園林。厳家花園と呼ばれるようになったのは、1902（清の光緒28）年に木涜随一の富豪であった厳国馨に渡ってから。

東山
Ⓜ P.330-B3
🏠 呉中区西山東山鎮
Ⓤ www.taihutravel.com

啓園
Ⓜ P.330-B3
🏠 呉中区東山鎮啓園路39号
☎ 66281236
🕐 8:00〜17:00
※入場は閉園の30分前まで
🈚 なし　🈯 45元
🚌 蘇州站南広場から快線10号バスで終点。4元（空調使用時は5元）、所要2時間。徒歩2分の「东山邮政支局」で629路バスに乗り換えて「东山宾馆」（5:30〜17:30の間30分に1便、2元）

雕花楼
Ⓜ P.330-B3
🏠 呉中区東山鎮紫金庵58号
☎ 66281973、66555665
🕐 8:30〜17:00
※入場は閉館30分前まで
🈚 なし　🈯 60元
🚌 蘇州站南広場から快線10号バスで終点。4元（空調使用時は5元）、所要2時間。徒歩2分の「东山邮政支局」で627路バスに乗り換えて「雕花楼宾馆」（5:40〜18:30の間30分に1便、2元）

木涜古鎮
Ⓜ P.330-C2
🏠 呉中区木涜鎮山塘街188号
☎ 木涜旅游発展実業公司
　＝66514042
🕐 各見どころ＝
　4〜10月8:00〜17:00
　11〜3月8:30〜16:30
🈚 なし
🈯 共通入場券＝78元（厳家花園、虹飲山房、古松園、榜眼府第）。厳家花園＝40元、虹飲山房＝40元、古松園＝20元、榜眼府第＝10元
🚌 蘇州站南広場：
　①快線11号バスで「木渎严家花園（灵岩山）」。徒歩10分で厳家花園
　②快線10号バスで「翠坊桥（木渎古鎮）」。徒歩3分で木涜古鎮下塘古鎮入口
　蘇州站北広場：
　①游4路バスで「木渎严家花園（灵岩山）」。徒歩10分で厳家花園
　②38路バスで「翠坊桥（木渎古鎮）」。徒歩3分で木涜古鎮下塘古鎮入口
Ⓤ www.mudu.com.cn

得月楼／得月楼

杭州・江蘇料理
とくげつろう　déyuèlóu
MP.344-A2 Ⓤwww.deyuelou.net.cn　予算=150元

明の嘉靖年間（1522～1566年）に創業し、400年以上の歴史をもつ名店。名物料理は"松鼠桂魚（揚げ桂魚の甘酢ソースがけ）"218元や"得月童子鶏（乞食鶏）"98元。このほか、"蟹粉豆腐（上海蟹入り豆腐のうま煮）"78元などがある。

住姑蘇区観前街太監弄43号
☎65238940、65222230
オ10:30～14:00、16:30～21:00
休なし
カMV
交軌道交通4号線「察院場」。軌道交通1号線「臨頓路」

松鶴楼 山塘街店／松鶴楼 山塘街店

しょうかくろうさんとうがいてん　sōnghèlóu shāntángjiēdiàn
MP.332-C2 Ⓤwww.songhelou.net　予算=150元

1757年創業。中国で老舗店舗を指す「老字号」を飲食店として最初に受けた店として知られる。名物料理は"松鼠桂魚（揚げ桂魚の甘酢ソースがけ）"218元や"蟹粉豆腐（上海蟹入り豆腐のうま煮）"68元などがある。

住姑蘇区山塘街198号
☎65321398
オ11:00～13:30、17:00～20:30
休なし
カMV
交軌道交通2号線「山塘街」

老蘇州茶酒楼／老苏州茶酒楼

ろうそしゅうちゃしゅろう　lǎosūzhōu chájiǔlóu
MP.333-E3　予算=100元

地元で人気の蘇州料理レストラン。ほかの蘇州料理店と比べるとリーズナブルな価格設定となっている。"松鼠桂魚（揚げ桂魚の甘酢ソースがけ）"108元（500g）、"蟹粉豆腐（上海蟹入り豆腐のうま煮）"38元など。

住姑蘇区十全街658号
☎65291988

2024年1月現在閉店

交軌道交通4号線「三元坊」。55、202路バス「網師園」

顧亭酒家／顾亭酒家

こていしゅか　gùtíng jiǔjiā
MP.333-E2　予算=120元

広東料理を中心に提供するレストラン。建物は江南風。"顧亭虾餃皇（エビ入り餃子）"24元（4個）、"一品紅烧肉（豚の角煮）"108元。このほか、"鮮虾云吞（エビ入りワンタン）"22元などがある。

住姑蘇区干将東路甲辰巷6号
☎65213888
オ10:00～13:30、17:00～21:00
休なし
カ不可
交軌道交通1号線「相門」。游5、2、9、40、178路バス「相門」

同得興／同得兴

どうとくこう　tóngdéxīng
MP.344-A2 Ⓤwww.tongdexing.com　予算=20～30元

蘇州で最もポピュラーな麺料理"白湯白燜肉面（紹興酒などでじっくり煮込んだ豚肉をのせたパイタンスープ麺）"30元を1920年代に生み出した店。このほかにも古い形の麺料理やちょっとした一品料理もある。昼どきまでの営業なので注意。

住姑蘇区人民路嘉餘坊6号
☎65113808
オ7:00～13:00
休なし
カ不可
交軌道交通1、4号線「楽橋」。游4、1、8、38、101路バス「楽橋北」

シャオチー

朱鴻興麺館／朱鸿兴面馆
しゅこうこうめんかん　　zhūhóngxīng miànguǎn
MP.344-B2　予算＝20〜30元

1938年8月に朱春鴻が開業した、麺各種（15〜30元）やワンタンがメインのシャオチー店。ひとりでも気軽に利用できる。まずはレジに行き、後ろにあるメニュー表から料理を選んで会計を済ませ、チケットを受け取って席で待つ。

住 姑蘇区宮巷108号
☎ 67533898
オ 8:00〜20:30
休 なし
カ 不可
交 軌道交通1号線「臨頓路」。軌道交通4号線「察院場」。游1路バス「玄妙观」

その他中国料理

功徳林素菜館／功德林素菜馆
くどくりんそさいかん　　gōngdélín sùcàiguǎn
MP.332-B2　予算＝30〜40元

1922年創業のレストランで100年近い歴史がある。精進料理レストランとしては蘇州で最も有名。名物料理は"功徳火腿（功徳ハム）"16元や"羅漢斎"28元、"糖醋排骨"25元など。肉の名前を使っているが、すべて精進料理。夜は営業しない。

住 姑蘇区桐涇北路西園弄5号
☎ 65332494

2024年1月現在閉店

カ 不可
交 406路バス「西園」

茶館

品芳茶社／品芳茶社
ひんほうちゃしゃ　　pǐnfāng cháshè
MP.344-C1　予算＝60元

清の光緒年間（1875〜1908年）に玄妙観内で開業した茶館で「劇を観るなら呉苑、茶を飲むなら品芳」といわれた。2008年現在の場所に移転した。"西湖龙井"1杯25元。茶請けとして"苏式小龙包"（蘇州風小籠包）25元（10個）などがある。

住 姑蘇区平江路94号
☎ 携帯＝13951104076、18912770028
オ 8:30〜21:00
休 なし
カ 不可
交 軌道交通1号線「相门」「臨頓路」

工芸

蘇州檀香扇廠／苏州檀香扇厂
そしゅうだんこうせんしょう　　sūzhōu tánxiāng shànchǎng
MP.333-D2

蘇州の代表的な工芸品である扇子を中心に扱っている。骨には紫檀や白檀を使っているものが多い。機械を使ったものは30〜200元、手作りのもの（紫檀）は510元。インド産の白檀を使った高級品は1980〜2380元。

住 姑蘇区西北街90号
☎ 67536992
オ 8:30〜17:00
休 なし
カ ADJMV
交 軌道交通4号線「北寺塔」。游1、313路バス「皮市街北」

食品

采芝斎／采芝斋
さいしさい　　cǎizhīzhāi
MP.344-B1　**U**www.caizhizhai.cn

清の同治9（1870）年創業の老舗伝統菓子店。伝統的な飴類やドライフルーツ、味つけナッツ類などをおもに扱うが、名物は西太后に献上したという咳止め飴の"贝母贡糖"。貝母はアミガサユリという漢方薬のこと。

住 姑蘇区観前街91号
☎ 67274512
オ 8:30〜21:30
休 なし
カ 不可
交 軌道交通4号線「察院場」

ウィンダムガーデン蘇州／苏州温德姆花园酒店
そしゅう　　　　　　　　　　sūzhōu wēndémǔ huāyuán jiǔdiàn

MP.344-B2　**U**www.whghotels.cn

住姑蘇区干将東路818号
☎68019888　**FAX**68019688
S688～888元
T688～888元
サなし
カADJMV
交軌道交通1、4号線「乐桥」

両替　ビジネスセンター　インターネット

玄妙観や観前街の南約500mに位置し、立地条件は非常によい。客室はクラシックなデザインで、ワンランク上の滞在を味わえる。また、レストランやプールなどの施設も充実。

ホテル・ニッコー蘇州／苏州日航酒店
そしゅう　　　　　　sūzhōu rìháng jiǔdiàn

MP.330-C2　**U**www.hotelnikkosz.com

住虎丘区長江路368号
☎62918888　**FAX**62918886
S760～960元
T760～960元
サ10%+6%
カADJMV
交軌道交通1号線「苏州乐园」

両替　ビジネスセンター　インターネット

2015年、西部の新市街エリアに開業した日系ホテル。近くに軌道交通1号線が通っており、アクセスの便はよい。ホテル内は日本語も通じやすく、蘇州への観光やビジネスの宿泊におすすめ。また、ほとんどの客室のバスルームは洗い場のある日本仕様となっている。

シャングリ・ラ ホテル 蘇州／苏州香格里拉大酒店
そしゅう　　　　　　　　sūzhōu xiānggélǐlā dàjiǔdiàn

MP.330-C2　**U**www.shangri-la.com/jp

住虎丘区塔園路168号
☎68080168　**FAX**68081168
S880～1180元
T880～1180元
サ10%+6%
カADJMV
交軌道交通1号線「苏州乐园」

両替　ビジネスセンター　インターネット

50階建ての高層ホテル。スタンダードの部屋でも天井高は3.2mあり、全体的にゆったりとした造りになっている。客室からの眺望もよい。館内には日本料理から伝統的な広東料理レストランまで揃っている。

パンパシフィック蘇州／苏州吴宫泛太平洋酒店
そしゅう　　　　　　　　sūzhōu wúgōng fàntàipíngyáng jiǔdiàn

MP.333-D4　**U**www.panpacific.com/ja.html

住姑蘇区新市路259号
☎65103388　**FAX**65100888
S760～1050元
T760～1050元
サ10%+6%
カADJMV
交軌道交通4号線「南门」。游2、47、305路バス「盘门景区北」

両替　ビジネスセンター　インターネット

江南の伝統的な建築様式とモダンさが融合した建物で、独特の風格をもつ。世界遺産に登録された盘門景区に近く、眺望もすばらしい。プール（屋内、屋外）やフィットネス、スパなどの施設も整っている。

★★★★★ 蘇州中心大酒店／苏州中心大酒店
そしゅうちゅうしんだいしゅてん　sūzhōu zhōngxīn dàjiǔdiàn

Ⓜ P.333-D3　Ⓤ www.szicc.com
住 姑蘇区道前街100号
☎ 65220606　℻ 65245854
Ⓢ 480～588元
Ⓣ 480～588元
サ なし
Ⓐ ADJMV
交 軌道交通1号線「养育巷」。
　305、602路バス「干将路」
両替　ビジネスセンター　インターネット

蘇州人民大会堂、蘇州市会議中心などと同じ敷地内に立つ4つ星ホテル。6万8000㎡と広大な敷地に8つの建物がある。プールやボウリング場などの施設も充実。

星なし 錦江之星 蘇州観前街酒店／锦江之星 苏州观前街酒店
きんこうしせい そしゅうかんぜんがいてん

住 姑蘇区人民路大石頭巷25号

2024年1月現在閉店

Ⓣ 218～237元　サ なし　力 不可
両替　ビジネスセンター　インターネット　Ⓤ www.jinjianginns.com

Ⓜ P.333-D3　「経済型」チェーンホテル。設備は簡素ながらひととおり揃っている。正式な支店名称は「蘇州観前街楽橋地鉄站酒店」。

星なし 蘇州明堂青年旅舍／苏州明堂青年旅舍
そしゅうめいどうせいねんりょしゃ　sūzhōu míngtáng qīngnián lǚshè

住 姑蘇区平江路28号　☎ 65816869　℻ なし　Ⓢ 210元　Ⓣ 210元　Ⓓ 60元(6人部屋)
サ なし　力 不可　交 軌道交通1号線「相门」「临顿路」
両替　ビジネスセンター　インターネット　Ⓤ www.yhachina.com

Ⓜ P.344-C2　世界遺産に登録された平江路に位置するユースホステル。金・土曜は20元(ドミトリーは5元)高くなる。

星なし 格林豪泰蘇州火車站商務酒店／格林豪泰苏州火车站商务酒店
かくりんごうたいそしゅうかしゃたんしょうむしゅてん　gélín háotài sūzhōu huǒchēzhàn shāngwù jiǔdiàn

Ⓜ P.333-D1　Ⓤ www.998.com
住 姑蘇区人民路2156号
☎ 67512010　℻ 67527349

**2024年1月現在
外国人宿泊不可**

游1、游4、5、8、38、101路バス「平门」
両替　ビジネスセンター　インターネット

設備は簡素ながらひととおり揃っている。正式名称は「格林豪泰蘇州火車站南広場拙政園商務酒店」。蘇州駅や蘇州絲綢博物館も1km以内にあって観光に便利。

旅行会社 蘇州中国国際旅行社／苏州中国国际旅行社
そしゅうちゅうごくこくさいりょこうしゃ　sūzhōu zhōngguóguójì lǚxíngshè

Ⓜ P.344-A2　Ⓤ www.citssz.com

日本部のある旅行会社。日本語ガイドが1日600元、車のチャーター(市内)は1日600元。問い合わせや手配の依頼はe-mailなどを利用する。やりとりは日本語で問題ない。
szcitsjp@189.cn(日本語可)。

住 姑蘇区観前街大井巷18号国旅大厦208室

**2024年1月現在
外国人対応部門廃止**

交 軌道交通4号線「察院场」。軌道交通1、4号線「乐桥」

蘇州では Mobike は使えない

　日本人も気軽に使えるシェアサイクルMobikeだが、2019年4月現在蘇州にはそもそも民営のシェアサイクル会社がどこも参入していない。市民向けの市営シェアサイクルはわずかにあるものの、指定駐輪場に停めなければならないうえ、登録要件が複雑で外国人観光客向けではない。古典園林などの見どころは市内中心部に散在しているので、自転車で回れると効率がよいのだが、残念ながらそれはできない。ちなみに無錫では使える。

<ruby>南<rt>なん</rt></ruby> <ruby>京<rt>きん</rt></ruby>

南京
ナンジン
Nán jīng

太平天国歴史博物館の門

市外局番 025

都市DATA

南京市
人口:639万人
面積:6586㎢
11区を管轄
南京市は江蘇省の省都

市内交通

【地下鉄】2019年4月現在、10
路線が営業。詳しくは公式ウェ
ブサイトで確認を
路線図→P.357
南京地鉄
Ⓤwww.njmetro.com.cn
【路線バス】運行時間の目安は
6:00〜23:00、普通2元、空調付
き3元
【タクシー】初乗り3km未満
11元、3km以上1kmごとに
2.4〜3.6元加算

地下鉄の切符はプラスチック製
トークン(コイン型の丸いもの)

南京駅(→P.356)に停車する
高速鉄道車両

中国四大古都のひとつ

　南京は、江蘇省の省都であるとともに江南エリアの政治経済の中心となっている、人口密度の高い大都市。長江の河口から360km遡った盆地に位置し、中国三大かまど(残る2都市は武漢と重慶)のひとつで夏の猛暑で有名だ。

　2010年、上海と南京を結ぶ旅客専用高速鉄道「滬寧高速鉄道(城際鉄道)」が開業し、上海〜南京間は約2時間で行き来できるようになった。切符も以前より手軽に買えるようになり、上海からの気軽な訪問先としておすすめだ。

　雄大な長江と明代の城門が自慢の南京は、北京、西安、洛陽と並ぶ中国四大古都のひとつ。その歴史は古く、越王の勾践が呉を滅ぼした後、現在の中華門の西南に越城を建築したことに始まる。実に約2500年前のことだ。そして、3世紀以降は、東呉、東晋、宋、斉、梁、陳、南唐、明などの10の王朝がここを都に定め、近代では、太平天国の国都となり、中華民国臨時政府の首都も南京だった。

　高速鉄道も乗り入れる南京駅は市街地の北にある。長距離バスターミナルは市内に複数点在するので、バスで南京に入る際は、どのターミナルに着くのかを確認すること。

　南京は大都市なのでどこもにぎやかだが、特に人通りが多いのは新街口のロータリー付近だ。ここには孫文の銅像があり、百貨店や商業ビルが建ち並んでいる。

　南京は大きな町なので、地下鉄または路線バスをうまく

南京城壁(解放門付近)から玄武湖を見下ろす

ブランドショップが多い新街口

使って移動するのがコツ。利用価値の高い路線バスは33路。南京駅（南広場西）や玄武湖、鼓楼、新街口、瞻園、中華門の近くを通り、雨花台風景名勝区の南大門まで行くので便利。地下鉄なら1、2、3号線の使い勝手がいい。

南京は見どころが多く、郊外まで足を延ばすと1週間くらいはかかってしまう。滞在日数に合わせて訪問先を絞ってから観光を始めるとよいだろう。

カラフルにカラーリングされた路線バス

南京名物の塩水鴨

南京

A　　　　　B　　　　　C

南京長江大橋（P.362）
南京西駅（貨物駅）
鼓楼区
南京中国国際旅行社
獅子橋美食街（P.365）
南京市内列車切符売り場
侵華日軍南京大虐殺遇難同胞紀念館（P.359）
莫愁湖
雲錦路
集慶門大街
金鷹漢中新城 中国国旅（江蘇）国際旅行社（P.366）
三山街
夫子廟（P.359）
中華門長距離バスターミナル
奥体東
建鄴区

上元門
五塘広場
南京バスターミナル（P.356）
南京長距離東バスターミナル（P.356）
栖霞区
小市
紅山動物園
エアポートバス1号線発着地点
白宮大酒店
南京站
南京駅（P.356）
南京林業大学・新庄
王家湾
玄武区
新模範馬路
玄武飯店（P.366）
玄門
雷電路
鼓楼
鶏鳴寺（P.361）
珠江路
浮橋
漢中路
上海路
新街口
大行宮
西安門
張府園
常府街
中華門
武定門
南京城壁（解放門 P.356）
崗子村
紫金山ロープウエイ
海底世界
鐘山風景区
明孝陵（P.362）
九華山
総統府・煦園（P.358）
梅園新村紀念館（P.364）
南京雑貨国際大酒店（P.365）
四方城
明故宮
首鋼園
南京博物院（P.362）
孔望酒店
江蘇省民用航空券売り場（P.356）
瞻園・太平天国歴史博物館（P.361）
中華門駅
北大門
雨花門
李傑路
南大門
雨花茶文化苑
雨花台烈士紀念館
雨花台風景名勝区（P.364）
大明路
雨花石博物館
中山陵（P.358）
音楽台
霊谷寺（P.363）
水榭
美齢宮（P.363）
首鋼園バス乗り場
孝陵衛
下馬坊
白下区
秦淮区
江寧区

●・見どころ　◎ホテル　◎グルメ　●旅行会社　⊞病院　■■■繁華街　■■■高速道路　⬛バス停　ⅎⅎⅎ城壁
—○— 地下鉄1号線　—○— 地下鉄2号線　—○— 地下鉄3号線　—○— 地下鉄4号線　—○— 地下鉄10号線　◎ 乗り換え駅

南京禄口国際空港（P.356）、南京南駅（P.356）へ

ACCESS

空港案内図 ➡ P.401　上海から他都市へ ➡ P.412　鉄道時刻表検索 ➡ P.415

✈ 飛行機　市区の南約40kmに位置する南京禄口国際空港（NKG）を利用する。日中間運航便が4路線あり、国内線は主要都市との間に運航便がある。

国際線 成田（3便）、関西（19便）、札幌（2便）、沖縄（2便）。

国内線 北京、広州、深圳など主要都市との間に運航便がある。

所要時間（目安） 北京首都（PEK）／2時間10分　広州（CAN）／2時間15分　深圳（SZX）／2時間20分　西安（XIY）／1時間55分　大連（DLC）／1時間40分　ハルビン（HEB）／2時間55分　成都（CTU）／2時間45分　海口（HAK）／2時間35分　福州（FOC）／1時間35分

🚅 鉄道　南京で旅行者が使う駅は南京駅と南京南駅。始発列車の多くは南京駅から出ており、上海〜南京間の城際鉄道が発着。南京南駅はそれ以外の高速鉄道が発着。

所要時間（目安） 【南京（nj）】上海（sh）／高鉄：1時間39分　蘇州（sz）／高鉄：1時間12分　無錫（wx）／高鉄：55分　鎮江（zj）／高鉄：20分　【南京南（njn）】上海虹橋（shhq）／高鉄：1時間2分　蘇州北（szb）／高鉄：45分　無錫東（wxd）／高鉄：43分　杭州東（hzd）／高鉄：1時間3分

🚌 バス　南京市内にはいくつものバスターミナルがあるが、旅行者がおもに利用するのは南京長距離東バスターミナルと南京駅の近くにある南京バスターミナル。

所要時間（目安） 上海／4時間30分　蘇州／3時間　無錫／2時間30分　合肥／2時間30分　杭州／4時間30分　鎮江／1時間30分　揚州／1時間30分

DATA

✈ 飛行機

■ 南京禄口国際空港（南京禄口国际机场）

M P.48-A2、地図外（P.355-B3下）　**住** 江寧区禄口街道　**☎** 968890　**オ** 始発便〜最終便　**休** なし　**カ** 不可　**U** www.njiairport.com

[移動手段]**エアポートバス**／一律20元。1号線（城東線／空港〜雨花広場など経由〜南京駅／所要1時間が目安。空港→市内＝始発便〜最終便の間20〜30分に1便。市内→空港＝4:30〜21:00の間20分に1便　2号線（城西線）／空港→市内（南京南駅、中華門などを経由して河西万達広場）＝始発便到着〜23:00の間20〜30分に1便、所要1時間15分、市内→空港＝河西万達広場発：4:30〜21:00の間30分に1便、所要1時間　※このほか、南京南駅発が7:00〜21:00の間30分に1便。所要40分（空港発はなし）　**タクシー**（空港〜夫子廟）／130元、所要50分が目安　**地下鉄**／S1号線「禄口机场」

🚅 鉄道

■ 南京駅（南京火车站）

M P.355-B1　**住** 玄武区龍蟠路111号　**☎** 共通電話＝12306　**オ** 南側＝24時間　北側＝5:30〜23:30　**休** なし　**カ** 不可

[移動手段]**タクシー**（南京駅〜夫子廟）／30元、所要25分が目安　**地下鉄**／1、3号線「南京站」

　28日以内の切符を販売。駅の南広場東にエアポートバス1号線発着地点（M P.355-B1）がある。

■ 南京南駅（南京火车南站）

M 地図外（P.355-B3下）　**住** 雨花台区玉蘭路98号　**☎** 共通電話＝12306　**オ** 5:10〜23:00　**休** なし　**カ** 不可

[移動手段]**タクシー**（南京南駅〜夫子廟）／25元、所要20分が目安　**地下鉄**／1、3、S1、S3号線「南京南站」

　28日以内の切符を販売。空港行きエアポートバスが出発する。

🚌 バス

■ 南京長距離東バスターミナル（南京长距汽车东站）

M P.355-B1　**住** 玄武区花園路17号　**☎** 85477435　**オ** 6:00〜19:00　**休** なし　**カ** 不可

[移動手段]**タクシー**（南京長距離東バスターミナル〜夫子廟）／30元、所要20分が目安　**路線バス**／2、10、28、69、115、165路「长途东站」

　30日以内の切符を販売。

■ 南京バスターミナル（南京汽车客运站）

M P.355-B1　**住** 玄武区紅山南路69号　**☎** 83190200　**オ** 6:00〜22:00　**休** なし　**カ** 不可

[移動手段]**タクシー**（南京バスターミナル〜夫子廟）／30元、所要25分が目安　**地下鉄**／1、3号線「南京站」

　30日以内の切符を販売。通称は「小红山站」。

▧ 切符売り場

■ 江蘇省民航航空券売り場（江苏省民航客运有限公司）

M P.355-B2　**住** 泰淮区瑞金路52号孜図酒店3階　**☎** 国内線＝84499378　国際線＝84499410　**オ** 航〜　2:00、13:00〜　／15元、所要15分が目安　**路線バス**／7、25、37、52、306路「瑞金路」

│ **2024年1月現在廃止** │

　3ヵ月以内の航空券、28日以内の鉄道切符を販売。手数料は航空券は無料、鉄道切符は1枚5元。

刊行後に多くの路線が開業・延伸しています。最新情報は南京地下鉄公式サイトや「百度地図」等でご確認ください。

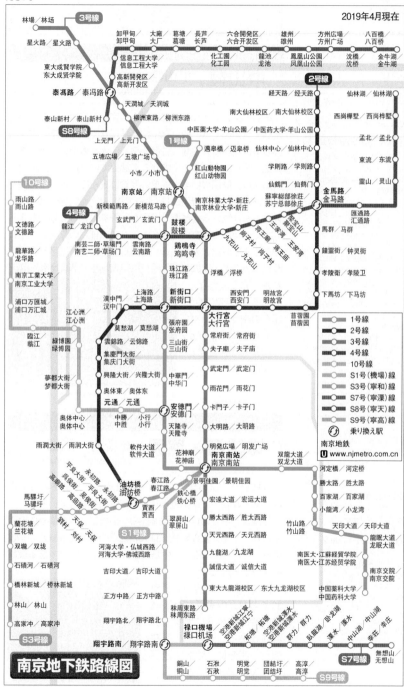

中山陵

MAP P.355-C2
住 玄武区石象路7号
☎ インフォメーション
　＝84431174
　入場券売り場＝84437786
🕐 8:30〜17:00
🚫 月曜
💰 無料
🚌 旅游専線バス1、2号線「中山
　陵西」
🌐 www.zschina.org.cn

鐘山風景区内の移動

中山陵などの多くの見どころがある鐘山風景区内には、以下の2種類の公共交通機関がある。

旅游専線バス

市バスと同じく大型バスで、鐘山のおもな見どころを結ぶ循環路線が7:00〜19:00の間運行されている（1乗車2元）。

地下鉄2号線「下馬坊」〜中山陵停車場（紫嵐里商業街）〜美齢宮（明孝陵博物館）〜海底世界〜中山陵西〜明孝陵（紫霞湖）〜海底世界〜美齢宮（明孝陵博物館）〜四方城〜地下鉄2号線「苜蓿園」

観光車

中山陵を中心に、美齢宮や海底世界、地下鉄2号線「苜蓿園」、明孝陵、霊谷寺を結ぶ電動カートで、7路線が運行されている。

旅游専線バスと観光車1号線が出発する苜蓿園バス乗り場は、地下鉄2号線「苜蓿園」の1号出口から約250mの場所にある。
🕐 7:30〜18:00
💰 1乗車＝10元、1日券＝50元
　（乗車無制限）

総統府・煦園

MAP P.355-B2、P.360-C1
住 玄武区長江路292号
☎ 84578888
🕐 3〜10月8:30〜18:00
　11〜2月8:30〜17:00
※入場は閉園1時間前まで
🚫 月曜、陰暦大晦日
💰 40元
🚌 ①地下鉄2、3号線「大行宮」
　②29、44、65、95、304路バ
　ス「総統府」
🌐 www.njztf.cn

見どころ

★★★ 所要 1時間 30分

革命の父、孫文の陵墓

中山陵／中山陵
ちゅうざんりょう　zhōngshānlíng

革命の父といわれ、三民（民族、民権、民生）主義を唱えた孫文（中国では一般に孫中山と呼ばれる）の陵墓。市中心部の東、紫金山の中腹に位置する。広大な敷地には緑の木々が生い茂り、参道が上に向かって続いている。

孫文は、陵園のいちばん奥の祭堂に眠っている。その青い瓦屋根と白い壁は青天白日（潔白で後ろ暗いことのないこと）を表し、建物からは清潔で神聖な印象を受ける。祭堂を入ってすぐの空間に孫文の座像があり、その部屋の天井は赤や青のタイルで装飾されている。その奥、入口に「浩気長存」と書かれた部屋が墓室だが、非公開となっている。内部には大理石の棺があり、中に1929年に北京から移されてきた孫文の遺体が安置されている。

上り詰めた所にあるのが孫文の眠る祭堂

★★★ 所要 1時間 30分

中国近代史について知りたいなら

総統府・煦園／总统府・煦园
そうとうふ　くえん　zǒngtǒngfǔ xùyuán

総統府は、600年の歴史をもつ江南様式庭園である煦園内にある建物で、中国近現代史の博物館となっている。

煦園は、明代には漢王朱高煦の、清代には地方高官の庭園であり、太平天国の時代には天朝宮殿の一部となった。辛亥革命（1911年）後に、中華民国臨時政府の中心である総統府が建てられた。

園内は3つのエリアに分かれており、中央部には旧総統府や、総統府に関する資料館がある。東側には行政院が、西側には臨時大統領事務室や国民政府参謀本部などがある。

重要な会議が行われた総統府礼堂

★★

日本軍の蛮行とされる行為を知らしめるための記念館

侵華日軍南京大虐殺遇難同胞紀念館／

しんかにちぐんなんきんだいぎゃくさつぐうなんどうほうきねんかん

侵华日军南京大屠杀遇难同胞纪念馆

qīnhuá rìjūnnánjīngdàtúshā yùnántóngbāo jìniànguǎn

1937年12月、日本軍は南京に侵攻し南京城を占領した。そのとき日本軍が市民に対して行ったとされる残虐行為を後世に伝えるために建てられたのが、侵華日軍南京大虐殺遇難同胞紀念館だ。広さ7万4000㎡の敷地は展覧区と遺址区、和平公園区などに分かれるが、メインは展覧区の史料陳列庁。旧日本軍軍人の日記や生存者の証言、写真などを見ることができる。続く遺址区では、虐殺後に犠牲者が棄てられたとされる万人坑の人骨を展示している。

さらに先へ行くと追悼の火が燃え続け、平和への祈りを込めた和平女神の像が立つ和平公園区にいたる。人の流れに従って進むと、地下鉄駅から離れた江東中路へ出てしまうので、9号門出口を目指すといい。

★★

南京の昔ながらの雰囲気が味わえる

夫子廟／夫子庙

ふしびょう

fūzǐmiào

夫子廟（夫子廟大成殿）は、明清代の風格ある建物の並ぶ繁華街に立つ廟。市中心の南の秦淮河の近くに位置し、この繁華街全体も夫子廟と呼ばれている。1034（宋の景祐5）年に創建された。廟や付近の建築物は日中戦争時に日本軍により破壊されたが、1984年から5年間かけて再建された。

この地区の建物のほとんどが古代の江南民家建築で、青れんが、回廊、小瓦馬頭墙、桂花落花格窓などを用いている。通りには奇芳閣茶館や魁光閣など有名なレストランや露店が並び、南京名物のシャオチー（中国の軽食）を味わえる。

夜は廟からすぐ近くの文徳橋からの眺めがすばらしい。この橋付近から秦淮画舫という昔ながらの遊覧船も出ている。

また、近くにある江南貢院は、中国の官吏登用試験「科挙」が行われた場所。建物は1168（南宋の乾道4）年に造られた。ここは中国最大の試験場だった所で、2万644室もの号舎（個室の試験場）があった。

このほか、才色兼備の歌妓、李香君が住んだ「李香君故居」、科挙に合格した秦大夫の家「秦状元故居」、東晋時代の豪族王氏と謝氏の邸宅「王謝故居」などの見どころがある。

侵華日軍南京大虐殺遇難同胞紀念館

Ⓜ P.355-A2

🏠建鄴区水西門大街418号

☎86612230

🕐8:30～17:00

※入場は閉館30分前まで

休月曜

💰無料

🚊①地下鉄2号線「云锦路」

②7、37、61、63、166路バス「江东门纪念馆(茶南)」

Ⓤwww.nj1937.org

2017年に展示がリニューアルされた

夫子廟

Ⓜ P.355-B3、P.360-B3

🏠秦淮区瞻園路

☎52209788

🕐夫子廟大成殿9:00～22:00

江南貢院9:00～21:30

科挙博物館9:00～21:30（月曜は13:30から）

※入場券販売はすべて閉門30分前まで

王謝故居、李香君故居9:00～21:00

秦状元故居9:00～17:00

休なし

💰夫子廟大成殿＝35元（17:30以降は40元）、江南貢院＝10元、科挙博物館＝40元、王謝故居＝8元、李香君故居＝16元、秦状元故居＝8元

🚊①地下鉄1号線「三山街」。3号線「夫子庙」

②2、26、40、44、202路バス「中华路瞻园路」

Ⓤwww.njfzm.net

夫子廟大成殿

秦淮画舫

夫子廟から秦淮河遊覧船が9:00～22:00の間運航している。所要50分。経路は夫子廟→白鷺洲公園→七彩水街→東水関→中華門（鎮淮橋）→夫子廟。

☎52300870

💰日中＝80元

夜間（17:30～）＝100元

中華門
MP.355-B3、P.360-B3

住秦淮区中華路中華門甕城内
☎86625435
⏰8:30～20:30
※入場は閉門30分前まで
休なし
料50元
交①地下鉄1号線「中華門」「三山街」、徒歩17分
②2、16、63、202路バス「中華門城堡」

★★

南京を代表する城門

中華門／中华门
ちゅうかもん　zhōnghuámén

　幅118m、奥行き128mもある、中国に現存する最大の城門。明代初期に周囲34km、城門数13の南京城の正門として造られ、現在見られるのは清代に再建されたもの。1930年代には日本軍もここで中国国民党軍と戦っている。

　1980年以降整備が進められ、現在は城門の屋上から続く城壁の上を進み、別の門からの出入りもできる。

南京防御の要であった中華門

南京中心部

●●見どころ　Ｈホテル　Ｇグルメ　Ｓショップ　Ａアミューズメント　Ｂ銀行　☑郵便局　⊞病院　▬▬繁華街
──●── 地下鉄1号線　──●── 地下鉄2号線　──●── 地下鉄3号線　◎乗り換え駅　ᴖᴖᴖ城壁

★★

太平天国のことがよくわかる

瞻園・太平天国歴史博物館／
せんえん　　たいへいてんごくれきしはくぶつかん
瞻园・太平天国历史博物馆
zhānyuán tàipíngtiānguó lìshǐ bówùguǎn

瞻園は中国を代表する名園として知られており、南京を占領した太平天国軍の指導者であった洪秀全が住んだ。門の扁額には乾隆帝直筆の「瞻園」の2文字が刻まれている。
　　けんりゅうてい

瞻園の南大門を入ってすぐの太平天国歴史博物館は、太平天国に関する中国唯一の専門博物館。もとは指導者のひとりだった楊秀清の王府であった。

★★

南京有数の由緒ある寺

鶏鳴寺／鸡鸣寺
けいめいじ　　jīmíngsì

玄武湖の南の鶏籠山に立つ寺院。南朝における仏教の中心地で、「南朝第一寺」「南朝480寺の首寺」とも称される。創建は300（西晋の永康元）年とされ、527年に梁の武帝が同泰寺と命名した。1387年には明の洪武帝が鶏鳴寺と改名。1958年に尼僧院に改められ、今日にいたる。

入口では3本のお香を渡される。天王殿、毘盧宝堂を過ぎて階段を上ると、1990年に建造された高さ44.8mの薬師仏塔が立つ。最も高い場所にある銅仏殿（大雄宝殿）とその後ろの観音殿には、タイから贈られた銅の仏像と観音像が安置されている。観音殿の隣には精進料理を出すレストランもあり、玄武湖を近くに眺められる。

★★

世界最大といわれる城壁

南京城壁／南京城墙
なんきんじょうへき　　nánjīng chéngqiáng

1366（元の至正26）年に建設が始まり、28年の歳月をかけて完成した周囲約34kmの城壁。戦乱や混乱のため破壊されたが、1980年以降整備が進み、全区間のうち約26kmがかつての姿を取り戻している。

鶏鳴寺の近くの解放門から続く城壁は約5km。眼下に広がる玄武湖の風景が美しい。ここから歩いて北へ向かうと南京駅に近い神策門にいたり、東へ向かえば太平門にいたる。全部で7つの出入口があり、どこから出入りしてもいい。

瞻園・太平天国歴史博物館
[MAP] P.355-B3、P.360-B3
[住]秦淮区瞻園路128号
[電]52201849、52238687
[時]8:30～17:30
※入場は閉館30分前まで
[休]なし　[料]30元
[交]①地下鉄1号線「三山街」
　②2、26、44、46、202路 バス
　「中华路瞻园路」
[URL]www.tptgmuseum.com

ⓘ ▶▶▶ インフォメーション

瞻園内の夜花園では 毎日17:30～21:00に歌や踊りのショーが行われる。70元（入場料含む）、入場は閉門の30分前まで。

600年以上の歴史がある瞻園

鶏鳴寺
[MAP] P.355-B2
[住]玄武区鶏鳴寺路1号
[電]83361123
[時]8:00～17:00
※入場は閉門30分前まで
[休]なし　[料]10元
※特定の記念日や祝日は15元
[交]①地下鉄3、4号線「鸡鸣寺」
　②304路バス「鸡鸣寺」
[URL]www.jimingsi.net

銅仏殿に参拝する人々

南京城壁
[MAP] P.355-B2
[住]玄武区解放門8号
[電]83608359
[時]8:30～17:00
※入場は閉門30分前まで
[休]なし　[料]30元
[交]①地下鉄3、4号線「鸡鸣寺」
　②304路バス「鸡鸣寺」
[URL]www.njcitywall.com

城壁の上からは鶏鳴寺や玄武湖を眺められる

南京博物院
MP.355-B2
- 住 玄武区中山東路321号
- ☎ 84807923
- 時 火～日曜9:00～17:00
  ※入場は閉館1時間前まで
- 休 月曜 料 無料
- 交 ①地下鉄2号線「明故宮」
  ②5、34、36、55、59路バス
  「中山門」
- U www.njmuseum.com

後漢時代の金縷玉衣

南京長江大橋
MP.355-A1
- 住 鼓楼区宝塔橋東街7号
- ☎ 85821918
- 時 南京長江大橋8:00～17:00
  大橋公園7:30～18:00
- 休 なし
- 料 15元
- 交 1、67、69路バス「南堡公園」

明孝陵
MP.355-C2
- 住 南京市東郊外鐘山
- ☎ インフォメーション＝
  84431174
  入場券売り場＝84437786
- 時 3～11月6:30～18:30
  12～2月7:00～17:30
- 休 なし
- 料 70元
- ※音楽台、霊谷景区(霊谷寺)、美
  齢宮を含む鐘山風景区入場券
  ＝100元
- 交 1号門(西門)＝20、315路バ
  ス「明孝陵」
  5号門(南門)＝旅游専線バ
  ス、観光車1、6号線「美齢宮
  (明孝陵博物館)」
  7号門(北門)＝旅游専線バ
  ス、観光車2、3、5、6号線「明
  孝陵(紫霞湖)」
- U zschina.nanjing.gov.cn

石像路神道

★★

南京を代表する城門

南京博物院／南京博物院
なんきんはくぶついん　nánjīng bówùyuàn

　1933年に開館した江蘇省立の総合博物館。貴重な収蔵品を有することで知られ、中国三大博物館のひとつに数えられている。2013年に改修工事が終わり、6つの建物で展示品を見られるようになった。

　敷地に入って正面に見える古代中国様式の建物が、先史時代から明・清代にかけての資料や文化財を展示する歴史館の入口。歴史館の隣の特展館では、清代宮廷文物展や仏教関連の展示など、テーマ別に展示がされている。

　このほか、芸術館、数字館、民国館、非遺館の建物で、それぞれのテーマに沿った展示が行われている。

★★

中国を代表する巨大鉄橋

南京長江大橋／南京长江大桥
なんきんちょうこうおおはし　nánjīng chángjiāng dàqiáo

　武漢、重慶に続いて、中国で3番目に造られた長江に架かる橋で、上段が道路(長さ4589m)、下段が線路(6772m)になっている。1960年にソ連技術者の協力を得て着工したが、中ソの対立でソ連技術者が帰国後、中国技術者が自力で造り上げた。完成は1968年。なお、2016年12月に始まった改修工事は完了し、南京長江大橋に上がれるようになった。南岸にある大橋公園と合わせて観光するとよい。

★★

明の太祖を祀った陵墓

明孝陵／明孝陵
みんこうりょう　míngxiàolíng

　明王朝を開いた朱元璋(太祖洪武帝)の陵墓。明代の陵墓では最大の規模を誇る。30年余りの歳月と10万人の人員を費やし、1381(明の洪武14)年に完成した。馬皇后も一緒に埋葬されている。残念なことに、多くの造建物は戦火で焼かれ、現在は一部が残るのみ。

　紫霞湖に近い7号門から入り、陵墓を見学後に西へ進むと、やがて石像路神道に出る。これは長さ615mの陵墓への参道で、石獣12対が参道を守るようにして並んでいる。明代から残る彫像物として貴重な存在だ。見学後は、明孝陵博物館の近くにある5号門(南門＝大金門)から美齢宮の近くに出られる。

★

明代創建の仏教寺院

霊谷寺 / 灵谷寺
れいこくじ　　líng gǔ sì

霊谷寺公園の中にある明代初期に建設された仏教寺院。周囲はすべて山で、寺院内を黄色い衣の僧侶が行き交い、歌うような読経の声が響いている。

シンボルの霊谷塔は、9層で高さ60m。1931年から2年かけて建てられた。249段の階段を上った頂上からの眺めは爽快だ。一方無梁殿は、1381（明の洪武14）年に創建された。梁を1本も使わずに造られた特徴的な建物で、明代の建築レベルの高さを今に伝えている。

★

中華民国の官邸だった建物

美齢宮 / 美龄宫
びれいきゅう　　měi líng gōng

1931年に建てられた蒋介石の官邸で、明孝陵の南に位置する。蒋介石の妻である宋美齢の生活があまりに華やかだっ

たため、美齢宮と呼ばれる。当時の様子がそのまま保存されていて、贅沢なインテリアや装飾品を目にすることができる。玄関前にある車は1946年型のビュイックで、宋美齢の専用車だった。

来客用のダイニング

★

建康城の遺跡を見られる博物館

六朝博物館 / 六朝博物馆
りくちょうはくぶつかん　　liù cháo bó wù guǎn

六朝時代（3〜6世紀）をテーマとする博物館（管轄は南京市博物総館）。この場所から1700年前の建康城の土壁の遺構が見つかったことから、2014年8月に設立された。地下1階から3階までのスペースに、六朝の歴史や文化を表す約1200点の文化財が展示されている。

地下1階で見られる長さ25m、奥行き10mの土壁が建康城の遺構。南京の町は前の時代の建物を破壊した上に層状に造られているため、形はわかりにくい。同じ部屋には付近で出土した大型排水溝や、橋の一部と推測される木の柱などが展示されている。六朝時代の人々の食生活もわかるようになっていて興味深い。

霊谷寺
MP.355-C2
住南京市東郊外鐘山
☎インフォメーション＝
　84431174
　入場券売り場＝84437786
開3〜11月6:30〜18:00
　12〜2月7:00〜17:30
休なし
料35元（霊谷景区）
※明孝陵、音楽台、美齢宮を含む
　鐘山風景区入場券＝100元
交202路バス「灵谷寺公園」
Uzschina.nanjing.gov.cn

明代に建てられた無梁殿

美齢宮
MP.355-C2
住南京市東郊外鐘山中山陵
　9号
☎84431600
開7:30〜18:00
※入場は閉館30分前まで
休なし
料30元
※明孝陵、音楽台、霊谷景区
　（霊谷寺）を含む鐘山風景
　区入場券＝100元
交①地下鉄2号線「苜蓿園」、
　徒歩20分
　②旅游専用バス、観光車
　1、6号線「美齢宮（明孝陵
　博物館）」

六朝博物館
MP.360-C1
住玄武区長江路302号
☎52326032
開9:00〜18:00
※入場は閉館1時間前まで
休月曜　料30元
交①地下鉄2、3号線「大行宮」
　②29、44、65、95、304路バ
　ス「総統府」
Uwww.njmuseumadmin.
　com

アメリカのI. M. ペイ建築事務所が設計を担当した

雨花台風景名勝区
MP.355-B3
- 雨花台区雨花路215号
- ☎68783037（游客中心）
- 雨花台風景名勝区、雨花石博物館8:00〜17:00
  雨花台烈士紀念館、雨花茶文化区8:30〜17:00
  雨花石博物館、雨花閣8:00〜17:00
  南京生態文明教育館8:30〜16:30
  ※各紀念館への入場は閉館1時間前まで
- 雨花台風景名勝区と雨花石博物館＝なし
  雨花台烈士紀念館＝月曜
  雨花茶文化区、南京生態文明教育館＝月・火曜
- 雨花台風景名勝区＝無料
  雨花石博物館＝10元
  雨花閣＝7元
- 北門：
  ①地下鉄1号線「中華門」
  ②26、304路バス「雨花台北大門」
  南門：
  33、202、204、304、305、513、515、702路バス「雨花台南大門」
- www.travel-yuhuatai.com

★★

歴史的事件が数多く起こった場所

雨花台風景名勝区／雨花台风景名胜区
うかだいふうけいめいしょうく　yǔhuātái fēngjǐng míngshèngqū

市区の南部に位置する景勝エリア。松が樹海のように茂り、市民の憩いの場となっている。

紀元前474年、越王の勾践がこのあたりに越城を築いたことから、雨花台の歴史は始まる。雨花台という名は、1400年前の梁朝の時代、この場所で雲光法師が唱える経文を聞いた神様が、感謝の意を表すために花を雨のように降らせたという伝説に由来する。

名勝古跡区には雨花閣が立ち、中には偉人や名僧の絵が飾られている。付近で採れる色とりどりの美しい石は雨花石と呼ばれ、いたるところで売られている。

名勝古跡区には、明王朝建国の功労者のひとりである李傑（1331〜1369年）の墓もある。付近に残る石碑や動物の石刻も明代のもので貴重な文化財だ。

また、太平天国軍と清軍は何度もここで戦闘を行い、辛亥革命でも戦いの場となった。烈士陵園区のメインの雨花台烈士紀念館の中には、当時の写真や烈士の遺品などが展示されている。同区の烈士殉難処は、国民党が刑場としていた所で、10万人以上の革命家が犠牲となった。

烈士紀念碑には上ることも可能　雨花台烈士紀念館

梅園新村紀念館
MP.355-B2、P.360-C1
- 玄武区漢府街18-1号
- ☎84540739
- 9:00〜17:30
  ※入場は閉館30分前まで
- 月曜
- 無料
  ※入場券受領にはパスポートの提示が必要
- ①地下鉄2号線「西安門」
  ②29、44、65、95、304路バス「総統府」
- www.njmuseumadmin.com

周恩来が使用した事務室と寝室

★★

周恩来が滞在した宿舎

梅園新村紀念館／梅园新村纪念馆
ばいえんしんそんきねんかん　méiyuán xīncūn jìniànguǎn

梅園新村紀念館は、かつて中国共産党の宿舎兼会議室だった所（管轄は南京市博物総館）。1946年5月から1947年3月まで、周恩来率いる中国共産党の代表団は、南京で国民党政府と和平交渉を行ったが、そのときに周恩来らはここに滞在した。

門を入ると周恩来の銅像があり、その横の陳列館には当時の写真や新聞記事、周恩来が着ていたコートなどが展示されている。さらに奥の梅園新村30号の建物では、周恩来の寝室と車、共産党員が来客を迎えるのに使った部屋を見られる。

周恩来の銅像と陳列館

南京大牌档 夫子廟平江府店／南京大牌档夫子庙平江府店

| 杭州・江蘇料理 |
なんきんだいはいとう　ふしびょうへいこうふてん　nánjīng dàpáidàng fūzǐmiào píngjiāngfǔdiàn

MP.360-B3 **U**www.njdapaidang.com

夫子廟にある人気のレストラン。店内はレトロな雰囲気で、料理は手頃な料金設定。"蟹黄汤包（カニ入り小籠包）"22元、"盐水鸡（塩味の蒸しアヒル）"4分の1羽28元、"江米扣肉"32元などの南京名物を味わえる。獅子橋美食街など、市内にほかに7店舗ある。

住秦淮区大石壩街48号
☎68216777
オ月～金曜11:00～15:00、17:00～23:00　土・日曜11:00～23:00
休なし
カ不可
交地下鉄3号線「夫子庙」

獅子橋美食街／狮子桥美食街

| シャオチー |
ししきょうびしょくがい　shīzǐqiáo měishíjiē

MP.355-B2 **U**www.njdapaidang.com

地下鉄1号線「玄武門」駅を出て、湖南路を西に向かって10分ほど歩いた所にある、長さ300mほどの美食街。レストランのほかにシャオチー店も多く食べ歩きが楽しい。みやげものを売る店もある。

住鼓楼区湖南路狮子桥
☎なし
オ10:00～23:00頃
休なし
カ店舗により異なる
交地下鉄1号線「玄武门」

南京維景国際大酒店／南京维景国际大酒店

なんきんいけいこくさいだいしゅてん　nánjīng wéijǐng guójì dàjiǔdiàn

MP.355-B2 **U**www.hkctshotels.com
住玄武区中山東路319号
☎84808888　**FAX**84809999
S568～668元
T568～668元
サなし
カADJMV
交地下鉄2号線「明故宮」

南京博物院の西隣に位置する、客室数500を超える高級大型ホテル。大型液晶テレビがあるなど、客室の設備は充実している。中国料理、西洋料理のレストランに加え、1階に日本料理レストランがある。

両替　ビジネスセンター　インターネット

シェラトン南京キングスレー・ホテルタワーズ／南京金丝利喜来登酒店

なんきん　nánjīng jīnsīlì xǐláidēng jiǔdiàn

MP.360-A1 **U**www.marriott.co.jp
住秦淮区漢中路169号
☎86668888　**FAX**86669999
S688～888元
T688～888元
サなし
カADJMV
交地下鉄2号線「汉中门」

南京有数の大型ホテル。客室は広めの造りで、バスルームには独立したシャワーブースもある。ホテル内にはふたつのレストランのほかアイリッシュパブがあり、ジムやプール、美容院などの施設も充実している。

両替　ビジネスセンター　インターネット

南京古南都飯店／南京古南都饭店

なんきんこなんとはんてん　nánjīng gǔnándū fàndiàn

MP.360-A1 **U**www.njgrandhotel.com
住鼓楼区広州路208号
☎83311999　**FAX**83315385
S768～898元
T768～898元
サなし
カADJMV
交3、6、91、318路バス「随家仓」

広州路に位置する26階建ての高層高級ホテル。中国料理、西洋料理、日本料理レストランがある。日本人客の利用が多く、館内には日本語の案内も多く見られる。

両替　ビジネスセンター　インターネット

国信状元楼大酒店／国信状元楼大酒店
こくしんじょうげんろうだいしゅてん　guóxìn zhuàngyuánlóu dàjiǔdiàn

M P.360-B3　**U** www.mandaringardenhotel.com
住 秦淮区夫子廟状元境9号
☎ 52202555　**FAX** 52201876
S 558〜698元
T 558〜698元
サ なし
カ ADJMV
交 地下鉄3号線「夫子庙」

夫子廟そばに位置する高級ホテル。中国風デザインの建物が目を引く。中国料理や西洋料理のレストランなどの施設も充実している。なお、3つ星の別館もあり、リーズナブルな料金で宿泊できる。

両替　ビジネスセンター　インターネット

玄武飯店／玄武饭店
げんぶはんてん　xuánwǔ fàndiàn

M P.355-B2　**U** www.xuanwu.com.cn
住 鼓楼区中央路193号
☎ 83358888　**FAX** 83366777
S 598〜798元
T 598〜798元
サ なし
カ ADJMV
交 地下鉄1号線「玄武门」

玄武湖の西側に立つ、環境のよい落ち着いた雰囲気のホテル。20階に西洋料理レストラン、1、2階に中国料理レストランがある。スパなどの施設も充実。地下鉄1号線「玄武門」駅がホテル駐車場へ直結しており便利。

両替　ビジネスセンター　インターネット

金陵飯店／金陵饭店
きんりょうはんてん　jīnlíng fàndiàn

M P.360-B1　**U** www.jinlinghotel.com
住 秦淮区漢中路2号
☎ 84711888　**FAX** 84711666
S 677〜879元
T 677〜879元
サ なし
カ ADJMV
交 地下鉄1、2号線「新街口」

中国で全国展開している高級チェーンホテルが運営するホテル。レストランが充実しており、なかでも1階の多国籍料理レストラン「金海湾」のビュッフェは種類も豊富で人気が高い。

両替　ビジネスセンター　インターネット

中山大廈／中山大厦
ちゅうざんたいか　zhōngshān dàshà

住 鼓楼区珠江路2号　**☎** 83361888　**FAX** 83377228　**S** 398〜499元
T 398〜499元　**サ** なし　**カ** ADJMV　**交** 地下鉄1号線「珠江路」
両替　ビジネスセンター　インターネット　**U** www.zhongshan-hotel.com

M P.360-B1　地下鉄1号線「珠江路」駅から近く、観光にもビジネスの拠点としても便利。全部で4つのレストランがあり、周辺にも飲食店が多い。

南京夫子廟国際青年旅舎／南京夫子庙国际青年旅舍
なんきんふしびょうこくさいせいねんりょしゃ

住 秦淮区夫子廟平江府路68-4号
T 220元　**S** 258元　**D** 50元　**サ**
「夫子庙」　両替　ビジネスセンター　インターネット　**U** www.yhachina.com

2024年1月現在
外国人宿泊不可

M P.360-B3　秦淮河に面して立つユースホステル。4階はレストラン兼バーで、雰囲気がいい。個室は金〜日曜は割増料金となる。朝食込み。

会社

中国国旅（江蘇）国際旅行社／中国国旅（江苏）国际旅行社
ちゅうごくこくりょ（こうそ）こくさいりょこうしゃ　zhōngguó guólǚ (jiāngsū) guójì lǚxíngshè

M P.355-A2

地下鉄2号線「漢中門」駅から、西へ橋を渡って300mの金鷹漢中新城内にある旅行会社。列車の切符は1枚50元。日本語ガイドは日800元、車のチャーター（市内）は1日1000元。連絡は電話または メールでするのが望ましい（日本語可）。

住 鼓楼区漢中門大街1号金鷹漢中新城16階

2024年1月現在
外国人対応部門廃止

✉ ajcitsjp@foxmail.com（日本語可）

366

中国のインターネット規制とWi-Fiの注意点

中国にはインターネット規制がある

中国では、「金盾」と呼ばれる国家プロジェクトのインターネット規制により、インターネットの規制や検閲が広範囲に、しかも厳格に実施されている。日本や諸外国で何の不自由もなく使えているサービスが中国に入国したとたんに使えなくなり、特にビジネスの場合は非常に困ることになるので要注意だ。

そのままでは使えないおもなサービス

2019年4月現在、下記のような日本でなじみが深い多くのサービス（いずれも代表例）が中国では遮断されて利用できない。2017年には従来検索サービスを利用できていたYahoo（ヤフー）で検索ができなくなった。一部のブログや香港・台湾系のニュースサイトも遮断されている。

【SNS】
- Twitter（ツイッター）
- Facebook（フェイスブック）
- Instagram（インスタグラム）
- LINE（ライン）

【検索サイト】
- Google（グーグル）
- Yahoo（ヤフー）

【動画サイト】
- YouTube（ユーチューブ）
- ニコニコ動画

【メールサービス】
- Gmail

【その他】
- Googleマップ
- Dropbox（ドロップボックス）
- Flicker（フリッカー）
- Messenger（メッセンジャー）
- Wikipedia（ウィキペディア）
- 5ちゃんねる

Wi-Fiルーターの借用時はVPNを付けよう

日本でWi-Fiルーターを借りて中国で使おうという人が増えているが、対策をしないと上記のようなサービスにはつながらない。ホテルなどのWi-Fi経由で接続する場合も同じだ。旅行中に使い慣れたSNSなどを使えな

いのは不便なので、レンタルルーター各社ではオプションで有料VPNサービスを用意している。VPNを介せば中国の規制を受けずに各種サービスが使えるので、ストレスを感じたくないなら追加して損はない。無料のVPNサービスもあるにはあるが、規制とのいたちごっこでつながらないことも多い。

特にビジネスの場合は事前対策を

VPNなどの知識がない人は金盾の影響を受けるサービスをなるべく使わないように工夫するのがいちばんの自衛策。特にGmailを常用している人は、日本の送り手が中国にいる受信者にメールが届いているかどうかを確認する方法がないので要注意だ。Googleマップの代わりには中国独自の「百度地図」を普段から使って慣れておくとよい（→ P.18）。

中国のWi-Fiと携帯事情

中国では老若男女、あらゆる層にスマートフォンが普及している。ショップやレストランではAlipay（アリペイ／支付宝）やWeChat Pay（ウィーチャットペイ／微信支付）という決済サービスを使いキャッシュレス。タクシーを呼ぶときも、出前サービスやネット通販もアプリで注文・決済するのが常識だ。こうしたアプリはアカウントは作れても、中国国内の銀行口座とひもづけしないと原則利用できないものがほとんど。観光客は気軽に利用できない。

無料Wi-Fiスポットは各所にある。パスワードは店内掲示してあったり、レシートに書いてあったり、スタッフに聞く方式だったりといろいろだ。

中国で使える旅行者用SIM

SIMフリーのスマートフォンを持っていれば、中国で有効なSIMに差し替えてデータ通信できる。ただし、中国では空港で短期旅行者用に販売しているSIMはなく、通信会社でパスポートを提示して契約する必要があるうえ、金盾の影響を受ける。一方、香港で販売されている中国大陸でも使えるSIM（「跨境王」など）や、タイの旅行者用SIM「SIM2FLY」の中国用をネット通販で購入すれば金盾の影響を受けずにデータ通信が可能。

清名橋歴史地区をゆく遊覧船

無 錫
む しゃく
无锡
Wú xī
ウー シー

南京 ● 無錫 ○
蘇州 ● 上海 ●
杭州 ● 紹興 ●

市外局番 0510

太湖の湖畔に古くから栄える水郷の町

　無錫市は、長江下流域の平野部に位置する都市。南部に太湖（中国で4番目に大きい淡水湖）を抱え、北には長江が流れる。市内には北京と杭州を結ぶ京杭運河を中心に、多くの運河が張り巡らされている。明代にはれんがや鋳造、陶器、製糸などの産業が興り、20世紀に盛んになった。こういっ

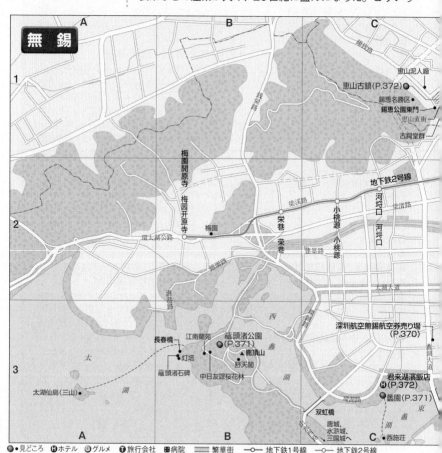

A　　　　　　B　　　　　　C

無 錫

1

恵山泥人廠
恵山古鎮(P.372) ●
錫恵名勝区
錫恵公園東門
恵山直街
古祠堂群

2

地下鉄2号線
河埒口
河埒口
梅園開原寺
梅園开原寺
梁渓路
栄巷
栄巷
小桃源
小桃源
梅園
建築路
環太湖公路
新開路
太湖大道

3

渤港路
西
深圳航空無錫航空券売り場
(P.370)
蠡湖大道
長春橋
江南蘭苑
黿頭渚公園
(P.371) ●
▲鹿頂山
舒天閣
灯塔
黿頭渚石碑
中日友誼桜花林
君来湖濱飯店
Ⓗ (P.372)
太湖仙島(三山)
太
湖
蠡園(P.371)
蠡
湖
双虹橋
唐城、
水滸城、
三国城へ
環湖路
東
蠡
湖
● 西施荘

A　　　　　　B　　　　　　C

●見どころ　Ⓗホテル　Ⓖグルメ　Ⓣ旅行会社　🏥病院　▨▨繁華街　━○━地下鉄1号線　━○━地下鉄2号線

た歴史や立地条件のよさもあり、中国共産党の改革開放路線が定着すると、町の工業化が進んだ。町の名の由来については、かつて大量に採れた錫が掘り尽くされたためとする説や、古越語で神鳥を意味する地名とする説などがある。

　町の歴史は古く、司馬遷によって変遷された『史記』によると、殷末に周の太王の長子、泰泊が現在の錫山市梅村に城を築き、句呉国を建設したことに始まる。楚の考烈王が紀元前248（楚の考烈王15）年に、現在の城中公園の位置に城郭を築き、中心は現在の町なかに移った。漢王朝成立後の紀元前202（前漢の高祖5）年には無錫県が設置された。

　無錫の見どころは、市街地と太湖周辺に分かれている。町の中心部と太湖は10kmほど離れているが、1路バスやミニバス、地下鉄2号線に乗って簡単に行くことができる。繁華街は崇安寺商業歩行街や南禅寺文化商業街など。

市内交通

【地下鉄】2019年4月現在、2路線が営業。詳しくは公式ウェブサイトで確認を
無錫地鉄
Ⓤwww.wxmetro.net
【路線バス】運行時間の目安は6:30～21:00（主要路線は6:00～22:30）。2元
【タクシー】初乗り3km未満10元、3km以上1kmごとに2.28元加算

赤の装飾が独特な無錫地下鉄1号線車内

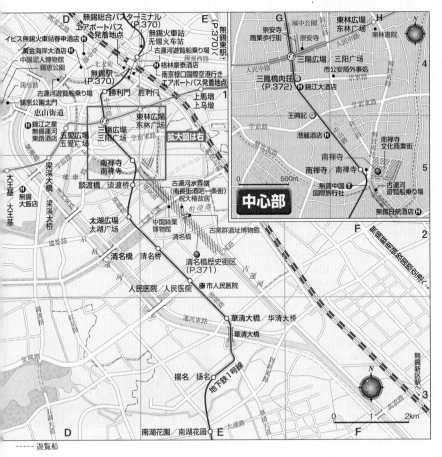

----- 遊覧船

Access

ACCESS

| 空港案内図 ➡ P.401 | 上海から他都市へ ➡ P.412 | 鉄道時刻表検索 ➡ P.415 |

✈ 飛行機 　市区の南東約20kmに位置する無錫蘇南碩放国際空港（WUX）を利用する。日中間運航便が1路線あり、国内線は主要都市の空港との間に運航便がある。

国際線 関西（14便）。

国内線 北京、広州、深圳など主要都市との間に運航便がある。

所要時間（目安） 北京首都（PEK）／2時間　広州（CAN）／2時間25分　深圳（SZX）／2時間35分　大連（DLC）／1時間45分　西安（XIY）／2時間25分　成都（CTU）／2時間55分

🚄 鉄道 　市内に無錫駅、郊外に無錫東駅と無錫新区駅がある。無錫駅は在来線列車専用の駅舎と列車番号がGとDで始まる高速鉄道専用の駅舎（城際鉄路乗り場）に分かれているので注意。両駅舎は連絡通路で結ばれており、徒歩10分。

所要時間（目安） 【無錫（wx）】南京（nj）／高鉄：55分　蘇州（sz）／高鉄：14分　鎮江（zj）／高鉄：33分　上海（sh）／高鉄：42分　杭州東（hzd）／高鉄：1時間45分　北京（bj）／動車：10時間58分　【無錫東（wxd）】南京南（njn）／高鉄：39分　蘇州北（szb）／高鉄：10分　鎮江南（zjn）／高鉄：29分　上海虹橋（shhq）／高鉄：28分　杭州東（hzd）／高鉄：1時間28分　北京南（bjn）／高鉄：4時間9分

🚌 バス 　市内にはいくつものバスターミナルがあるが、旅行者がおもに利用するのは無錫総合バスターミナル。上海や江蘇省、浙江省方面へのバスが出ている。

所要時間（目安） 上海／2時間30分　蘇州／1時間　南京／2時間30分　杭州／4時間30分　揚州／2時間30分　鎮江／2時間

Data

✈ 飛行機

■ 無錫蘇南碩放国際空港（无锡苏南硕放国际机场）

Ⓜ P.330-B1　🏠 濱湖区機場路1号　☎96889788

Ⓞ始発便～最終便　休なし　🅹不可

🆄 www.wuxiairport.com

[移動手段]**エアポートバス**（空港～無錫駅南広場）／5元、所要50分が目安。空港→市内＝7:00～翌0:30の間24便。市内→空港＝6:00～23:20の間24便　**タクシー**（空港～崇安寺）／60元、所要40分が目安

■ 深圳航空無錫航空券売り場

（深圳航空公司无锡售票处）

Ⓜ P.368-C3　🏠 濱湖区蠡湖大道299号

☎82757970

Ⓞ ～　休な ⟨**2024年1月現在廃止**⟩

[移動手段]**タクシー**（航空券売り場～崇安寺）／25元、所要25分が目安　**路線バス**／1、9、59、72、211、359路「望山路（蠡湖大道）」

3ヵ月以内の航空券を販売。

🚄 鉄道

■ 無錫駅（无锡火车站）

Ⓜ P.369-D1　🏠 南窓口＝梁渓区車站路1号　北窓口＝梁渓区錫澄路　☎共通電話＝12306

Ⓞ南窓口24時間　北窓口6:00～23:00

休なし　🅹不可

[移動手段]**タクシー**（無錫駅～崇安寺）／12元、所要13分が目安　**地下鉄**／1号線「无锡火车站」

28日以内の切符を販売。高速鉄道と在来線列車は別の駅舎を使用。高速鉄道の城際鉄路乗り場は連絡通路で徒歩10分。

■ 無錫東駅（无锡火车东站）

Ⓜ P.330-B1　🏠 錫山区安鎮先鋒東路

☎共通電話＝12306　Ⓞ6:05～23:00

休なし　🅹不可

[移動手段]**タクシー**（無錫東駅～崇安寺）／60元、所要35分が目安　**地下鉄**／2号線「无锡东站」

28日以内の切符を販売。

🚌 バス

■ 無錫総合バスターミナル（无锡汽车客运总站）

Ⓜ P.369-E1　🏠 梁渓区錫滬西路222号

☎82588188　Ⓞ5:00～22:00　休なし　🅹不可

[移動手段]**タクシー**（無錫総合バスターミナル～崇安寺）／12元、所要13分が目安　**地下鉄**／1号線「无锡火车站」

10日以内の切符を販売。上海（上海南駅：3便）、南京（4便）、蘇州（6:40～18:20の間24便）、杭州（北バスターミナル：9便）、無錫蘇南碩放国際空港（8:50～18:00の間30分～1時間に1便）、上海虹橋国際空港経由上海浦東国際空港（5:20～17:10の間13便）。

無錫総合バスターミナル

c

見どころ

★★

世界遺産に登録された運河沿いの景観

清名橋歴史街区／清名桥历史街区
せいめいきょうれきしがいく　qīngmíngqiáo lìshǐ jiēqū

旧城南門から南東に延びる古運河と伯瀆港は古い時代に開削された運河で、以来南北を結ぶ重要な輸送路として利用されてきた(最盛期は明代)。2014年にその価値が認められ、世界文化遺産「大運河」の一部「清名橋歴史街区」として登録された。その名はふたつの運河の交差点に架かる清名橋(古名は清寧橋)に由来する。

エリアには中国絲業博物館、祝大椿故居、古窯群遺址博物館などの見どころがあり、運河を遊覧することもできる。

石造りのアーチが美しい清名橋

★★

江南を代表する無錫一の庭園

蠡園／蠡园
れいえん　líyuán

蠡園は、東蠡湖の北岸に位置する庭園で、風光明媚なことで知られる太湖の中心的な見どころ。1927(中華民国16)年に王禹卿親子が虞循真など村の住人の協力を得て建設したもので、現在では東蠡湖に浮かぶ小島、西施荘と合わせ3万㎡に達する。造りは假山や柳の植えられた堤防を中心に、凝春塔や湖心亭、千歩長廊、春秋閣、漪虚亭といった建物を配置したもので、典型的な江南式庭園。

庭園の名前は、春秋時代末期に活躍した范蠡にまつわる伝説に由来する。范蠡は越王勾践に仕え、呉王夫差を倒し、越国を強国に押し上げた政治家で、この顛末は臥薪嘗胆の故事で日本でも知られる。やがて彼は官を辞して斉国(現在の山東省にあった国)へ去ったが、美人として名高い西施とともにこの地に隠居したという。

★★

頂上から無錫の町と太湖を一望できる

黿頭渚公園／鼋头渚公园
げんとうしょこうえん　yuántóuzhǔ gōngyuán

無錫市の南西部にあり、太湖に突き出る半島がひとつの風景区になっている。半島の形がスッポンの頭に似ていることから黿頭渚公園と呼ばれるようになった。

清名橋歴史街区
MP P.369-E2
住 南長区南長街沿い
☎ 82820321
⊘ 南長街24時間、中国絲業博物館、祝大椿故居、古窯群遺址博物館9:00～20:30
休 なし
料 南長街＝無料、中国絲業博物館＝20元、祝大椿故居＝10元、古窯群遺址博物館＝10元
交 ①地下鉄1号線「南禅寺」
②3、25、67、81、118路バス「朝阳广场(南禅寺)」
U www.qmqgyh.com

古運河遊覧船
MP P.369-D1、P.369-H5
☎ 82823359　**⊘** 13:00～20:30の間30分に1便
休 なし
料 80元(5・10月の連休は100元)

蠡園
MP P.368-C3
住 濱湖区環湖路70号
☎ 85101380
⊘ 4～10月7:00～18:00
11～3月7:00～17:30
※入場は閉門30分前まで
休 なし
料 オンシーズン＝70元、それ以外＝60元
※いずれも船代含む。船を利用しない場合はオンシーズン＝45元、それ以外＝30元
※オンシーズンは3月19日～5月26日、7月6日～10月20日。
交 1、9、20、82、211路バス「蠡園」
U www.wxlihu.com

西施荘行き遊覧船
⊘ 9:00～16:00の間1時間に1便
休 なし
料 単独購入は往復40元

黿頭渚公園
MP P.368-B3
住 濱湖区黿渚路1号
☎ 96889688
⊘ 4～10月8:00～17:30
11～3月8:30～17:00

観光専用バス
⊘ 4～10月8:15～17:30
※遊覧船は8:15～17:00
11～3月8:45～17:00
※遊覧船は8:50～16:20
休 なし　**料** 90元(遊覧船代、観光専用バス代含む)
交 1路バス「黿头渚」
U www.ytz.com.cn

西側には竃頭渚と刻まれた太湖石がある。太湖石は太湖の
みで産出される穴の開いた奇石で、中国のさまざまな庭園に
使われている。長春橋から竃頭渚石碑にかけての景色は記念撮
影にピッタリ。そのほか江南蘭苑や中日友誼桜花林などもある。

東側の鹿頂山は日本の歌謡曲『無錫旅情』の歌詞にも出て
くる山で、眺望がすばらしい。頂上の舒天閣からは無錫の町
を一望でき、太湖の広さを実感できる。

また、竃頭渚公園の西に位置する太湖仙島（三山）は、
1995年に整備された観光地で、公園から遊覧船で約10分。
霊霄宮、玉皇大帝塑像、大覚湾石窟などが見どころ。

★★

運河沿いの残る古い町並みと景勝地
恵山古鎮／惠山古镇
けいざんこちん　huìshān gǔzhèn

恵山古鎮は無錫を通る京杭運河の北部南岸に位置する古い
町並みを残すエリア。その中心となるのは、古民居が残り、無
錫の特産品である泥人を展示する中国泥人博物館がある恵山
直街や古祠堂群。特に一族の祖先を祀った建物である祠堂は
80氏族118棟を数えるほど多数残る。まだ町の整備は終わっ
ていないが、古い無錫の雰囲気を味わいながら散策を楽しめる。

また、エリアの南側は寄
暢園のある錫恵公園、西側
には錫恵名勝区といった
景勝エリアもあるので、恵
山古鎮と合わせて観光す
ることも可能。

無錫の名刹,恵山寺の大雄宝殿(錫恵名勝区内)

さんほうきょうにくそう　sānfèngqiáo ròuzhuāng
MP.369-G4　予算＝80元　(U)www.wxsfq.com

1927年創業の老舗レストラン。
名物料理は"无锡排骨（豚肉のス
ペアリブを黄酒や八角、桂皮など
に漬け、煮込んだ料理)"大128元、
小60元。このほか、"太湖白虾（エ
ビと豆腐を煮た料理)"50g19元
は150gから注文となっている。

(住)梁渓区中山路240号
(電)82725132
(開)11:00～13:00、17:00～20:00
(休)なし
(カ)不可
(交)地下鉄1、2号線「三阳广场」

MP.368-C3　蠡園に隣接する、
無錫市内でも有数の高級ホテ
ル。市街地から離れており、
静かな環境にある。客室から
蠡園の景観を堪能できる。

これは便利!
日本語版、日本式の中国鉄道時刻表

中国の現地発行時刻表としては、中国鉄道出版社の『全国鉄路旅客列車時刻表』があったが、電子媒体に押されて2016年6月号をもって廃刊となってしまった。中国全土の列車を網羅する紙媒体の時刻表は2019年現在中国には存在しない。一般の中国人はPCやスマートフォンを使い、列車の時刻を調べたり、切符の購入をしている。中国では列車を乗り換えて目的地に到達するという考えが薄く、2地点間の単純移動や単純往復が大半である。そのため、列車の選択に際しても経路を調べる必要が薄いので、列車の経路を一覧で見られる紙の時刻表の必要性がないのかもしれない。本誌P.415でも紹介している中国鉄路公式のチケット予約検索サイト「中国鉄路12306」（Ｕ www.12306.cn）でも、乗車駅と降車駅を指定すると2地点間を結ぶ列車の検索は可能だが、経路や停車駅の詳細などは列車ごとに調べないと判然としない。

中国鉄道時刻研究会の『中国鉄道時刻表』は同人誌で商業出版物ではないが、中国を走るほぼすべての列車時刻を日本式を参考に並べ直し、巻頭には日本式の時刻表地図を付けたという労作。本家の中国時刻表では検索しづらかった列車の経路や、どの列車が先に着くかといったことが一目瞭然なうえ、巻頭地図を見れば高速鉄道と在来線の位置関係、接続箇所などもよくわかる。また、巻末には切符の種類や営業規則を解説した営業案内の

ページがあるほか、中国鉄道の賢い利用術を解説したページもある。第2号からは、第1号の成果をもとに改良を加え、単に日本式に並べ直すのではなく、中国の運行系統に合わせて配列や記載方法を見直すなどよりわかりやすい内容となっている。
上海付近に関しては、

- 在来線・高速線を路線ごとに完全収録。滬寧高速線（市街地を通過）と京滬高速線（郊外を通過）とを区別できる。
- 上海発列車と上海虹橋発列車をそれぞれ一覧できるので、どのターミナルに行くべきかわかりやすい。

といった特長があり、乗り継ぎの計画が立てやすいので、1日で複数の都市を訪れる際には特に役立つ。また、現地の規則を詳細に参照し、営業案内のページにも改良が加えられている。

2018年末に、7000km以上の新規開業路線を全掲載した「2018-19　冬号」（通巻第4号）が発行され、2019年9月には通巻第5号を発行する予定。B5サイズの印刷版と電子書籍のKindle版があり、印刷本はネット通販のほか一部書店で購入が可能。詳しくは下記サイトを参照。

■中国鉄道時刻研究会
Ｕ www.shikebiao.info

日本式を基本にしつつ、中国の運転系統に即した配列に改良された。車種や手小荷物取り扱いの記載はマニアにも有用

2018-19冬号。判型はB5、価格は税込み2500円/書店販売価格）

日本式にアレンジされた路線図。高速鉄道と在来線の関係などがとてもわかりやすい（カラーはKindle版のみ）

あなたの**旅の体験談**をお送りください

「地球の歩き方」は、たくさんの旅行者からご協力をいただいて、
改訂版や新刊を制作しています。
あなたの旅の体験や貴重な情報を、これから旅に出る人たちへ分けてあげてください。
なお、お送りいただいたご投稿がガイドブックに掲載された場合は、
初回掲載本を1冊プレゼントします！（発送は国内に限らせていただきます）

ご投稿はインターネットから！

URL www.arukikata.co.jp/guidebook/toukou.html
画像も送れるカンタン「投稿フォーム」
※左記の二次元コードをスマートフォンなどで読み取ってアクセス！

または「地球の歩き方　投稿」で検索してもすぐに見つかります

地球の歩き方　投稿 　

▶**投稿にあたってのお願い**

★**ご投稿は、次のような《テーマ》に分けてお書きください。**

《**新発見**》―――ガイドブック未掲載のレストラン、ホテル、ショップなどの情報
《**旅の提案**》―――未掲載の町や見どころ、新しいルートや楽しみ方などの情報
《**アドバイス**》―――旅先で工夫したこと、注意したこと、トラブル体験など
《**訂正・反論**》―――掲載されている記事・データの追加修正や更新、異論、反論など

※記入例「○○編20XX年度版△△ページ掲載の□□ホテルが移転していました……」

★**データはできるだけ正確に。**
ホテルやレストランなどの情報は、名称、住所、電話番号、アクセスなどを正確にお書きください。
ウェブサイトのURLや地図などは画像でご投稿いただくのもおすすめです。

★**ご自身の体験をお寄せください。**
雑誌やインターネット上の情報などの丸写しはせず、実際の体験に基づいた具体的な情報をお
待ちしています。

▶**ご確認ください**

※採用されたご投稿は、必ずしも該当タイトルに掲載されるわけではありません。関連他タイトルへの掲載もありえます。
※例えば「新しい市内交通バスが発売されている」など、すでに編集部で取材・調査を終えているものと同内容のご投稿をい
　ただいた場合は、ご投稿を採用したとはみなされず掲載本をプレゼントできないケースがあります。
※当社は個人情報を第三者へ提供いたしません。また、ご記入いただきましたご自身の情報については、ご投稿内容の確認
　や掲載本の送付などの用途以外には使用いたしません。
※ご投稿の採用の可否についてのお問い合わせはご遠慮ください。
※原稿は原文を尊重しますが、スペースなどの関係で編集部でリライトする場合があります。

旅の準備と技術

人民広場で見つけた旅行マナー啓発のモニュメント。
レトロと最先端が共存する上海らしいデザインだ／
写真：オフィス カラムス（服部朗宏）

旅の準備に取りかかる

日本で情報収集

中国観光代表処

中国の観光に関する情報提供を行っているのが中国観光代表処。ウェブサイトも開設しているので、アクセスしてみよう。ただし、定期的に情報を更新しているわけではないので、あくまでも基礎的情報として考えるようにしよう。

また、2019年4月現在、日本では東京と大阪に事務所があり、中国旅行に関する資料などを閲覧することが可能で、中国各地の観光に関するパンフレットも自由に持ち帰ることができる。近くに行ったときに利用してみよう。

※オープン中でも担当者不在で対応できない場合があるようです。念のため、訪問前の確認をおすすめします

■中国駐東京観光代表処

住 〒105-0001
　東京都港区虎ノ門2-5-2 エアチャイナビル8階
☎ (03)3591-8686　FAX (03)3591-6886
オ 9:30〜12:00、13:30〜17:30
休 土・日曜、日中両国の祝日
交 東京メトロ銀座線「虎ノ門」

■中国駐大阪観光代表処

住 〒556-0017
　大阪府大阪市浪速区湊町 1-4-1 OCATビル4階
☎ (06)6635-3280　FAX (06)6635-3281
オ 10:00〜13:00、14:00〜18:00
休 土・日曜、日中両国の祝日
U www.cnta-osaka.jp
交 JR関西本線「JR難波」。近鉄難波線、阪神なんば線「大阪難波」。南海電鉄「なんば」。大阪メトロ御堂筋線、四つ橋線、千日前線「なんば」

本を利用する

中国に関する書籍はいろいろなジャンルのものが数多く出版されている。時間の許すかぎりガイドブック以外の書籍などで情報を収集しよう。

【中国専門書店】
■内山書店

住 〒101-0051　東京都千代田区神田神保町1-15
☎ (03)3294-0671　FAX (03)3294-0417
オ 火〜土曜10:00〜19:00、日曜11:00〜18:00
休 月曜、祝日、年末年始
U www.uchiyama-shoten.co.jp

■東方書店

住 〒101-0051　東京都千代田区神田神保町1-3
☎ (03)3294-1001(代表)
FAX (03)3294-1003
オ 月〜土曜10:00〜19:00
　日曜、祝日12:00〜18:00
休 年末年始、一部祝日(不定)
U www.toho-shoten.co.jp
　大阪に関西支社(店舗併設)がある。

住 〒564-0063　大阪府吹田市江坂町2-6-1
☎ (06)6337-4760(代表)
FAX (06)6337-4762
オ 10:00〜17:30
休 土・日曜、祝日、年末年始

■亜東書店

住 〒110-0005　東京都台東区上野7-11-13

弥彦ビル1階
☎ (03)5811-1980　FAX (03)5811-1981
オ 10:00 〜 17:30　休 土・日曜、祝日
U www.ato-shoten.co.jp
名古屋に支店がある。
住 〒4□□□□□□□□□□□□□八事
本□□□□□□□□　2024年7月で閉店
☎ (05□□□□□□□□□□□83
オ 10:00 〜 18:00　休 土・日曜、祝日

　上記のほか、無店舗のインターネット中国書
専門店として下記のようなショップがある。
■中国書店
U www.cbshop.net
■書虫
U www.frelax.com/sc

【図書館】
■公益財団法人日本交通公社　「旅の図書館」
住 〒107-0062　東京都港区南青山2-7-29
　日本交通公社ビル
☎ (03)5770-8380
オ 10:30〜 17:00
休 土・日曜、毎月第4水曜、年末年始、その他
U www.jtb.or.jp/library　※蔵書検索可能
　観光の研究や実務に役立つ専門図書館。約6
万冊の蔵書があり、国内外の観光地について深
く知りたい人におすすめ。地図やパンフレット
等の配布は行っておらず、旅行の相談や問い合
わせも受け付けていないが、資料の閲覧やコピ
ー(有料)は可能。

◇ 海外安全情報
　海外旅行の安全に関する情報収集は非常に大
切なことだ。中国は特に危険な国ではないが、以
前に比べると治安は悪化している。また、場所や
時期によっては治安が不安定になることもある。
このため、中国やその周辺国への旅行を計画する
ときには、インターネットや旅行会社で安全情報
を確認したほうがよい。
　外務省の領事サービスセンター（海外安全相談
班）では、各国の日本大使館、領事館を中心に、治
安状況、日本人が被害者となった事例、感染症の
有無などに関する情報を収集し、ウェブサイトな
どで告知している。
■外務省領事局 領事サービスセンター
住 〒100-8919　東京都千代田区霞が関2-2-1
☎ (03)5501-8162(直通)
■外務省 海外安全ホームページ
U www.anzen.mofa.go.jp

※外務省の「危険情報」は、「十分注意してくだ
さい」「不要不急の渡航は止めてください」「渡
航は止めてください(渡航中止勧告)」「退避し
てください。渡航は止めてください （退避勧
告）」の4段階に区分されている

外務省「海外
安全ホーム
ページ」のト
ップ画面

　中国滞在中に緊急情報などの配信を受けられ
る「たびレジ」については、→P.418。

◇ インターネットを利用する
　海外旅行最新情報が満載の「地球の歩き方」ホ
ームページではガイドブックの更新情報はもち
ろん、136ヵ国の基本情報、エアラインプロフ
ィール、海外旅行の手続きと準備など、旅に役
立つコンテンツが揃っている。
「地球の歩き方」ホームページ
U www.arukikata.co.jp

**「地球の歩き方」公式 LINE
スタンプが登場！**

旅先で出合うあれこれがスタンプに。旅好
き同士のコミュニケーションにおすすめ。
LINE STOREで「地球の歩き方」と検索！

現地での情報収集

◇ フリーペーパーの活用
　2019年4月現在、上海では、各種のフリー
ペーパーが発行されているが、電子媒体の発達
により数は減少している。

いわゆる「反スパイ法」で一般旅行者がただちに拘束される危険性は低いが、軍事施設や軍用車両を撮影
したり、内部資料を持ち出したり、政治や宗教、少数民族問題など敏感な話題を避けるなどの工夫を心掛け
たい。

パスポートとビザ

パスポートの取得

　パスポートには5年間有効と10年間有効の2種類があり、どちらも有効期間内なら何回でも渡航できる数次旅券。渡航先や目的にも制限がない。ただし、20歳未満の人は5年間有効のものしか申請できない。サイズは12.5cm×8.8cmと胸のポケットに入る大きさ。発給手数料は5年用が1万1000円、10年用が1万6000円（受領時に指定の印紙で支払う）。

　パスポートの申請は、基本的に住民票がある都道府県の旅券課で行うが、学生、単身赴任者、災害により一時的に避難している人などで住民登録が現住所ではなく、実家の住所のままという場合、現在住んでいる所で申請できる居所申請という制度がある。詳細は旅券課に問い合わせること。

　また、申請書のオリジナルに本人のサインがあれば代理申請も可能。旅行会社や行政書士に戸籍、写真などの必要書類を送付すると、手数料5000～1万円程度で代理申請をしてくれる（受領は代理不可）。

10年用

5年用

パスポートの申請書類

❶一般旅券発給申請書（1通）
❷指定の規格を満たした写真（1枚）（タテ4.5cm×ヨコ3.5cm）
❸戸籍謄本（申請日前6ヵ月以内作成1通）
　都道府県パスポートセンターでパスポートを申請する場合、原則として住民票が不要。詳しくは外務省のウェブサイトで要確認
❹身元確認のための証明書
　運転免許証や写真付き個人番号カード（マイナンバーカード）、写真付き住基カードを1点、または写真のない保険証や年金手帳などと社員証や学生証を組み合わせて持参する

❺（未成年者のみ）親権者の同意サインまたは同意書

■各都道府県の担当窓口の一覧
　パスポートA to Z（外務省）
　Ⓤ www.mofa.go.jp/mofaj/toko/passport
　パスポート申請先都道府県ホームページへのリンク（外務省）
　Ⓤ www.mofa.go.jp/mofaj/toko/passport/pass_6.html

■東京都の担当窓口
　東京都生活文化局都民生活部旅券課
　㊤〒160-8001　東京都新宿区西新宿2-8-1　東京都庁第1本庁舎広場地下1階
　☎電話案内センター＝(03)5908-0400
　Ⓤ www.seikatubunka.metro.tokyo.jp/passport

■大阪府の担当窓口
　大阪府パスポートセンター
　㊤〒540-0008　大阪府大阪市中央区大手前3-1-43　大阪府庁新別館南館地下1階
　☎(06)6944-6626
　Ⓤ www.pref.osaka.lg.jp/passport

パスポートに関する注意

・戸籍確認についてはこれまで「戸籍謄本または抄本」だったが、今後は「戸籍謄本」のみになる。
・パスポートの査証欄の増補は廃止。査証欄に余白がなくなった際は、低額な費用で新しいパスポートの発給が受けられる。
・残存有効期間が1年未満のパスポートを切り替える場合や、査証欄の余白が見開き3ページ以下になった場合、マイナポータルを通じて電子申請が可能（旅券の記載事項に変更がある場合を除く）。その場合、申請時に旅券事務所へ行く必要がなくなる。

パスポートの受領

　パスポートは通常、申請後6～10日後に発給される。受領の際は必ず本人が、受理票、発給手数料を持って窓口に取りに行く。

ビザの取得

◇ ノービザと観光ビザ

　中国政府は日本国籍者に対し、15日以内の滞在についてはビザを免除している。16日以上の

滞在は、ビザの取得を義務付けている。ノービザ入国については、P.379の囲み記事を参照。

◇ 観光ビザの取得

　中国は渡航目的によってビザの種類が異なるが、2019年4月現在、観光目的で入国する者に対して発給されるのは観光ビザ（Lビザともいう）で、中国滞在が許可されるのは、一般的に15日または30日間。

　観光ビザの申請については、個人での申請可否を含め中国大使館、各総領事館で規定が異なる。さらに、ビザの発給については、当該国の大使館、総領事館に決定権があるため、突然必要書類等が変更になることもある。また、2024年7月現在、中国のビザ申請は審査が非常に厳格になっている。必要書類（→P.379）が不備なく揃っていないと受理してもらえないので注意。

◇ 必要書類

　2024年7月現在、観光ビザの申請に必要な書類は次の5点。

❶パスポート原本およびその写し
※余白2ページ以上、残存有効期限6ヵ月以上
❷6ヵ月以内に撮影したカラー証明写真1枚
※サイズはタテ×ヨコ＝4.8×3.3cm（背景は白）
※厳密な規定があるので、中国ビザ申請センターのウェブサイトで確認
❸中華人民共和国査証申請表
※東京、大阪、名古屋の中国ビザセンター管轄区域の人は同センターのウェブサイトで必要事項を記入し、プリントアウト（日本語）。地方領事館管轄区域の人は指定サイトで同様に記入しプリントアウト（英語か中国語のみ）
❹eチケット控えのコピー
❺下記のいずれか
・ホテル手配確認書
・中国国内機関発行の招聘状（FAX、写し可）

ノービザ入国時の注意点

注意点

　日本国籍者のノービザ入国について、現地で確認した情報の要点をまとめてみる。
❶パスポート（一般旅券）を持ち、商用、観光、親族訪問、トランジットの目的で中国に入国する日本国籍者は入国日から15日以内の滞在の場合、ビザが免除される。ただし、入国地点は、必ず外国人の通過が許可された出入国（出入境）ポイントであること。
❷ノービザで入国する際、入国審査（イミグレーション）で復路航空券の提示は不要。
注意：中国の入国審査処では、場合によっては「出国航空券の提示を求めることもある」と言っていたので、15日以内に日本に帰国、または第三国に出国する航空券を購入しておくとよい。
❸有効なパスポートを所持していること。
注意：領事部は「ノービザ入国の場合、所持している帰国のための航空券に記載されている日付よりもパスポートの失効日があとであること」としている。しかし、有効期間が帰国日の翌日までのパスポートを持って上海浦東国際空港で入国審査を受けた際、別室に呼ばれ、関係部署への確認の結果、ようやく入国が許された事例もある。
　また、パスポートの残存有効期間が6ヵ月を切る乗客については、搭乗手続きをほかの乗客と区別する航空会社もあるようだし、旅行会社でも「6ヵ月プラス中国滞在日数が必要」という所もある。
　以上を考慮したところ、残存有効期間が6ヵ月を切ったパスポートを所持している人は、パスポートの更新を行っておいたほうが無難だ。
❹登山やバイク、乗用車を持ち込み運転するなど特殊な観光をする場合およびチベット自治区を訪問する場合は、必ずビザの取得が必要。
※チベット自治区滞在を含めた中国滞在が15日以内の場合、ノービザ入国者に対してチベット自治区滞在のための書類が正式に発行された事例もある
❺15日以内の滞在予定で中国に入国したが、何らかの事情で15日を超える滞在となってしまう場合は、現地の公安局の出入境管理部門でビザを申請しなければならない。なお、許可期間を超過した者は、公安機関と入国審査で規定に基づく処罰が与えられることになるので注意が必要。
注意：いくつかの町の公安局入出境管理部門に確認したところ、「原則としてノービザ入国者に対して、中国入国後にビザを発給することはない」との回答もあった。実際には、発給されたという情報も確認できたが、15日間目いっぱい滞在する予定の人は、念のため中国入国前に滞在目的に合ったビザを取得したほうが無難。

そのほかの注意

　中国に10日間滞在したあと、いったん香港に出て、再び中国に入国して日本に帰国する予定だったが、航空券に記載されていた日本出国日と帰国日までの日数が15日を超えていたため、そのとき利用した某航空会社では、内規によってノービザでの搭乗を拒否され、仕方なくノーマルチケットを購入することになった（ただし、使用したのは最初に購入したほうで、ノーマルチケットは帰国後に払い戻してもらえた）。
　これは、中国入国を拒否されて強制送還などになった場合、その費用を航空会社が負担しなければならないという事情を航空会社が回避するための手段と考えることができる。上記のようなルートの旅行を計画している人は、航空券購入時に正直に事情を説明し、可能かどうか確認しておこう。
　記事は2019年4月現在の状況に基づいて作成した。旅行計画時や出発前には、最新の状況を確認すること。　（地球の歩き方編集室）

2024年7月現在、すべての渡航にビザが必要。詳細は中国ビザ申請サービスセンター（🔗www.visaforchina.cn/globle）または担当地域の領事館でご確認ください。

379

・中国在住者発行の招聘状（FAX、写し可）と発行者の身分証明書両面コピーおよびパスポート（中国人）または中国滞在証明の写し（外国人）

※招聘状について、東京・名古屋は旅行会社で代理申請の場合、英文不可。大阪は個人申請・代理申請ともに英文不可

観光ビザ以外の場合は、下記囲み記事で紹介した「中国ビザ申請サービスセンター」のウェブサイトで確認したり、旅行会社に問い合わせたりするとよい。

特に写真については規定外のものだと申請を受け付けてくれないので注意が必要。

写真に関する規定

2024年7月現在、申請に必要な写真について、サイズや背景以外にも非常に厳格な規定がある。規定以外の写真だと申請を受け付けてもらえないので注意が必要。詳細は下記ウェブサイトで確認できる。

中国ビザ申請サービスセンター
（東京・名古屋）
U www.visaforchina.org
※カーソルを日本国旗に移動させ、Tokyo and Nagoya/Osakaから選択＞メニューバー「基本情報」＞「お知らせ」＞「ビザ申請の際提出する写真について」

♻ 在日中国大使館・総領事館

■中華人民共和国駐日本国大使館（領事部）

管轄区：東京都、神奈川県、千葉県、埼玉県、長野県、山梨県、静岡県、群馬県、栃木県、茨城県
※ビザ申請→P.380インフォメーション
住 〒106-0046　東京都港区元麻布3-4-33
休 土・日曜、日中両国の祝日
U www.china-embassy.or.jp/jpn

■中華人民共和国駐大阪総領事館

管轄区：大阪府、京都府、兵庫県、奈良県、和歌山県、滋賀県、愛媛県、徳島県、高知県、香川県、広島県、島根県、岡山県、鳥取県
※ビザ申請→P.380インフォメーション
住 〒550-0004　大阪府大阪市西区靱本町3-9-2
休 土・日曜、日中両国の祝日
U osaka.china-consulate.org/jpn

■中華人民共和国駐福岡総領事館

管轄区：福岡県、佐賀県、大分県、熊本県、鹿児島県、宮崎県、沖縄県、山口県
※観光ビザの申請は旅行会社を通して行う
住 〒810-0065　福岡県福岡市中央区地行浜1-3-3　**☎** (092)752-0085
休 土・日曜、日中両国の祝日
U www.chn-consulate-fukuoka.or.jp/jpn

■中華人民共和国駐長崎総領事館

管轄区：長崎県

インフォメーション　中国ビザ申請サービスセンター

2016年10月より、混雑緩和と待ち時間短縮などを目的に「中国ビザ申請サービスセンター（中国签证申请服务中心）」へ関連業務が委託されている。

該当するのは、東京の中華人民共和国大使館領事部、大阪と名古屋の中華人民共和国総領事館各管轄区における一般旅券所持者で、個人による申請が可能。また、旅行会社での代理申請も可能だが、指定業者のみの取り扱いになっている。

諸費用は、ビザ申請料のほかに手数料が必要。料金や所要日数については要問い合わせ。なお、一般旅券所持者による香港特別行政区とマカオ特別行政区の査証に関しては、大使館領事部と各総領事館で受け付ける。

■中国ビザ申請サービスセンター
（中国签证申请服务中心）
U www.visaforchina.org

■東京ビザ申請サービスセンター
住 〒105-0001　東京都港区虎ノ門4-1-17神谷町プライムレイス8階
☎ (03)6430-2066　**FAX** (03)6432-0550
✉ tokyocenter@visaforchina.org
オ ビザ申請＝9:00〜15:00
　ビザ受領＝9:00〜16:00
休 土・日曜、祝日

■大阪ビザ申請サービスセンター
住 〒541-0059　大阪府大阪市中央区博労町3-3-7　ビル博丈9階
☎ (03)6430-2066　**FAX** (03)6432-0550
✉ osakacenter@visaforchina.org
オ ビザ申請＝9:00〜15:00
　ビザ受領＝9:00〜16:00
休 土・日曜、祝日

■名古屋ビザ申請サービスセンター
住 〒460-0003　愛知県名古屋市中区錦1-5-11　名古屋伊藤忠ビル4階413号室
☎ (03)6430-2066　**FAX** (052)228-0129
✉ nagoyacenter@visaforchina.org
オ ビザ申請＝9:00〜15:00
　ビザ受領＝9:00〜16:00
休 土・日曜、祝日

※観光ビザの申請は旅行会社を通して行う

🏠 〒852-8114　長崎県長崎市橋口町10-35

☎ (095)849-3311

🏠 土・日曜、日中両国の祝日

Ｕ nagasaki.china-consulate.org/jpn

■中華人民共和国駐札幌総領事館

管轄区：北海道、青森県、秋田県、岩手県

※観光ビザの申請は旅行会社を通して行う

🏠 〒064-0913

北海道札幌市中央区南十三条西23-5-1

☎ (011)563-5563

🏠 土・日曜、日中両国の祝日

Ｕ sapporo.china-consulate.org/jpn

■中華人民共和国駐名古屋総領事館

管轄区：愛知県、岐阜県、福井県、富山県、石川県、三重県

※ビザ申請→P.380インフォメーション

🏠 〒461-0005　愛知県名古屋市東区東桜2-8-37

🏠 土・日曜、日中両国の祝日

Ｕ nagoya.china-consulate.org/jpn

■中華人民共和国駐新潟総領事館

管轄区：新潟県、福島県、山形県、宮城県

※観光ビザの申請は旅行会社を通して行う

🏠 〒951-8104

新潟県新潟市中央区西大畑町5220-18

☎ (025)228-8888

🏠 土・日曜、日中両国の祝日

Ｕ niigata.china-consulate.org/jpn

ビザ申請時の注意点

更新して番号が変わったパスポートで初めて中国ビザを申請するとき、次の項目に該当する人は旧パスポートの提出が必要になることがある。

①新規パスポートに渡航歴がない（未使用）

②新規パスポートと旧パスポートの間に空白期間がある

旧パスポートを提出できない場合は理由書を求められる。

このほか、一部の国への渡航歴がある場合、追加書類の提出や面接を求められることもある。

通貨・両替・カード

中国の通貨

中国の通貨は人民元（人民幣、中国元ともいう）といい、アルファベットではRMBと表記する。中国国内の指定銀行では主要外貨の両替業務を扱っている。もちろん日本円との両替も可能で、2024年7月7日現在のレートは1元≒23円。

■中国銀行の当日レート（中国語・英語）

Ｕ www.boc.cn/sourcedb/whpj

※「牌价选择」から「日元」を選択し、「現钞买入价」をチェックする

日本で人民元を入手する

◇ 人民元への両替が可能なスポット

日本国内で人民元へ両替すると、中国国内で両替するのに比べ、換金レートが悪い、取引額に制限が設けられているなどの不便な点もある。

おもな外貨両替取り扱い銀行

■SMBC信託銀行 PRESTIA EXCHANGE

Ｕ www.smbctb.co.jp/index.html

お金の持っていき方

おすすめ度			
★★★	クレジットカードを利用する（買い物およびキャッシング）	メリット	現金の管理が不要で安全。現地ATMで人民元をキャッシングして繰り上げ返済すれば、現金両替よりも実質レートがよく、待ち時間もない
		デメリット	使用できる場所に制限がある。スキミングや架空請求などに注意が必要
おすすめ度 ★★	日本円やUSドル、ユーロなどの現金を持参し、中国で両替する	メリット	日本での両替よりレートがよい。日本円の場合、両替しなかったぶんは帰国後そのまま使える
		デメリット	中国到着後、すぐに両替が必要。盗難に備える必要がある
おすすめ度 ★★	トラベルプリペイドカードやデビットカードを利用する（買い物およびATMでの人民元引き出し）	メリット	口座残高以上は使えないので予算管理に便利
		デメリット	都市部以外では使用できる場所がかぎられる
おすすめ度 ★	日本国内で両替し、人民元をあらかじめ入手する	メリット	現地到着後、すぐに行動できる
		デメリット	両替レートが悪い

※短期旅行なら日本円現金とクレジットカード持参がいちばん便利

■みずほ銀行

Ⓤ www.mizuhobank.co.jp/tenpoinfo/gaika_ryogae/index.html

■三菱UFJ銀行

Ⓤ www.bk.mufg.jp/tsukau/kaigai/senmon

外貨両替専門店

■トラベレックスジャパン

☎ (03) 3568-1061　Ⓤ www.travelex.co.jp

トラベレックスグループは1976年にイギリスで設立された外貨両替店。

■東京クレジットサービス

**　ワールドカレンシーショップ**

東京クレジットサービスの外貨両替専門店。

☎ レートの問い合わせ＝(03) 5275-7610

Ⓤ www.tokyo-card.co.jp/wcs/wcs-shop-j.php

空港

■成田国際空港

Ⓤ www.narita-airport.jp

「空港で過ごす」＞「サービス施設」＞「銀行／両替所」

■羽田空港(東京国際空港)

Ⓤ www.haneda-airport.jp

「国際線フライト情報」内の「銀行・外貨両替」をクリック

■関西国際空港

Ⓤ www.kansai-airport.or.jp

バーメニューから「便利なサービス」＞「お金・両替・保険」＞「外貨両替所」

■中部国際空港(セントレア)

Ⓤ www.centrair.jp

「サービス施設」＞「外貨両替・お金・保険」で必要なメニューをクリック

中国で人民元に両替する

◇ 両替の手順と注意点

　銀行の窓口で現金を人民元に両替する際は、備え付けの用紙に必要事項を記入し、お金とパスポートを一緒に窓口に出す。

　お金を受け取ったら、その場で金額を確認し、紙幣に損傷があれば、交換してもらおう(銀行窓口で偽札をつかまされたケースもある)。いったんその場を離れてしまうと、金額が合わないなどの苦情には一切応じてくれない。

　お金と一緒に受け取る両替証明書は、再両替するときに必要となる。

　2019年4月現在、銀行の一部支店では口座を持たない外国人の現金両替を断るケースも出てきているので注意が必要。

両替には携帯電話の番号が必須

　中国の銀行で両替する場合、その銀行に口座をもっていないと、中国の携帯電話番号(スマートフォンを含む)の通知が必要となる。

　上記ふたつをもっていない人は、原則として「个人税收居民身份证明文件」という書類に必要事項を記入すれば両替できる。ただし、マイナンバーや健康保険証番号など日本の個人識別番号をひとつ記載しなければならない。覚えていない人はメモしておこう。

　マイナンバー要求の根拠は、国税局の公式ウェブサイトで確認できる。

■国税局

Ⓤ www.nta.go.jp

「番号制度概要に関するFAQ」

※Q3-13-2をクリック

中国のお金

2019年〜2020年に50元、20元、10元、5元、1元新紙幣と1元、5角、1角新硬貨が発行されています。

【紙幣】

100元　　50元　　20元　　10元

5元　　1元

【硬貨】

このほか、5角、5分、2分、1分がある。1〜5分硬貨は銀行での両替時に受け取るくらい

1元　　1角

デビットカード

✧ デビットカードを活用しよう

　使用方法はクレジットカードと同じだが支払いは後払いではなく、発行金融機関の預金口座から即時引き落としが原則。口座残高以上に使えないので予算管理をしやすい。加えて、現地ATMから現地通貨を引き出すこともできる。

■JCBデビットカード

www.jcb.jp/products/jcbdebit

■Visaデビットカード

pay-with-visa/find-a-card/debit-cards.html

海外専用プリペイドカード

　海外専用プリペイドカードは、カード作成時に審査がなく、外貨両替の手間や不安を解消してくれる便利なカードのひとつだ。

　出発前にコンビニATMなどで円をチャージ（入金）し、入金した残高の範囲内で渡航先のATMで現地通貨の引き出しやショッピングができる。各種手数料が別途かかるが、使い過ぎや多額の現金を持ち歩く不安もない。おもに下記のようなカードが発行されている。

・トラベレックスジャパン発行
　「Travelex Money Card　トラベレックスマネーカード」
　www.travelex.co.jp/travel-money-card

・三井住友カード発行
　「Visaプリペ」
　www.smbc-card.com/prepaid/visaprepaid/index.jsp

銀聯カード

　「銀聯カード」とは中国国内外で利用できるプリペイドタイプのマネーカード。2009年からは、日本国内でも発行されている。

　中国銀聯のサイトによれば、全世界での加盟店数は2019年4月現在5100万を超え、多くの国と地域で取り扱いが可能となっている。中国本土はもとより、マカオや香港でもカードの取り扱いのあるほぼすべての店舗で銀聯カードを使用でき、また銀聯マークのあるATMで人民元などの現地通貨現金の引き出しもできる（ただし不可のカードや引き出し手数料が必要な場合もある）。カードの種類により提供されるサービスが異なる。

■中国銀聯

jp.unionpay.com

■中国銀行銀聯デビットカード

www.bankofchina.com/jp/jp

※トップページ「個人向け業務」＞「カード」の中の「銀聯デビットカード」

　中国銀行（Bank of China）東京支店が発行する海外初の「銀聯デビットカード」

■三井住友銀聯カード

www.smbc-card.com/mem/addcard/ginren.jsp

　三井住友カードが発行する銀聯ブランドのクレジットカード。

※使用する際は、申し込み時に設定した4桁の暗証番号の前に「00」を付けて6桁として入力し、サインもする。暗証番号を忘れると使えない

日本発行の銀聯カードとネット決済

　中国のネット決済や、ウィーチャットペイ（WeChat Pay／微信支付）、アリペイ（Alipay／支付宝）などのQRコード決済では、事前に銀行口座や銀聯カードとひもづけしてから利用しなければならないが、日本発行の銀聯カードはこれらの決済アカウントにひもづけができず、使えない。使用は実店舗で、銀聯の決済端末がある所にかぎられる。また、中国銀行の日本支店口座も同様にQRコード決済口座にひもづけができない。これは、外国銀行の日本支店口座は日本の銀行口座扱いとなるので、日本の法令に基づいた送金手続きが必要となるため。

両替のお得度 （左ほどおトク。ただし、あくまでも目安）

市中・空港の中国銀行	市中の一般銀行海外キャッシング	ホテル	空港の民営両替所	日本での両替
基本レートでの両替が可能。1元以下の端数も受け取れる。ただし、口座を持たないと両替できないこともある	一般銀行では中国銀行のレートに若干の手数料が上乗せされるケースが多い。海外キャッシングは繰り上げ返済すればお得	1元以下の端数は切り捨てられるのが一般的	到着出口にある両替所は、中国銀行に比べて基本レートが悪いうえ、1回につき40〜60元の手数料が必要	銀行と両替所ではレートが異なる。両替所で大量に両替すればやや有利になることもある

各セル間は「＞」で区切られている

クレジットカードを利用する

✧ クレジットカード

　中国でもクレジットカードを利用できる場所は増えている。中級以上のホテルでは、チェックインの際にクレジットカードをデポジット（保証金）代わりに使えるため、とても便利だ。カードが使える所では必ず使えるといっていいのが、VISAとMasterCard。JCBも使える所が増えている。その次が、アメリカン・エキスプレス。ダイナースはまだまだ使える所が少ない。

　また、カード利用可の表示があっても中国の銀聯カードのみで国際カードが使えない店も多いので要注意。

✧ 国際キャッシュカード

　国際キャッシュカードとは、日本で金融機関に預けた日本円を旅行先のATMなどから現地通貨で引き出せるカードのことで、中国でも中国銀行などのATMで利用できる。

　このカードは、メガバンクなどが発行しているが、それぞれに使用条件が異なるので、ウェブサイトなどで相違を比較、確認して申し込もう。

ICカードは暗証番号に注意

　ICカード（ICチップ付きのクレジットカード）で支払う際は、サインではなくPIN（暗証番号）が必要だ。日本出発前にカード発行金融機関に確認し、忘れないようにしよう。

クレジットカードの紛失、盗難

　大至急カード発行金融機関に連絡し、無効化すること。万一の場合に備え、カード裏面の発行金融機関、緊急連絡先を控えておこう。現地警察に届け出て紛失・盗難届出証明書を発行してもらっておくと、帰国後の再発行手続きがスムーズ。

カード払いは通貨とレートに注意！

　カード払いをしたとき、現地通貨でなく日本円で決済されていることがある。これ自体は合法だが、ちゃっかり店側に有利な為替レートになっていたりするので注意したい。サインする前には通貨と為替レートを確認すること。店側の説明なしで勝手に決済されたときは、帰国後でもカード発行金融機関に相談をしよう。

クレジットカードでのキャッシング

　日本円現金を中国で人民元に両替する場合、空港の両替所では50元（約870円）前後の手数料が必要だったり、レート自体が悪かったりする。市中の銀行では口座をもたない旅行者は中国の携帯電話番号の通知や、日本のマイナンバーなどの通知が必要となるなど手続きが煩雑化しており、両替サービスを断られるケースも出てきた。また、2019年4月現在、中国非居住者の銀行口座開設は原則としてできない。

　だが、海外キャッシング可能なクレジットカードを持っていれば、キャッシング後になるべく早く繰り上げ返済することで利息を少なくし、銀行両替と同程度の実質レートで人民元を手にすることができる。空港や町なかには大手銀行のATMがたくさんあり、24時間利用可能なものも多い（使い方は→P.13）。繰り上げ返済方法はカード会社によって異なり、電話やネットで手続きができる。ただ、海外キャッシングの繰り上げ返済ができないカードもあるので、事前によく調べておこう。支払いに振込手数料不要のネットバンキングを利用すれば、たいへんお得だ。

人民元が余ったら

✧ 人民元の持ち出し制限

　申告なしで海外に持ち出すことのできる人民元の限度額は2万元（2019年4月18日現在のレートで約35万円）となっているので、注意が必要。

✧ 人民元を外貨に両替する

　余った人民元は、国際空港にある銀行（中国銀行など）で再両替することができる（レートは悪い）。余った人民元はできるだけ使い切るか、訪中予定のある人は次回用にそのまま持っているのがよいだろう。また、日本国内でも人民元を日本円に両替できるが、換金レートは悪い。

✧ 再両替時の注意

　両替時に必要となるのが、両替証明書、パスポート。これらと両替する人民元を合わせて銀行の窓口に提出する。あとは係員が書類に記入して、外貨と端数の人民元（少額）を渡してくれる（順番待ちのときは番号札を渡される）。手続きには時間がかかるので、早めに窓口に行くこと。また、人民元から外貨への両替は、提出する両替証明書に記載された金額が上限となるので、滞在中、最も多く両替したときの両替証明書を保管しておくようにしよう。両替証明書の有効期限は両替日より24ヵ月。

飛行機で行く上海

飛行機と航空券

2019年4月現在、上海と日本の21空港（杭州とは5空港、無錫とは1空港、南京とは4空港）との間に定期便が運航されている。

直行便と経由便

飛行機には、出発地と目的地の間を直接結ぶ直行便と、出発地と目的地の間に中継地が入る経由便の2種類がある。路線によっては、このふたつが併存していることがあるが、所要時間が大きく変わってくるので、航空券購入前に確認が必要だ。

航空券の種類

航空券にはいろいろな種類があり、条件によって同じルートであっても料金が異なる。

国際線の航空券は、大きく正規航空券、ペックス航空券、格安航空券の3つがある。運賃は、正

格安航空券やツアー、ホテルの手配がオンラインで可能

PCと電話を使った格安航空券オンライン手配だけでなく、PEX航空券手配がいつでもできる『アルキカタ・ドット・コム』。ホテルやパッケージツアー、保険の申し込み、鉄道やレンタカーの手配も可能。
U www.arukikata.com

規の航空券が最も高く、その次にペックス航空券、そして最も安いのが格安航空券となる。

正規航空券

ノーマルチケットと呼ばれる正規航空券は航空会社お墨付きのチケット。格安航空券の数倍の値段だが、❶一般の旅行会社や航空会社で購入できて、その場で座席の有無がわかる　❷発券から1年間有効で、出発日や帰国日を自由に変更できる　❸途中の都市に降りることができる

日中間移動に便利な定期運航便のあるおもな航空会社の国際線予約・案内電話とウェブサイト

航空会社名／2レターコード	総合問い合わせほか	東京 (03)	大阪 (06)	名古屋 (052)	福岡 (092)
中国国際航空／CA	0570-0-95583				
中国南方航空／CZ		5157-8011	6448-6655	218-8070	
春秋航空／9C	0570-666-188				
上海航空／FM		3506-1166	6448-5161		
ジェットスター・ジャパン／GK	0570-550-538				
上海吉祥航空／HO			6445-6668		
日本航空／JL	0570-025-031				
ピーチ・アビエーション／MM	0570-001-292				
中国東方航空／MU	成田(0476)34-3945	3506-1166	6448-5161	201-6668	262-2000
全日本空輸(全日空)／NH	0570-029-333				
深圳航空／ZH	0570-0-95583(CA代行)				

航空会社名／2レターコード	URL
中国国際航空／CA	U www.airchina.jp
中国南方航空／CZ	U www.cs-air.jp
春秋航空／9C	U j.springairlines.com
デルタ航空／DL	U ja.delta.com
上海航空／FM	U www.ceair.com/fm.html(中国語) ※中国東方航空のページ内
ジェットスター・ジャパン／GK	U www.jetstar.com
上海吉祥航空／HO	U www.juneyaoair.com/jp/home.html
北京首都航空／JD	U www.jdair.net(中国語)
日本航空／JL	U www.jal.co.jp
ピーチ・アビエーション／MM	U www.flypeach.com
中国東方航空／MU	U www.chinaeastern-air.co.jp
全日本空輸(全日空)／NH	U www.ana.co.jp
深圳航空／ZH	U www.shenzhenair.com(中国語)

（Y2には制限あり） ❹利用便を変更することができる、などのメリットがある。出発日が変更になったときや現地で病気になり予定を変更して早めに帰国したい場合には、この航空券が役に立つ。また、帰国便が欠航になっても別の航空会社の便に簡単に乗り換えられる。

◇ 多様化する格安航空券

■ペックス航空券

　ペックス航空券とは各航空会社が個人向けに直接販売する正規割引航空券。正規航空券より安いぶんだけ制限もある。詳しい条件は各航空会社の公式ウェブサイトでチェックできる。

■格安航空券

　「ディスカウントチケット」とも呼ばれる。旅行会社でのみ取り扱われている。格安航空券にはさまざまな制約があるので、購入前に必ず確認すること。

■シーズナリティ（季節による価格変動）

　中国への飛行機は、観光シーズンである4月から10月までが高く、オフシーズンである11月から3月までが安い。ただし、年末年始やゴールデンウイーク、お盆の時期は例外で、正規航空券と大きくは変わらない。また、訪日観光客の増加にともない、1〜2月の春節や9〜10月の中秋節、国慶節といった中国の連休時期や、日本の花見の時期、紅葉の時期などに料金が高騰する傾向が目立つ。

国際観光旅客税

　2019年1月7日より日本を出国するすべての人に、出国1回につき1000円の国際観光旅客税がかかるようになった。支払いは、原則として航空券代に上乗せされる。

日本〜上海・杭州・無錫・南京間のフライト数

▼羽田〜上海虹橋（週28便）　FM、JL、MU、NH
▼羽田〜上海浦東（週52便）
　9C、FM、HO、JL、MM、MU、NH
▼成田〜上海浦東（週88便）
　CA、JL、MU、NH、GK
▼成田〜杭州（週7便）　NH
▼成田〜南京（週3便）　MU
▼関西〜上海浦東（週140便）
　CA、9C、FM、HO、JL、MM、MU、NH、CZ
▼関西〜杭州（週15便）　CA、JD、MU、NH
▼関西〜無錫（週14便）　ZH
▼関西〜南京（週19便）　HO、MU
▼中部〜上海浦東（週70便）
　CA、CZ、9C、HO、MU、NH、JL
▼福岡〜上海浦東（週28便）　CA、MU
▼札幌〜上海浦東（週21便）　9C、MU、HO
▼札幌〜杭州（週2便）　HU
▼札幌〜南京（週2便）　MU、HO
▼いわて花巻〜上海浦東（週2便）　MU
▼仙台〜上海浦東（週2便）　CA　▼茨城〜上海浦東（週6便）　9C　▼静岡〜上海浦東（週7便）　MU　▼静岡〜杭州（週1便）　JD、MU
▼新潟〜上海浦東（週2便）　MU　▼小松〜上海浦東（週4便）MU　▼富山〜上海浦東（週2便）　FM　▼岡山〜上海浦東（週7便）　MU
▼広島〜上海浦東（週7便）　MU　▼松山〜上海浦東（週2便）MU　▼高松〜上海浦東（週5便）　9C　▼佐賀〜上海浦東（週4便）　9C
▼長崎〜上海浦東（週2便）　MU　▼鹿児島〜上海浦東（週2便）　MU　▼沖縄〜上海浦東（週21便）　HO、MU　▼沖縄〜杭州（週4便）JD、MU　▼沖縄〜南京（週2便）　HO

CA＝中国国際航空、CZ＝中国南方航空、9C＝春秋航空、FM＝上海航空、GK＝ジェットスター・ジャパン、HO＝上海吉祥航空、JD＝北京首都航空、JL＝日本航空、MM＝ピーチ・アビエーション、MU＝中国東方航空、NH＝全日空、ZH＝深圳航空

※2019年4月現在

eチケットと、ウェブ（オンライン）チェックイン

　「eチケット」とは電子航空券の別名で、航空券を各航空会社が電子的に保管することによって、空港で航空券を提出することなく、搭乗券を受け取ることのできるサービス。このサービスを利用すれば、紙の航空券は不要で、eメールやファクス、郵便などで送ってもらった「eチケット」の控えを空港に持参するだけでよい。
　申し込み時にクレジットカード番号やパスポート番号を通知する必要があること、中国入国審査時には帰国便の「eチケット」控えを所持していることなどの注意も必要だが、❶出発直前でも条件が整えば申し込みが可能、❷航空券の盗難や紛失などの心配が無用（「eチケット」控えを再発行するだけでよい）といったメリットがある。

ウェブ（オンライン）チェックイン

　公式ウェブサイトからチェックイン手続きを行える「ウェブ（オンラインと呼ぶ会社もある）チェックイン」サービスを提供している航空会社がある。事前に、搭乗する航空会社のウェブサイトにアクセスしてチェックインを済ませておけば空港での手続きが簡単で済む。時間節約のためと、オーバーブッキングに巻き込まれないためにも利用できる場合は利用したほうがよい。
　詳細は各航空会社の公式ウェブサイトで確認を。

鑑真号は新しい船に置きかわったが2024年7月現在貨物営業のみ。蘇州号は廃止。詳細は公式サイトをご参照ください。

船で行く上海

もうひとつの渡航手段

海外旅行をする際の主要な渡航手段は飛行機だが、上海と大阪、神戸との間にはフェリーも運航されている。

船のメリット

飛行機と比べると、便数の制限や所要時間の長さなどのマイナス面はある。しかし、船にはクルーズ気分で移動できる、より多くの荷物を運べるなどのメリットもある。

◇ 新鑑真号（大阪・神戸～上海）

日中国際フェリーが運営する大阪・神戸と上海とを結ぶ貨客船で、20年以上の歴史をもつ。日本を火曜11:30に出港し、木曜午前に上海に到着する。上海出港は土曜12:30で月曜9:30に到着する。

乗船券は、出航日の2ヵ月前から日中国際フェリーや全国の旅行会社などで予約、販売している。インターネットでの予約も可能。

日本側問い合わせ先

■日中国際フェリー株式会社

住 〒550-0013
大阪府大阪市西区新町1-8-6三愛ビル2階

☎ (06)6536-6541　FAX (06)6536-6542

U www.shinganjin.com

中国側問い合わせ先

■中日国際輪渡有限公司
（中日国際轮渡有限公司）

M P.58-A1

住 上海市虹口区東大名路908号金岸大廈18階

☎ (021)63257642　FAX (021)65957818

U www.chinjif.com

停泊中の新鑑真号

◇ 蘇州號（大阪～上海）

上海フェリーが運営する大阪と上海とを結ぶ貨客船。往路は金曜12:00に大阪を出発し、日曜に上海に到着する。復路は火曜11:00に上海を出発し、木曜9:00に到着する。

乗船券は、出航日の2ヵ月前から上海フェリーや全国の旅行会社などで予約、販売している。インターネットでの予約も可能。

日本側問い合わせ先

■上海フェリー株式会社

住 〒541-0058
大阪府大阪市中央区南久宝寺4-1-2御堂筋ダイビル5階

☎ (06)6243-6345　FAX (06)6243-6308

U www.shanghai-ferry.co.jp

中国側問い合わせ先

■上海国際輪渡有限公司
（上海国際轮渡有限公司）

M P.58-A1

住 上海市虹口区東大名路908号金岸大廈15階D-G座

☎ (021)65958666（代表）

FAX (021)65379111

U www.suzhouhao.com

■新鑑真号運賃表

単位(円)

等級	定員(部屋数)	一般個人		学生・障害者	
		片道	往復	片道	往復
貴賓室(洋室)	2人(2)	10万	15万	9万	13万5000
特別室(洋室)	2人(8)	4万	6万	3万6000	5万4000
1等室(洋室)	4人(12)	2万5000	3万7500	2万2500	3万3700
2等室(洋室)	8人(30)	3万	3万	1万8000	2万7000
2等室(和室)	合計37人(3)	2万	3万	1万8000	2万7000

※1 貴賓室は1部屋当たり（定員2人）の運賃。そのほかは大人1人当たりの運賃
※2 燃油特別付加運賃として、1人片道2000円、往復4000円を別途支払う
※3 日本から出国する2歳以上の乗客は国際観光旅客税として、1人1000円を別途支払う

■蘇州號運賃表

単位(円)

等級	定員(部屋数)	一般個人		学生・障害者	
		片道	往復	片道	往復
貴賓室(洋室)	2人(2)	10万	15万	9万	13万5000
特別室A(洋室)	2人(6)	4万	6万	3万6000	5万4000
特別室B(洋室)	4人(10)	3万7000	5万5500	3万3300	4万9950
特別室C(洋室)	1人(6)	3万8000	5万7000	3万4200	5万1300
1等室	5人(10)	2万5000	3万7500	2万2500	3万3750
2等室A	5人(22)	2万2000	3万3000	1万9800	2万9700
2等室B(洋室)	4人(1)	2万	3万	1万8000	2万7000
2等室B(和室)	16人(1)				

※1 貴賓室は1部屋当たり（定員2人）の運賃。そのほかは大人1人当たりの運賃
※2 燃油特別付加運賃として、1人片道2000円、往復4000円を別途支払う
※3 日本から出国する2歳以上の乗客は国際観光旅客税として、1人1000円を別途支払う

旅の予算

旅の予算を考える

旅のスタイルで予算は変わる

急激な経済発展で華東エリアの物価は毎年上昇している。もうこのエリアでは、1日5000円以下で旅行することはすでに困難。しかし、ユースホステルのドミトリーなどを利用すれば、費用を抑えることは可能。一方で1泊数千元するような超高級ホテルも登場しており、そこで提供されるサービスを楽しむような超豪華旅行もできる。

現地での1日当たりの大まかな費用の目安として、4～5つ星ホテルに宿泊する豪華旅行で約5万～6万円、一般旅行で1万5000～3万円、節約旅行で約7000円と考えればよい。

旅行予算の内訳

❶日本での旅行準備

旅行出発前に準備するものや事柄としては、パスポートの取得、日中間の交通費（飛行機）、ビザ取得（該当者のみ）、海外旅行保険などがあり、それぞれに費用が発生する。費用の概算については、下表「旅行予算の内訳」中に記載したページに目安を挙げているので、参考にしてほしい。

このほか、人によって異なるが、中国に関する情報収集（書籍など）、所持していく物品、旅行バッグやスーツケースなどを準備する費用の確保も必要だ。なお、旅行に必要な物品はP.16のリストでチェックしてみよう。

❷宿泊費

宿泊料は基本的に1室当たりの料金になっているので、ふたりで泊まれば、ひとり当たりの宿泊費は半分で済む。

1泊の目安としては、ドミトリー利用で60元、ツインルームで星なし渉外ホテルや「経済型」チェーンホテルが250～500元、3つ星ホテルが600元、4つ星が1000元以上、5つ星で1500～3000

元といったところだ。季節によって料金は異なる。

❸食費

❷同様に、どういったグレードの旅行をするのかで変わってくる。下町の人たちが利用する食堂クラスなら1食30～50元くらいだし、高級広東料理レストランで海鮮を食べようと思ったら、数千元は必要だろう。

ひとり旅の場合は、ファストフード店やフードコートを利用することが多くなるだろうが、中国料理のセット（おかず1～2品とご飯、スープか飲み物）で20～40元が目安。中級レベルの中国料理店だと、メインの料理は1皿20～60元程度が普通なので、3～4人で4～5皿頼み、ビールなどを飲めばひとり当たり100元前後が目安（→P.17）。

❹観光に必要な費用

入場料については、10～150元程度。世界遺産関連だと日本円で1500円ほど。なお、「全国博物館、記念館の無料開放に関する通知」（博物館や記念館は無料にせよという通知）によって、無料で入場できる観光地も徐々に増えている。また、年配者（60～65歳以上）は、パスポートなど年齢を証明できるものを提示すれば何かしらの割引を受けられることが多い。学生割引がある場合もあるので、学生は学生証を持参するとよいだろう。

観光地を訪れる場合、入場料のほかに交通費が必要となる。市内では地下鉄路線も増えて、安い費用で効率よく移動することもできるので、合わせて1日200～300元と考えておけばよい。郊外や多くの場所を効率よく回ろうと思ったら、やはり車をチャーターして行ったほうがよい。専用車なら1日1000～1500元前後が目安（行き先によって変動はある）。割高かもしれないが、そのぶん、自分が望む観光が可能だし、2～3人で行動できれば、費用は頭割り計算になってお得だ。

■旅行予算の内訳

	旅行前		旅行中	
◎	空港までの交通費→P.391	◎	宿泊費→上海のほか、杭州や蘇州、紹興、南京、無錫のホテルページにある料金の目安参照	
◎	日中間の交通費→P.385	◎	食費→上海のほか、杭州や蘇州、紹興、南京、無錫のグルメページにあるひとり当たりの予算参照	
●	パスポート（すでに所有していれば不要）→P.378	◎	観光費用→上海のほか、杭州や蘇州、紹興、南京、無錫の見どころページにある料金参照	
●	ビザ（15日以内の旅行には不要）→P.378	●	おみやげ、予備の費用	
●	海外旅行保険→P.390		◎＝誰でも必要　●＝それぞれの都合で必要	
●	衣類など旅行に携帯するもの			

中国の「経済型」チェーンホテル

中国では、都市の一般市民が観光や出張で気軽に利用できる300～400元程度のチェーンホテルがいくつもできている。日本のビジネスホテルチェーンのようなものだと思えばいい。

共通する設備

こうした「経済型」チェーンホテルはどの支店に泊まっても同じ設備、同じサービスであることを売りにしている。部屋はシングル（単人間）、ダブル（大床房）、そして中国標準のツイン（双人房）に分けられ、グレードは標準とビジネス（商務）などの区分があることが多い。なかにはシングルがなかったり、スイート（套房）があったりするホテルもある。少数を除きバスタブはなくシャワーのみで、冷蔵庫やミニバーはない。湯沸かしポットとテレビ（外国の衛星放送は受信不可）は必ずあり、インターネット環境はどのチェーンも整備されている。有料で会員カードを購入すると宿泊料が数％安くなったり、ポイントが付いたりするサービスもある。朝食は付いていないが、20元程度で簡単なビュッフェ形式の朝食を食べられる。

高級化するチェーンホテル

経済発展にともなう中産階級の成熟で、従来の「経済型」チェーンホテルでは飽き足らない層が増えている。それを受けて、各チェーンホテルでは1泊600～1000元程度の高級ブランドを次々と立ち上げている。錦江之星の「錦江都城」、如家酒店の「和頤酒店」、華住酒店集団の「全季酒店」などが代表例。オリジナルブランドのほか、外資系との合弁もありグランドメルキュールやイビスは華住

如家酒店の"商務大床房"（ビジネスダブル）

酒店集団との合弁だ。ワンランク上の快適さを求めるなら、高級タイプがおすすめ。

代表的な5つのチェーンホテル

- ●錦江之星 Ⓤ www.jinjianginns.com
- ●首旅如家（ホテルブランド「如家酒店」など）Ⓤ www.bthhotels.com
- ●華住酒店集団（ホテルブランド「漢庭」など）Ⓤ www.huazhu.com
- ●速8酒店 Ⓤ www.super8.com.cn
- ●鉑涛旅行（ホテルブランド7天酒店など）Ⓤ www.plateno.com

ホテルの予約と宿泊の注意

会員になったり、公式サイトで個人情報を登録すれば予約できるようになるが、中国国内専用の携帯電話番号を要求されたり、中国携帯での初期認証が必要とされる場合が多い。中国の携帯を持っていない人は電話（原則中国語のみ）で予約をするか、Trip.comのような旅行予約サイトが利用できることがある。

- ●Trip.com 日本語版 Ⓤ jp.trip.com

また、なかには設備や立地に関係なく外国人は宿泊できない支店もあるので注意。公式サイトには「内宾」と表示されている。

チェックインは14:00から、チェックアウトは12:00までというホテルが多いが、部屋が空いていれば早めのチェックインは可能。一方、到着申告時刻より遅れるとただちにキャンセルされてしまうので、遅れる場合は必ず連絡を。チェックイン時に宿泊代より若干多いデポジットが必ず必要。国際クレジットカードはカード会社にもよるが、ビザとマスターなら使える所が多い。

おすすめできる人、できない人

安くてそこそこ快適だが、スタッフは日本語はもちろん、英語もおぼつかないことが多いので、中国語がある程度できないと中国のホテルでよくありがちな細かいトラブル（鍵が壊れたとかテレビがつかない、ネットにつながらないなど）に対処できない。こまやかなサービスも期待できない。その辺を割り切れる人には快適だが、無理な人は外国人客の多いホテルを選ぶのが無難だ。

2024年7月現在、多くの「経済型」チェーンホテルでは外国人の宿泊ができなくなっています。また、ビザの申請時には宿泊予約が必須となっています。

パッケージツアーを利用する

パッケージツアーのメリット

言葉の問題もあり、自分で旅行の手配をすることに不安や面倒を感じる人には、パッケージツアーがおすすめ。料金の面でも、オンシーズンは厳しいが、オフシーズンだと、個人的に安い航空券やホテルを探すよりずっと安くなることもある。

パッケージツアーの概要

一般的なツアーに含まれるのは、航空機およびそのほかの交通機関、ホテル、食事、観光など。また、添乗員や現地ガイドが案内をしてくれる。ツアー料金の差が出てくるのは、利用する航空会社や飛行機の出発時間、ホテルや食事のグレードだ。

このほか、航空券とホテルのみというパッケージツアーもある。現地で自由に動きたい人や仕事で中国に行く人に向いている。

上海パッケージツアーの内容

2泊3日から4泊5日のものが主流だ。日程が短いほど自由行動の時間はかぎられる。

現地で申し込む

上海の日系旅行代理店で中国内の旅行手配や航空券手配が可能。
■JTB上海 花園飯店営業所
上海佳途国際旅行社有限公司（JTB上海佳途）
Ⓜ P.78-C1
🏠上海市黄浦区茂名南路58号オークラ ガーデンホテル上海2階
☎ (021)63112460、64730775（日本語可）
🅵🆇 (021)64664393
🕗 8:00～19:00　🈲日曜
Ⓤ www.jtb.cn/sha

海外旅行保険に加入しよう

保険の種類と加入タイプ

海外でけがをしたり病気にかかったりした場合、治療費や入院費はかなり高いうえ、言葉の面でも心細いものだ。こういったトラブルを避けるために海外旅行保険への加入がおすすめ。

保険の種類と加入タイプは、大別すると、補償内容を組み合わせた「セット型」保険と自分で補償内容を選択する「オーダーメイド型」保険がある。前日までに申し込めば、自宅から空港までのトラブルもカバーされる。

ネットで申し込む海外旅行保険

体調を崩したり、カメラを盗まれたり、さまざまなアクシデントの可能性がある海外旅行。こうしたとき頼りになるのが海外旅行保険。

「地球の歩き方」ホームページで海外旅行保険に加入できる。24時間いつでも加入できて、旅行出発当日でも申し込み可能。詳しくは「地球の歩き方」ホームページで。
Ⓤ www.arukikata.co.jp/web/article/item/3000681

「地球の歩き方」ホームページの海外旅行保険申し込み画面

空港の出国審査後のエリアには自動販売機もある

改定により2024年7月現在の運賃・料金とは異なっています。詳しくは各社サイトのほか、乗り換えアプリなどでご確認ください。

日本国内の空港へのアクセス

中国への運航便がある空港までのアクセスをまとめてみた。空港には、携帯電話のレンタルカウンター、郵便局などいろいろな施設がある。海外旅行保険の加入や薬を買いたいなどといったことはすべて空港内で可能だ。

成田国際空港交通案内

JR				
東京駅	← 60分 3020円 →		特急成田エクスプレス	成田空港駅 空港第2ビル駅
新宿駅	← 80分 3190円 →			
池袋駅	← 90分 3190円 →			
横浜駅	← 90分 4290円 →			
大船駅	← 110分 4620円 →			
東京駅	← 90分 1320円 →		快速成田空港行き	

※表示は現金運賃。JR特急券は時期によって料金が変わる(快速成田空港行きは不要)。成田エクスプレスは高尾、大宮発着便もある

京成電鉄						
京成上野駅	← 5分 →	日暮里駅	← 36分 2470円 →	スカイライナー(成田スカイアクセス経由)		成田空港駅 空港第2ビル駅
羽田空港駅	← 44分 →	青砥駅	← 45～54分 1800円 →	アクセス特急		

※表示は現金運賃。このほか、京成本線経由のイブニングライナー、モーニングライナー、快速特急、特急がある

おもなエアポートバス		
羽田空港	← 75分 3100円 →	成田空港 (第1、第2、第3ターミナル)
東京駅	← 75～100分 900～3100円 →	
新宿駅・新宿地区ホテル	← 85～100分 3100円 →	
東京シティエアターミナル	← 55分 2800円 →	

羽田空港(東京国際空港)交通案内

東京モノレール			
浜松町駅 (JR線接続)	空港快速13分		羽田空港国際線ビル駅
	← 5分 → 天王洲アイル駅 (りんかい線接続) 490円	← 10～13分 →	

京浜急行電鉄			
品川駅 (JR接続・都営浅草線方面直通運転)	← 7～12分 →	410円 京急蒲田駅 (エアポート快特は通過。品川～羽田空港国際線ターミナル間14分) ← 7～9分 →	羽田空港国際線ターミナル駅
横浜駅 (JR線接続・新逗子方面直通)	← 12～25分 →	450円	

※表示は現金運賃。上記のほか、首都圏各地からエアポートバスの便がある。また国内線ターミナルと国際線ターミナル間の移動は無料

成田国際空港インフォメーション
☎ (0476) 34-8000
Ⓤ narita-airport.jp

JR東日本お問い合わせセンター
列車時刻、運賃・料金、空席情報＝☎ 050-2016-1600
Ⓤ www.jreast.co.jp/sp/info/jr_fee.html

京成お客様ダイヤル
☎ 0570-081-160 (ナビダイヤル)
Ⓤ www.keisei.co.jp

リムジンバス
●東京空港交通
予約＝☎ (03) 3665-7220
Ⓤ www.limousinebus.co.jp

東京シャトル(東京駅・銀座～成田空港間格安高速バス)
●京成高速バス予約センター＝
☎ (047) 432-1891
Ⓤ www.keiseibus.co.jp/kousoku/nrt16.html

THEアクセス成田(東京駅・銀座～成田空港間格安高速バス)
Ⓤ accessnarita.jp
●ビィー・トランセグループ
●ジェイアールバス関東
※電話予約不可

成田シャトル(大崎駅～成田空港間格安高速バス)
●WILLER TRAVEL
予約センター＝
☎ 0570-200-770
Ⓤ travel.willer.co.jp/narita-osaki

東京国際空港ターミナルインフォメーション
☎ (03) 6428-0888
Ⓤ www.haneda-airport.jp/inter/

東京モノレール
お客さまセンター＝
☎ (03) 3374-4303
Ⓤ www.tokyo-monorail.co.jp

京浜急行電鉄
ご案内センター＝
☎ (03) 5789-8686
Ⓤ www.keikyu.co.jp

関西国際空港
空港総合案内
☎(072)455-2500
🔲www.kansai-airport.or.jp

JR西日本お客様センター
☎0570-00-2486
🔲www.jr-odekake.net

南海電鉄
テレホンセンター＝
☎(06)6643-1005
🔲www.nankai.co.jp

リムジンバス
●日本交通
☎(06)6576-1181
🔲www.nihonkotsu.co.jp
●関西空港交通
予約・案内＝
☎(072)461-1374
🔲www.kate.co.jp
●阪神バス
☎(06)6416-1351
🔲www.hanshin-bus.co.jp
●大阪空港交通
総合案内＝
☎(06)6844-1124
🔲www.okkbus.co.jp

関西国際空港交通案内

JR				
京都駅(一部米原駅)	← 75分(130分) 3370円(5920円)→	特急はるか		関西空港駅
新大阪駅	← 45分　2850円 →			
京橋、大阪、天王寺駅	50〜80分 1060〜1190円	関空快速		

※表示は現金運賃。JR特急券は時期によって料金が変わる

南海電鉄			
難波、新今宮駅	← 30〜40分 → 1430円	特急ラピート	関西空港駅

おもなエアポートバス		
大阪駅周辺ホテル あべのハルカス 心斎橋 上本町 大阪空港 USJ 大阪南港 阪急西宮北口 神戸三宮	← 50〜80分　1550〜2000円 →	関西空港
大阪 シティエアターミナル	← 50〜60分　1050円 →	

上海・杭州・無錫・南京との直行便がある地方空港へのアクセス

■中部国際空港(セントレア)
🔲www.centrair.jp
　名鉄名古屋駅から名鉄の空港特急「ミュースカイ」で所要約30分、運賃870円(ミュースカイと特急の指定席乗車にはミューチケット360円が別途必要)。
　バスは名鉄バスセンター、藤が丘駅、JR岡崎駅、豊田市駅、知立駅、刈谷駅、知多半田駅、桑名駅、近鉄四日市駅などのほか、岐阜県や静岡県の主要都市から運行されている。また、津からの高速船も利用できる。

■福岡空港
🔲www.fuk-ab.co.jp
　JR博多駅や市中心からは地下鉄が便利。終点福岡空港で下車。また、小倉駅前から約20〜30分間隔でバスがある。所要約1時間20分、運賃1230円。
　このほか、JR久留米駅、西鉄久留米駅からは約30分間隔で所要50分〜1時間、運賃1230円。JR・西鉄大牟田駅からは40分〜約2時間間隔で所要1時間20分、運賃1750円。

■札幌(新千歳)空港
🔲www.new-chitose-airport.jp
　JR千歳線で新千歳空港下車。札幌駅からは快速エアポートで所要37分(最速)、運賃1070円。
　バスは札幌駅前、地下鉄大谷地駅、地下鉄宮の沢駅、地下鉄北24条駅、地下鉄麻生駅、地下鉄真駒内駅、円山バスターミナル、桑園、苫小牧西港フェ

リーターミナル、登別温泉などから出ている。札幌市内から、所要約1時間、運賃1200円。

■いわて花巻空港
🔲www.hna-terminal.co.jp
　バスでJR盛岡駅から所要45分、運賃1400円。同路線はJR花巻空港駅を経由し、いわて花巻空港まで所要7分、運賃290円。

■仙台空港
🔲www.sendai-airport.co.jp
　JR仙台駅から仙台空港アクセス鉄道直通電車で所要17〜25分、運賃650円。

■茨城空港
🔲www.ibaraki-airport.net
　バスでJR水戸駅南口から所要40分、運賃1030円。JR石岡駅から所要40分、運賃620円、東京駅から1時間40分、運賃1200円(予約時500円)。

■富士山静岡空港
🔲www.mtfuji-shizuokaairport.jp
　バスでJR静岡駅から所要50分、運賃1000円。JR島田駅から所要25分、運賃500円。

■新潟空港
🔲www.niigata-airport.gr.jp
　バスでJR新潟駅から所要25〜30分、運賃410円。

■小松空港
Ⓤwww.komatsuairport.jp
　バスで香林坊、JR金沢駅西口から所要40分〜約1時間、運賃1130円。JR小松駅から所要12分、運賃270円。

■富山きとと空港
Ⓤwww.toyama-airport.jp
　バスでJR富山駅から所要約30分、運賃410円。

■岡山桃太郎空港
Ⓤwww.okayama-airport.org
　バスでJR岡山駅から所要30分、運賃760円。JR倉敷駅から所要35分、運賃1130円。

■広島空港
Ⓤwww.hij.airport.jp
　バスでJR広島駅、広島バスセンターから所要約45分、運賃1340円。JR三原駅から所要38〜40分、運賃820円。JR福山駅から所要1時間5分、運賃1350円。

■松山空港
Ⓤwww.matsuyama-airport.co.jp
　バスで伊予鉄道松山市駅から所要24分、運賃560円。JR松山駅から所要15分、運賃460円。

■高松空港
Ⓤwww.takamatsu-airport.com
　バスでJR高松駅から所要45分、運賃760円。高松築港から所要35分、運賃750円。

■九州佐賀国際空港
Ⓤwww.pref.saga.lg.jp/airport
　バスでJR佐賀駅から所要35分(直行便は30分)、運賃600円。

■長崎空港
Ⓤwww.nagasaki-airport.jp
　バスでJR長崎駅から所要約1時間、運賃900円。諫早から所要42分、運賃630円。島原港から所要1時間45分、運賃1800円。

■鹿児島空港
Ⓤwww.koj-ab.co.jp
　バスでJR鹿児島中央駅から所要38分〜1時間、運賃1250円。JR川内駅から所要1時間16分、運賃1550円。JR指宿駅から所要1時間35分、運賃2350円。

■沖縄(那覇)空港
Ⓤwww.naha-airport.co.jp
　沖縄都市モノレールで那覇空港下車。首里から所要27分、運賃330円。県庁前から所要12分、運賃260円。
　バスで那覇バスターミナルから所要10分、運賃230円。

インフォメーション

成田国際空港・茨城空港行き格安高速バスガイド

■銀座駅・東京駅八重洲口〜成田国際空港
Ⓤwww.keiseibus.co.jp/kousoku/nrt16.html
Ⓤaccessnarita.jp
Ⓤwww.jrbuskanto.co.jp
　「東京シャトル」と「THE アクセス成田」(「ジェイアールバス関東」含む)の2グループが運行している。「東京シャトル」は緑と白の車体が目印で、運行区間は大江戸温泉物語または東雲車庫〜東京駅八重洲口〜銀座駅〜成田国際空港。インターネットで予約すると片道900円(予約なしで現金乗車時は通常便1000円、深夜早朝便2000円)で乗れる。「THE　アクセス成田」は青と白の車体が目印。運行区間は銀座駅〜東京駅八重洲口〜成田国際空港。運賃は予約の有無に関係なく1000円(女性専用の深夜便のみ2000円)。両グループともに日中は約20分間隔で運行、所要は両社とも1時間。東京駅八重洲口の乗り場は両グループで異なる。

■大崎駅西口〜成田国際空港
Ⓤtravel.willer.co.jp/narita-osaki
Ⓤwww.keiseibus.co.jp/kousoku/nrt19.html
　「ウィラートラベル」と「京成バス」の共同運行。1日43便あり、最短所要1時間15分。運賃はインターネット予約なら片道1000円(予約なしで現金乗車時は1200円)。

■東京駅八重洲口〜茨城空港
Ⓤwww.ibaraki-airport.net/access/bus/tokyo.html
　1日6〜9便運行、所要1時間40分。通常運賃は片道1200円だが、航空機利用の場合は500円。予約とeチケット控えなどの提示が必要。予約は関東鉄道高速バス予約ページ(Ⓤwww.kantetsu.co.jp/bus_reserve)または関東鉄道水戸営業所☎(029)304-5080。

日本を出国する

飛行機で出国する

時間帯や時期によっては空港アクセスや空港内が非常に混雑することがある。混雑に加え、テロ対策などでチェックインや出国審査に予想外の時間がかかる事態も生じている。空港には出発2時間前には到着し、早めにチェックインや出国審査を済ませておくことをおすすめする。出国の手順については下記の表を参照。

◇ 機内への液体物持ち込みは原則禁止

テロ対策のため、100mℓを超える液体物の空港保税区域（出国審査後のエリア）および機内への持ち込みは両国ともに禁止となっている。つまり、出国審査前に一般エリアの売店で購入した飲み物や化粧品類は持ち込めないということ。出国審査後に免税店で購入した酒や化粧品などは持ち込みが可能。

100mℓ以下の医薬品などは透明ビニール袋に入れるなどして持ち込めるが、制限があるので詳細は事前に空港や各航空会社に問い合わせを。

※液体物にはレトルトカレーや漬物、味噌類など水分が多い半固形物も含まれる

◇ 高価な外国製品は出国前に申告が必要

高級時計や宝飾品、ブランドバッグなど高価な外国製品を持っていく人は、出国前に税関で所定の用紙に記入するとともに、現物を提示して申告する。無申告のまま出国すると、現に身に付けているものであっても、海外で購入したと見なされ、課税の対象となってしまうことがある。加工・修繕のために持ち出す場合には、一般の貿易貨物と同様の輸出手続きが必要となる。

飛行機で日本を出国するときの手順

1　チェックイン

空港に着いたらチェックインカウンターへ。プリントアウトしたeチケット控えまたはバウチャーとパスポートを提示して手続きを行い、搭乗券（ボーディングパス）を受け取る。託送荷物はここで預けて引換証（バゲージクレームタグ）をもらう。リチウム／リチウムイオン電池は預けられない（→P.410）。機内持ち込み手荷物の重量や個数の制限が厳しくなっているので、事前に確認しておくとよい

※空港へは出発2時間前までに。荷物検査に時間がかかるので、ぎりぎりだと搭乗できない場合もある。手続き締め切りは通常出発1時間前
※空港サービス施設使用料と燃油特別付加運賃は、原則として航空券購入時に航空券代金に加算されている。なお、原油価格が大幅に上昇した場合、空港で燃油特別付加運賃を追加徴収されることもある
※ウェブチェックインを導入している航空会社の場合、当日の手続きが簡単になるので、ウェブチェックインをしておいたほうがよい

↓

2　安全検査（セキュリティチェック）

機内持ち込み手荷物の検査とボディチェック。ナイフや先のとがった工具は機内持ち込み不可（発見時は任意放棄）なのであらかじめ預けておくこと。また、液体物とリチウム／リチウムイオン電池の機内持ち込みには制限がある。詳細は利用する航空会社へ！

↓

3　税関申告（該当者のみ）

高価な外国製品（時計や貴金属、ブランド品など）を身に付けているときは、あらかじめ税関に「外国製品の持出し届」を出しておく。申告しないと帰国時に海外で新たに購入したものと見なされて課税されてしまう。申告が必要かどうかは出国審査の前に税関カウンターにて問い合わせを！

↓

4　出国審査（イミグレーション）

パスポートを提示し出国スタンプを押してもらう。カバーは外しておく。出国審査場では写真撮影と携帯電話の使用は禁止

※2018年11月までに羽田、成田、中部、関西、福岡で本格的に顔認証ゲートが導入され、出国スタンプの省略など、出国審査がスピーディになった。登録は不要

↓

5　免税品ショッピング

出国審査が終わったあとは免税エリア。旅行中に吸うたばこなどはここで購入。おみやげや本なども消費税免除なのでおトク。中国入国の際の免税範囲（→P.396）は酒1.5ℓと紙巻きたばこ400本まで

↓

6　搭乗

搭乗券に記載されたゲートから搭乗。通常、搭乗開始は出発30分前から。遅くとも搭乗時刻15分前にはゲート前にいるようにしたい

※成田国際空港第2ターミナルや関西国際空港は免税店のあるエリアとゲートがとても離れているので、時間に遅れないように注意

中国に入国する

中国への入国手続き

◇ 直行便の場合

中国に入国する際は、着陸の1時間くらい前に、機内で中国の入国／出国カード（一体型または切り離したもの）や入出国旅客荷物物品申告書（該当者のみ）などの書類が配られるので、提出が必要なものを到着までに記入しておく（記入例→P.402〜404）。

到着すると検疫カウンターがあるので、体調に異変があったら申し出る。2024年7月現在「入出境健康申告カード」提出は不要となっているので、そのまま通過。

2018年から中国に入国する際、入国審査において個人生体認識情報が採取されることになった。まずは機械による指紋採取。設置場所は空港によって異なる。指紋採取を終え、機械から出力された紙を受領したら入国カウンターに進む。2回目以降の場合はパスポートを読み取らせると「OK」と書かれた紙が出てくる。その後、パスポートと入国カードを担当官に手渡し、係官の指示に従いデスクに設置されたカメラに正対し、顔画像を読み取らせる。カウンター横にある機械で左手の親指を除く4本の指をタッチして指紋認証する。以上の手順に不備がなければ、質問されることもない。パスポートに入国スタンプが押されたあと、パスポートのみを返却してくれて入国審査は完了。

入国審査が終了したら、次は託送荷物の受け取りだ。自分が乗った飛行機のフライトナンバーと搭乗地が表示されているターンテーブルに向かい、自分の荷物が出てくるのを待つ。

自分の託送荷物を受け取ったら、次は税関申告。申告する物品がある人は、入出国旅客荷物物品申告書（→P.404）に必要事項を記入し、税関に提出しなければならない。その場合、税関申告では該当する通路を通らなければならない。

申告不要な人は、緑色の表示が目印である「NOTHING TO DECLARE」の通路、申告が必要な人は、赤色の表示が目印の「GOODS TO DECLARE」の通路を通る。緑の通路では、係員から荷物をX線検査の機械に通すよう指示されることがある。

これらの手続きが完了したら、出口に向かう。

上海の空港では、出口の手前や税関を出たロビーに外貨を人民元に両替できる銀行や外貨ショップがある。人民元を持っていない人はここで両替できる。

◇ 経由便の場合

上海を経由して中国国内の他都市に向かう場合、入国手続きは最初に着陸した上海で行う。

飛行機を降りた所でプラカードなどを持った職員が出迎え、トランジット・ボーディングパスを渡してくれる。全員が集まると職員が誘導してくれるので、そのあとに続いて移動して入国審査を受ける。それが終わったら、案内に従い、経由便やトランジット乗客専用の待合室に移動し、準備ができるまで待機する。その後、アナウンスに従い、再び飛行機に乗り込む。

入国手続きの流れ

1　検疫

通常は体温センサー設置通路を通過するだけ。新型インフルエンザ流行などの場合、「入出境健康申告カード」の記入、提出が義務づけられる。
※2019年4月現在提出不要

2　入国審査

必要書類を持って自分に該当する審査窓口に並ぶ。順番が来るまで白線を越えないこと。なお、経由便利用者は指示に従い、最終目的地に向かう

必要書類＝中国の入国カード（→P.402）、パスポート

審査窓口＝中国人、外国人、外交官・乗務員に分かれる。日本人観光客は「外国人」窓口に並ぶ

※2018年5月から入国時の指紋採取と顔画像登録が施行されている。対象は満14歳から満70歳までのすべての外国人。入国審査場に入る前に専用の端末があり、自分で指紋登録を済ませてから審査カウンターに向かう

3　荷物の受け取り

搭乗便名と出発地が表示されたターンテーブルで自分の荷物が出てくるのを待つ。万一、荷物の破損や紛失といった事故が発生したら、速やかに係員に申し出ること

4　税関検査

託送荷物を受け取ったら、税関検査場所に移動する。免税範囲を超えた場合や申告が必要なもの（→P.396）は申告書に記入、提出してスタンプをもらう

5　出口に向かう

出口の前でバゲージクレームタグと託送荷物に貼られたシールの番号をまれにチェックされる場合もあるので、バゲージクレームタグの半券をすぐ取り出せるようにしておこう

2024年7月から中国では同意なしで官憲がスマートフォンやPCの内容をチェックできるよう法改正された。政治や軍事関連の写真や衛星画像などを保存したまま持ち込まないのが無難。

中国入出国の際の免税範囲など

品物	内容
現金	外国通貨でUSドル換算US$5000、人民元で2万元までは申告不要。これを超える場合は要申告
物品	贈答品などとして中国国内に残す物品で人民元換算2000元を超えるものは要申告（中国在住者は申告不要）
酒・たばこ・香水	酒類（アルコール度数12%を超えるもの）1.5ℓまで 紙巻きたばこ400本、葉巻100本、刻みたばこ500gまで （日本入国時には注意が必要→P.410表） 香水については個人で使用する範囲ならば申告不要
※輸出入禁止品 ○は入国時 ●は出国時	○● あらゆる種類の武器、模造武器、弾薬、爆発物 ○● 偽造貨幣、偽造有価証券 ○● 中国の政治、経済、文化、道徳に対して有害な印刷物、フィルム、写真、音楽レコード、映画フィルム、テープ・CD（オーディオおよびビデオ）、コンピューター用ストレージ機器 ○● あらゆる猛毒類 ○● アヘン、モルヒネ、ヘロイン、大麻および習慣性麻酔薬や向精神性薬品 ○ 新鮮な果物、ナス科野菜、生きた動物（ペットとしての犬猫は除外）、動物標本、動植物病原体、害虫および有害生物、動物の死体、土壌、遺伝子組み換え有機体組織およびその標本、動植物の疫病が発生・流行している国や地域と関連のある動植物およびその標本やそのほかの検疫物 ○ 人畜の健康に障害を及ぼす物品、流行性疾病が流行している国や地域から運ばれてきた食品や薬品およびその他の物品 ● 国家機密をともなった原稿、印刷物、フィルム、写真、音楽レコード、映画フィルム、テープ・CD（オーディオおよびビデオ）、コンピューター用ストレージ機器 ● 貴重文化財および輸出を禁止された遺物 ● 絶滅を危惧される動植物および希少動植物（それらの標本も含まれる）、またそれらの種子や生殖物質

※中国では外国人による無許可の測量行為が法律で禁止されているため、測量用携帯GPS機器は持ち込まないほうが無難
※文化財の無断持ち出しは禁止。具体的には、1911年以前に生産・制作された文化財はすべて禁止、1949年以前に生産・制作された歴史的・芸術的・科学的価値があるものは原則禁止、1966年以前に生産・制作された少数民族の代表的文化財はすべて禁止。化石はすべて禁止

上海、北京などでVATの一部還付が可能

　中国ではVAT（付加価値税）として、日本の消費税相当の「増値税」があり、最大17%の税率（内税方式）。この一部（実質9%）を出国者に還付する制度を施行。中国入国後183日未満の旅行者が、購入から90日以内に手続きした場合が対象で条件は次のとおり。

1)「退税商店　TAX FREE」の表示がある対象店舗で、1日につき同一店舗で500元以上の買い物をする。金額は合算して500元以上でかまわない。上海の対象店舗は2019年4月現在約400店ある。

2) 購入時にパスポートを提示し、「離境退税申請単（出国時税還付申請票）」と専用の機械で発行された「増値税普通発票（専用領収書）」を発行してもらう。

3) 上海浦東国際空港または上海虹橋国際空港国際線ターミナル、上海港国際フェリーターミナルの税関でパスポートと上記2種類の書類および商品現物を提示し確認印をもらう。上海港国際フェリーターミナルでは2018年12月からこの手続きができるようになった。商品現物の提示が必要な点に注意。託送荷物を預ける前に税関で手続きをする。

4) 空港内の免税エリアにある還付窓口で書類を提示し、人民元または外貨現金で還付を受ける。1万元（約17万円）以上の還付を受ける場合は銀行振り込みとなる。

出国審査後エリア内の還付窓口（両替所窓口兼用）へはこの表示に従う

上海虹橋国際空港第1ターミナル

上海機場（集団）有限公司: **U** www.shanghaiairport.com
※空港内は全面禁煙
※VAT還付は、チェックイン前に税関で書類手続きした後に
2階出発ロビーの制限エリア内にある「離境退税」の
表示がある還付窓口で払い戻しを受ける

〔2階/3階/4階 出発ロビー〕

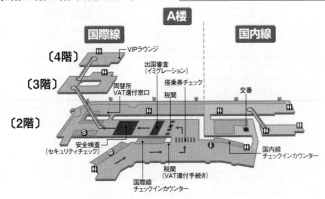

A楼

国際線　　　　　　　　　　　　　　国内線

〔4階〕　VIPラウンジ

〔3階〕　出国審査（イミグレーション）
　　　　　両替所
　　　　　VAT還付窓口　搭乗券チェック　交番
　　　　　　　　　　　　税関

〔2階〕　安全検査（セキュリティチェック）
　　　　　　　　　　　　　　　　　　　　国内線チェックインカウンター
　　　　　国際線チェックインカウンター
　　　　　　　　　　税関（VAT還付手続き）

〔1階 到着ロビー〕

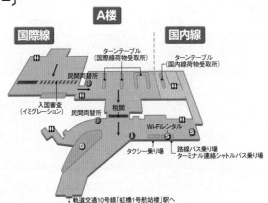

A楼

国際線　　　　　　　　　　　　　　国内線

ターンテーブル（国際線荷物受取所）
ターンテーブル（国内線荷物受取所）
民間両替所
入国審査（イミグレーション）
民間両替所　　税関
Wi-Fiレンタル
タクシー乗り場
路線バス乗り場
ターミナル連絡シャトルバス乗り場

←軌道交通10号線「虹橋1号航站楼」駅へ

〔上海虹橋国際空港第1ターミナル（1号航站楼）全体図〕

（1階）

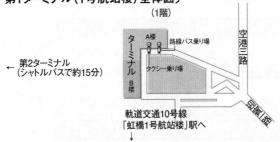

ターミナルA楼
路線バス乗り場
← 第2ターミナル（シャトルバスで約15分）
タクシー乗り場
ターミナルB楼
空港三路
← 号臨二路 →

軌道交通10号線「虹橋1号航站楼」駅へ
↓

――← 出国順路　←――→ 入国順路　◎グルメ　⑤ショップ　⑤銀行・両替所　⊞トイレ　❶インフォメーション

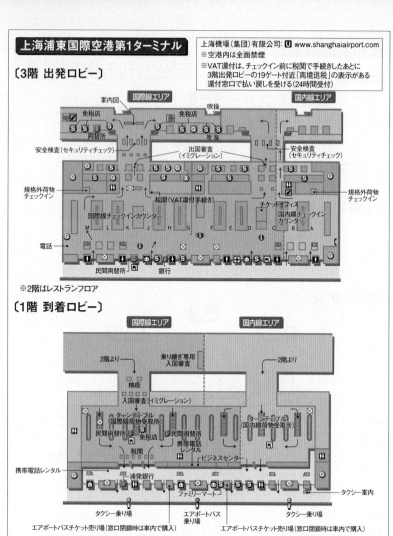

上海浦東国際空港第1ターミナル

上海機場(集団)有限公司: **U** www.shanghaiairport.com
※空港内は全面禁煙
※VAT還付は、チェックイン前に税関で手続きしたあとに
3階出発ロビーの19ゲート付近「高境退税」の表示がある
還付窓口で払い戻しを受ける(24時間受付)

〔3階 出発ロビー〕

国際線エリア
国内線エリア

案内図
吹抜

免税店
免税店

両替所
吹抜

安全検査(セキュリティチェック)
出国審査(イミグレーション)
安全検査(セキュリティチェック)

規格外荷物チェックイン
税関(VAT還付手続き)
チケットオフィス
規格外荷物チェックイン

国際線チェックインカウンター
国内線チェックインカウンター

電話

M L K J H G F E D C B A

民間両替所
銀行

※2階はレストランフロア

〔1階 到着ロビー〕

国際線エリア
国内線エリア

2階より
乗り継ぎ専用入国審査
2階より

検疫

入国審査(イミグレーション)

ターンテーブル
(国際線荷物受取所)
ターンテーブル
(国内線荷物受取所)

民間両替所
免税店
民間両替所
携帯電話レンタル

携帯電話レンタル
税関
ビジネスセンター

浦発銀行
ファミリーマート
タクシー案内

タクシー乗り場
エアポートバス乗り場
タクシー乗り場

エアポートバスチケット売り場(窓口閉鎖時は車内で購入)
エアポートバスチケット売り場(窓口閉鎖時は車内で購入)

〔上海浦東国際空港全体図〕

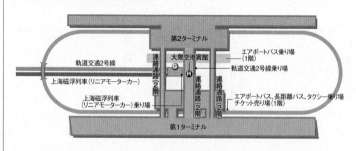

第2ターミナル

軌道交通2号線
エアポートバス乗り場(1階)

連絡通路(2階)
大衆空港賓館
連絡通路(2階)
軌道交通2号線乗り場

上海磁浮列車(リニアモーターカー)
連絡通路(2階)
連絡通路(2階)
エアポートバス、長距離バス、タクシー乗り場
チケット売り場(1階)

上海磁浮列車(リニアモーターカー)乗り場

第1ターミナル

←── 出国順路   ──→ 入国順路 ⊠エレベーター/エスカレーター **H**ホテル **G**グルメ **S**ショップ **X**リラクセーション **B**銀行・両替所
⊠郵便局 **H**トイレ **i**インフォメーション ✚救護室 🛄手荷物預かり所 🛒カート置き場 **Z**授乳室

※2019年9月にサテライトターミナルが運用開始予定。サテライトターミナルへはシャトルを利用

上海浦東国際空港第2ターミナル

上海機場(集団)有限公司: **U** www.shanghaiairport.com
※空港内は全面禁煙
※4階はレストランフロア
※VAT還付は、チェックイン前に税関で手続きしたあとに
　3階出発ロビーのD83ゲート付近「高境退税」の表示がある
　専用窓口で払い戻しを受ける(24時間受付)

〔3階 出発ロビー〕

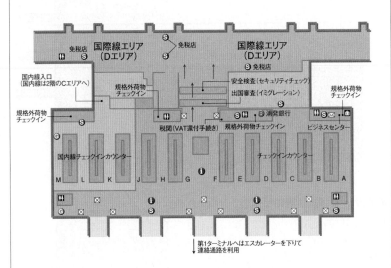

第1ターミナルへはエスカレーターを下りて
連絡通路を利用

〔2階 到着ロビー〕

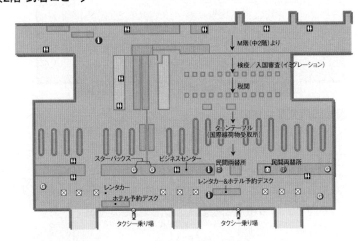

※1階はエアポートバス乗り場

⟵── 出国順路　⟵── 入国順路　⊠エレベーター/エスカレーター　Ⓖグルメ　Ⓢショップ　Ⓑ銀行・両替所
⊠ 郵便局　⑪トイレ　❶インフォメーション　⑥手荷物預かり所

※2019年9月にサテライトターミナルが運用開始予定。サテライトターミナルへはシャトルを利用

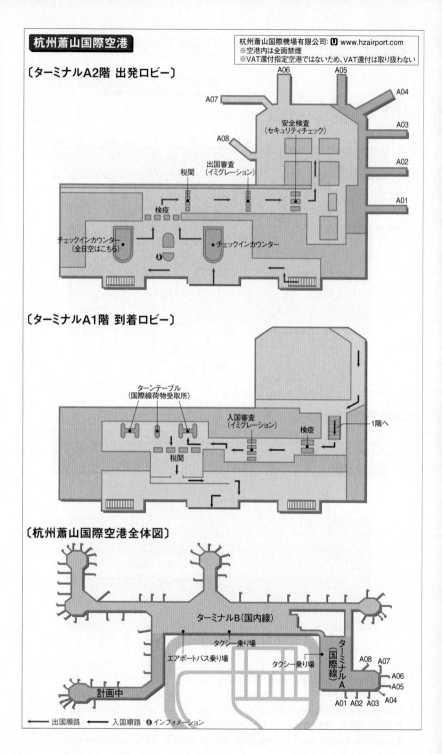

杭州蕭山国際空港

杭州蕭山国際機場有限公司: **U** www.hzairport.com
※空港内は全面禁煙
※VAT還付指定空港ではないため、VAT還付は取り扱わない

〔ターミナルA2階 出発ロビー〕

A06　A05　A04

A07　　　　安全検査
　　　　（セキュリティチェック）　A03

A08

出国審査　　　　　　A02
（イミグレーション）

税関　　　　　　　　　A01

検疫

チェックインカウンター　　　　　　　　　→
（全日空はこちら）　　　　チェックインカウンター

ⓘ

〔ターミナルA1階 到着ロビー〕

ターンテーブル
（国際線荷物受取所）

入国審査
（イミグレーション）　　検疫　　1階へ

税関

〔杭州蕭山国際空港全体図〕

ターミナルB（国内線）

タクシー乗り場
エアポートバス乗り場　　タクシー乗り場

ターミナルA
（国際線）

A08　A07
A06
A05
計画中　　　　　　　　　　　　　　　A04

A01　A02　A03

← 出国順路　← 入国順路　**ⓘ** インフォメーション

400

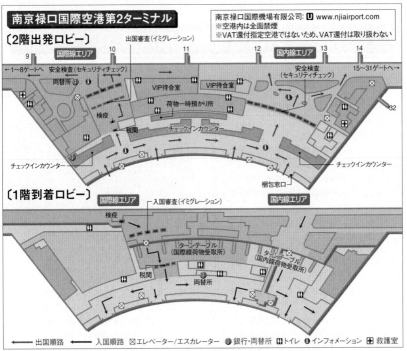

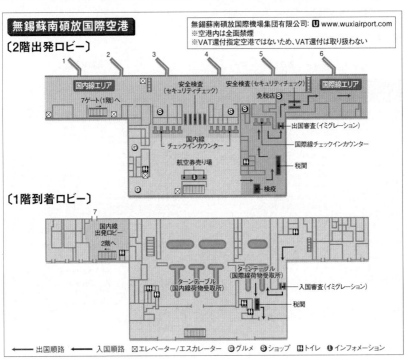

401

入出国書類の記入例

入出国に必要な書類

中国に入国する際は、所定の書式の入国カードを提出する。出国カードについては2024年7月現在廃止されている。

入国カードは入国審査場の記帳台に備え付けがあるが、一部航空会社では機内で配布される。

このほか、税関に申告する物品(→P.396)がある人は、税関申告書を提出しなければならない。

入国／出国カード

入国／出国カードを記入する際、日本人は名前をはじめ、すべての項目をローマ字(英文)で記入しなければならないことに注意したい。

したがって、本人サイン以外は漢字や仮名で記入してはならない。

入出国書類は係官の目の前で記入する必要はない。航空券購入時やツアー申し込み後、さらには機内や船内などで事前に書類を入手できるので、暇な時間に記入しておけば、入出国や税関申告のときにスムーズだ。事前に入手できない場合は入国審査や税関検査台の前に置いてあるので、その場で記入する。

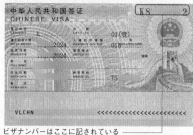

ビザナンバーはここに記されている ─

健康申告書類

2024年7月現在、提出は不要だが、新型インフルエンザの流行時などは「出入境健康申告カード」の提出が義務化される。滞在中の住所と電話番号はホテルのものでよい。

■入国カード(表面)

生年月日を西暦で
名前をローマ字で
名字をローマ字で
ビザ番号
国籍を英語で

国家移民管理局
National Immigration Administration, PRC

外国人入境卡 ARRIVAL CARD
请使用中文或英文清楚填写 Please complete clearly in Chinese or English

姓 Surname	CHIKYU	性別 Sex 男 Male 女 Female ☑
名 Given names	AYUMI	国籍 Nationality JAPAN
出生日期 Date of birth	1 9 8 6 1 2 1 5	中文姓名(请用中文填写) Chinese name(If there is one)
旅行证件号码 Passport No.	MP0123456	签证号码 Visa No. E1234567 免签 Visa-Free
抵达航班/车次/船名 Arrival Flight No./Train No./Vessel Name	CA123	入境事由 Purpose of this trip
本人电话号码 Personal phone No.	+81-90-12345678	外交/公务 Diplomacy Official □ 访问/商务 Visiting Business □ 定居 Permanent Residence □ 工作 Employment □ 学习 Study □ 旅游 Tourism ☑
在华经停和目的城市 Cities intended to visit in China	SHANGHAI	探亲 Visiting Relatives □ 过境 Transit □ 其他 Others □
在华住址或旅馆名称 Detailed address or hotel name while in China	SHANGHAI HOTEL	市 City SHANGHAI

请翻至背面继续填写。Please continue filling on the backside.

男女にチェック
中国語名がある人は記入
自分の電話番号
入国の目的。観光の人はここにチェック
滞在ホテルのある市

パスポートナンバー
入国のフライトナンバーや船名、列車番号を英語で
中国内の目的地
滞在ホテル名または住所

── 左欄(英文) ──
...ublic of China and

...r the persons who
...ccommodation, go
...ces of residence.

...mits within 30 days
...curity organ in the

...sidence permits.
...all carry with them
...dence permits, and

...scribed duration of
...he expiration, they

...ent within Chinese

...e detained, ordered
...etc.
...e Hotline 12367.

◇ 出入境健康申告カードの記入項目

1. 中国入国後7日以内の日程と連絡先(ホテル名)、旅行継続の場合のフライトナンバーと搭乗予定日
2. 7日以内に中国出国の場合は出国日と目的国およびフライトナンバー
3. 過去7日以内に滞在した国と都市
4. 過去7日以内のインフルエンザ患者との接触の有無
5. 発熱、咳、のど痛、筋肉・関節痛、鼻づまり、頭痛、下痢、嘔吐、鼻水、呼吸困難、だるさ、その他の症状の有無

※申告カードには名前、性別、生年月日、国籍、パスポートナンバー、目的地、フライトナンバー、座席番号と上の項目を英語で記入し、末尾にサインと日付を入れる。様式は変更されることがある

HEALTH DECLARATION FORM ON ENTRY/EXIT
Entry-Exit Inspection and Quarantine of the P.R.China

出入境健康申告カード

入出国旅客荷物物品申告書

中国入出国時の税関において申告する物品のある人は、申告書の記入、提出が必要だ。

中国入国時の注意

中国での入国審査時に本書を見つけられ、没収される、別室に連れていかれる、などのトラブルが発生しています。

没収は空路ではなく陸路の国境で起きることが多く、理由はそのときその場の審査官によりさまざまです。おもに中国側の政治的立場に基づく何らかの事由を理由として述べるようですが、本書には直接、あるいはなんら関係がないことであっても咎められる事例が報告されています。

話し合いで解決できる余地は一切ありません。したがってトラブルをできるだけ避けるために、入出国手続きの際には本書を目に触れない所へしまっておくことをおすすめします。書類の記入例などは、該当ページをコピーしたり、切り取ったりして書類記入時の参考にするよう対処してください。ただし、2019年5月には、チベット自治区の陸路国境でX線検査の書籍チェックで本書を没収されたという報告があり、この場合は対処は難しいといえます。万一、トラブルが発生した際には、在上海日本国総領事館(→P.90)にご連絡ください。

入国カード(裏面)

出国予定日

出国するフライトナンバーなど

出国する手段を予約済みならここにチェック

中国側に招待された場合は招待者の名前と住所、電話番号を記入

【提问事项】[Questions]

1. 您是否妥出境行程？如是，请填写具体安排。
   Have you booked the ticket for your departure?
   If yes, please write down your departure information.
   是 ☑ Yes　否 ☐ No
   出境时间 Date of departure　2025.8.1
   出境航班/车次/船名 Departure Flight No./Train No./Vessel Name　CA124

2. 您是否有中方邀请单位或邀请人？如有，请填写其联系信息。
   Do you have any reception unit or contacts in China?
   If yes, please write down the contact information.
   是 ☐ Yes　否 ☑ No
   名称 Name
   地址及联系电话 Address and Contact No.

3. 您在过去两年曾去过哪些国家（地区）？
   Which countries and regions have you ever been to in the past two years?
   JAPAN

我保证以上申明真实准确，知晓如不如实申报将承担相应法律责任。
I hereby declare that the statement above is true and accurate, otherwise I will bear the corresponding legal responsibility.

签名　地球　歩
Signature

23191541556

请遵守《
(一)外
或者留宿.
(二)持
地公安.
(三)外
(四)年
国际旅行
(五)在
在中国境
(六)外
(七)外
以及不准.
如有疑问.

過去2年以内に滞在、渡航した国を英語で

パスポートと同じサイン

中華人民共和国税関　入出国旅客荷物物品申告書

※申告が必要な人のみ記入して、提出する

名字（Surname）、名前（Given Name）をローマ字で。男女にチェック（男性はMale、女性はFemale）

生年月日（年／月／日の順）。国籍を英語で

パスポートナンバー

【入国の場合は左欄に記入】

出発地点

入国のフライトナンバーや船名、列車番号を英語で

入国年月日

入国に際し、以下の物品を持ち込む場合はチェック

1. 動物、植物、動植物製品、微生物、生物学的製品、人体組織、血液、および血液製剤

2. （中国居住者）中国国外で取得した物品で、人民元換算5000元を超えるもの（中国非居住者はチェック不要）

3. （中国非居住者）中国国内に残す予定の物品（贈り物などとして）で、人民元換算2000元を超えるもの（中国居住者はチェック不要）

4. 1500mℓを超えるアルコール飲料（アルコール度数12％以上）、400本を超える紙巻きたばこ、100本を超える葉巻、500gを超える刻みたばこ

5. 2万元を超える人民元の現金、またはUSドル換算でUS$5000を超える外貨の現金

※トラベラーズチェック（T/C）は本規定の対象外

6. 別送手荷物、商業価値のある物品、サンプル、広告品

7. その他の税関に申告すべき物品

上記左欄の1〜7、右欄の1〜5に該当する場合、該当する物品の詳細をここに記入（左から物品名／貨幣の種類、型番など、数量、金額）

【出国の場合は右欄に記入】

目的地

出国のフライトナンバーや船名、列車番号を英語で

出国年月日

出国に際し、以下の物品を持ち出す場合はチェック

1. 文化的遺物、絶滅に瀕した動植物およびそれらの標本、生物学的資源、金、銀、その他の貴金属

2. （中国居住者）ひとつが人民元換算5000元を超えるカメラ、ビデオ、ノートPCなどの旅行必需品で、中国国内に持ち帰るもの

3. 2万元を超える人民元の現金、またはUSドル換算でUS$5000を超える外貨の現金

※トラベラーズチェック（T/C）は本規定の対象外

4. 商業価値のある物品、サンプル、広告品

5. その他の税関に申告すべき物品

「私は裏面の注意書きを読んだうえで真実を申告します」という意味で、パスポートと同じサインをする

税関申告時に便利な英語物品名

カメラ	CAMERA
ビデオカメラ	VIDEO CAMERA
ノートPC	NOTE PC
ゴルフ用品	GOLF ARTICLE
腕時計	WATCH
宝石	JEWEL
酒類	LIQUOR
紙巻きたばこ	CIGARETTE
現金	CASH

空港と市内間の移動

※データは2019年4月現在。利用時には最新データを確認すること

上海の場合 ▶▶▶

　上海には上海浦東国際空港（市区の東約30km）と上海虹橋国際空港（市区西部）のふたつの空港がある。ともに国際線（日中間運航便については後者は羽田線のみ）と国内線が多数運航されているので、自分の利用する空港がどちらなのかしっかりと把握しておくこと。

上海浦東国際空港

　迎賓大道を挟んで東側が第1ターミナル、西側が第2ターミナル。2019年9月にサテライトターミナルが運用開始予定。サテライトターミナルへは、第1、第2ターミナルからシャトルで移動する。

■上海機場（集団）有限公司

Ⓤ www.shanghaiairport.com

※トップ画面右上の「浦东机场」をクリック

■各ターミナルを利用するおもな航空会社

ターミナル名	航空会社
第1ターミナル	上海航空（FM）、日本航空（JL）、中国東方航空（MU）
第2ターミナル	中国国際航空（CA）、中国南方航空（CZ）、春秋航空（9C）、上海吉祥航空（HO）、海南航空（HU）、ジェットスター・ジャパン（GK）、ピーチ・アビエーション（MM）、全日空（NH）、深圳航空（ZH）

◇ 空港から市内へ

上海磁浮線

　上海浦東国際空港から地下鉄2、7、16号線「龍陽路」駅までをリニアモーターカーで結ぶ。乗車時間最速7分30秒と短いが、市区中心部に出るには軌道交通に乗り換える必要がある。

　運賃は普通席片道50元（往復80元）、VIP席片道100元（往復160元）と高価。

ホームに停車しているリニアモーターカー

ターミナル間シャトルバス

　第1ターミナルと第2ターミナルとの間にはシャトルバスが運行されている。

■運行時間と運行間隔

6:00～24:00の間10分間隔で運行

■運行路線

※出発ロビー（3階）を循環

　第1ターミナル1号門→第1ターミナル8号門→第2ターミナル23号門→第2ターミナル27号門→第1ターミナル1号門

　運行時間は「浦東国際機場」駅発→「龍陽路」駅が7:02～21:42、22:15、22:40。運行間隔は15～20分に1本。

■上海磁浮交通発展有限公司

Ⓤ www.smtdc.com

軌道交通（地下鉄）

　上海浦東国際空港から市区中心部を横断し上海虹橋国際空港、上海虹橋駅を結ぶ軌道交通2号線を利用する。途中、多くの路線と乗り換えが可能なため非常に便利。荷物が少ない場合はいちばんのおすすめ移動手段。

※2019年4月22日より、日中の時間帯に空港から上海中心部への直通運転が開始された。ただし、「広蘭路」で乗り換えが必要な列車もあるので行き先に注意。「浦東国際機場」～「広蘭路」間は終電が早いため、夜間到着便利用の際は注意

　運行時間は、「浦東国際機場」駅→「広蘭路」駅が始発=6:00、最終=22:00。「広蘭路」駅→市区中心部行きが始発=5:28、最終=22:50（金・土曜は24:00）。運賃は3～9元。運行間隔は3～12分に1本（曜日や区間、時間帯で異なる）。

■上海地鉄

Ⓤ www.shmetro.com

上海浦東国際空港第1ターミナル到着ロビー外側通路。ここにエアポートバス乗り場がある

上海浦東国際空港と地下鉄「虹口足球場」駅とを結ぶエアポート
バス機場四線

エアポートバス

2019年4月現在、9路線が運行されている。
比較的安価で終点まで座って移動できるメリッ
トはあるが、終点から滞在予定のホテルが離れ
ている場合は、タクシーや地下鉄(軌道交通)、
路線バスなどに乗り継ぐことになる。

また、ラッシュ時にかかると渋滞に巻き込ま
れる可能性が高く、所要時間を多めに見ておく
必要がある。

■上海機場(集団)有限公司

Ⓤ www.shanghaiairport.com
※トップ画面右上の「浦東机場」をクリックし、メ
　ニューバーから「机場交通」>「地面公交」を選択
※路線の概略は下の図を参照

タクシー

人民広場や外灘まで約200元、所要1時間
20分が目安。宿泊先の前まで行ってくれるし
乗り換えもない。最も快適な移動手段。そのぶん
高額。

到着ロビーや出口で声をかけてくるタクシー
運転手はほぼ白タクなので、無視して正規のタ
クシー乗り場で乗車すること。

無用のトラブルを避け
るため、タクシーは正
規の乗り場で乗車しよ
う

そのほか

杭州や蘇州、無錫などの町に向かう長距離バ
スも出ている。

▼杭州：8:40〜21:00の間14便。110元、所
　要3時間が目安
▼蘇州：9:20〜21:00の間19便。84元、所要
　3時間が目安
▼無錫：8:50〜20:40の間13便。100元、所
　要3時間が目安
※トップ画面右上の「浦東机場」をクリックし、
　メニューバーから「長途客运」を選択

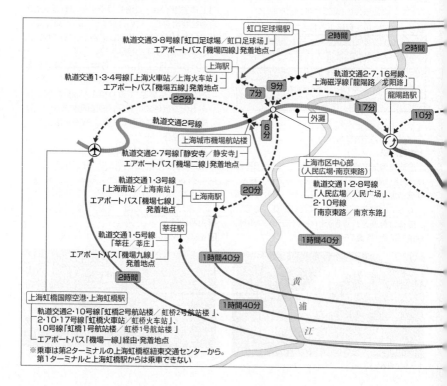

◇ 市内から空港へ

空港に向かう際には、利用空港や利用ターミナルを確認しておくこと。タクシーを利用する場合は、運転手に告げる必要があるので、中国語ができないなら、空港名と利用ターミナルを紙に書いて用意しておくとよい。

各交通機関の注意は次のとおり。

上海磁浮線

乗車時間は短いが運賃が高額で乗り換えが必要というデメリットがある。運行時間は、「龍陽路」駅→「浦東国際機場」駅が始発＝6:45、最終＝21:40。運行間隔は15〜20分に1便。

軌道交通(地下鉄)

2号線を利用するが、2019年4月現在、一部列車で「広蘭路」駅での乗り換えが必要で所要時間も多くかかる。

運行時間は、「人民広場」駅→「浦東国際機場」駅が始発＝6:01、最終＝22:03。「広蘭路」駅→「浦東国際機場」駅が始発＝6:00、最終＝22:30。
※終電が早いので、深夜出発便利用時は注意

エアポートバス

座席数にかぎりがあり、道路事情によって所要時間が大幅に変わる恐れがあるので、あまりおすすめはできない。

タクシー

ホテルのフロントなどで前日までに予約をしておくこと。時間や天候が悪いと流しのタクシーをつかまえるのは至難の業となる。

そのほか

飛行機以外の交通手段で他都市から移動する場合、前日までに上海へ移動しておきたい。

上海虹橋国際空港

東側が第1ターミナル、西側が第2ターミナルとなっている。

■上海機場(集団)有限公司
Ⓤ www.shanghaiairport.com
※トップ画面右上の「虹桥机场」をクリック

各ターミナルを利用するおもな航空会社

ターミナル名	航空会社
第1ターミナル ※日中間運航便、中韓間運航便の国際線がメイン	中国国際航空(CA)、春秋航空(9C)、上海航空(FM)、日本航空(JL)、中国東方航空(MU)、全日空(NH)
第2ターミナル ※国内線がメイン	中国国際航空(CA)、中国南方航空(CZ)、上海航空(FM)、天津航空(GS)、上海吉祥航空(HO)、海南航空(HU)、廈門航空(MF)、中国東方航空(MU)、山東航空(SC)、深圳航空(ZH)、四川航空(3U)

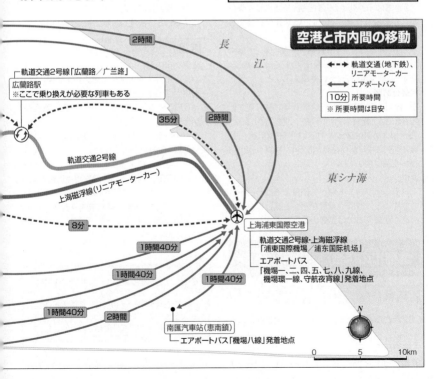

空港と市内間の移動

2時間
軌道交通2号線「広蘭路／广兰路」
広蘭路駅
※ここで乗り換えが必要な列車もある
35分
2時間
軌道交通2号線
上海磁浮線(リニアモーターカー)
8分
1時間40分
1時間40分
1時間40分
1時間40分
2時間

◄─ ─► 軌道交通(地下鉄)、リニアモーターカー
◄───► エアポートバス
10分 所要時間
※ 所要時間は目安

長江
東シナ海

上海浦東国際空港
軌道交通2号線・上海磁浮線「浦東国際機場／浦东国际机场」
エアポートバス「機場一、二、四、五、七、八、九線、機場環一線、守航夜宵線」発着地点

南匯汽車站(恵南鎮)
エアポートバス「機場八線」発着地点

N
0   5   10km

◇ 空港から市内へ
軌道交通(地下鉄)

　第1ターミナルは10号線(「虹橋1号航站楼」駅)、第2ターミナルは2、10号線(「虹橋2号航站楼」駅)を利用する。

▼運行時間

2号線:「虹橋2号航站楼」駅→市区中心部が始発＝5:33、最終＝22:50。運賃は3〜9元、運行間隔は3〜12分に1便(曜日や区間、時間帯で異なる)。
10号線:「虹橋1号航站楼」駅→市区中心部が始発＝5:59、最終＝22:34(金・土曜は23:25)。運賃は3〜6元。4〜14分に1本(曜日や区間、時間帯で異なる)。

エアポートバス

　2019年4月現在、中心部行きエアポートバスの運行はない。清澗新村行き807路、天山西路福泉路行き176路の路線バスが乗り入れている。

タクシー

　人民広場や外灘まで80元、所要40分が目安。

◇ 市内から空港へ
軌道交通(地下鉄)

　2号線と10号線を利用する。

　2号線は一部列車が「淞虹路」駅止まりで乗り換えが必要なこと、第1ターミナルには停車しないことに注意が必要。

　10号線は行き先が「虹橋火車站」駅と「航中路」駅に分かれる(「龍渓路」駅の先で分岐)ので、必ず「虹橋火車站」行きに乗車すること。

▼運行時間

2号線:「人民広場」駅→「虹橋2号航站楼」駅が始発＝5:37、最終＝23:18(金・土曜は翌0:28)。
10号線:「南京東路」駅→「虹橋1号航站楼」駅、「虹橋2号航站楼」駅が始発＝5:54、最終＝22:53(金・土曜は翌0:13)。

タクシー

　ホテルのフロントなどで前日までに予約をしておくこと。時間や天候が悪いと流しのタクシーをつかまえるのは至難の業となる。

他都市の場合　▶▶▶

杭州 (→ P.295)

　空港と市内間にエアポートバスが運行されている。
①平海路線　空港→杭州駅経由武林門民航航空券売り場＝7:30〜翌2:00の間15〜30分に1

便。武林門民航航空券売り場→杭州駅経由空港＝5:00〜21:00の間15〜30分に1便。20元、所要50分が目安。
②火車東站線　空港→杭州東駅＝7:30〜翌1:20の間15〜 30分に1便。杭州東駅→空港＝5:30〜 21:00の間15〜30分に1便。20元、所要30分が目安。

　そのほか、上海浦東国際空港行きエアポートバスがある。詳細は→P.295。

　タクシー利用の場合は、空港〜西湖六公園で120元、所要50分が目安。

南京 (→ P.356)

　空港と市内間にエアポートバスが運行されている。
①1号線(城東線)　空港→南京駅東広場＝始発便〜最終便の間20〜30分に1便。南京駅→空港＝4:30〜21:00の間20分に1便。20元、所要1時間が目安。
②2号線(城西線、南京南駅経由)　空港→万達広場＝始発便到着〜 23:00の間20〜30分に1便。万達広場→空港＝4:30〜21:00の間30分に1便。20元、所要1時間15分が目安。

　タクシー利用の場合は、空港〜夫子廟で130元、所要50分が目安。

　地下鉄はS1(機場)線「禄口機場」駅利用。

無錫 (→ P.370)

　空港と市内間にはエアポートバスが運行されている。市内の発着地点は無錫駅南広場。空港→市内＝7:00〜翌0:30の間24便。市内→空港＝6:00〜 23:20の間24便。5元、所要50分が目安。

　タクシー利用の場合は、空港〜崇安寺で60元、所要40分が目安。

　また、空港〜蘇州間にもエアポートバスがある(→P.336)。蘇州市内の発着地点は蘇州北広場バスターミナル。空港→蘇州市内＝10:15〜 19:30の間に8便。蘇州市内→空港＝5:40〜 19:30の間に20便。30〜50元、所要50分が目安。

上海港国際フェリーセンターへの移動

　軌道交通12号線を利用する。「国際客運中心」駅、3番出口から徒歩10分。路線バス利用の場合は330路「東大名路旅順路」、徒歩5分。
　タクシー利用の場合は、外灘〜上海港国際フェリーセンターで15元、所要10分が目安。

中国を出国する

帰国時の諸手続き

◇ リコンファームとウェブチェックイン

リコンファームとは飛行機の予約の再確認のことで、中国語では「确认座位 quèrèn zuòwèi」などという。搭乗予定時刻の72時間前までに行なわなければならないが、今では必要なケースは少ない。リコンファームは、航空会社のカウンターで処理してもらうか電話で頼む。搭乗日、フライトナンバー(NH919など)、目的地、氏名、中国国内での連絡先(ホテルの電話番号と部屋番号、または携帯電話の番号)を伝える。ウェブチェックインを導入している航空会社の場合、リコンファームの意味合いからもウェブチェックインをしておくのがよい。

中国からの輸出禁止品

中華人民共和国持ち出し禁止物品範囲内と同じ物品(→P.396 表の輸出禁止品)
内容が国家機密にかかわる原稿、印刷物、フィルム、写真、レコード、映画、録音テープ、ビデオテープ、CD等(オーディオおよびビデオ)、コンピューター用の各種メディアおよび物品
文化財およびその他輸出禁止品(→P.396)
絶滅の危機に瀕している希少動植物(標本含む)およびその種子、繁殖材料

◇ 航空券の変更

オープンチケットや帰国日などを変更できる航空券を購入した人は、帰国日がわかった時点で早めに手続きを行うこと。手続きの内容や方法は「リコンファーム」とほぼ同じ。

飛行機で中国を出国するときの手順(上海浦東国際空港の例。空港により順序の異なることがある)

※2019年4月現在、空港では厳格に手続きを進めているため出国審査を終えるまでにかなりの時間がかかる

1 空港へ向かう
少なくとも出発予定時間の2時間前には空港に到着しておくこと。上海の空港は浦東と虹橋のふたつあり、ターミナルも複数あるので、出発前にいま一度確認しておこう。チェックイン締め切りは通常出発1時間前。また、タクシーを利用するつもりの人は、前もってフロントで手配しておくこと。雨の日などは道端で流しのタクシーをつかまえるのは難しい

↓

2 チェックイン
自分の利用する飛行機が出発するターミナルのチェックインカウンターへ。プリントアウトしたeチケット控えまたはバウチャーとパスポートを提示し、搭乗手続きを行い搭乗券(ボーディングパス)を受け取る。託送荷物があればここで預ける。リチウム／リチウムイオン電池は託送荷物の中に入れないように(→P.410)。無料で預けられる荷物の重量や個数は搭乗する航空会社で異なるので事前に確認しておくとよい。超過した場合は、各社の規定に従って超過料金を支払わなければならない。VAT還付を受ける品物を機内預けにしたい場合は、チェックインする前に税関で手続きする
※ウェブチェックインを導入している航空会社の場合、当日の手続きが簡単になるので、ウェブチェックインをしておいたほうがよい

↓

3 出国手続きを行うフロアに向かう
空港によっては、税関申告や出国審査はターミナルの奥にあるケースも。早めに移動するようにしたい

↓

4 税関申告(該当者のみ)
該当者は、入出国旅客荷物物品申告書(記入例→P.404)に必要事項を記入し、提出する。

↓

5 出国審査(イミグレーション)
パスポート、搭乗券(ボーディングパス)、出国カード(記入例→P.403)を提出し、パスポートに出国スタンプを押してもらう。出国カードを持っていない場合は、審査カウンターの前で出国カードを取り、記入する。審査時には、通常質問をされることはない

↓

6 安全検査(セキュリティチェック)
機内持ち込み手荷物の検査とボディチェック。ペットボトル飲料やライター、刃物(工具類含む)はこの先持ち込めない(発見時は任意廃棄)。モバイルバッテリーなどリチウム／リチウムイオン電池の機内持ち込みには容量制限があるので注意(→P.410)。テロ対策から検査は厳重でかなり時間がかかる

↓

7 免税品ショッピング
免税店では人民元、外貨ともに使用可能。ただ、免税店の品揃えは他国に比べ見劣りする。また中国製品は一般に市内より高い。VAT還付窓口(→P.396)はこのエリアにある

↓

8 搭乗
買い物などに気を取られ、搭乗時間(通常出発の30分前)に遅れる人もいる。少なくとも搭乗時間前には指定されたゲートの前にいるようにしよう

中国出国時の注意点

出国時の諸注意

中国には輸出禁止品や持ち出し制限（→P. 396）があり、日本には持ち込みが制限・禁止されている物品（→P.411）がある。

中国入国時に税関で申告する物品があった人は、そのときに受け取った申告書を提出して手続きを行う。

飛行機で出国する

チェックインを終えて搭乗券（ボーディング

パス）を入手したら、まずはしっかりと搭乗ゲートを確認し、乗り遅れに注意。

コピー商品の購入は厳禁！

旅行先では、有名ブランドのロゴやデザイン、キャラクターなどを模倣した偽ブランド品や、ゲーム、音楽ソフトを違法に複製した「コピー商品」を、絶対に購入しないように。これらの品物を持って帰国すると、空港の税関で没収されるだけでなく、場合によっては損害賠償請求を受けることも。「知らなかった」では済まされないのだ。

機内への液体物とライター、リチウム／リチウムイオン電池の持ち込み制限

中国民用航空総局（CAAC）の通達によって、中国でも機内への液体物持ち込みに制限が加えられている。その内容は日本と同じで、次のとおり。
❶すべての液体物は100㎖以下の容器に入れる。液体物には、歯磨きやヘアジェルなども含まれる。
❷❶の容器をすべて再封可能な透明プラスチック袋に入れる。サイズは最大で20×20cm。
❸機内に持ち込めるのは❷の袋ひとつだけ。
また、中国ではライターの機内持ち込みは一切禁止されている。

このほか、2019年4月現在、携帯電話やカメラ、モバイルバッテリー、PCなどの電源として使用されている**リチウム電池およびリチウムイオン電池を託送荷物**に入れることは禁止されている。荷物を預ける前にそれらを抜いて、機内持ち込み手荷物に移しておくこと。

また、ワット時定格量（Wh）によって制限が設けられているので注意が必要となる。100Wh以下の予備電池は無制限。100Whより多く、160Wh以下は2個まで。160Whを超えるものは持ち込み不可。容量は電池に記載されている（**記載のないものは持ち込み禁止で任意放棄となる**）。大型のバッテリーで160Whを超えるものがまれにあるので要確認。なお、mAh表示をWhに換算するには電圧（通常3.6か3.7V）を掛けて1000で割る。6000mAhなら、6000×3.6＝21600で、1000で割ると21.6Whとなる。

日本へ帰国する

帰国手続き

飛行機、船ともに手続きはほぼ同じ。最初に検疫があるが、中国の場合は基本的に申告不要（体調に異常があるときは健康相談室へ）。パスポートを提示して帰国のスタンプをもらい、ターンテーブルから自分の荷物を受け取り税関検査台に進む。免税範囲内なら緑色、超えている、あるいはわからない場合は赤色の検査台で検査を受ける。2019年4月から肉製品の違法持ち込みに対する対応が厳格化されている。

税関検査台で「携帯品・別送品申告書」1部（おみやげやオーダーメイド品などを現地から郵送した人は2部）を係官に提出する。免税の範囲や輸入禁止品は右表やP.411を参照。

■税関公式ウェブサイト
Ｕwww.customs.go.jp

日本帰国の際の免税範囲

品名	数量または価格	備考
酒類	3本	1本760㎖程度のもの
たばこ	紙巻きたばこ:200本 葉巻たばこ:50本 その他のたばこ:250g	※免税数量は、それぞれの種類のたばこのみを購入した場合の数量であり、複数の種類のたばこを購入した場合の免税数量ではない ※「加熱式たばこ」の免税数量は、紙巻きたばこ200本に相当する数量
香水	2オンス	1オンスは約28㎖
1品目の海外市価が1万円以下のもの	全量	下記の免税枠20万円に含めなくてよい
その他	海外市価の合計が20万円以内のもの	品物の合計額が20万円を超える場合、20万円分を免税とし、残りの品物に課税する。どれを課税品とするかなどは税関が指示してくれる

Ｕwww.customs.go.jp/kaigairyoko/cigarette_leaflet_j.pdf

日本への持ち込みが禁止されているもの

品名	備考
麻薬、向精神薬、大麻、アヘン、けしがら、覚せい剤およびアヘン吸煙具	大麻種子（麻の実）も規制対象
けん銃、小銃、機関銃、砲、これらの銃砲弾およびけん銃部品	
爆発物、火薬類	ダイナマイトなど
化学兵器の禁止および特定物質の規制等に関する法律第2条第3項に規定する特定物質	化学兵器の原料となる物質
感染症の予防および感染症の患者に対する医療に関する法律第6条第20項に規定する一種病原体等および同条第21項に規定する二種病原体等	痘そうウイルス、ペスト菌や炭疽菌など
貨幣、紙幣、銀行券、印紙、郵便切手または有価証券の偽造品、変造品、模造品および偽造カード（生カードを含む）	偽造金貨や偽札など
公安または風俗を害すべき書籍、図画、彫刻物その他の物品	わいせつ雑誌、わいせつDVDなど
児童ポルノ	
特許権、実用新案権、意匠権、商標権、著作権、著作隣接権、回路配置利用権または育成者権を侵害する物品	不正コピーDVDや不正コピーソフトなど
不正競争防止法第2条第1項第1号から第3号までに掲げる行為を組成する物品	偽ブランド品など
植物防疫法や家畜伝染病予防法において輸入が禁止されているもの	詳細は動物検疫所、検疫所に問い合わせ。特定外来生物については環境省自然環境局野生生物課に問い合わせ

日本への持ち込みが規制されているもの

品名	備考
ワシントン条約により輸入が制限されている動植物やその製品	ワニ、蛇、リクガメ、象牙、じゃ香、サボテンなど（漢方薬などの加工品、製品も規制の対象となる）
事前に検疫確認が必要な生きた動植物、肉製品（ソーセージやジャーキー類含む）、米など	植物：税関検査の前に検疫カウンターでの確認が必要／動物：動物検疫所ウェブサイトで渡航前に確認 Ⓤwww.maff.go.jp/aqs
猟銃、空気銃、刀剣（刃渡り15cm以上）など	公安委員会の所持許可を受けるなど所定の手続きが必要
医薬品、化粧品	医薬品および医薬部外品：2ヵ月分以内、外用剤：1品目24個以内、化粧品：1品目24個以内、医療器具：1セット（家庭用のみ）
輸入貿易管理令で規制され、経済産業大臣の輸入割当や承認が必要なもの	1000枚を超える大量の海苔など

携帯品・別送品申告書（別送品がある場合は2部提出）

※土が付いていない野菜、切り花などは持ち込みが可能。その際は、税関検査前に植物検疫カウンターで現物を見せて検査を受ける

※肉類は基本的に持ち込みができないが、常温保存が可能な缶詰、レトルトパウチ加工（真空パックとは異なる）のものは持ち込み可能。ジャーキー類やハム、ソーセージなど（金華ハム、調理済み北京ダックなど含む）は上記加工品以外は不可。町なかや空港で売っているハムや北京ダックはほぼ持ち込めないと考えてよい

※2019年4月から肉製品の違法持ち込みに対する対応が厳格化されている。任意放棄の有無にかかわらず輸入申告なしの肉製品が発見された場合は罰則の対象となるほか、パスポートや搭乗券の情報を記録するため、検査に時間を要する結果となる

※日本薬局方の生薬として記載されているものは日本では薬品の扱いとなるので量に注意。例えば桂皮やナツメなど

帰国時の税関申告は「Visit Japan Web」を利用した電子申告が便利。スマートフォンで記載して二次元コードを表示させて電子申告ゲートを通過する。Ⓤwww.vjw.digital.go.jp

上海から他都市へ

飛行機

上海には、市区の東約30kmに位置する上海浦東国際空港と市区西部に位置する上海虹橋国際空港のふたつの国際空港がある。

前者は日本の21の空港との間に運航便があり、後者は羽田との間に運航便がある。国内線については、ともに便数は多く、主要都市間に定期運航便があるので、どちらの空港を利用するのか（特に出発時）事前に確認しておくこと。

▼上海機場（集団）有限公司

Ⓤ www.shanghaiairport.com

※画面右上の「浦東机場」と「虹橋机場」をクリックして各空港の情報を確認できる

※空港と市内間の移動→P.405

■上海浦東国際空港（上海浦东国际机场）

Ⓜ P.51-E3　住 浦東新区迎賓大道

☎ 96990（自動音声対応）

オ 始発便〜最終便　休 なし　力 不可

航空券売り場で3ヵ月以内の航空券を販売。

■上海虹橋国際空港（上海虹桥国际机场）

Ⓜ 折込表-A〜B3、P.83下

住 長寧区虹橋2550号

☎ 96990（自動音声対応）

オ 始発便〜最終便　休 なし　力 不可

航空券売り場で3ヵ月以内の航空券を販売。

■中国東方航空航空券売り場
（中国东方航空公司售票处）

Ⓜ P.57-F4

住 浦東新区花園石橋路33号花旗大厦2階

☎ 95~

休 土·

```
2024年1月現在廃止
```

交 タクシー（中国東方航空航空券売り場〜外灘）
／25元、所要20分が目安　軌道交通／2号線「陸家嘴」

3ヵ月以内の航空券を販売。

■中国国際航空上海支店
（中国国际航空公司上海支店）

Ⓜ 折込表-B3

住 長寧区迎賓三路199号上海国航大厦1階

☎ 95583、22353767　オ 8:30〜17:00

休 なし　力 ADJMV

交 タクシー（中国国際航空上海支店〜外灘）／60元、所要40分が目安　軌道交通／10号線「虹橋1号航站楼」

3ヵ月以内の航空券を販売。

■日本航空上海支店（日本航空上海支店）

Ⓜ P.78-B1

住 徐匯区淮海中路1045号淮海国際広場7階

☎ 中国予約センター＝4001-27-2470（日本語）

オ 8:00〜18:00（電話受付時間）

Ⓤ www.jal.co.jp

※窓口での航空券販売は廃止。予約センターでの電話受付かネットでの取り扱いのみとなっている

■全日空上海支店（全日空上海支店）

Ⓜ P.63-D3

住 長寧区凱旋路369号龍之夢雅仕企業大厦201室

☎ 中国予約センター＝4008-82-8888（日本語）

オ 8:00〜18:00（電話受付時間）

Ⓤ www.ana.co.jp

※2019年3月から窓口での航空券販売は廃止。予約センターでの電話受付かネットでの取り扱いのみとなっている

鉄道

上海は京滬線、滬杭線、京滬高速鉄道、京寧城際高速鉄道などが集まる交通の要衝で多くの駅がある。そのなかで旅行者が利用するのは上海駅と上海虹橋駅、上海南駅の3つ。列車の種類によって発着駅が異なるので、注意が必要。

中心部の上海駅は利用客が最も多い。南京への城際鉄道はここを発着する。上海虹橋国際空港と連結している上海虹橋駅は高速鉄道専用駅で、長距離バスターミナルも近くて非常に便利。

時刻表や残席確認には「中国鉄路12306」を利用するとよい。

Ⓤ www.12306.cn

上海駅南広場から見た駅舎

※インターネットで中国の鉄道検索→P.415

■上海駅(上海火车站)
M P.55-D〜 E1、P.82　**住** 静安区秣陵路303号

☎ 共通電話＝12306、51234420　**オ** 北側5:00〜24:00、南側24時間　**休** なし　**カ** 不可

交 タクシー(上海駅〜外灘)／25元、所要20分が目安　軌道交通／1、3、4号線「上海火车站」
3日以内の切符を販売。

※4日以降28日以内の切符は上海駅総合切符売り場で販売

■上海虹橋駅(上海虹桥火车站)
M 折込表-A3、P.83-A4〜5

住 闵行区申贵路1500号

☎ 共通電話＝12306、51245555　**オ** 1階6:00〜24:00、2階5:00〜21:45　**休** なし　**カ** 不可

交 タクシー(上海虹橋駅〜外灘)／80元、所要45分が目安　軌道交通／2、10、17号線「虹桥火车站」
28日以内の切符を販売。

■上海南駅(上海火车南站)
M 折込表-C4、P.83上　**住** 徐匯区老滬闵路9001号

☎ 共通電話＝12306、51245040　**オ** 24時間　**休** なし　**カ** 不可　**交** タクシー(上海南駅〜外灘)／60元、所要35分が目安　軌道交通／1、3号線「上海南站」
28日以内の切符を販売。

円形の駅舎が特徴的な上海南駅

■上海駅総合切符売り場(上海站联合售票处)
M P.82-C3

住 静安区梅園路385号联合售票大楼1階

☎ 共通電話＝12306、95105105

オ 5:00〜24:00　**休** なし　**カ** 不可

交 タクシー(総合切符売り場〜外灘)／25元、所要20分が目安　軌道交通／1、3、4号線「上海火车站」
28日以内の切符を販売。

※春節や国慶節時期などの繁忙期には、上海駅総合切符売り場での販売も3日以内に制限されることがある。その場合は、1枚5元の手数料がかかるが、市内切符売り場を利用するとよい。市内切符売り場の場所は、「中国鉄路12306」の中にある「客票代售点」をクリックして「代售点査詢」の画面を出して検索できる

U kyfw.12306.cn/otn/queryAgencySellTicket/init

バス

　上海市内にはいくつものバスターミナルがあるが、使い勝手がよいのは上海駅北広場西側に位置する上海長距離総合バスターミナル。高速鉄道の発達により路線は縮小傾向。

■上海長距離総合バスターミナル
(上海长途汽车客运总站)

M P.82-B1　**住** 静安区中兴路1666号

☎ 66050000　**オ** 5:00〜22:00　**休** なし　**カ** 不可

交 タクシー(上海長距離総合バスターミナル〜外灘)／25元、所要20分が目安　軌道交通／3、4号線「上海火车站」

※軌道交通1号線からはかなり遠く不便

　10日以内の切符を販売。周荘(4便)、南京(2便)、蘇州(2便)、杭州(3便)、紹興(1便)、揚州(11便)、寧波(10便)など。

上海最大規模の上海長距離総合バスターミナル

■上海長距離南バスターミナル
(上海长途客运南站)

M P.83-B〜 C2　**住** 徐匯区石龍路666号

☎ 962168　**オ** 6:00〜20:20

休 なし　**カ** 不可

交 タクシー(上海長距離南バスターミナル〜外灘)55元、所要35分が目安　軌道交通／1、3号線「上海南站」
　10日以内の切符を販売。江南エリアをメインに運行。

■上海長距離虹橋バスターミナル
(上海长途客运虹桥站)

M P.83-A5　**住** 闵行区申虹路298号

☎ 34661821　**オ** 6:45〜21:40

休 なし　**カ** 不可

交 タクシー(上海長距離虹橋バスターミナル〜外灘)／80元、所要45分が目安　軌道交通／2、10、17号線「虹桥火车站」
　10日以内の切符を販売。

中国の鉄道

おもな列車の種類

　新型車両の導入にともない、列車の種類も多様化している。種別は列車番号の頭文字で区別。

■G＝高鉄／gāotiě
　高速列車「CRH」でも時速300～350キロ運転をする最高速タイプの列車。上海虹橋～北京南、上海～南京間などで運行。

■D＝動車／dòngchē
　時速200キロ以上で走る高速列車「CRH」などを含む動力分散型列車。長距離列車も増えており、一部には寝台列車もある。

■C＝城際／chéngjì
　高速列車「CRH」を使った都市間列車。

代表的な高速列車。奥は時速400キロ対応の復興号

■Z＝直達／zhídá
　25T型という客車で運転される特快列車。料金は特快と同じ。

■T＝特快／tèkuài
　昔からある標準的な特急列車。昼行も夜行もあり、高速化が進んでいる。料金は快速と同じ。

■K＝快速／kuàisù
　特快よりも停車駅が多く、地方路線をカバーする運行が多い。設備は見劣りする。

■L＝臨時／línshí
　繁忙期に運行される臨時列車。速度や設備は快速に準じる場合が多い。

■Y＝旅游／lǚyóu
　主として観光用に運行される列車。設備や運行形態は地域により多様。

■頭文字なし＝普通／pǔtōng
　ローカル線で運行されている普通列車。列車番号1001～5998は普通旅客快車(普快)、6001～8998は普通旅客慢車(慢車)。

高速鉄道の座席種類

■1等(一等)yīděng
　日本でいうグリーン車。片側2列で座席はゆったりしている。在来線の軟座に相当する。

■2等(二等)èrděng
　日本でいう普通車。片側2列＋3列で、座席間隔は日本の新幹線普通車とほぼ同様。

■商務(商务)shāngwù
　上海虹橋～北京南の京滬高速鉄道などに設定。飛行機のビジネスクラス並みの豪華シート。

■特等・観光(特等・观光)tèděng・guānguāng
　路線により呼び方が異なるが、前面展望可能な車両を使用した一部の列車の先頭車と最後尾にある展望席。座席は1等とほぼ同じ。

在来線の座席種類

　等級は「軟(グリーン車相当)」と「硬(普通車相当)」に、種別は「座(座席)」と「臥(寝台)」にそれぞれ大別できる。

■軟臥(软卧)ruǎnwò
　4人1室のコンパートメント式寝台車。室内両側にベッドが2段ずつあり、廊下とはドアで仕切られている(寝台カーテンはない)。1列車当たりの席が少なく、切符の入手は比較的困難。

■高包(高包)gāobāo
　一部の列車に連結される最高級寝台車。ふたり1室のコンパートメント式。

■軟座(软座)ruǎnzuò
　比較的短距離の列車に連結されているグリーン座席車に相当する車両。席は片側2列でゆったりとした配置。

■硬臥(硬卧)yìngwò
　上・中・下段がある普通寝台車。廊下との仕切りや寝台カーテンはなくベッドも硬いが、長距離列車では人気が高く、切符の入手は困難。

■硬座(硬座)yìngzuò
　片側2列＋3列の普通座席車。硬いシートで、長距離移動にはかなりこたえる。

> ！　一部列車を除き、鉄道切符の購入に際し、身分証明書(パスポート)の提示が必要。切符にパスポート番号と名前が印字される。代理購入の際は、代理人(旅行会社や友人)に証明書コピーを送付して依頼する。また、駅への入場と乗車には身分証明書実物の携帯が必要。外国人の切符購入は駅の窓口のみ可能で、自動券売機は2019年4月現在非対応。

インターネットで中国の鉄道検索

中国鉄路の公式ウェブサイト「中国鉄路12306」には、切符購入、余剰切符検索、列車時刻表検索、切符予約開始時間検索、運行状況検索、切符販売地点検索などのメニューが用意されているほか、関連する営業規則（中国語）なども掲載されている。2018年のサイトリニューアルでトップページから列車検索ができるようになり便利になったが、購入や変更、払い戻し、そのほか会員加入の手続きは中国の銀行口座を持たない外国人旅行客には原則対応していない。

■中国鉄路 12306
（中国铁路 12306）
Ⓤ www.12306.cn

車票（车票）メニュー

トップページ左にあるウインドーで列車の検索とリアルタイムの残席数検索ができる。上部の「车票」タブをクリックして、直接詳細ページにアクセスしてもよい。まず、上部の「単程（片道）」「往返（往復）」「接続換乗（乗り換え）」「退改签（払い戻しと変更）」のタブで希望を選び、「出发地（発駅）」と「到达地（着駅）」、希望の日付を入力して「查询」ボタンをクリックすると、指定区間の列車が一覧で表示される。中国では乗り換えをしないで目的地に到達する列車を利用するのが一般的なので、よほどの小駅や複雑な経路を利用しないかぎりは片道か往復の検索で希望の列車が見つかるはず。

この際、乗車駅と降車駅は、中国語のピンイン（発音表記）の頭文字順に一覧が出てくるので、そこから選択すればよい。ピンインによる直接入力も可能。その場合、「上海虹橋／shàng hǎi hóng qiáo」であれば「s h h q」と入力する。

トップページから検索する場合、出発地や到着地にカーソルを合わせるだけで主要な駅が表示されるので、それをクリックしてもよい。また、「上海」とだけ入力しても、上海南駅や上海虹橋駅発の列車も表示される。駅を絞り込みたい場合や、高鉄だけ検索するなど列車を絞り込みたい場合は、表示された一覧の上部にある列車種別と駅のチェックボックスの希望部分にチェックを入れて再検索する。

残席は数字で表示され、売り切れの場合は「"无"（無）」と表示される。「有」の表示は残席数が100以上の場合。「"候补"（候補）」はキャンセル待ちのことだが、申し込みには事前支払いが必要。数字をクリックすると下に運賃が表示される。「"折"」という表示が出ることがあるが、これは割引運賃のこと。左端の"车次"をクリックすると、その列車の全停車駅と着発時刻および停車時分が表示される。

外国人は原則切符の購入はできない

「中国鉄路 12306」上で切符を購入するには下記のような条件があり、観光で訪れる外国人が事前に公式ウェブサイトで切符を押さえておくのは現実には非常に困難である。

●切符のネット購入で必要な条件
・決済手段はデビットタイプの銀聯カードもしくは中国内指定銀行のキャッシュカードのみ（国際クレジットカードは不可）
・予約後に決済しないと予約は無効となる（支払いなしの予約だけは不可能）
・事前に中国のオンライン決済システムへの登録や、公式サイトへの個人情報登録が必要（すべて中国語）

●賢い使い方と日本での切符予約法
オンラインで切符を買うことはできないが、残席がリアルタイムで表示されるので混雑状況を知るには有用だ。残席が少ない場合は早めに駅や市内切符売り場の窓口で切符を購入しておこう。

出発前に日本から中国の鉄道切符を買っておきたい場合は、民間オンライン旅行会社のTrip.comを利用するとよい。列車の検索と国際クレジットカード決済による支払いができる（手数料必要）。切符は予約受理番号が記載されたメールをプリントアウトして駅の窓口や市内切符売り場に持参し、パスポートを提示して受け取るか、中国内指定箇所（ホテルなど）に宅配を依頼する（有料）。
Ⓤ jp.trip.com

（記事内容は2019年4月現在）

2024年1月現在、中国鉄路12306の英語版ではメールアドレスによる本人登録と国際クレジットカード決済に対応している。事前にチケットを予約・購入し、スマートフォンを使ってチケットレス乗車が可能。

体調管理

体調管理に注意を払おう

◇ 無理な行動は控えよう

日本と中国の時差は1時間。ヨーロッパなどへの旅行と比較すると、時差に悩まされることもなく、到着後すぐに行動することができる。しかし、脂っこい食事や乾燥した気候など日本での生活と異なる面も少なくなく、ストレスや疲労がたまる。

◇ 常備薬を持参しよう

もし病気になってしまっても、風邪や下痢程度のことが多いので、日本から常備薬を持っていくとよい。中国でも漢方以外に一般的な西洋薬を町なかの薬局で購入することができるが、言葉の問題で店員に症状をうまく説明できないとか、現地の薬が自分の体に合わないということも考えられる。薬は飲み慣れたものが安心だ。

こういったことから、いざというときのために、頭痛薬、風邪薬、下痢止め、抗生物質、絆創膏などを携帯することをおすすめする。

◇ こまめに水分補給をしよう

旅行中は水分が不足しがちだ。したがって、お茶を飲むなり、果物を摂取するなりして、意識的に水分の補給を図るようにしよう。ただし、生水は飲用に適さないので摂取は避けること。

ホテルの部屋には、電気湯沸かし器とティーバッグが用意されている（ドミトリーにはないことが多い）ので、それを使えばいいし、町なかのキオスクでは3元程度で約500mℓ入りのミネラルウォーター（中国語では「矿泉水kuàngquánshuǐ」）を簡単に買える。

※上海の水道水は、水道管の老朽化や浄水場の能力の問題で、濁りがあったり季節によってはカビ臭さが残っている場合がある。沸騰させても飲用に適しているとはいいがたいので、ホテル等でお茶を沸かす際もミネラルウォーターか浄化水を使うようにしたい

◇ 注意したい病気

■下痢

気候や食べ物が合わず下痢になる人は多いが、市販の下痢止めの薬でたいてい治る。

細菌性の下痢もあるが、こちらは便が水のような状態になり、嘔吐、発熱などの症状が出る。

■肝炎

中国でよくかかる肝炎は、初めは風邪のような症状で黄疸が出る。1ヵ月ほど入院して安静にしていれば回復するが、無理をすると命にかかわるので、医師の診断を受けること。

■狂犬病

中国では無届け飼育、予防接種なしのペットが多く、狂犬病が少なからず発生している。旅行中はむやみに犬猫に接触しないように心がけ、心配な人は日本で予防接種をしていこう。

■大気汚染

中国では大気汚染が深刻化している。特に、厳冬期には空気が滞留しスモッグがひどくなる。マスクやのどの薬は持参するのが確実。

病気になったら

◇ ホテルの従業員に相談する

症状が悪化し、薬では対処できなくなったら、まずはホテルのフロントに相談してみよう。

■外国人向けの病院（→P.91）

博愛医院国際医療中心（博愛医院国际医疗中心）

MP.79-E3

🏠上海市徐匯区淮海中路1590号博愛医院2階

☎64315107（日本語可）

🕐8:30～11:30、13:00～17:00

🚫日曜、祝日 　Ｕwww.boaihospital.com

病院での手続き

◇ 受診の流れ

❶受付で症状を説明し、診察の申し込み（挂号）を行う。このとき、「内科」や「外科」など診察を希望する部門ごとに診察料を前払いする（5～15元程度）ことになっている。

❷指示された診察室（诊室）に入って診察を受ける。ただし、ほとんどの医師は中国語（よくて英語）しか話せない。

❸医師に処方箋（注射や点滴、検査などを含む）を書いてもらい、薬局や検査室に行く（それぞれの過程で会計所に行って精算する）。

❹入院が必要なら、入院手続きを行う。

病院に行く際には、パスポートとある程度の現金が必要なので忘れないように。

また、海外旅行保険に加入し、帰国後精算する

予定の人は、診断書（できれば英語）や領収書をもらっておくこと。さらに、海外旅行保険などに加入していれば、キャッシュレスで治療を受けられる病院もある。詳細は各保険会社のウェブサイトなどで確認できる。

感染症情報と予防接種

◇ 海外渡航者のための感染症情報

厚生労働省のウェブサイトに「海外で健康に過ごすために」のページがある。健康面の注意や予防接種などに関する情報が掲載されている。

■厚生労働省検疫所
「海外で健康に過ごすために」
Ⓤ www.forth.go.jp

◇ 予防接種

日本では、検疫所などで予防接種を受けることが可能（要予約）だ。長期旅行者以外は不要。

◇ おもな検疫所

■東京検疫所
☎ 検疫衛生課＝（03）3599-1515
🗓 予約・問い合わせ（祝日を除く）
　月～金曜9:00～12:00、13:00～17:00
Ⓤ www.forth.go.jp/keneki/tokyo

■大阪検疫所
☎ 予防接種＝（06）6571-3522
🗓 予約・問い合わせ（祝日を除く）
　月～金曜9:00～17:00
Ⓤ www.forth.go.jp/keneki/osaka

■名古屋検疫所
☎ 電話相談窓口＝（052）661-4131
　予約専用＝0569-38-8205
🗓 予約（祝日を除く）
　月～金曜8:30～17:00
Ⓤ www.forth.go.jp/keneki/nagoya

ビザの延長

滞在期間延長に関する手続き

◇ 観光ビザの延長手続き

日本で取得した観光ビザ（Lビザ）の有効滞在期間は30日間。中国では、原則1回だけ滞在期間を延長することができる。2回目のビザ延長は特別な理由が必要。観光ビザを延長する場合、滞在費が十分かどうかを確認される。具体的には1日US$100、30日間ならUS$3000相当の現金やT/Cなど。通貨は外貨でも人民元でもよい。

申請に必要なものは、
❶延長申請書（公安局に置いてある）
❷パスポート（残存有効期間の問題ないもの）
❸宿泊登記証明書（滞在しているホテルや指定された公安局などで出してもらう）
❹写真1枚
❺手数料160元

注意事項としては、①ビザが切れる当日までに申請を受理されなければならない（あまり早過ぎても不可）　②本人申請のみ　③手続きの処理に5業務日ほど必要、ということがある。

また、ビザの延長は延長申請を行った日からカウントされるので、早く手続きを開始すると、そのぶん合計滞在日数は短くなってしまう。

◇ ノービザの滞在期間延長

2019年4月現在、一部を除き、中国ではノービザ入国者の滞在延長を認めている。必要な書類や注意事項は観光ビザ所持者の場合と同じ。ただし、滞在が15日間を超えそうな人は、中国入国前にビザを取得しておいたほうが無難。

上海市公安局出入境管理局
（上海市公安局出入境管理局）
Ⓜ 折込表-D3　住 上海市浦東新区民生路1500号
☎（021）28951900
🗓 9:00～17:00　休 日曜、祝日

杭州市公安局出入境管理処
（杭州市公安局出入境管理处）
Ⓜ P.291-C3　住 杭州市上城区婺江路169号
☎（0571）87071973、87280185
🗓 9:00～12:00、13:30～17:00
休 土・日曜、祝日

蘇州市公安局出入境管理処
（苏州市公安局出入境管理处）
Ⓜ P.332-C3　住 蘇州市姑蘇区姑蘇公安分局
☎（0512）65110655
🗓 9:00～12:00、13:00～17:00
休 土・日曜、祝日

安全対策

盗難・紛失時の対処法

✧ トラブルに遭ったら公安局へ行く

盗難や事故に遭ったときは、まず公安局（中国の警察）へ行くこと。外国人専門に対応する部門は、外事科や外国人管理処などと呼ばれることが多い。盗難に遭った場合は、こういった部門に行って、盗難証明書や紛失証明書を発行してもらう。

海外旅行保険などで携行品損害補償をカバーしていれば、あとで保険会社にこれらの証明書を提出し、保険金を請求することができる。

なお、調書は中国語で書かなければならないので、中国語ができない人は、中国語を話せる日本人か日本語の通訳（旅行会社などに依頼する）と一緒に行くこと。

✧ 素早く手続きを進める

■航空券

eチケットは紛失する心配がないので安心。「eチケット控え」を紛失した場合も無料で再発行できる。当日忘れてもパスポートなどの公的書類で本人確認ができれば搭乗可能。

■クレジットカード

クレジットカードを盗難・紛失した場合、カードの悪用を防ぐために所有していたクレジットカードの届け出先に大至急連絡を入れること。

▼クレジットカード紛失・盗難時の連絡先

・アメリカン・エキスプレス・グローバル・ホットライン
☎65-6535-2209（シンガポールセンター）
・ダイナースクラブカード
☎81-3-6770-2796（日本へコレクトコール）
・JCB
☎00-800-00090009、☎4001-202145
・MasterCardグローバルサービス
☎10-800-110-7309
・Visaグローバル・カスタマー・アシスタンス・サービス
☎1-303-967-1090（コレクトコールで利用）

■携行品

海外旅行保険の補償をカバーしていれば、旅行中に盗難・破損・火災などで損害を受けた場合、各保険会社の規定に従って保険金を受け取ることができる。保険金は、基本的に日本に帰国してからの申請、受け取りとなることが多い

ので、現地の関連部署が発行する書類（盗難の場合は公安局の盗難証明書）を入手しておく。

パスポート（旅券）をなくしたら

万一パスポート（以下旅券）をなくしたら、まず現地の警察署へ行き、紛失・盗難届出証明書を発行してもらう。次に日本大使館・領事館で旅券の失効手続きをし、新規旅券の発給（※1）または、帰国のための渡航書の発給を申請する。旅券の顔写真があるページと航空券や日程表のコピーがあると手続きが早い。コピーは原本とは別の場所に保管。

必要書類および費用

■失効手続き
・紛失一般旅券等届出書
・共通：写真（縦45mm×横35mm）　1枚　※3

■発給手続き
・新規旅券：一般旅券発給申請書、手数料（10年用旅券1万6000円、5年用旅券1万1000円）※1※2
・帰国のための渡航書：渡航書発給申請書、手数料（2500円）　※2
・共通：現地警察署の発行した紛失・盗難届出証明書
・共通：写真（縦45mm×横35mm）　1枚　※3
・共通：戸籍謄本　1通　※4
・帰国のための渡航書：旅行日程が確認できる書類（旅行会社にもらった日程表または帰りの航空券）

※1：改正旅券法の施行により、紛失した旅券の「再発給」制度は廃止
※2：支払いは現地通貨の現金で
※3：撮影から6ヵ月以内。IC旅券作成機が設置されていない在外公館での申請では、写真が3枚必要
※4：発行から6ヵ月以内。帰国のための渡航書の場合は原本が必要

「旅券申請手続きに必要な書類」の詳細や「IC旅券作成機が設置されていない在外公館」は、外務省のウェブサイトで確認を。
Ⓤwww.mofa.go.jp/mofaj/toko/passport/pass_5.html

渡航先で最新の安全情報を確認できる「たびレジ」に登録しよう

外務省の提供する「たびレジ」に登録すれば、渡航先の安全情報メールや緊急連絡を無料で受け取ることができる。出発前にぜひ登録しよう。
Ⓤwww.ezairyu.mofa.go.jp/index.html

蘇州で日本人学校の生徒が襲われる事件が発生したが、昨今の情勢を考えると公衆の面前で日本語や英語で声高に会話するのは控えたほうがよい。また、日本語がわかる人は日本人が考える以上に多いので日本人同士でも敏感な話題は避けるのが無難。

中国の通信事情

郵便

◇ 中国の郵便事情

中国と日本とは距離が近いこともあり、手紙が5〜10日間、航空小包が7〜10日間、船便が1〜2ヵ月で届く。郵政局（中国の郵便局）やポストはどんな町に行ってもある。

■中国郵政集団公司

Ｕwww.chinapost.com.cn

■中国郵政速遞物流（EMS）

Ｕwww.ems.com.cn

◇ 手紙とはがき

手紙に関しては特別な規則はない。切手を貼って表に「Air Mail」もしくは「航空信」と書き、投函すればよい。住所は、頭に「日本国」と漢字で書けば、あとはすべて日本語でかまわない。

速く送りたい場合は、EMS (International Express Mail Services。日本の「国際スピード郵便」に相当）を使うと便利。3〜4日で日本へ着く。これは書留速達で、日本の郵便局で扱っているものと同じ。ただし、小さな郵政局では扱っていない場合がある。

◇ 国際小包・別送品

国際小包はよほど小さな郵政局でなければ、どの郵政局からも送ることができる。航空便の料金は、1kgまで124.2元。それ以降、重さに応じて加算される（右表参照）。

航空便以外に、割安な船便もあるが、日本に届くのは1〜2ヵ月後。また、両者の間を取ったようなSAL便というサービスもあるので、係員に尋ねてみよう。

国際小包の場合、郵便料金のほかにも、税関料（1件につき5元）、保険手続き料（1件につき3元）、保険料（200元ごとに3元）などが加算される。

日本に送る場合は、郵政局内の税関で検査を受けなければならない。開封のまま郵政局へ持っていき、申込書に送り先や内容物を記入し、荷物を詰めた状態で担当官に見せたあとに封をする。検査といっても、簡単に済むことが多い。

箱に宛名を書かなければならないので、油性のフェルトペンを持っていくとよい。ボールペンでは少々不便。

なお、漢方薬、国外持ち出し禁止の書籍、証明書のない美術工芸品などは、国外に送れないので注意しよう。

旅行中に記念品などを日本に送った場合は、別送品となる。箱に「別送品（Unaccompanied Baggage）」と明記し、日本帰国時に「携帯品・別送品申告書」を2部記入して提出する（→P.411）。未提出だと一般の輸入品として扱われてしまう。

郵便料金（2019年4月現在）
※左記公式ウェブサイトで最新料金を確認できる

日本への航空便料金

項目	重さなど	料金
はがき	1枚	5.0元
封書	20g以下	5.0元
	20gを超える10gごとに	1.0元加算
小型包装物（2kgまで）	100g以下	30.0元
	100gを超える100gごとに	27.0元加算
小包（上記以上。30kgまで）	1kgまで	124.2元
	1kgを超える1kgごとに	29.6元加算

日本へのEMS料金

項目	重さなど	料金
書類	500g以下	115.0元
	500gを超える500gごとに	40.0元加算
物品	500g以下	180.0元
	500gを超える500gごとに	40.0元加算

中国国内郵便料金

項目	重さなど	料金
はがき	1枚	0.8元
封書	市内100g以下20gごとに	0.8元
	100gを超える100gごとに	1.2元加算
	市外100g以下20gごとに	1.2元
	100gを超える100gごとに	2.0元加算

中国国内の特快専遞便（Domestic EMS）料金

重さなど	料金
500g以下	20.0元
500gを超える500gごとに	1区（500km以内）：4.0元加算
	2区（500kmを超え、1000km以内）：6.0元加算
	3区（1000kmを超え、1500km以内）：9.0元加算
	4区（1500kmを超え、2500km以内）：10.0元加算
	5区（2500kmを超える）：17.0元加算

◇ 国際小包・EMSの送り方

❶郵便局へ行く

最寄りの郵政局へ行く。税関を通す必要がある場合は郵政局が限定される。発送する荷物は、任意の箱に入れてよいが、郵政局内で内容物の確認があるので、事前に封をしてはいけない。箱は郵政局でも販売しているが、強度は低く手荒く扱われて破損することがあるので、緩衝材などを用意するとよい。国際小包やEMSを送るときには、本人確認を求められるので**パスポート原本を持参する。**

❷重さを量り、梱包する

窓口で送付物のチェックを受け、梱包する物がない場合は、荷物に見合った専用の箱や封筒を用意してもらい、重さを量って梱包してもらう(箱や梱包作業は有料)。

重量(箱にも記載される)を聞いてから、総合窓口(郵政综合台)に向かい、航空便(航空函件)、SAL便(空运水陆路函件)、船便(水陆路函件)、EMS(国際(地区)特快专递邮件)のなかから郵送方法を選び、該当する伝票を受け取る。この際、重量と郵送先を告げれば、料金を教えてもらえる。なお、重量

梱包は郵政局内で行う。梱包は有料だがとてもていねい

によっては利用できないサービスもあるので注意。伝票は有料。書き損じの場合、再度料金を徴収されるので、慎重に記入すること。

記入が終わったら、総合窓口で伝票を渡し、箱の場合は、箱に受取人氏名および住所、差出人氏名および住所を記入する。

総合窓口で再度計量して料金を支払い、伝票控えを受け取る。

◇ EMS以外で利用する伝票の記入例

※中国では、該当する□には✓ではなく、×を入れる。記入は英語または漢字で! 公式には英語記入が推奨されるが、現場では漢字記入を指示される場合がある。余裕があれば併記するとよい

❶郵送物について該当するものに×を付ける。左から「商品サンプル」「書類」「贈答品」「返品」「そのほか」 ❷保険額。掛けないなら記載不要 ❸郵送方法。左から「航空便」「船便」「SAL便」 ❹差出人氏名 ❺発送元の地級行政区画名 ❻発送元の直轄市・省・州名 ❼ P. R. CHINAまたは中華人民共和国 ❽差出人が個人であれば記入不要 ❾旅行者は滞在先のホテル名や住所を記入 ❿ホテルの電話番号、ファクス番号と郵便番号 ⓫受取人氏名 ⓬受取人の市など ⓭受取人の都道府県名 ⓮ JAPANまたは日本国 ⓯受取人が個人であれば記入不要 ⓰受取人住所 ⓱受取人の電話番号、ファクス番号と郵便番号 ⓲内容物について、それぞれの名称、数量、重量、価格などを記入 ⓳検疫を受けた場合は該当する処理に×。なければ記入不要 ⓴配達不能の際の取り扱いに× ㉑記入年月日と署名を入れる

電話

◇ ホテルから日本などへ電話する場合

客室からの国際電話のかけ方や手数料はホテ

EMS以外で使用する伝票

ルによって異なる。サービス案内を読んだり、フロントに問い合わせるなどして、しっかり確認しよう。

◇ 電話ボックスからかける

ICカード式やIPカード式の電話機が多いが、携帯電話の普及により数は減っている。ICカードは20元、50元、100元、200元などの種類がある。カード式の電話は、日本のカード式公衆電話と同じように使える。IPカード式電話はインターネットを使った通話サービス。

ICカード式電話のかけ方

1 カードを購入する
郵政局やホテル、町角の売店などで購入できる。金額は使用頻度を考えて購入すること。IPカードと間違えないこと！

↓

2 ICカード式電話の表示を探す
郵政局などにあるが、携帯電話の普及により少なくなっている

↓

3 受話器を取りカードを差し込む
カードを差し込むとき、シールの貼ってあるほうが上なので注意

↓

4 番号をプッシュする
まず「00」をプッシュする

↓

次に国番号（日本にかけるなら「81」）をプッシュする

↓

次に相手先の市外局番と携帯電話番号の最初の「0」を取った番号（「03-1234-5678」にかけるなら「3-1234-5678」）をプッシュ

↓

5 電話を終える
受話器を置くと自動的にカードが出てくるものもあるが、ボタンを押してカードを取り出す電話機もある。取り忘れのないように！

◇ 国際電話のかけ方（中国から日本）

日本の電話会社でも中国から簡単に日本へ電話できる下記のサービスを扱っている。

■日本語オペレーターに申し込むコレクトコール

中国から日本語オペレーター利用の電話。支払いはコレクトコールかクレジットカード。

●アクセス番号

▼KDDI→ジャパンダイレクト
☎108-2811（おもに上海、広州など南部から）

■国際クレジットカード通話

クレジットカードの番号を入力してかけることのできる国際電話。日本語の音声ガイダンスに従って、操作すればよい。

●アクセス番号

▼KDDI→スーパージャパンダイレクト
☎108-2810（おもに上海、広州など南部から）

通話手順

1 アクセス番号を入力

↓

2 クレジットカードの番号＋＃を入力

↓

3 暗証番号＋＃を入力

↓

4 相手の電話番号を市外局番から入力し、＋＃を入力

■プリペイドカードを利用する

国際電話プリペイドカードも便利だ。カードは日本出国前にコンビニや成田などの国際空港であらかじめ購入できる。上記のアクセス番号にダイヤルし、日本語の音声ガイダンスに従って操作する。
▼KDDI→スーパーワールドカード
※利用法についてはKDDIまで問い合わせを

◇ 国際電話のかけ方（日本から中国）

通話手順

1 《国際電話識別番号　010》

＋

2 《国番号》
（中国は86）

＋

3 《相手先の電話番号》
（市外局番と携帯電話番号の最初の0を取る）

※　NTTドコモはWORLD CALLに事前登録が必要
※　携帯電話の3キャリアは「0」を長押しして「＋」を表示し、続けて国番号からダイヤルしてもかけられる

日本での国際電話の問い合わせ先

通信会社名	電話番号とURL
NTTコミュニケーションズ	☎0120-003300（無料） Ⓤwww.ntt.com
ソフトバンク	☎0088-24-0018（無料） Ⓤwww.softbank.jp
au（携帯）	☎157（auの携帯から無料） Ⓤwww.au.kddi.com
NTTドコモ（携帯）	☎151（NTTドコモの携帯から無料） Ⓤwww.docomo.ne.jp
ソフトバンク（携帯）	☎157（ソフトバンクの携帯から無料） Ⓤmb.softbank.jp/mb

国内電話

ホテルから電話をかける

ホテルの部屋からかけるときには、外線番号をプッシュして外線にアクセスし、つながったら相手の電話番号をプッシュする。

電話ボックスからかける

ICカード式やIPカード式の電話機も多い。ICカードはホテルのフロントや郵政局で売っている。

携帯電話

中国で携帯電話を使う場合、自分の携帯電話を持参して国際ローミングサービスを利用する、あるいは中国で使える携帯電話をレンタルするなどの方法がある。国際ローミングサービスについては、各社でデータ定額サービスを導入しており、1日300～1500円程度で利用可能。使用に際しては事前にアプリをダウンロードするなど手続きをしておく。

ほかには、モバイルWi-Fiルーターを日本の出発空港でレンタルする方法がある。定額料金なので、現地でのネット利用に便利。ただし、規制により中国で使えないサービスを使いたい場合はオプションでVPN付きを申し込む必要がある（→P.367）。

各携帯会社の「パケット定額」や海外用モバイルWi-Fiルーターのレンタルなどの情報については下記を参照。ただし、中国の通信事情には制限があるので、必ず中国用のものを使い、ルーターにはVPNの付加サービスを付けること。
U www.arukikata.co.jp/web/article/item/3000211/

※日本でSIMフリーの機種を使用している人は、中国でSIMカードを購入して差し替えれば、中国の料金で通話やメール、ウェブ閲覧などが可能。ただし、中国のインターネット規制は受ける。また、中国最大手の中国移動通信（チャイナモバイル）は特殊な周波数を使用しているため、日本のスマートフォンではSIMを挿しても正常な通信ができないケースがある。iPhoneは6S以降ならほぼ対応しているが、アンドロイドについては自分のスマートフォンが対応しているか事前に確認が必要。中国聯通（チャイナ・ユニコム）については、その心配はない。

携帯電話を紛失した際の、中国からの連絡先
（利用停止の手続き。全社24時間対応）
■au
　00（国際電話識別番号）＋81＋3＋6670-6944[※1]

■NTTドコモ
　00（国際電話識別番号）＋81＋3＋6832-6600[※2]
■ソフトバンク
　00（国際電話識別番号）＋81＋92＋687-0025[※3]

※1 auの携帯から無料、一般電話からは有料
※2 NTTドコモの携帯から無料、一般電話からは有料
※3 ソフトバンクの携帯から無料、一般電話からは有料

インターネット

インターネットには規制がある

中国には独自のシステムによるインターネット規制がある。日本で一般的なFacebookやTwitter、LINEなどのSNSがそのままでは使えない、Google検索ができないなどの不便がある（→P.367）。

ウェブメール

ユーザーIDとパスワードを持っていれば、ネットカフェやホテルなどで簡単に利用することができる。ただし、日本で広く普及しているGmailは規制のため中国内ではVPNを使うなどしないとアクセスできない。ビジネスや学校で常用している人は特に注意。

400の番号で始まる電話

中国には頭3桁に400が付く10桁の電話番号が存在する。これは企業が顧客にサービスを提供するための電話番号で、発信者は市内通話料のみを負担すればよい仕組み。固定電話、携帯電話ともに利用可能。なお、このサービスを利用できるのはチベット自治区、香港、マカオを除く中国国内限定。

安心＆便利なドコモの海外パケット定額サービス

ドコモの「パケットパック海外オプション」は、1時間200円でいつものスマートフォンをそのまま海外で使えるパケット定額サービス。旅先で使いたいときに利用を開始すると、日本で契約しているパケットパックなどのデータ量が消費される。利用時間が経過すると自動的にストップするので高額請求の心配もない。詳細は「ドコモ　海外」で検索してみよう。

インフォメーション　大気汚染の状況をチェックできる

体質により要注意

　中国の大気汚染については広く知られるところとなったが、汚染が深刻化する冬場には航空機の運航に影響が出るほどのひどい霧が発生している状況だ。健康な人が短期滞在する程度ならさほどの心配は不要と思われるが、持病や体質によってはある程度の影響が出る可能性もあるので、かかりつけ医師等に相談し自分に合った対策を講じよう。

汚染状況をチェックできるサイト

　大気汚染は中国国内で社会問題化しており、リアルタイムに近い状態で汚染状況をチェックできるサイトが多数出現している。そのほか、北京など5都市に限定されるがアメリカ大使館でも観測結果を公表している。いろいろ検索し、自分に合ったサイトをブックマークしておくと便利だ。「AirVisual」などの無料スマートフォン向けのアプリも存在する。

■リアルタイム大気質指標（AQI）「上海」
Ｕaqicn.org/city/shanghai/jp（日本語・英語・中国語）
　上海だけでなく、蘇州や南京など多くの都市の状況がわかる。
■全国重点城市空気質量ランキング
Ｕtianqi.2345.com/air-rank.htm（中国語）
■アメリカ大使館・領事館の観測結果
上海＝Ｕwww.stateair.net/web/post/1/4.html（英語）
■在中国日本国大使館の関連ページ
Ｕwww.cn.emb-japan.go.jp（日本語）
　上海の大気汚染は過去に比較して改善傾向のため、大気汚染に関する常設のページは存在しなくなったが、トップページの「生活・安全」からのリンクで注意喚起が発せられることがある。

INFORMATION

中国でスマホ、ネットを使うには

　まずは、ホテルなどのネットサービス（有料または無料）、Wi-Fiスポット（インターネットアクセスポイント。無料）を活用する方法がある。中国では、主要ホテルや町なかにWi-Fiスポットがあるので、宿泊ホテルでの利用可否やどこにWi-Fiスポットがあるかなどの情報を事前にネットなどで調べておくとよいだろう。ただしWi-Fiスポットでは、通信速度が不安定だったり、繋がらない場合があったり、利用できる場所が限定されたりするというデメリットもある。ストレスなくスマホやネットを使おうとするなら、以下のような方法も検討したい。

☆各携帯電話会社の「パケット定額」

　1日当たりの料金が定額となるもので、NTTドコモなど各社がサービスを提供している。
　いつも利用しているスマホを利用できる。また、海外旅行期間を通じてではなく、任意の1日だけ決められたデータ通信量を利用することのできるサービスもあるので、ほかの通信手段がない場合の緊急用としても利用できる。なお、「パケット定額」の対象外となる国や地域があり、そうした場所でのデータ通信は、費用が高額となる場合があるので、注意が必要だ。

☆海外用モバイルWi-Fiルーターをレンタル

　中国で利用できる「Wi-Fiルーター」をレンタルする方法がある。定額料金で利用できるもので、「グローバルWiFi（【URL】https://townwifi.com/）」など各社が提供している。Wi-Fiルーターとは、現地でスマホやタブレット、PCなどでネットを利用するための機器のことをいい、事前に予約しておいて、空港などで受け取る。利用料金が安く、ルーター1台で複数の機器と接続できる（同行者とシェアできる）ほか、いつでもどこでも、移動しながらでも快適にネットを利用できるとして、利用者が増えている。

ルーターは空港などで受け取る

　ほかにも、いろいろな方法があるので、詳しい情報は「地球の歩き方」ホームページで確認してほしい。
【URL】http://www.arukikata.co.jp/net/

上海、杭州、蘇州の歴史ダイジェスト

19世紀末までは黄浦江沿いの小都市に過ぎなかった上海、かつて都だったこともある杭州、故事成語の舞台ともなった蘇州。「魚米之郷」として豊かな恵みに支えられた江南の3都市の成り立ちはそれぞれ複雑だ。

■古代から元代まで

今でこそ大都会の上海だが、先史時代においては土地そのものがなく、無錫や蘇州あたりが海岸線に近い町であったという。長い年月を重ねて土砂が堆積し、水田となり、やがて人が集まり市が立って「上海市」ができるのは宋代になってからである。

一方で、古くから栄えたのが蘇州だ。紀元前の春秋時代(紀元前770〜403年)には呉の都がおかれ、会稽(現在の紹興)を都とする越と境を接して激しく抗争し、仲が悪い者が同席するという「呉越同舟」のいわれともなった。呉越に関しては、ほかに「会稽の恥(越王勾践が会稽で呉王夫差に破れ屈辱的講和をした)」や「臥薪嘗胆(越王勾践が「会稽の恥」の復讐を誓って努力した)」などの故事成語が生れている。

その後、魏、呉、蜀が覇権を競う三国時代(220〜280年)には、南京に呉の都がおかれ、統一王朝の隋(581〜618年)の時代には煬帝により余杭(現杭州)と涿郡(現北京)を結ぶ大運河の建設が行われた。大運河は以降たびたび整備され、一部は今もなお水運に使われている。2014年には世界遺産にも登録された。唐(618〜690年、705〜907年)の時代には詩人として有名な白居易が杭州に赴任し、西湖を整備して白堤にその名を残している。続く宋(北宋=960〜1127年、南宋=1127〜1279年)では、東坡肉や西湖の蘇堤にその名を残す蘇軾(蘇東坡、1037〜1101年)が杭州に赴任した。その後の1279年、北方遊牧民との戦いに敗れて南遷した宋は都を杭州においた。稲の改良や水田開発が進み、江浙地方は「江浙(蘇湖)熟すれば天下足る」と言われたほどの穀倉地帯となり、あわせて詩や書画、陶磁器など豊かな文化が花開いた。

宋の次に統一王朝となった元(1271〜1368年)はモンゴル民族が建てた王朝だが、広い国土を統治するにあたり有能な者は民族を問わず取り立て、旧来の習慣も尊重したことから、江南地方の発展も継続した。『東方見聞録』で有名なマルコ・ポーロはこの時代の人物で、数回訪れたという杭州について、世界で最も美しく華やかな都市と称賛している。

■明清代の江南

続く明(1368〜1644年)を建てた朱元璋は江南の出身であり、建国時には都を金陵(現南京)においた。しかし、皇室の内紛により、北京周辺を支配していた燕王が1402年に永楽帝として即位し、以降都は北京に移されてしまった。政治の中心地ではなくなったものの、江南は引き続き経済の中心地として発展を続けた。一方で、倭寇の襲撃にたびたび悩まされるようになり、それまでは城壁がなかった上海県城に初めて城壁が築かれた。

明のあとを継いだ清(1644〜1912年)は、北方民族の女真(満洲)族が建てた王朝であるが、政治に従順であるかぎり旧来の漢民族の経済や文化を保護したので、江南の発展も引き続き加速した。名君として知られる第4代康熙帝(在位1661〜1722年)や第6代乾隆帝(在位1736〜1799年)はたびたび杭州や蘇州を巡幸し、その景観を愛した。そして、北京の頤和園や承徳の避暑山荘に江南の景色を模した大庭園を造営した。

一方で、江南は物資の集散地としてますます発展を遂げ、豊かさに裏づけられた文化もまた発展した。清末から中華民国期にかけては米だけではなく、綿織物や絹織物、漢方薬材などの

杭州を流れる銭塘江の治水を願い宋代に建てられた六和塔。当時のれんが造りの塔が内部に残る

左：杭州の中山中路（南宋御街）には、再開発中に発掘された元〜宋の敷石を展示するコーナーがある
右：金に対して徹底抗戦を唱えたものの暗殺された岳飛は、英雄として祀られている

特産品を扱うことで巨万の富を得た大富豪が各地に出現し、彼らが造園した見事な庭や贅を尽くした邸宅が水郷古鎮などに今も残っている。

■アヘン戦争から現代まで

19世紀に入り清の勢力が衰えてくると、欧米列強が東洋の支配を争うようになる。なかでも積極的だったのはイギリスで、1840年にアヘン戦争を起こして勝利すると、1842年の南京条約で福州、上海を新たに開港させた。1845年には早くも上海に土地を租借して居留地を形成するが、これが中国で最初の租界といわれる。租界というのは、中国の開港地に不平等条約の規定によって外国が土地を借り、治外法権を行使するエリアのことであるが、土地の賃料の有無や期間などは条約によりさまざまであった。また、なし崩し的に拡張が行われて中国政府が関与できない事実上の植民地が形成されていった。

租界には1国が経営する専管租界と、複数国が共同で経営するものがあり、上海の租界は当初、英米仏の3国が専管租界をもっていたが、後にアメリカ租界はイギリス租界に併合されて国際共同租界となった。日本は1871年に日清修好条規、日清戦争後の1896年に日清通商航海条約を結び、以降最恵国条項により上海の国際共同租界に進出していくことになるが、専管租界設置の権利は有したもののその設置には最後までいたらなかった。日本人の多くが居留し、ホンキューの名で親しまれた虹口エリアを「日本租界」ということがあるが、厳密には共同租界の一部であった。一方で、日清戦争後の下関（馬関）条約の規定により、日本は杭州と蘇州に小さな専管租界をもっていた。

租界は治外法権のため、時の中国政府と対峙する勢力の避難場所としてよく利用された。また、租界にはパスポートを持たずに上陸できたことから、国を追われた白系ロシア人やユダヤ人の避難場所ともなり、また上海が一種の自治都市であったことも手伝って、豊かで多種多様な文化が花開き、「魔都」ともいわれる清濁併せのむ大都市に発展していった。

1941年、太平洋戦争が勃発すると日本はただちに上海の租界を全面占領し、多くの欧米人は追放された。その後、租界は1943年に日本の支援を受けた「中華民国臨時政府（汪兆銘政権）」に接収されて消滅する。1945年の日本敗戦後は蒋介石の国民政府が引き継いで一部外国資本が戻るが、1949年の中華人民共和国成立により、上海から外国勢力は完全に消滅することになった。

中華人民共和国成立後、外国資産は国家に接収され、荘厳な西洋建築など租界の遺産は国の機関に利用され、住宅は一般人に割り当てられた。文化大革命の時期には仏教寺院や道観など多くの伝統施設が破壊され、かつての上海で発展した大衆文化などもタブー視されて経済は停滞した。しかし、1980年代に改革開放政策が始まると上海はいち早く時流に乗り、浦東を開発するなど発展の先陣を切ることになった。その影には、上海市長などを歴任した江沢民の存在が大きい。2010年には大規模な上海万博が成功裡に開催されたが、一方で大気汚染の問題など発展の弊害が認識され始めてきた。今後の上海はどのような方向に進むのだろうか。

1920年代の紹興。この頃の手こぎ船は水運の主役だった（『世界地理風俗体系3』1930より）

そびえ立つパークホテルは当時東洋で最も高かったビル（現、錦江国際飯店　絵はがき）

名物だった競馬場は人民公園となった。時計塔は上海市歴史博物館として現存（絵はがき）

左上：日本語の看板も見える呉淞路。虹口は日本人町だった（絵はがき）

左下：共同租界はイギリスが大きな力をもっていた影響でインド人警官がおり、上海名物だった（『世界地理風俗体系3』1930より）。ちなみにフランス租界にはベトナム人警官がいた

右上：ライトアップされた上海の夜景は1930年代からの名物。映画にもしばしば登場（絵はがき）。そびえ立つ塔はデパート。先施、永安、新新、大新の四大デパートはいずれも中国資本で、幅広い層に人気だった

1920年代の上海市中心部。競馬場（上海レースクラブ）は現在の人民公園と人民広場（『世界地理風俗体系3』1930より）

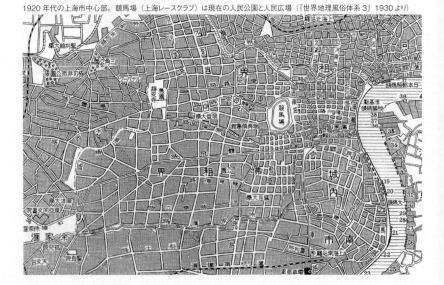

上海、杭州、蘇州関連の主要年表（中華人民共和国成立まで）

紀元前493年（春秋戦国時代）	呉と越の戦いで越は大敗し、越王勾践は呉王夫差の下僕となる（会稽の恥）。3年後に帰郷し、復讐を誓う（臥薪嘗胆）
紀元前473年（春秋戦国時代）	越が呉を滅ぼす
紀元前333年（春秋戦国時代）	楚が越を滅ぼす
紀元前223年（春秋戦国時代）	秦が楚を滅ぼし、紀元前221年に統一王朝を建てる
紀元前202年（前漢の高祖5年）	漢の劉邦が楚を滅ぼし、統一王朝を建てる
208年（後漢の建安13年）	後漢の曹操が孫権、劉備に破れ（赤壁の戦い）、その後は魏、呉、蜀の三国時代に入る
229年（三国時代）	呉の孫権が建業（現南京）を都とする
605年（隋の大業元年）	隋の煬帝が大運河の建設を開始し、610年に完成
822年（唐の長慶2年）	白居易が杭州に赴任。西湖周辺を整備し堤を築く
905年（唐の天祐2年）	銭鏐が呉越王となり、杭州を都と定めて治水事業を開始。六和塔を築く
1071年（北宋の熙寧4年）〜	蘇東坡が杭州に赴任。西湖を整備し蘇堤を築く
1127年（北宋の靖康2年）	金が北宋を滅ぼし、皇室は南部に逃れて南京を建国する。都は臨安（現杭州）
1142年（南宋の紹興12年）	金に対して徹底抗戦を唱える岳飛が杭州で暗殺される
1271年〜1295年	マルコ・ポーロのアジア旅行。期間中、蘇州や杭州を訪れ、蘇州では官吏も務めた
1276年（南宋の徳祐2年）	モンゴル軍が臨安を占領し南宋が滅亡
1277年（元の至元14年）	上海鎮に市舶司を設置
1292年（元の至元29年）	上海鎮は松江府上海県に昇格
1368年（明の洪武元年）	朱元璋が明を建てる。都は応天府（現南京）。浙江省ができる
1553年（明の嘉靖32年）	上海県城に城壁が築かれる
1667年（清の康熙6年）	江南省を安徽省と江蘇省に分割。江蘇の2字は江寧府と蘇州府から取られた
1684年（清の康熙23年）	康熙帝が初めて江南を巡幸。以降、5度にわたり蘇州杭州を中心とした江南を訪れる
1685年（清の康熙24年）	上海に江海関を設置
1751年（清の乾隆16年）	乾隆帝が初めて江南を巡幸。以降、5度にわたり蘇州杭州を中心とした江南を訪れる
1842年（清の道光22年）	アヘン戦争後の南京条約で上海を開港
1845年（清の道光25年）	上海にイギリス租界が設置される（中国初の租界）
1848年（清の道光28年）	上海にアメリカ租界が設置される
1849年（清の道光29年）	上海にフランス租界が設置される
1853年（清の咸豊3年）	太平天国軍が南京を占領、天京とする。小刀会の上海県城占領
1860年（清の咸豊10年）	太平天国軍の上海攻撃
1863年（清の同治2年）	アメリカ租界をイギリス租界に併合、共同租界化
1899年（清の光緒25年）	イギリス租界の名称を正式に共同租界とする
1911年（清の宣統3年）	辛亥革命。上海の華界は滬軍都督府（軍閥）の管理下に
1912年（中華民国元年）	中華民国臨時政府が南京で発足、4月に北京遷都。上海県城の城壁を撤去
1927年（中華民国16年）	国民政府が南京を首都と定める。上海華界を国民革命軍が占領、軍閥支配が終了
1937年（中華民国26年）	日中戦争勃発。日本軍は南京を占領し、蒋介石の国民政府は重慶に移動
1938年（中華民国27年）	上海は日本の支援を受けた「中華民国維新政府」管理下に
1940年（中華民国29年）	日本の支援を受けた「中華民国臨時政府（汪兆銘政権）」が南京で発足。中華民国維新政府も合流
1941年（中華民国30年）	太平洋戦争勃発。日本は共同租界およびフランス租界を接収
1943年（中華民国32年）	汪兆銘政権は租界を接収。連合国は租界放棄を宣言
1945年（中華民国34年）	日本の敗戦により、上海全域が国民党支配下に。外国資産は接収
1946年（中華民国35年）	蒋介石の国民政府は南京に復帰
1949年	国共内戦で共産軍が4月に南京を占領、上海は5月に共産軍支配下に。外国および資本家の資産は接収。10月1日に中華人民共和国成立

看板を読もう―簡体字入門

簡略化の法則を覚えよう

　中国では日本の常用漢字以上の大胆な漢字簡略化が実施された。町にあふれる漢字の多くがこうした簡体字のため、一見すると不可解な記号のように見えて意味がわからない。だが、省略の法則を少しでも覚えておくと、もとの字が思い浮かび、看板を見て意味がピンとくるようになる。言偏や金偏、食偏の簡略化は比較的わかりやすいが、草書体を導入した「东／東」や「书／書」はやや難しい。中国語で同音の別字をそのまま借用した「机／機」や、文字の一部を大胆に省略した「云／雲」などは慣れないととまどってしまう。クイズ感覚で覚えてみよう。

レストランの看板。大都市上海では各地の料理が食べられる。左は「重慶鶏公煲」、右は「東北餃子（ギョーザ）」

「煙酒」「名煙名酒」つまりたばこと酒のキオスク

南京東路と河南中路の交差点に立つ標識。右側の行き先は上から「人民広場」「上海大劇院」「新世界」「南京東路歩行街」を表示している

「営業中」はわかりやすい

「厳禁」が読めればだいたい意味がわかる

覚えておくと便利な簡体字

　日本人にとって違和感の大きい簡体字をいくつか並べてみた（ピンイン ABC 順）。これらを覚えておくだけでずいぶん看板を理解できるはず。

标	標	儿	児	机	機	仆	僕	为	為	药	薬
宾	賓	发	発	价	価	权	権	无	無	叶	葉
仓	倉	丰	豊	兰	蘭	热	熱	误	誤	阴	陰
厂	廠	关	関	疗	療	书	書	虾	蝦	艺	芸
车	車	观	観	龙	龍	苏	蘇	烟	煙	优	優
层	層	护	護	罗	羅	坛	壇	严	厳	云	雲
窗	窓	华	華	灭	滅	汤	湯	样	様	专	専
东	東	坏	壊	宁	寧	网	網	养	養	转	転
动	動	环	環	农	農	违	違	阳	陽	庄	荘

Google翻訳アプリ：レストランのメニューにかざすと画面上で翻訳してくれる、日本語で話しかけると現地語の音声で返してくれる、などの機能があり便利なツール。ただし、中国内ではVPNを介さないと使えないので注意。

中国語を使おう！

中国に行ったからには、中国の人たちと中国語で話したい！　町で、お店で、ホテルで、電車で、まずは「你好！／Nǐhǎo」(こんにちは！)から始めてみよう。

中国の標準語「普通话」

標準語は作られた言葉

広大な国土をもち、56の民族が暮らす中国では、地域や民族によって異なる方言・言語が使われている。

92％を占める漢族の言葉だけでも、北方方言(北京を中心とするエリアや東北地方の方言)、上海語(上海を中心とする昔の「呉」の方言)、広東語(広東省を中心としたエリアの方言)、福建語(福建省方言)など大きく7つに分けられる。これらの方言は、別の言語といっていいほど異なり、互いにコミュニケーションを図ることができない。このため、作られたのが、中国の標準語である「普通话(pǔtōnghuà)」。これは北方方言を基本に作られた言葉で、テレビやラジオ、また学校など公共の場所で使われており、中国どこへ行っても通用する言葉である。

中国語の基礎

文の構造

中国語は格変化や時制による動詞の変化はないし、日本語のような動詞の活用もなく、比較的学びやすい言語といえる。

例えば、「我去北京(wǒ qù běi jīng)」(私は北京へ行く)を過去形にする場合、「昨天(zuó tiān)」(昨日)などを付けて、「昨天我去北京(zuó tiān wǒ qù běi jīng)」とすれば、「私は昨日北京へ行った」という意味になる。

乱暴な言い方をすれば、中国語で大切なのは語順とそれぞれの言葉の組み合わせ方だ。たとえ文法の知識がなくても、基本となる文型と単語を知っていれば簡単な文は作れる。この特徴をうまく利用すれば、会話ができなくても筆談で中国人とコミュニケーションすることも可能だ。

中国語の発音

「中国語の発音は難しい」とよくいわれる。確かに、母音だけでも単母音と複合母音の2種類があり、子音には息を強く吐き出す「有気音」(p、t、

q、c)や、舌を反らせて丸める「そり舌音(巻舌音)」(zh、ch、sh)など、日本語には存在しない発音もある。

しかし、前に述べたように、中国は広く方言も多いため、正確な「標準語」の発音をしている人は、実際のところ少数派である。

特に前述した「そり舌音(巻舌音)」は、南方の中国人にとっても発音が難しく、'zi' 'ci' 'si' と発音されることが多い。

日本人は正確な発音ができないと話したがらないが、しり込みせず、とにかく中国人に話しかけてみよう。

表音記号「ピンイン」

中国語の発音をアルファベットで表記したものがピンイン(拼音)だ。しかし、同じアルファベットでも、日本語のローマ字綴りとは発音が異なるものが多くある(例：si＝口を左右に伸ばして「スー」と発音する)ので注意が必要だ。

このピンインをしっかり理解すれば、中国語学習のスピードが飛躍的に速くなる。

■母音
①単母音
【a】：日本語の「ア」に近いが、口をより大きく開ける。
【o】：日本語の「オ」に近いが、口を丸く大きく開ける。
【e】：口を軽く開け、「エ」の口の形でのどに力を入れて「オ」を発音する。
【i】：日本語の「イ」に近いが、口を左右に強く引いて発音する。
【u】：日本語の「ウ」より口をすぼめて丸く突き出す。ろうそくを吹き消すイメージで。
【ü】：口をすぼめて「ウ」の口で「イ」。口笛を吹くときの口の形に近い。
※【ü】が子音【j】【q】【x】と組み合わされるときは【ju】【qu】【xu】と表記される
②複合母音(二重母音)
ふたつの音をスムーズに続けて発音する。
【ai】【ei】【ao】【ou】：前の母音を強く発音する。
【ia】【ie】【ua】【uo】【üe】：後ろの母音を強く発音する。
※二重母音のなかの【e】は日本語の「エ」に近い

音になる

③複合母音(三重母音)

3つの音をスムーズに続けて発音する。

【iao】【iou】【uai】【uei】:真ん中の母音を強く発音する。

④複合母音(鼻母音)

【an】【ian】【uan】【üan】【en】【in】【uen】【ün】:[-n]の鼻母音。舌先を上の歯茎の裏に付けたまま息を鼻に通す。日本語「案内(an' nai)」の「n」の発音。

※【ian】は「イアン」ではなく「イエン」と発音する

【ang】【iang】【uang】【eng】【ueng】【ing】【ong】【iong】:[-ng]の鼻母音。舌先はどこにも付けず、舌の奥を盛り上げた状態で息を鼻に通す。日本語「案外(an' gai)」「n' g」の発音に近い。

※【eng】は「エン」より「オン」に近い発音になる

■子音(+母音)

「有気音」と「無気音」に注意が必要。

「有気音」は子音を発音したあと、ためた息を一気に強く吐き出して母音を発音する。

「無気音」は子音を発音したあと、続いて静かに母音に移る。下には無気音とそれに対応する有気音をセットで挙げてある。

例えば【bo】と【po】の場合、口の形は同じで、息の吐き出し方が異なる。

【bo】(無気音):日本語の「ボ」と「ポ」の中間の音。息をゆっくり出す。

【po】(有気音):日本語の「ポ」を強くはっきり勢いよく出す。息は一気に吐き出す。

【fo】:下唇を軽く噛んで「フォ」。

【mo】:日本語の「モ」に近い。

【de】(無気音):「ド」と「ト」の中間の音。息をゆっくり出す。

【te】(有気音):日本語の「ト」を強くはっきり勢いよく出す。息は一気に吐き出す。

【ne】:日本語の「ヌ」に近い。

【le】:日本語の「ル」に近い。

【ji】(無気音):日本語の「ジ」と「チ」の中間音。息をゆっくり出す。

【qi】(有気音):日本語の「チ」を強くはっきり勢いよく出す。息は一気に吐き出す。

【xi】:日本語の「シ」に近い。口を左右に強く引いて発音する。

【ge】(無気音):日本語の「グ」と「ク」の中間音。息をゆっくり出す。

【ke】(有気音):日本語の「ク」を強くはっきり勢いよく出す。息は一気に吐き出す。

【he】:日本語の「フ」に近い。のどの奥から発音する。

【zi】(無気音):日本語の「ズ」と「ツ」の中間音。息をゆっくり出す。口は左右に引く。

【ci】(有気音):日本語の「ツ」を強くはっきり勢いよく出す。息は一気に吐き出す。口は左右に引く。

【si】:日本語の「ス」に近い。口は左右に引く。

【zhi】(無気音):舌を上に反らし、上あごの前の部分に当てて「チ」。息をゆっくり出す。

【chi】(有気音):舌を上に反らし、上あごの前の部分に当てて「チ」を強くはっきり勢いよく発音。

【shi】:舌を上に反らし、上あごの前の部分に当てて「シ」。

【ri】:舌を上に反らし、上あごの前の部分に当てて「リ」。

声調(四声)

中国語の漢字には、それぞれ発音とともに4つの音の高低(イントネーション)がある。これは「声調」と呼ばれ、4つのパターンは「四声」と呼ばれている。

この「声調(四声)」は中国語の特徴で、日本人にはけっこう難しいものだ。

第一声:(ā)高く平らに伸ばす

第二声:(á)低い音から一気に高い音に上げる

第三声:(ǎ)低い音を保ち、最後は少し高く上げる

第四声:(à)高い音から一気に低い音へ下げる

軽　声:(a)軽く短く発音する

●注意

後ろに来る単語の声調によって、変わってくる例外的なものがあるので注意しよう。

①「一」の発音は単独では「yī」(一声)だが、後ろに一、二、三声が続くときは四声「yì」に、後ろが四声のときは二声「yí」になる。

例: 一天「yì tiān」⇔一次「yí cì」

②「不」の発音は通常四声「bù」だが、後ろに四声が続くときは二声「bú」になる。

例: 不好「bù hǎo」⇔不是「bú shì」

③三声+三声のとき、前の三声は二声になる。

例: 你好　表記上は「nǐ hǎo」→発音時には「ní hǎo」となる

簡体字と繁体字

現在、中国大陸では簡略化された「簡体字(简体字)」という漢字が使われている。これは識字率向上のため、1964年に公布された「簡化字総表」に基づくもの。現在日本で使われている漢字とは形が異なるものも多いので注意が必要。

なお、香港やマカオ、台湾などでは「繁体字」という漢字が使われている。こちらは1716年

（清代）に完成した「康熙字典」を基本としており、日本の旧字体と共通するものが多い。

例：日本語→亜／簡体字→亚／繁体字→亞

日本語→読／簡体字→读／繁体字→讀

日本語→対／簡体字→对／繁体字→對

単語を覚えよう

中国を旅行する際に中国語が必要となる場面は多い。「中国語は全然わからない……」という人もいると思うが、そんな人の力強い味方となるのが、日中両国で使われる「漢字」。もちろん、中国で使われている漢字と日本で使われている漢字には意味や形の違いがあるが、書いて見せれば、思ったより多くのことが通じる。ここから

らは中国語の基本的な文型と単語をピックアップしており、それらを組み合わせて使うことによって文が作れるようになっている。

発音が難しいといわれる中国語だが、筆談なら意外に簡単に中国人とコミュニケーションを取れるかもしれない。

 声調と有気音がポイント

中国語会話では声調と有気音に留意すると、相手に通じやすくなる。語頭の声調は特に正しく発音しよう。有気音は日本語にないので、これも意図的にはっきり息を出すこと。反り舌音は中国人でも南方の人はできないので気にしなくてよい。

基本単語

■名詞

①人称代名詞

私：<ruby>我<rt>ウォー</rt></ruby> wǒ	あなた（敬語）：<ruby>您<rt>ニン</rt></ruby> nín	彼女ら：<ruby>她们<rt>ターメン</rt></ruby> tā men
私たち：<ruby>我们<rt>ウォーメン</rt></ruby> wǒmen	彼：<ruby>他<rt>ター</rt></ruby> tā	それ：<ruby>它<rt>ター</rt></ruby> tā
あなた：<ruby>你<rt>ニー</rt></ruby> nǐ	彼女：<ruby>她<rt>ター</rt></ruby> tā	それら：<ruby>它们<rt>ターメン</rt></ruby> tā men
あなたたち：<ruby>你们<rt>ニーメン</rt></ruby> nǐ men	彼ら：<ruby>他们<rt>ターメン</rt></ruby> tā men	誰：<ruby>谁<rt>シェイ</rt></ruby> shéi

②代名詞

これ：<ruby>这<rt>ジャー</rt></ruby>※1 zhè	何：<ruby>什么<rt>シェンモ</rt></ruby> shén me	どこ：<ruby>哪里<rt>ナーリ</rt></ruby> nǎ lǐ
それ／あれ：<ruby>那<rt>ナー</rt></ruby>※2 nà	ここ：<ruby>这里<rt>ジャーリ</rt></ruby> zhè li	※1 会話では「<ruby>这个<rt>ジェイガ</rt></ruby>／zhèige」がよく使われる
どれ：<ruby>哪<rt>ナー</rt></ruby>※3 nǎ	そこ／あそこ：<ruby>那里<rt>ナーリ</rt></ruby> nà lǐ	※2 会話では「<ruby>那个<rt>ネイガ</rt></ruby>／nèige」がよく使われる
		※3 会話では「<ruby>哪个<rt>ネイガ</rt></ruby>／něige」がよく使われる

③数

0：<ruby>零<rt>リン</rt></ruby> líng	5：<ruby>五<rt>ウー</rt></ruby> wǔ	10：<ruby>十<rt>シー</rt></ruby> shí	102：<ruby>一百零二<rt>イーバイリンアル</rt></ruby> yì bǎi líng èr
1：<ruby>一<rt>イー</rt></ruby> yī	6：<ruby>六<rt>リウ</rt></ruby> liù	11：<ruby>十一<rt>シーイー</rt></ruby> shí yī	110：<ruby>一百一十<rt>イーバイイーシー</rt></ruby> yì bǎi yì shí
2：<ruby>二<rt>アール</rt></ruby>※4 èr	7：<ruby>七<rt>チー</rt></ruby> qī	12：<ruby>十二<rt>シーアル</rt></ruby> shí èr	111：<ruby>一百一十一<rt>イーバイイーシーイー</rt></ruby> yì bǎi yì shí yī
3：<ruby>三<rt>サン</rt></ruby> sān	8：<ruby>八<rt>バー</rt></ruby> bā	100：<ruby>一百<rt>イーバイ</rt></ruby> yì bǎi	112：<ruby>一百一十二<rt>イーバイイーシーアル</rt></ruby> yì bǎi yì shí èr
4：<ruby>四<rt>スー</rt></ruby> sì	9：<ruby>九<rt>ジウ</rt></ruby> jiǔ	101：<ruby>一百零一<rt>イーバイリンイー</rt></ruby> yì bǎi líng yī	1000：<ruby>一千<rt>イーチン</rt></ruby> yì qiān

※4 「<ruby>两<rt>リャン</rt></ruby>／liǎng」後ろに助数詞が付くとき 例 <ruby>两个<rt>リャンガ</rt></ruby>：liǎng ge

④時間

今日：**今天** ジンティエン jīn tiān	来年：**明年** ミンニェン míng nián	水曜日：**星期三** シンチーサン xīng qī sān
明日：**明天** ミンティエン míng tiān	去年：**去年** チューニェン qù nián	木曜日：**星期四** シンチースー xīng qī sì
あさって：**后天** ホウティエン hòu tiān	朝：**早晨** ザオチェン zǎo chén	金曜日：**星期五** シンチーウー xīng qī wǔ
昨日：**昨天** ズオティエン zuó tiān	夜：**晚上** ワンシャン wǎn shàng	土曜日：**星期六** シンチーリウ xīng qī liù
おととい：**前天** チエンティェン qián tiān	午前：**上午** シャンウー shàng wǔ	日曜日：**星期天（日）** シンチーティエン リー xīng qī tiān rì
3月1日（書き言葉）：**三月一日** サン ユエ イーリー sān yuè yī rì	午後：**下午** シアウー xià wǔ	1日：**一天** イーティエン yì tiān
3月1日（口語）：**三月一号** サン ユエ イーハオ sān yuè yī hào	お昼：**中午** ジョンウー zhōng wǔ	1週間：**一个星期** イー ガ シンチー yí ge xīng qī
今週：**这个星期** ジェイ ガ シンチー zhèi ge xīng qī	今：**现在** シエンザイ xiàn zài	1ヵ月：**一个月** イー ガ ユエ yí ge yuè
来週：**下个星期** シア ガ シンチー xià ge xīng qī	3時：**三点** サンティエン sān diǎn	1年：**一年** イーニエン yì nián
先週：**上个星期** シャン ガ シンチー shàng ge xīng qī	5時半：**五点半** ウーティエンバン wǔ diǎn bàn	1時間：**一个小时** イー ガ シアオシー yí ge xiǎoshí
今月：**这个月** ジェイ ガ ユエ zhèi ge yuè	7時15分：**七点一刻** チーティエンイーカー qī diǎn yí kè	30分：**半个小时** バン ガ シアオシー bàn ge xiǎoshí
来月：**下个月** シア ガ ユエ xià ge yuè	9時40分：**九点四十分** ジウティエンスーシーフェン jiǔ diǎn sì shí fēn	2時間半：**两个半小时** リャン ガ バンシアオシー liǎng gè bàn xiǎo shí
先月：**上个月** シャン ガ ユエ shàng ge yuè	月曜日：**星期一** シンチーイー xīng qī yī	15分：**一刻钟** イー カ ジョン yí kè zhōng
今年：**今年** ジンニエン jīn nián	火曜日：**星期二** シンチーアル xīng qī èr	1分：**一分钟** イーフェンジョン yì fēn zhōng

⑤単位

個（何を数えるときにも使える）：**个** ガ gè	両（10両＝1斤）：**两** リャン liǎng	cm：**厘米** リーミー lí mǐ
斤（1斤＝500g）：**斤** ジン jīn	km：**公里** ゴンリー gōng lǐ	尺（1/3m）：**尺** チー chǐ
公斤（1公斤＝1kg）：**公斤** ゴンジン gōng jīn	m：**米** ミー mǐ	寸（0.1尺）：**寸** ツン cùn

⑥通貨単位

中国の通貨単位は「元(yuán)」、補助単位は「角(jiǎo)」、「分(fēn)」。しかし、口語では元を「块(kuài)」、角を「毛(máo)」というので注意。

書き言葉：3元4角：**三元四角**
サンユエンスージアオ
sān yuán sì jiǎo

口語：3元4角：**三块四毛**
サンクアイスーマオ
sān kuài sì máo

⑦方向・方角

東：**东边** dōng biān（ドンビエン）

右：**右边** yòu biān（ヨウビエン）

前：**前边** qián biān（チェンビエン）

西：**西边** xī biān（シービエン）

左：**左边** zuǒ biān（ズオビエン）

後ろ：**后边** hòu biān（ホウビエン）

南：**南边** nán biān（ナンビエン）

上：**上面** shàng miàn（シャンミエン）

右へ（左へ）曲がる：

北：**北边** běi biān（ベイビエン）

下：**下面** xià miàn（シアミエン）

往右（左）拐 wǎng yòu zuǒ guǎi（ワンヨウ ズオ グァイ）

⑧交通

優等座席（鉄道）：**软座** ruǎn zuò（ルアンズオ）

タクシー：**出租车／的士** chū zū chē / dī shì（チューズーチャー／ディーシー）

長距離バスターミナル：**长途汽车站** cháng tú qì chē zhàn（チャントゥーチーチャージャン）

普通座席（鉄道）：**硬座** yìng zuò（インズオ）

車：**汽车** qì chē（チーチャー）

埠頭：**码头** mǎ tóu（マートウ）

優等寝台（鉄道）：**软卧** ruǎn wò（ルアンウォー）

地下鉄：**地铁** dì tiě（ディーティエ）

切符：**票** piào（ピャオ）

普通寝台（鉄道）：**硬卧** yìng wò（インウォー）

エアポートバス：**机场大巴** jī chǎng dà bā（ジーチャンダーバー）

航空券：**机票** jī piào（ジーピャオ）

1等／2等（座席）：**一等／二等** yī děng / èr děng（イードン／アールドン）

飛行機：**飞机** fēi jī（フェイジー）

列車切符：**火车票** huǒ chē piào（フオチャーピャオ）

高速鉄道：**高铁** gāo tiě（ガオティエ）

空港：**机场** jī chǎng（ジーチャン）

乗車券：**车票** chē piào（チャーピャオ）

バス：**公共汽车／巴士** gōng gòng qì chē / bā shì（ゴンゴンチーチャー／バーシー）

鉄道駅：**火车站** huǒ chē zhàn（フオチャージャン）

切符売り場：**售票处** shòu piào chù（ショウピャオチュー）

⑨レストラン

レストラン：**餐厅** cān tīng（ツァンティン）

スープ：**汤** tāng（タン）

ミネラルウオーター：**矿泉水** kuàng quán shuǐ（クアンチュアンシュイ）

メニュー：**菜单** cài dān（ツァイダン）

水餃子：**饺子** jiǎo zi（ジャオズ）

箸：**筷子** kuài zi（クアイズ）

中国料理：**中国菜** zhōng guó cài（ジョングオツァイ）

肉まん：**包子** bāo zi（バオズ）

スプーン（さじ）：**汤匙（勺子）** tāng chí sháo zi（タンチー シオズ）

日本料理：**日本菜** rì běn cài（リーベンツァイ）

チャーハン：**炒饭** chǎo fàn（チャオファン）

コップ：**杯子** bēi zi（ベイズ）

料理：**菜** cài（ツァイ）

ビール：**啤酒** pí jiǔ（ピージウ）

お皿：**盘子** pán zi（パンズ）

ご飯：**米饭** mǐ fàn（ミーファン）

お茶：**茶水** chá shuǐ（チャーシュイ）

紙ナプキン：**餐巾纸** cān jīn zhǐ（ツァンジンジー）

⑩ホテル

シングル：**单人间** dān rén jiān（ダンレンジエン）

フロント：**大堂** dà táng（ダータン）

バスタオル：**浴巾** yù jīn（ユウジン）

ツイン：**双人间** shuāng rén jiān（シュアンレンジエン）

ビジネスセンター：**商务中心** shāng wù zhōng xīn（シャンウージョンシン）

歯ブラシ：**牙刷** yá shuā（ヤーシュア）

ドミトリー：**多人间** duō rén jiān（ドゥオレンジエン）

石鹸：**香皂** xiāng zào（シアンザオ）

スリッパ：**拖鞋** tuō xié（トゥオシエ）

部屋：**房间** fáng jiān（ファンジエン）

タオル：**毛巾** máo jīn（マオジン）

毛布：**毛毯** máo tǎn（マオタン）

■形容詞

よい：好 ハオ hǎo	遅い（時間）：晚 ワン wǎn	黄色い：黄 ファン huáng
大きい：大 ダー dà	高い（値段）：貴 グイ guì	緑の：緑 リュー lǜ
小さい：小 シァオ xiǎo	高い（高さ）：高 ガオ gāo	白い：白 バイ bái
多い：多 ドゥオ duō	安い：便宜 ピエンイー piàn yi	黒い：黒 ヘイ hēi
少ない：少 シァオ shǎo	近い：近 ジン jìn	甘い：甜 ティエン tián
早い：早 ザオ zǎo	遠い：远 ユエン yuǎn	辛い：辣 ラー là
速い：快 クァイ kuài	赤い：红 ホン hóng	塩辛い：咸 シエン xián
遅い（速さ）：慢 マン màn	青い：蓝 ラン lán	脂っこい：油腻 ヨウニー yóu nì

■動詞

行く：去 チュー qù	飲む：喝 ハー hē	泊まる：住 ジュー zhù
歩く：走 ゾウ zǒu	買う：买 マイ mǎi	使う：用 ヨン yòng
乗る：坐 ズオ zuò	見る：看 カン kàn	換える：换 ファン huàn
食べる：吃 チー chī	言う・話す：说 シュオー shuō	欲しい：要 ヤオ yào

基本文型

■判断文「A是B」（AはBです）

①肯定文

ウォーシー リー ベン レン 我 是 日本 人。 wǒ shì rì běn rén	私は日本人です。

②疑問文（2パターンあり。Ⓐのほうが楽）

Ⓐ A是B吗?

ニー シー シュエション マ 你 是 学生 吗? nǐ shì xué shēng ma	あなたは学生ですか?

Ⓑ A是不是B?

ニー シー ブ シーシュエション 你 是 不 是 学生? nǐ shì bú shì xué shēng	あなたは学生ですか?

③否定文

我 不 是 学生。
wǒ bú shì xué shēng

ウォー ブー シー シュエション

私は学生ではありません。

■動詞文

①肯定文

我 去 洗手间。
wǒ qù xǐ shǒu jiān

ウォーチュー シー ショウジエン

私はトイレへ行きます。

②疑問文（2パターンあり。Ⓐのほうが楽）

Ⓐ文末に「吗」を付ける

你 去 洗手间 吗?
nǐ qù xǐ shǒu jiān ma

ニーチュー シー ショウジエン マ

あなたはトイレへ行きますか?

Ⓑ動詞+「不」+動詞

你 去 不 去 洗手间?
nǐ qù bu qù xǐ shǒu jiān

ニーチュー ブ チューシー ショウジエン

あなたはトイレへ行きますか?

③否定文

我 不 去 洗手间。
wǒ bú qù xǐ shǒu jiān

ウォー ブーチュー シー ショウジエン

私はトイレへ行きません。

■形容詞文（「很」+形容詞）

「很」自体は「大変」という意味の単語だが、形容詞と一緒に使われる肯定文では、一般的にあまり意味をもたない。

①肯定文

这 个 包 很 贵。
zhè ge bāo hěn guì

ジェイ ガ バオ ヘン グイ

このかばんは高いです。

②疑問文（2パターンあり。いずれも「很」は不要となるので注意。Ⓐのほうが楽）

Ⓐ文末に「吗」を付ける

这 个 包 贵 吗?
zhè ge bāo guì ma

ジェイ ガ バオグイ マ

このかばんは高いですか?

Ⓑ形容詞+「不」+形容詞

这 个 包 贵 不 贵?
zhè ge bāo guì bu guì

ジェイ ガ バオグイ ブ グイ

このかばんは高いですか?

③否定文（「很」は不要となるので注意）

这 个 包 不 贵。
zhè ge bāo bú guì

ジェイ ガ バオ ブーグイ

このかばんは高くありません。

■有（います／あります）

①肯定文（人 or 場所）＋「有」＋物

ボー ウーグアンリー ヨウ シー ショウジエン
博物馆里有洗手间。
bó wù guǎn lǐ yǒu xǐ shǒu jiān

博物館（の中）にトイレがあります。

※「里」は「〜の中」を意味する。例:房间里（fáng jiān lǐ）→「部屋の中」　包里（bāo lǐ）→「かばんの中」

②疑問文（2パターンあり。Ⓐのほうが楽）

Ⓐ人（場所）＋「有」＋物＋「吗」?

ボー ウーグアンリー ヨウ シーショウジエン マ
博物馆里有洗手间吗?
bó wù guǎn lǐ yǒu xǐ shǒu jiān ma

博物館（の中）にトイレがありますか?

Ⓑ人（場所）＋「有没有」＋物?

ボー ウーグアンリー ヨウ メイ ヨウ シーショウジエン
博物馆里有没有洗手间?
bó wù guǎn lǐ yǒu méi yǒu xǐ shǒu jiān

博物館（の中）にトイレがありますか?

③否定文

ボー ウーグアンリー メイ ヨウ シーショウジエン
博物馆里没有洗手间。
bó wù guǎn lǐ méi yǒu xǐ shǒu jiān

博物館（の中）にトイレはありません。

※「有（yǒu）」と「在（zài）」
「有」に似た表現として「在」があるが、このふたつには使い方の違いがある。「有」は[場所＋有＋物]という語順になり、この「物」は不特定の物となる。一方、「在」は[物＋在＋場所]という語順になり、この「物」は特定の物となる。
例：上海有机场。（上海には空港があります）＝この文の「机场」は一般的な「空港」の意味。
　　上海机场在那里。（上海空港はあそこにあります）＝この文の「机场」は「上海机场」という特定の「空港」の意味

■疑問詞疑問文

中国語の疑問文の仕組みは簡単。わからない所を疑問詞に置き換えるだけだ。語順は変わらない。

①何：什么（shén me）

ジャーシーシェン モ
这是什么?
zhè shì shén me

これは何ですか?

②いつ：什么时候（shén me shí hòu）

シェン モ シー ホウチュースージョウ
什么时候去苏州?
shén me shí hòu qù sū zhōu

いつ蘇州へ行きますか?

③何時：几点（jǐ diǎn）

チャオ シー ジーディエンカイ メン
超市几点开门?
chāo shì jǐ diǎn kāi mén

スーパーは何時に開きますか?

④どこ：哪里（nǎ lǐ）

シー ショウジェンザイ ナー リ
洗手间在哪里?
xǐ shǒu jiān zài nǎ lǐ

トイレはどこですか?

⑤誰：谁（shéi）

ター シー シェイ
他是谁?
tā shì shéi

彼は誰ですか?

⑥どのように：怎么（zěn me）

ゴン アンジューゼン モ ゾウ
公安局怎么走?
gōng ān jú zěn me zǒu

公安局へはどうやって行きますか?

⑦なぜ：为什么（wèi shén me）

ウェイシェン モ ジェイ ガ ツァンティンレン ヘンドゥオ
为什么这个餐厅人很多?
wèi shén me zhèi ge cān tīng rén hěn duō

どうしてこのレストランはこんなに人が多いんですか?

文を作ってみよう!

私は病院へ行きます。

ウォーチューイーユエン
我去医院。
wǒ qù yī yuàn

この動詞文をもとに、応用文を作ってみよう。決まった場所に言葉を入れていけばOK。

▼応用文

明日私は友達と一緒にバスで病院へ行きます。

ミン ティエンウォー ゲン ポン ヨウ ズオ ゴン ゴン チー チャーチュー イー ユエン
明天我跟朋友坐公共汽车去医院。
míng tiān wǒ gēn péng yǒu zuò gōng gòng qì chē qù yī yuàn
├①─┤　├─②─┤├─③─┤

①
時間を表す語（「今天」「上午」「明天下午」「后天早晨」「星期一」など）。
入れ替え語彙→P.432「④時間」

②
～と一緒に：「跟（gēn）」＋人称代名詞や人名。
入れ替え語彙→P.431「①人称代名詞」

③
～で：「坐（zuò）」＋乗り物。ただし、「タクシー」では「打车（dǎ chē）」となる。また「歩いて」は、「走路（zǒu lù）」。入れ替え語彙→P.433「⑧交通」

このようにいろいろな単語を基本の文に入れていけば、複雑な文が作れる。なお、配置される場所は単語の種類によって決まっているので注意が必要。興味のある人は書店で中国語学習書を購入して勉強しよう!

シチュエーション別基本会話

■あいさつなど

<ruby>你好<rt>ニイ ハオ</rt></ruby>。／<ruby>早上好<rt>ザオ シャン ハオ</rt></ruby>。／<ruby>晩上好<rt>ワン シャン ハオ</rt></ruby>。 nǐ hǎo　zǎo shàng hǎo　wǎn shàng hǎo	こんにちは。／おはよう。／こんばんは。
谢谢。／再见。 xiè xie　zài jiàn	ありがとう。／さようなら。
不客气。 bú kè qi	どういたしまして。
对不起。 duì bu qǐ	すみません。（謝罪など）
不好意思。 bù hǎo yì si	すみません。（慰労など）

■基本会話

是。／不是。 shì　bú shì	はい。／いいえ。
对。／不对。 duì　bú duì	そうです。／違います。
可以。／不可以。 kě yǐ　bù kě yǐ	いいです（許可）。／だめです（不許可）。
明白了。／不明白。 míng bai le　bù míng bai	わかりました。／わかりません。
知道。／不知道。 zhī dào　bù zhī dào	知っています。／知りません。
请问。 qǐng wèn	お尋ねしますが。
请写一下。 qǐng xiě yí xià	書いてください。
请再说一遍。 qǐng zài shuō yí biàn	もう一度言ってください。
请慢点儿说。 qǐng màn diǎnr shuō	ゆっくり話してください。
请等一下。 qǐng děng yí xià	待ってください。
不要进入。／别进入！ bù yào jìn rù　bié jìn rù	入らないでください。／入らないで!

※「不要」はいりませんという意味だが、「不要＋動詞」で、～しないでください という表現になる。「別＋動詞」はさらに強い禁止の表現

■自己紹介

| 我姓田中。我是日本人。
wǒ xìng tián zhōng　wǒ shì rì běn rén | 田中と申します。私は日本人です。 |
| 我二十岁。
wǒ èr shí suì | 私は20歳です。 |

ウォーフイシュオーイーディアルハンユー
我会说一点儿汉语。
wǒ huì shuō yī diǎnr hàn yǔ

私は中国語が少し話せます。

ウォーブーフイシュオーインユー
我不会说英语。
wǒ bú huì shuō yīng yǔ

私は英語が話せません。

■レストランで

フーウーユエン
服务员！
fú wù yuán

店員さん！

ゲイウォーカンイーシアツァイダン
给我看一下菜单。
gěi wǒ kàn yí xià cài dān

メニューを見せてください。

ディエンツァイ
点菜
diǎn cài

注文お願いします。

ウォーヤオジェイガ　　ハイヤオジェイガ
我要这个。还要这个。
wǒ yào zhèi ge　hái yào zhèi ge

これをください。これもください。

ヘンハオチー
很好吃。
hěn hǎo chī

おいしいです。

タイラーラ
太辣了。
tài là le

辛過ぎます。

ツァイハイメイライ
菜还没来。
cài hái méi lái

料理がまだ来ません。

ジエジャン　　　　マイダン
结帐。／买单。
jié zhàng　　mǎi dān

お勘定お願いします。

ダーバオイーシア
打包一下。
dǎ bāo yī xià

テイクアウトします（包んでください）。
※持ち帰り容器は通常有料

ウォーヤオファーピアオ　ショウジュ　シャオピャオ
我要发票（收据・小票）。
wǒ yào fā piào　shōu jù　xiǎo piào

領収書をください。

※「发票」は課税対象となる正式な領収書、「收据」は略式の受け取り書、「小票」は機械レジのレシート

■ショップで

ゲイウォーカンイーシア
给我看一下。
gěi wǒ kàn yí xià

見せてください。

ウォーカーイーシーシーマ
我可以试试吗？
wǒ kě yǐ shì shi ma

ちょっと試しても（履いても／使っても）いいですか？

タイダーラ　　　　タイシアオラ
太大了。⇔ 太小了。
tài dà le　　　tài xiǎo le

大き過ぎます。⇔ 小さ過ぎます。

ドゥオシャオチエン
多少钱？
duō shǎo qián

いくらですか？

タイグイラ　　　　ブーヤオラ
太贵了。／不要了。
tài guì le　　bú yào le

高過ぎます。／いりません。

ノンビエンイーイーディアルマ
能便宜点儿吗？
néng pián yi diǎnr ma

安くしてくれませんか？

ウォーヤオジェイガ　イージンマイラジェイガ
我要这个。／已经买了这个。
wǒ yào zhèi ge　yǐ jīng mǎi le zhèi gè

これをください。／これはもう買いました。

カーイーヨンシンヨンカー　カーイーシュアカー　マ
可以用信用卡（可以刷卡）吗？
kě yǐ yòng xin yòng kǎ　kě yǐ shuā kǎ　ma

クレジットカードは使えますか？

チン ザイ スアンイー シア **请再算一下。** qǐng zài suàn yí xià	もう一度計算してください（会計が間違っているときなど）。

■ホテルで

ウォーヤオ ジュー ダン レン ファン　シュアンレンファン **我要住单人房（双人房）。** wǒ yào zhù dān rén fáng　shuāng rén fáng	シングル（ツイン）に泊まりたいのですが。
ファンフェイ ドゥオシャオチエン **房费多少钱?** fáng fèi duō shǎo qián	宿泊料金はいくらですか?
カー イー シャンワン マ **可以上网吗?** kě yǐ shàng wǎng ma	インターネットは使えますか?
チン ガオ スー ミー マ **请告诉密码。** qǐng gào sù mì mǎ	パスワードを教えてください。
ヨウ メイ ヨウ フイ シュオリー ユー ダ **有没有会说日语的?** yǒu méi yǒu huì shuō rì yǔ de	日本語が話せる人はいますか?
カー イー ジー ツン シンリー マ **可以寄存行李吗?** kě yǐ jì cún xíng lǐ ma	荷物は預けられますか?
ウォーヤオ ディンファン **我要定房。** wǒ yào dìng fáng	チェックインします。
ウォーヤオ トゥイファン **我要退房。** wǒ yào tuì fáng	チェックアウトします。
ウォーヤオ ザイ ジュー イーティエン **我要再住一天。** wǒ yào zài zhù yì tiān	もう1泊延長したいのですが。
ファンジエン ダ メンダー ブーカイ **房间的门打不开。** fáng jiān de mén dǎ bù kāi	部屋のドアが開きません。
ティエンシー　コンティアオ　ブー ハオ シー **电视（空调）不好使。** diàn shì　kōng tiáo　bù hǎo shǐ	テレビ（エアコン）の調子が悪いです。
メイ ヨウ ラーシュイ **没有热水。** méi yǒu rè shuǐ	お湯が出ません。
ジャー リ　ジェイ ガ　ホァイ ラ **这里（这个）坏了。** zhè lǐ　zhè ge　huài le	ここ（これ）が壊れています。
ウォーシアンフアンファンジエン **我想换房间。** wǒ xiǎng huàn fáng jiān	部屋を換えたいです。

■交通機関で

ウォーヤオ チューフオ チャージャン **我要去火车站。** wǒ yào qù huǒ chē zhàn	駅までお願いします（タクシー利用時）。
チューボー ウーグアンズオ ジー ルーチャー **去博物馆坐几路车?** qù bó wù guǎn zuò jǐ lù chē	博物館へ行くには何番のバスに乗ればいいですか?
ジャーチャーチュードン ウーユエン マ **这车去动物园吗?** zhè chē qù dòng wù yuán ma	このバスは動物園へ行きますか?
ウォーヤオリアンジャンスーユエ イー ハオ ダオ ハンジョウ ダ イードンビアオ **我要两张4月1号到杭州的一等票。** wǒ yào liǎng zhāng sì yuè yī hào dào háng zhōu de yī děng piào	4月1日杭州行きの1等切符を2枚ください。
ウォーヤオ トゥイピアオ **我要退票。** wǒ yào tuì piào	切符をキャンセルします。

■病院で

シェンティーブーシュー フ **身体不舒服。** <small>shēn tǐ bù shū fu</small>	体の調子が悪いです。
チンジアオイーション **请叫医生。** <small>qǐng jiào yī shēng</small>	医者を呼んでください。
チンダイ ウォチューイーユエン **请带我去医院。** <small>qǐng dài wǒ qù yī yuàn</small>	病院へ連れていってください。
ウォーグア ネイ カー　ワイカー **我挂内科（外科）。** <small>wǒ guà nèi kē　wài kē</small>	内科（外科）の診察をお願いします。
ファーシャオ **发烧。** <small>fā shāo</small>	熱があります。
トウ　ドゥーズ ／ ヤー ／ サンズ ズ　トン **头（肚子／牙／嗓子）疼。** <small>tóu　dù zi ／ yá ／ sǎng zi　téng</small>	頭（おなか／歯／のど）が痛いです。
カー ソウ **咳嗽。** <small>ké sou</small>	せきが出ます。
アー シン **恶心。** <small>ě xīn</small>	吐き気がします。
トウ ユン **头晕。** <small>tóu yūn</small>	めまいがします。
ラードゥー ズ **拉肚子。** <small>lā dù zi</small>	下痢をしています。
ウォーヨウ グオ ミンジョン **我有过敏症。** <small>wǒ yǒu guò mǐn zhèng</small>	アレルギーがあります。

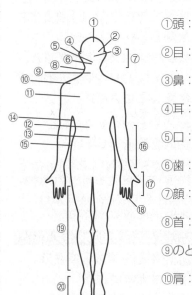

①頭：头 <small>tóu</small>	⑪胸：胸 <small>xiōng</small>
②目：眼睛 <small>yǎnjing</small>	⑫胃：胃 <small>wèi</small>
③鼻：鼻子 <small>bí zi</small>	⑬おなか：肚子 <small>dù zi</small>
④耳：耳朵 <small>ěr duo</small>	⑭背中：后背 <small>hòu bèi</small>
⑤口：嘴 <small>zuǐ</small>	⑮腰：腰 <small>yāo</small>
⑥歯：牙 <small>yá</small>	⑯腕：胳膊 <small>gē bo</small>
⑦顔：脸 <small>liǎn</small>	⑰手：手 <small>shǒu</small>
⑧首：脖子 <small>bó zi</small>	⑱指：手指 <small>shǒu zhǐ</small>
⑨のど：嗓子 <small>sǎng zi</small>	⑲足（足全体）：腿 <small>tuǐ</small>
⑩肩：肩膀 <small>jiān bǎng</small>	⑳足（足首から下）：脚 <small>jiǎo</small>

海外女子旅には この1冊でOK!

旅好き女子のためのプチぼうけん応援ガイド

地球の歩き方 aruco

人気都市ではみんなとちょっと違う
新鮮ワクワク旅を。
いつか行ってみたい旅先では、
憧れを実現するための
安心プランをご紹介。
世界を旅する女性のための最強ガイド!

旅の
テンションUP!

arucoはハンディサイズなのに情報たっぷり!

point 1
一枚ウワテの
プチぼうけん
プラン満載

友達に自慢できちゃう、
魅力溢れるテーマがいっぱい。
みんなとちょっと違うとっておきの
体験がしたい人におすすめ

point 2
aruco調査隊が
おいしい&かわいいを
徹底取材!

女性スタッフが現地で食べ比べた
グルメ、試したコスメ、
リアル買いしたおみやげなど
「本当にイイモノ」を厳選紹介

point 3
読者の口コミ&
編集部のアドバイスも
チェック!

欄外には
読者から届いた
耳より情報を多数掲載!

Check!

すすめ。

Check!

編集部からの
役立つプチアドバイスも

全 36 タイトル!

ヨーロッパ
1 パリ
6 ロンドン
15 チェコ
16 ベルギー
17 ウィーン/ブダペスト
18 イタリア
20 クロアチア/スロヴェニア
21 スペイン
26 フィンランド/エストニア
28 ドイツ
32 オランダ
36 フランス
37 ポルトガル

アジア
2 ソウル
3 台北
5 インド
7 香港
10 ホーチミン/ダナン/ホイアン
12 バリ島
13 上海
19 スリランカ
22 シンガポール
23 バンコク
27 アンコール・ワット
29 ハノイ
30 台湾
34 セブ/ボホール/エルニド
38 ダナン/ホイアン/フエ

アメリカ/オセアニア
9 ニューヨーク
11 ホノルル
24 グアム
25 オーストラリア
31 カナダ
33 サイパン/テニアン/ロタ
35 ロスアンゼルス

中近東/アフリカ
4 トルコ
8 エジプト
14 モロッコ

今後も続々
発行予定!

定価:本体1320円(税込)〜
お求めは全国の書店で

取りハズして使える
便利な
別冊MAP付!

ウェブ&SNSで旬ネタ発信中!

aruco公式サイト
www.arukikata.co.jp/aruco

aruco編集部が、本誌で紹介しきれなかったこぼれネタや女子が気になる
最旬情報を、発信しちゃいます!新刊や改訂版の発行予定などもチェック☆

メルマガ配信中!
登録はこちら

arucoのLINEスタンプが
できました!チェックしてね♪

OK!!

Instagram @arukikata_aruco   X @aruco_arukikata   Facebook @aruco55

地球の歩き方 シリーズ一覧 2024年7月現在

*地球の歩き方ガイドブックは、改訂時に価格が変わることがあります。 *表示価格は定価（税込）です。 *最新情報は、ホームページをご覧ください。 www.arukikata.co.jp/guidebook/

地球の歩き方 ガイドブック

A ヨーロッパ

A01	ヨーロッパ	¥1870
A02	イギリス	¥2530
A03	ロンドン	¥1980
A04	湖水地方＆スコットランド	¥1870
A05	アイルランド	¥2310
A06	フランス	¥2420
A07	パリ＆近郊の町	¥2200
A08	南仏プロヴァンス コート・ダジュール＆モナコ	¥1760
A09	イタリア	¥2530
A10	ローマ	¥1760
A11	ミラノ ヴェネツィアと湖水地方	¥1870
A12	フィレンツェとトスカーナ	¥1870
A13	南イタリアとシチリア	¥1870
A14	ドイツ	¥2420
A15	南ドイツ フランクフルト ミュンヘン ロマンチック街道 古城街道	¥2090
A16	ベルリンと北ドイツ ハンブルク ドレスデン ライプツィヒ	¥1870
A17	ウィーンとオーストリア	¥2090
A18	スイス	¥2200
A19	オランダ ベルギー ルクセンブルク	¥2420
A20	スペイン	¥2420
A21	マドリードとアンダルシア	¥1760
A22	バルセロナ＆近郊の町 イビサ島/マヨルカ島	¥1980
A23	ポルトガル	¥2200
A24	ギリシアとエーゲ海の島々＆キプロス	¥1870
A25	中欧	¥1980
A26	チェコ ポーランド スロヴァキア	¥1870
A27	ハンガリー	¥1870
A28	ブルガリア ルーマニア	¥1980
A29	北欧 デンマーク ノルウェー スウェーデン フィンランド	¥2640
A30	バルトの国々 エストニア ラトヴィア リトアニア	¥1870
A31	ロシア ベラルーシ ウクライナ モルドヴァ コーカサスの国々	¥2090
A32	極東ロシア シベリア サハリン	¥1980
A34	クロアチア スロヴェニア	¥2200

B 南北アメリカ

B01	アメリカ	¥2090
B02	アメリカ西海岸	¥2200
B03	ロスアンゼルス	¥2090
B04	サンフランシスコとシリコンバレー	¥1870
B05	シアトル ポートランド	¥2420
B06	ニューヨーク マンハッタン＆ブルックリン	¥2200
B07	ボストン	¥1980
B08	ワシントンDC	¥2420
B09	ラスベガス セドナ＆グランドキャニオンと大西部	¥2090
B10	フロリダ	¥2310
B11	シカゴ	¥1870
B12	アメリカ南部	¥1980
B13	アメリカの国立公園	¥2640
B14	ダラス ヒューストン デンバー グランドサークル フェニックス サンタフェ	¥1980
B15	アラスカ	¥1980
B16	カナダ	¥2420
B17	カナダ西部 カナディアン・ロッキーとバンクーバー	¥2090
B18	カナダ東部 ナイアガラ・フォールズ メープル街道 プリンス・エドワード島 トロント オタワ モントリオール ケベック・シティ	¥2090
B19	メキシコ	¥1980
B20	中米	¥2090
B21	ブラジル ベネズエラ	¥2200
B22	アルゼンチン チリ パラグアイ ウルグアイ	¥2200
B23	ペルー ボリビア エクアドル コロンビア	¥2200
B24	キューバ バハマ ジャマイカ カリブの島々	¥2035
B25	アメリカ・ドライブ	¥1980

C 太平洋 / インド洋島々

C01	ハワイ オアフ島＆ホノルル	¥2200
C02	ハワイ島	¥2200
C03	サイパン ロタ＆テニアン	¥1540
C04	グアム	¥1980
C05	タヒチ イースター島	¥1870
C06	フィジー	¥1650
C07	ニューカレドニア	¥1650
C08	モルディブ	¥1870
C10	ニュージーランド	¥2200
C11	オーストラリア	¥2750
C12	ゴールドコースト＆ケアンズ	¥2420
C13	シドニー＆メルボルン	¥1760

D アジア

D01	中国	¥2090
D02	上海 杭州 蘇州	¥1870
D03	北京	¥1760
D04	大連 瀋陽 ハルビン 中国東北部の自然と文化	¥1980
D05	広州 アモイ 桂林 珠江デルタと華南地方	¥1980
D06	成都 重慶 九寨溝 麗江 四川 雲南	¥1980
D07	西安 敦煌 ウルムチ シルクロードと中国北西部	¥1980
D08	チベット	¥2090
D09	香港 マカオ 深圳	¥2420
D10	台湾	¥2090
D11	台北	¥1980
D13	台南 高雄 屏東＆南台湾の町	¥1980
D14	モンゴル	¥2420
D15	中央アジア サマルカンドとシルクロードの国々	¥2090
D16	東南アジア	¥1870
D17	タイ	¥2200
D18	バンコク	¥1980
D19	マレーシア ブルネイ	¥2090
D20	シンガポール	¥1980
D21	ベトナム	¥2090
D22	アンコール・ワットとカンボジア	¥2200
D23	ラオス	¥24
D24	ミャンマー（ビルマ）	¥20
D25	インドネシア	¥24
D26	バリ島	¥22
D27	フィリピン マニラ セブ ボラカイ ボホール エルニド	¥22
D28	インド	¥26
D29	ネパールとヒマラヤトレッキング	¥22
D30	スリランカ	¥18
D31	ブータン	¥19
D33	マカオ	¥17
D34	釜山 慶州	¥15
D35	バングラデシュ	¥20
D37	韓国	¥20
D38	ソウル	¥18

E 中近東 アフリカ

E01	ドバイとアラビア半島の国々	¥20
E02	エジプト	¥25
E03	イスタンブールとトルコの大地	¥20
E04	ペトラ遺跡とヨルダン レバノン	¥20
E05	イスラエル	¥20
E06	イラン ペルシアの旅	¥22
E07	モロッコ	¥19
E08	チュニジア	¥20
E09	東アフリカ ウガンダ エチオピア ケニア タンザニア ルワンダ	¥20
E10	南アフリカ	¥22
E11	リビア	¥22
E12	マダガスカル	¥19

J 国内版

J00	日本	¥33
J01	東京 23区	¥22
J02	東京 多摩地域	¥20
J03	京都	¥22
J04	沖縄	¥22
J05	北海道	¥22
J06	神奈川	¥24
J07	埼玉	¥22
J08	千葉	¥22
J09	札幌・小樽	¥22
J10	愛知	¥22
J11	世田谷区	¥22
J12	四国	¥24
J13	北九州市	¥22
J14	東京の島々	¥26
J15	広島	¥22
J16	横浜市	¥22

地球の歩き方 aruco

●海外

1	パリ	¥1650
2	ソウル	¥1650
3	台北	¥1650
4	トルコ	¥1430
5	インド	¥1540
6	ロンドン	¥1650
7	香港	¥1650
9	ニューヨーク	¥1650
10	ホーチミン ダナン ホイアン	¥1650
11	ホノルル	¥1650
12	バリ島	¥1650
13	上海	¥1320
14	モロッコ	¥1540
15	チェコ	¥1320
16	ベルギー	¥1430
17	ウィーン ブダペスト	¥1320
18	イタリア	¥1760
19	スリランカ	¥1540
20	クロアチア スロヴェニア	¥1430
21	スペイン	¥1320
22	シンガポール	¥1650
23	バンコク	¥1650
24	グアム	¥1320
25	オーストラリア	¥1760
26	フィンランド エストニア	¥1430
27	アンコール・ワット	¥1430
28	ドイツ	¥1760
29	ハノイ	¥1650
30	台湾	¥1650
31	カナダ	¥1320
33	サイパン テニアン ロタ	¥1320
34	セブ ボホール エルニド	¥1320
35	ロスアンゼルス	¥1320
36	フランス	¥1430
37	ポルトガル	¥1650
38	ダナン ホイアン フエ	¥1430

●国内

北海道	¥1760
京都	¥1760
沖縄	¥1760
東京	¥1540
東京で楽しむフランス	¥1430
東京で楽しむ韓国	¥1430
東京で楽しむ台湾	¥1430
東京の手みやげ	¥1430
東京おやつさんぽ	¥1430
東京のパン屋さん	¥1430
東京で楽しむ北欧	¥1430
東京のカフェめぐり	¥1480
東京で楽しむハワイ	¥1480
nyaruco 東京ねこさんぽ	¥1480
東京で楽しむイタリア＆スペイン	¥1480
東京で楽しむアジアの国々	¥1480
東京ひとりさんぽ	¥1480
東京パワースポットさんぽ	¥1599
東京で楽しむ英国	¥1599

地球の歩き方 Plat

1	パリ	¥1320
2	ニューヨーク	¥1320
3	台北	¥1100
4	ロンドン	¥1650
6	ドイツ	¥1320
7	ホーチミン/ハノイ/ダナン/ホイアン	¥1540
8	スペイン	¥1320
9	バンコク	¥1540
10	シンガポール	¥1540
11	アイスランド	¥1540
13	マニラ セブ	¥1650
14	マルタ	¥1540
15	フィンランド	¥1320
16	クアラルンプール マラッカ	¥1650
17	ウラジオストク／ハバロフスク	¥1430
18	サンクトペテルブルク／モスクワ	¥1540
19	エジプト	¥1320
21	香港	¥1100
22	ブルネイ	¥1430
23	ウズベキスタン サマルカンド ブハラ ヒヴァ タシケント	¥16
24	ドバイ	¥13
25	サンフランシスコ	¥13
26	パース／西オーストラリア	¥13
27	ジョージア	¥15
28	台南	¥14

地球の歩き方 リゾートスタイル

R02	ハワイ島	¥16
R03	マウイ島	¥16
R04	カウアイ島	¥18
R05	こどもと行くハワイ	¥15
R06	ハワイ ドライブ・マップ	¥19
R07	ハワイ バスの旅	¥13
R08	グアム	¥14
R09	こどもと行くグアム	¥16
R10	パラオ	¥16
R12	ブーケット サムイ島 ピピ島	¥16
R13	ペナン ランカウイ クアラルンプール	¥16
R14	バリ島	¥14
R15	セブ＆ボラカイ ボホール シキホール	¥16
R16	テーマパークin オーランド	¥18
R17	カンクン コスメル イスラ・ムヘーレス	¥16
R20	ダナン ホイアン ホーチミン ハノイ	¥16

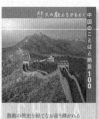